합충의 특비

雲情 秋一鎬 著

도서출판 청 연

運은.....!!!

산 넘어 가는 길은 아무리 멀더라도
끝이 나타나게 되지만.....

운 이란 님은 어찌 그다지 어려운 인생에게
고달픔만 안겨주는 것일까,??

바람,! 구름,! 비,! 천둥소리에 깜짝 놀라
일어나 보니 어느새 인생의 황혼길에 문득
다가선 내 자신.....

세월이 덧없어 뒤돌아본 내 운명이 너무나
한 서러워 눈물짓누나...

神이 있다면 그래도 나의 삶을 조금이라도
위로를 받을 수가 있을 테지만 누구하나
의지할 곳 없는 적막함이 추운 겨울을
더욱 삭막하게 만든다.

나이 먹어 운명의 神을 탐독하려해도
맑은 정신 어느새 없고 주름진 눈꼽에 눈물마져
감도니 이 학문 어찌 이리 어려울꼬....!!!

▌발간에 부쳐,!! ▌

雲情 秋一鎬....
참으로 아깝고 그래서 더욱 안타까우신 분...
선생의 노력이, 선생께서 가진 그 출중한 재능이 나는 그져 안타
깝다.

선생을 알고 선생을 격어 본 사람이라면 누구나가 아마도 인정
하리라. 나역시도 평생을 易學이 좋아 공부하고 연구하고, 그리고
이렇게 늙어 왔지만 선생의 四柱를 분석하고 해석하는 능력은 참
으로 출중했다.

선생의 그 끈질긴 탐구정신은 이시대 易學者 어느 누구에게라
도 귀감이 되는 아름다운 모습이었다.
노력하고 연구하고 그리고 선생께서 깨우치고 느끼고 한 것을 그
렇게 즐겁게 강론하고.....
선생의 이론을 이해하고 또 긍정하고 공감하고 실제 인물의 사주
를 접목시켜 해석이 비로서 될 때 선생은 정말 아이처럼 즐거워
했던 모습이 지금도 생생하다.

合沖의 特秘...
이미 출간된 여느책도 마찬가지 이지만 이 책에서도 독자들은 선
생의 열정과 노력을 유감없이 확인하리라 확신한다. 이미 출간된
다른 저서에서와 마찬가지로 古書의 난해하고 애매한 부분을 쉽게
그리고 상세하게 해설하고 있으며, 실제 인물을 예로 들어가며
사주 명식속에 숨겨진 무수히 복잡하고 난해한 合과 沖의 變化를
조목조목 해설하고 있다.

　이번에 출간되는 合沖의 特秘를 비롯해 선생의 몇몇 저서들은 평소 제자들에게만 강의 되어온 내용들로 여러 가지 어려움 끝에서도 출간이 된다하니 참으로 마음이 기쁘고 흐뭇하다.
선생의 저서가 모두 그렇듯이 난해하고 다양한 모양들을 간결하고 이해하기 쉽게 예문을 들어가며 해설해 놓았기 때문에 초심자를 비롯한 易學人이라면 누구던지 읽기만 하면 쉽게 이해되리라 확신하는 바이다.

　合과 沖의 變化는 대단히 애매하고 난해한 영역이다.
그리고 四柱 命理學 전반을 해석하는데 있어서 대단히 중요하고도 무게있는 테마임에는 틀림이 없다. 이제 선생의 遺稿, 合沖의 特秘가 출간된다하니 독자들은 선생의 다양한 시각과 깊이 있는 해설을 통해 더욱 새로운 지식의 향상과 진전이 있음을 확신하는 바이다.

　우리 역학계에 아까운 한분의 스승을 잃었지만 출중한 선생의 저서들은 오래도록 그 빛을 잃지 않으리라 확신한다.

　창문을 열고 내리는 빗소리에 잠시 빠져본다.
산다는 것.... 한사람의 일생....
누구에겐들 소중하지 않겠는가....
한가지에 모든 것을 건다는 것....
그리고 이땅의 이 불신받고 있는 이 학문에 모든 것을....

참으로 외로웠으리라....

선생과 짧았던 인연을 안타까워하며....

다시 선생의 冥福을 빌어본다

부산 일암 철학원 원장　雲虛　한 규 용

‖일러두기‖

四柱 命理學에서 合과 沖의 變化는 命理學의 모든 주제들과 연관되어 있는 중요한 테마이다. 따라서 일반적이고 단순한 시각에서 合, 沖의 變化를 해석한다면 깊이있고 정치한 해석은 제쳐 두고라도 해석의 큰 줄기 조차도 그러칠 여지가 매우크다.

독자들은 본서 合, 沖의 特秘를 통해 雲情 先生의 깊이 있고, 다양한 시각을 체험하게 될 것이며 先生께서 오랜동안 연구하고 살펴온 기나긴 경험을 공유하게 될것이다.

先生의 모든 저서가 그렇듯이 본서도 쉽고 평이한 문체와 이론을 설명할 수 있는 실존인물의 四柱를 예로 들어가며 실증적으로 상세한 해설을 하고 있다.

고구마나 감자를 캘 때, 경험있는 농부라면 그 고구마 한톨, 감자 한톨을 캐기위해 신경쓰기 보단, 고구마나 감자 줄기를 잡고 해쳐 들어간다.
合, 沖의 特秘는 그 줄기에 비유할 수 있을 만큼 중요한 命理學의 주제이다.

애시당초 본서 合, 沖의 特秘는 雲情 先生의 마지막 저서로서 先生께서 著者 序文을 쓰두지 않은 것을 고려해 볼때, 아마도 출간을 염두해 두지 않으셨던 것 같다.(해서 원고에 있는 그대로 저자 서문에 대신해서 선생께서 써두신 時 한수를 그대로 실는다. 독자들의 이해를 바란다.)

이제 여러 선생님들의 권유로 合沖의 特秘를 발간한다. 아무쪼록

이책으로 공부하는 독자님들의 공부에 보탬이 되고, 命理學의 발전에 작은 도움이라도 된다면 더 이상 바램이 없다.

    끝으로 본서 合沖의 特秘는 조금은 미완성의 저서이다.
    독자들의 이해와 아량을 부탁드리고 역시 부족한 부분은 공부하는 사람들의 몫이라 생각하고 같이 메꾸고 다듬어 나갔으면 한다...

차례

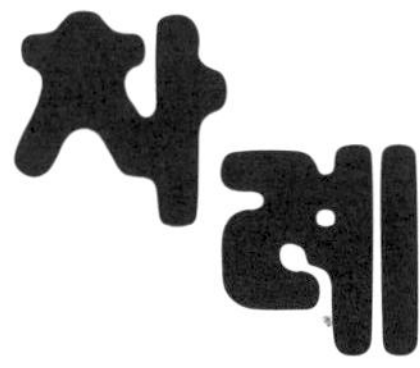

제2장. 지지합충(地支合沖)의 특비(特秘)　　　261

제3장. 운(運)에 대한 合, 沖 特秘　　　465

제 1 장

천간합충(天干合沖)의 특비(特秘)

일간의 왕쇠(旺衰)와 용신을 선택하는 과정에서 천간합충(天干合沖)의 변화를 간파하고 약 30여년동안 실존인물에 준하여 경험상 터득한 비법(秘法)을 적용하여 그 실체를 적나라하게 파헤치고 있다.!

제1장

천간합충(天干合沖)의 특비(特秘)

1. 천간합충(天干合沖)의 특비(特秘),!

사주팔자의 일간에 대한 왕쇠(旺衰)와 용신의 기운을 선택할 경우 단순히 독립적인 오행으로 구성되어 있다면 일간의 왕쇠(旺衰)나 용신을 선정하기가 대단히 쉽게 판별할 수가 있을 것이다.

하지만 무릇 모든 인간의 사주팔자는 그 실체가 대단히 광범위하고 복잡한 양상을 띄고 있기 때문에 하나의 원칙을 세워 동일하게 적용할 수가 없고 합(合)의 기운이나 상충(相沖) 및 삼형(三刑)의 작용이 복잡하게 들어 있음에 따라 이것을 완벽하게 구분하여 일간의 강약이나 용신을 선정하기가 아주 난이하게 되는 것도 사실이다.

이 부분에 대하여 본 저자는 후장에 나오는 제 2장 지지합충(地支合沖)의 특비(特秘)와 제 3장 運에 대한 합, 충의 특비(特秘),등을 본 장에 기술하고 있는데 그 중에서 제 1장 천간합충(天干合沖)의 특비(特秘)와 함께 각각 세분하여 사주추명학에 비추어 본 저자의 경험상 실제인물을 적용시키면서 과거, 현재, 미래를 역 추적하여 하나에 추명의 정립을 시켰다고 볼 수가 있겠다.

따라서 본 장에 기술하는 제1장의 천간합충(天干合沖)의 특비(特秘)는 사주 원국내 천간에 합, 충의 변화를 면밀히 관찰한 후 과연 어떻게 그 부분을 응용하여 용신이나 일간의 왕쇠(旺衰)를 중점적으로 판단하고 있는지에 비중을 두고 있는데 아마도 그동안 어려운 천간합충(天干合沖)의 변화를 접하다가 고난도의 난관에 부닥치는 역학자들이 있다면 대단한 환희심으로 반기는 부분이 될 것이다.

아울러 이상의 성질은 한편으로 볼 때 합, 충의 변화를 제대로 읽어 내지를 못하여 용신이나 일간의 왕쇠(旺衰)를 잘못 판단해 귀중한 한 사람의 운명을 망칠수가 있는 오류를 곧 바로 잡아주면서 완벽하게 하나의 간명법상 체계를 세우는 계기가 될 것이며 이것은 곧 마땅히 대단히 중요한 사주추명학상 절대적인 비법(秘法)임은 두말할 이유가 없다.

결국 본 서에 기술하고 있는 제 1장 천간합충(天干合沖)의 특비(特秘)는 사주천간에 발생되고 있는 합의 기운과 상충의 변화를 간파한 뒤 그에 대한 응용법과 대처방안을 조목조목 본 저자가 약 30여년동안 실존인물에 준해 경험상 터득한 비법(秘法)을 적용하여 적나라하게 그 실체를 파헤치고 있음을 알 수가 있다.

1. "천간합(天干合)은 지지합(地支合)과 달리 사주지지에 십이운성의 건록지(建祿地)나 제왕지(帝旺地)에 뿌리를 두고 있다면 지지에 뿌리를 튼튼히 하는 것이 되어 합을 잘 하지 않게 된다".!

"그러나 이 경우 외격(外格)의 종격(從格)인 성질에 지지에 합을 하여 나오는 기운이 왕신(旺神)의 성질이 되면서 사주천간의 기운이 합이 될 때 왕신(旺神)의 오행에 부합하면 합으로 귀착한다".!

※ 이상의 성질을 좀 더 구체적으로 기술하자면 보통 사주원국의 천간에 투출되어 있는 오행은 독립적인 기운으로 말미암아 그 세력이 지지보다 대단히 미약하게 작용할 수밖에 없고 따라서 필수적으로 사주지지에 의지를 하여야 만이 그 존재를 보존할 수가 있다.

하지만 만약 천간에 떠 있는 오행이 사주지지에 뿌리를 두지 못하고 있을 때는 오행자체의 힘을 받을 수가 없으니 더욱 더 그 세력이 쇠약해지는 점은 두말할 필요가 없고 아울러 조금의 천간상충으로 파극할 경우 완전히 무너질 수밖에 없음에 따라 극단적일 때는 본래 오행을 간직하지 못 할 수도 있다.

또한 이러한 현상은 다른 한편으로 판단할 경우 지지에 통근

(通根)하지 못하는 중에 천간합(天干合)의 기운이 있을 때는 천간오행이 지지에 의지하고자 하는 힘에 대한 뿌리를 둘 수가 없으니 완벽하게 합이 되어 결합하는 것으로 귀착할 수가 있겠다.

이러한 현상을 좀 더 자세하게 우리 일상생활에 비추어 설명하자면 여자가 혼자 있으니 생활능력이 없음에 따라 곧 상대적인 남자에게 시집을 가서 몸을 허락하는 것을 생각한다면 쉽게 이해가 갈 것이다.

그렇지만 반대로 지지에 튼튼한 세력을 둘 수가 있는 천간오행의 동질성인 인성이나 비겁이 존재하여 있다면 강력한 세력을 형성하는 절대적인 이유가 성립되니 비록 근접하여 천간합(天干合)이 있다해도 쉽사리 합을 잘하지 않을려는 성질이 존재하기 때문이다.

이와 같은 현상을 역시 다른 한편으로 우리 일상생활에 비추어 설명하자면 갈대가 강한 바람에 심하게 잎과 줄기가 흔들리나 대뿌리는 튼튼한 지주의 역할을 하고 있으므로 아무리 바람이 강하게 불어도 절대 뿌리채 뽑혀지는 일이 없는 형상이라 할 수가 있다.

상당히 중요한 성질이 되고 있으므로 학자들의 이해를 돕기 위해 아래 도표를 보면서 그 실체를 기술하여 보면,!

(도표1).!

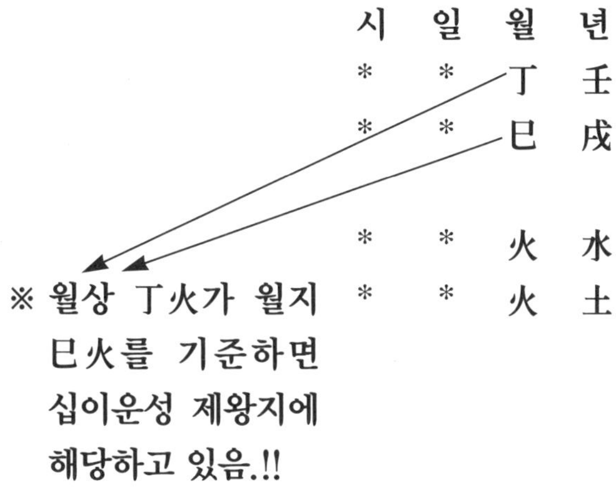

이상의 도표 1항에 나타나고 있듯이 사주년간에 壬水가 투출 되어 있는 중에 월상의 丁火와 곧 바로 근접하여 있으니 이와 같 은 성질을 단편적으로 간명할 경우 丁-壬合木을 구성하는 것으 로 판단하기 쉽게 되어 있다.

하지만 사주월상에 투출되어 있는 丁火는 월지 巳火에 십이운 성의 제왕지에 앉아 그 세력을 대표하는 성질이 되고 있음에 따 라 이렇게 강력한 지지에 뿌리를 두는 것은 사실상 년간 壬水와 丁-壬合木을 잘하지 않을려는 현상이 나타나고 있음을 엿볼 수 가 있다.

그렇다면 우리가 통상적으로 무조건 사주천간에 천간합(天干 合)이 있다고 가정한다면 막연히 합의 기운을 취용할 경우 그에 대한 일간의 왕쇠(旺衰)나 용신에 대한 강약(强弱)을 구분하는 절차에서 필연적인 오류가 발생되는 점은 모면할 수가 없으니 그에 대한 천간합(天干合)에 대한 변화를 대단히 자세하게 읽어내는 학문의 경지가 필요할 것이다.

*. 십이운성 장생지에 대한 음간(陰干)의 오류,!

한편으로 본 장에서 기술하고 있는 지지에 왕성한 십이운성인 건록, 제왕지에 통근(通根)하는 세력이 사주천간에 투출되어 있는 오행이 있을 경우 천간 합(天干合)을 하려는 하나의 오행이 근접하여 있다면 합을 잘하지 않을려는 성질이 있다고 본 저자는 명시하고 있다.

이와 같은 부분은 본 저자가 이미 편찬한 命理秘典 上권인 천간합의 성질편에 들어가면 이상의 십이운성 건록지나 제왕지 이외에도 장생지에 해당하고 있을 경우 역시 뿌리를 튼튼히 박는 것이 되어 잘 합을 하지 않을 려는 성질이 있다고 기술한 바가 있다.

그러나 이와 같은 현상을 놓고 일부 오류가 발생되고 있음을 지적하고 있는데 그것은 일간의 기운이나 천간에 투출되어 있는 기운이 지지에 통근(通根)할 수 있는 왕성한 동질성으로 귀착하는 인성이나 비겁(천간오행이 지지에 대조하여 힘을 받는 육신)이 통상적으로 양간(甲, 丙, 戊, 庚, 壬)은 완벽하게 적용되고 있다.

　하지만 음간(乙, 丁, 己, 辛, 癸)에 대한 십이운성의 적용여부가 일부 일치하지 않게 나타나니 이와 같은 성질은 곧 본 장에 언급하는 지지의 힘에 대한 강약(强弱)을 표시하는 절차상에 십이운성을 접목하여 그에 대한 힘의 분배를 나타내고 있으나 이 중에 음(陰)일간에 대한 건록이나 제왕지는 취용하되 장생(長生)은 취용하지 않는다.

　무슨 말인지 좀 더 자세하게 기술하면 乙일간이라고 가정할 때 사주지지에 午火를 보면 십이운성의 장생지가 되는데 이는 곧 오생상생의 법칙을 적용해서 판단할 경우 사실상 木生火의 법칙이 되니 乙일간이 午火를 보면 힘을 얻는 것이 아니라 기운이 빠져나가는 현상이 나타나고 있으므로 완전히 부합한다고 볼 수가 있겠다.

　학자들의 이해를 돕기 위해 아래 도표 2항을 표시해서 그 실체를 자세하게 기술하여 보면,!

(도표2).!

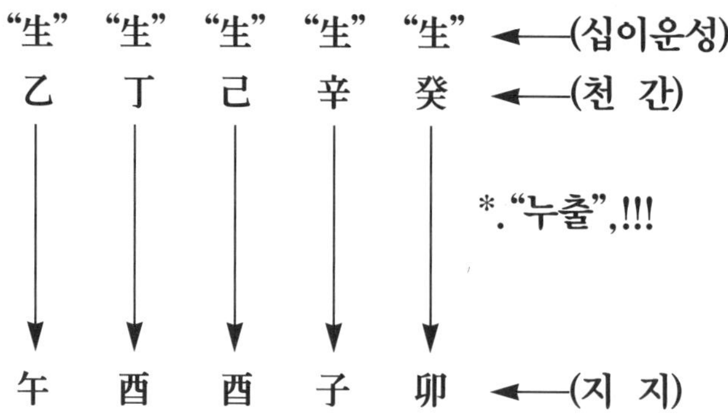

*. 음간(陰干)의 오류에 대한 결론,!

이상의 도표 2항에 나타나고 있듯이 음간(陰干)을 주동해서 지지에 전부 십이운성의 장생지에 해당하고 있으니 일면 단편적으로 판단할 때 완벽하게 천간의 기운이 지지에 통근(通根)하면서 지지의 세력을 얻을 수가 있다고 판단할 것이다.

그렇지만 이와 같은 성질은 사실상 오행상생의 법칙에 준하여 그 원리를 판단하여 볼 때 모두 천간의 기운이 지지에 그 힘이 누출되는 현상을 발견할 수가 있음에 따라 사실상 천간이 지지에 뿌리를 두는 현상은 고사하고 오히려 더욱 더 힘이 누출되고 있음을 엿볼 수가 있다.

따라서 본 저자는 지금의 십이운성에 대한 취용여부를 놓고 십이운성이 양간(陽干)에는 모두 일치하는 것을 알 수가 있겠으나 음간(陰干)에 대한 적용여 부는 일부 이상의 십이운성에 대한 장생지와 같은 현상이 발견되고 있으므로 이것은 상당한 주의가 필요하다고 보겠다.

더구나 이와 같은 십이운성의 접목여부는 오늘날 일본 사주추명학이 막연히 격국의 변화 및 청탁(淸濁)의 유무를 관찰하지도 않은채 오로지 십이운성만 가지고 간명의 주체를 이루고 있다는 것이 얼마나 상당한 오류를 남기는 것인가를 단적으로 보여주는 대목이라 감히 말할 수가 있다.

이상의 성질에 대하여 십이운성에 대한 천간의 기운이 지지의 장생지에 해당한다는 것은 양간(陽干)의 기운이 장생지(長生地)의 기운을 받을 수가 있음을 알 수가 있는데 그렇다면 양간(甲, 丙, 戊, 庚, 壬)인 경우 지지에 뿌리를 튼튼히 하여 천간합(天干合)이 성립되지 못하게 하려면 적어도 지지에 2개에서 3개정도의 십이운성 장생지에 해당하여야 만이 천간오행이 완벽하게 통근(通根)할 수가 있기 때문에 천간합(天干合)이 잘 성립되지 않을 것이다.

그러나 그에 반하여 음간(陰干)은 오히려 십이운성 장생지(長生地)의 기운은 지지에 그 개수가 아무리 많다손 치더라도 천간오행이 뿌리를 둘 수가 없기 때문에 힘을 받을 수가 없음에 따라 무용지물이 된다는 점을 본 저자는 대단히 강조하고 있다해도 과언이 아니다.

결국 본 서 합, 충의 特秘를 가지고 간명법을 수련하는 역학자는 이런 부분을 완벽하게 꼬집어 낼 수 있는 실력이 필요한 것은 두말할 이유도 없겠으며 아울러 그렇게 될 때 곧 역학의 대가(大家)경지에 도달할 수가 있음을 감히 첨언하는 바이다.

*. 본 장 1항의 후자인 종격(從格)으로 귀착하는 천간합에 대하여,!

본 장 1항의 후자에 언급한 외격(外格)의 종격(從格)의 성질이 되면서 천간합(天干合)이 되고 있다면 비록 지지에 강령한 십이 운성에 해당하는 장생, 건록, 제왕지에 앉아 있더라도 완벽한 왕 신(旺神)의 성질에 귀착한다고 기술하고 있다.

이것은 동질성으로 돌아가는 하나의 합에 대한 성질을 거론하 는 자리에서 상당한 이해력을 요구하는 부분이 되는데 지금까지 기술한 것은 모두 내격(內格)의 억부법이나 조후법상 용신이 선 정되는 격국에 한정되어 천간합(天干合)을 적용시킨 결과라 할 수가 있다.

하지만 내격(內格)의 억부법이나 조후법상 용신이 선택되는 격국이 아니고 왕신(旺神)의 성질을 따라가는 종격(從格)이 되어 천간합(天干合)이 성립되고 있을 경우 합을 하여 나오는 오행이 왕신(旺神)의 성질에 부합된다면 완벽하게 합의 기운으로 귀착 한다.

대단히 고난도의 집중력과 이해력을 요구하고 있으니 좀 더 자세하게 이 부분도 학자들의 이해를 돕기 위해 (도표 3)을 보면서 기술하자면,!

(도표3) 남자, 유 모씨(광주 동림동) 1968년 음력7월15일 酉 시

絕　墓　祿　旺
乙　庚　庚　乙
酉　戌　申　酉

정재　　비견 정재
木　(金)　金　木
金　土　金　金
겁재 편인 비견 겁재

이상에 도표 3항에서 나타나고 있듯이 남자, 유 모씨의 사주명조는 庚일간이 시상에 투출되어 있는 乙木과 다시 월상에 비견 庚金, 그리고 년간에 투출되어 있는 乙木이 각각 乙庚合金을 하는 과정에 庚金의 세력이 지지에 申-酉-戌 방합 金局을 대표하면서 월상에 투출되어 있음을 엿볼 수가 있겠다.

따라서 일간과 월상에 투출되어 있는 庚金은 사주월지 申金의 십이운성의 건록지에 해당하고 다시 년지 酉金에 제왕지에 해당하고 있는 중에 申-酉-戌 방합 金局이 되고 있으니 일간 및 월상에 투출되어 있는 庚金은 더욱 더 金局의 세력을 대표하는 것이 되어 합을 잘하지 않을 려는 성질이 되고 있다.

그러나 이와 같은 현상은 합의 기운을 대표하여 완벽한 사주팔자의 대부분이 金局의 기운이 형성되어 왕신(旺神)에 대한 세력을 주도하여 있을 경우 오히려 월상에 투출되어 있는 庚金과 일간이 동시에 년간과 시상에 투출되어 있는 乙木을 합의 기운으로 잡아 땅겨 乙-庚合金으로 변화되게 만들고 있으니 이는 곧 을경합금화격(乙庚合金化格)을 성격(成格)하는 이치이다.

이상의 맥락에 준하여 사주상에 하나의 오행이 존재하여 있는 것이 비록 사주지지에 십이운성에 장생, 건록, 제왕지에 뿌리를 두고 있다해도 사주내 왕신(旺神)의 성질이 되면서 하나의 집단체로 형성되는 과정에서 합을 하는 기운에 동질성으로 부합된다면 오히려 상대의 오행을 왕신(旺神)의 성질로 돌변시키는 절대적인 성질에 해당되게 하므로 합의 기운으로 완벽하게 돌아갈 수 가 있다는 취지이다.

결국 본 장에 기술하는 1항은 천간합(天干合)의 기운이 십이운성을 대조하 여 지지에 강력한 세력에 힘을 얻을 수 있는 성질이 된다면 뿌리를 튼튼히 하는 것이 되어 합을 잘하지 않을려는 성질과 이와 반대로 이렇게 지지에 왕성한 세력에 뿌리를 둔다해도 왕신(旺神)의 성질에 부합하고 있다면 하나의 오행을 왕신(旺神)의 기운에 흡수할 수 있는 성질을 대단히 본 장에서 강조 하고 있다해도 과언이 아니다.

(예1) 남자, 이 모씨(경남 산청) 1966년 음력11월 29일 亥 시

旺　病　帶　絶
癸　癸　辛　丙
亥　酉　丑　午

비견　　　편인 정재
水　(水)　金　火
水　金　土　火
겁재　편인 편관 편재

***. 일간의 왕쇠(旺衰),!**

　癸일간 丑월에 출생하여 비록 실령(失令)하였지만 사주일지 酉金 편인에 득지(得地)한 중에 다시 시지 亥水 겁재에 득세(得勢)를 얻었으며 그 세력에 뿌리를 둔 십이운성 건록지에 앉은 월상 辛金은 일지 酉金이 투출되어 있고 다시 시지 亥水 겁재에 제왕지에 해당하고 있는 시상 癸水 비견이 투출되어 강력하게 일간을 생조하고 있으니 신왕이다.

　더구나 이러한 현상은 더 나아가서 사주일지 酉金 편인이 월지 丑土 편관과 酉-丑合金을 구성한 중에 그 세력을 대표하고 있는 월상에 辛金 편인이 투출되어 있으므로 더욱 더 일간 癸水를 생조하는 것이 강력하다고 판단하니 일간이 상당한 세력을 확보하는 것을 알 수가 있다.

　따라서 이렇게 사주일간 癸水가 신왕한 것이 강력하게 될 때 무엇보다 일간의 기운을 억제할 수 있는 오행이 사주내 존재하여 있어야 만이 일간의 기운이 왕신(旺神)의 세력을 따르지 않는 외격(外格)의 종격(從格)이나 가종격 (假從格)으로 돌아가지 못하게 될 것이다.

　사주원국을 면밀히 관찰하여 보니 일간 癸水에 대한 억제할 수 있는 神(식상, 재성, 관성)의 기운으로 자리매김하고 있는 사주년지 午火 편재와 다시 년지 午火의 세력에 십이운성 제왕지에 앉은 년간 丙火 정재가 투출되어 있음이 선 듯 눈에 띄고 있다.

　그렇다면 강력하게 일간 癸水의 기운을 대단히 억제하는 것이 되므로 이것은 결코 일간 癸水가 왕신(旺神)의 세력에 따르는 외격(外格)의 종격(從格)이나 가종격(假從格)으로 귀착하지 못하고 내격(內格)의 억부법이나 조후법상 용신이 선정되는 것으로 판단한다.

　한편으로 볼 때 일간 癸水가 태어난 계절이 丑월이 되니 추운겨울에 출생하여 만물이 모두 꽁꽁 얼어붙어 있음에 따라 시급히 조후법상 재성 火氣를 보아서 얼은 물을 녹여 주어야 대길할 것은 두말할 것도 없는데 사주년지 午火 편재가 사왕지지 (子, 午, 卯, 酉)로서 자리를 잡은채 년간 丙火 정재가 투출되어 있으므로 조후를 담당하는 것이 되어 그나마 대길하게 작용하고 있다.

*. 격국(格局)과 용신,!

본 사주팔자에 대한 격국(格局)과 용신을 판별하여 보면 우선 사주일간 癸水가 사주내 편인 金氣와 비겁 水氣에 의하여 신왕한 중에 사주월지에 丑土 편관이 자리를 잡고 있으니 원칙적으로 "신왕월지편관격(身旺月支偏官格)"이 성격(成格)된다고 볼 수가 있다.

고로 용신은 사주내 인성 金氣와 비겁 水氣가 강력하니 "인중용재격(印重用財格)"으로서 인성 金氣 및 비겁을 억제할 수 있는 재성 火氣를 용신하고 재성 火氣를 생조할 수 있는 식상 木氣는 희신으로 삼는 것이 마땅할 것이다.

또한 관성 土氣의 경우 일간 癸水를 정면으로 억제할 수 있는 성질이 되어 길하다고 볼 수가 있지만 그 중에 辰, 丑 土氣는 습토가 되어 왕성한 水氣에 부합하면서 오히려 조후를 상반되게 만들므로 불리하며 그러나 조후를 충족 하면서 일간의 기운을 억제할 수 있는 조토인 未, 戌 土氣는 길신으로 선택할 수가 있다.

그리고 한편으로 볼 때 일간 癸水가 태어난 계절이 丑월에 출생 하였으므로 추운 겨울이 되어 만물이 모두 꽁꽁 얼어붙어 있어 제대로 일간 癸水가 물의 기운이 되지 못하고 고체로 둔갑하여 있음에 따라 시급히 조후법상 재성 火氣를 보아서 얼은 물의 성질을 녹여줄 필요가 있음을 알 수가 있다.

*. 용신에 대한 진가(眞假) 판단,!

이렇게 사주팔자에 대한 격국과 용신을 선택하고 나서 사주명조를 자세히 관찰하여 보니 일간 癸水에 대한 조후용신으로 자리매김하고 있는 년지 午火편재가 자리를 잡고 십이운성의 제왕지에 앉아 있는 년간 丙火 정재가 투출 되어 있으므로 이것은 정히 용신으로서 그 역할을 다할 수가 있게 되어 참으로 길하게 작용한다고 보겠다.

그러나 사주에 용신의 기운이 존재하는 것은 진가(眞假)의 법칙에 준하여 그 기운이 진신(眞神)의 성질이 되어 아주 좋게 볼 수가 있겠으나 한가지 아쉬운 점은 일간 癸水에 대한 용신의 기운이 근접하여 유정(有情)한 자리인 것 같으면 더욱 더 금상첨화가 될 것인데 이렇게 사주년지에 존재하여 원격(遠隔)하여 있는 것은 용신의 기운이 무정(無情)한 역할이 될 수밖에 없다.

더구나 조후를 충족할 수 있는 재성 火氣가 사주년지에 있는 것도 용신의 기운이 무정(無情)하여 이것 역시 아쉽게 되고 있는 중에 년간에 丙火 정재가 비록 투출되어 있으나 월상에 투출되어 있는 辛金 편인과 끊임없이 丙-辛합으로 기반(羈絆)이 되어 있으니 용신의 기운이 합을 탐하여 제대로 그 역할을 수행하지 못하게 되었다.

또한 사주팔자가 더욱 더 나쁘게 작용하고 있는 점은 왕성한 일간 癸水의 기운이 재성 火氣와 연결시킬 수 있는 식상 木氣가 정오행이 없으므로 양자의 비겁 水氣와 재성 火氣간을 연결시키지 못하고 있음을 중시볼 필요가 있겠다.

결국 이와 같은 현상은 직·간접적으로 재성 火氣를 강력한 비겁 水氣가 水剋火로 군비쟁재(群比爭財)의 법칙에 부합하는 것을 모면할 수가 없으니 사실상 생식불식(生息不息)에 상당한 탁기(濁氣)를 구성하는 것이 되니 아쉽기가 그지없다.

*. 본 장 1항에 준하여 판단,!

다시 본 사주팔자는 남자사주로서 이 모씨인데 지금까지 사주 격국에 대한 일간의 왕쇠(旺衰)를 파악하여 용신과 격국을 모두 판별하여 보았었다.

그러나 아쉽게도 사주상에 용신을 생조할 수 있는 식상 木氣가 정오행이 없고 비록 있더라도 사주시지 亥水 겁재의 지장간 중기(中氣)에 甲木이 존재하여 있으나 암장된 오행은 그 역할이 미미하기 짝이 없으므로 제대로 그 역할을 수행할 수가 없다고 판단한다.

따라서 상당한 사주상의 탁기(濁氣)를 구성하고 있으니 사실상 사주 주인공인 이 모씨는 살아가는 한평생이 후천성인 대운의 흐름이 정히 木, 火의 기운인 식상과 재성운을 필수적으로 받아야 만이 그나마 조금의 복록을 누릴 수가 있을 것이다.

그렇지만 만약 운로인 대운이나 세운의 흐름이 중첩하여 일간 癸水에 대한 기신(忌神)의 기운인 비겁 水氣와 인성 金氣로 중첩하여 치달린다면 완전히 용신을 파극하는 것이 되어 사주주인공의 숙명적인 불길함을 모면할 수가 없을 것이다.

본 장 1항에 준하여 천간합(天干合)에 대한 성질을 위 사주팔자를 적용시켜 그 실체를 인용하여 보면,!

1. **"천간합(天干合)은 지지합(地支合)과 달리 사주지지에 십이운성의 건록지(建祿地)나 제왕지(帝旺地)에 뿌리를 두고 있다면 지지에 뿌리를 튼튼히 하는 것이 되어 합을 잘 하지 않게 된다".!**

"그러나 이 경우 외격(外格)의 종격(從格)인 성질에 지지에 합을 하여 나오는 기운이 왕신(旺神)의 성질이 되면서 사주천간의 기운이 합이 될 때 왕신(旺神)의 오행에 부합하면 합으로 귀착한다".! 라며 천간합(天干合)의 성립여부를 자세하게 기술하고 있음을 엿볼 수가 있는데 그 중에 후자에 언급하는 성질은 왕신(旺神)의 종격(從格)의 성질이 되고 있으므로 이미 도표 3항에 실제인물이 적용되어 그 실체를 적나라하게 파헤치고 있음에 따라 본 장에서는 전자의 성질에 부합시켜 그 실체를 자세하게 기술하여 보기로 하겠다.

따라서 위 사주명조는 본 장 1항에 그 실체에 부합시켜 볼 때 전자의 항목에 완전히 일치를 하고 있음을 알 수 있는데 그것은 사주일간 癸水에 대한 조후를 충족할 수 있는 년간 丙火 정재가 투출되어 있는 중에 다시 월상에 투출되어 있는 辛金이 완벽하게 근접하게 자리를 잡고 있으니 일면 단편적으로 판단할 경우 완전한 丙-辛合水가 성립되는 착각을 하기 쉽게 되었다.

그러나 본 장 1항에 준하여 그 원리를 되새겨 본다면 비록 월상 辛金과 년간 丙火는 근접하여 丙-辛합을 성립하려 하지만 년간 丙火 정재는 사실상 년지 午火 편재의 십이운성 제왕지에 앉아 있는 가운데 또한 상대의 합의 기운인 辛金 편인도 사주일지 酉金에 십이운성 건록지에 해당하고 있으니 양자의 모두 지지에 강력한 십이운성에 뿌리를 두고 있음을 판별할 수가 있다.

더구나 이와 같은 현상은 사주월상에 투출되어 있는 辛金 편인의 경우 사주 일지 酉金 편인에 십이운성 건록지에 해당하고 있는 것 자체도 뿌리를 튼튼히 하는 성질이 되고 있는 것도 기정사실이라 하겠다.

하지만 이렇게 하나의 기운이 지지의 십이운성에 강력하게 뿌리를 두고 있을 경우 합의 성질이 잘되지 않는 것은 자명한데 설상가상으로 일지 酉金 편인이 월지 丑土 편관과 酉-丑合金을 구성한 중에 그 세력에 중심으로 대표하고 있는 辛金이 되고 있음에 따라 이것은 더욱 더 金氣의 세력을 뒷받침하고 있기 때문에 완전히 丙-辛合水를 하지 않으려는 성질이 되고 있다해도 과언이 아니다.

이러한 이유를 판단하여 볼 경우 본 사주팔자에 대한 월상 辛金 편인과 년간에 투출되어 있는 丙火 정재간의 丙-辛合水는 성립이 될 수가 없다는 것으로 결론이 나고 있으니 아무리 천간합(天干合)의 기운이 근접해서 존재하여 있다고 해도 이렇게 천간합(天干合)이 성립될 수가 없는 소지가 종종 발생할 수가 있다.

본 장 1항에 언급하는 성질은 무릇 모든 사주팔자에 대한 천간합(天干合)의 기운이 비록 근접하여 합을 구성 한다손 치더라도 이렇게 사주지지에 강력한 십이운성인 건록지나 제왕지등에 해당하고 있을 경우 지지에 뿌리를 튼튼히 하는 것이 되어 제대로 합으로 귀착하지 않는다는 것을 대단히 강조하고 있는 바 상당한 합의 성질에 대한 세심한 판단력을 요구하고 있다해도 과언이 아니다.

결국 위 사주명조는 이상의 성질에 완벽하게 부합하는 것으로 더구나 양자의 丙火 정재나 월상 辛金 편인등이 모두 십이운성에 제왕지와 건록지에 해당하고 있는 중에 월상 辛金의 경우는 일지 酉金과 월지 丑土 편관이 酉-丑合金까지 성립하고 있으니 더욱 더 강력하게 합을 구성하지 않을 성질이 나타나고 있고 아울러 비록 용신인 丙火 정재가 기반(羈絆)의 역할을 하고 있지만 제대로 기신(忌神)인 水氣로 돌변하지 않게 되어 천만다행이라 할 수가 있다.

2. "천간합(天干合)이 성립하는 성질이 지지의 십이운성 장생지에 해당하는 음간(乙, 丁, 己, 辛, 癸)은 힘을 받

을 수가 없으니 취용하지 못한다고 이미 전장에 명시 하였다",!

"또한 이상의 현상은 양간(甲, 丙, 戊, 庚, 壬)이라도 그 중에 "戊", "庚"은 비록 십이운성 장생지에 해당하나 역시 지지에 강력하게 뿌리를 두지 못하므로 천간합(天干合)이 있을 경우 천간합(天干合)이 성립한다".!

※ 이상의 성질을 좀 더 자세하게 구체적으로 기술하여 보자면 전자에 1항에 준해서 천간합(天干合)이 사주천간에 나타나고 있을 때 지지에 장생, 건록, 제왕지등 강력한 십이운성에 뿌리를 두고 있을 경우 천간오행이 지지에 강력하게 통근(通根)하기 때문에 천간합(天干合)이 잘 성립되지 않는다고 명시 하고 있다.

이와 같은 부분은 하나의 천간오행이 천간합(天干合)을 도모함에 있어 지지에 힘을 받는 것이 강력하게 작용하고 있다면 오행상 뿌리를 튼튼히 하는 것이 됨으로 합의 성질이 잘 이루어지지 않는다는 현상을 단적으로 보여주는 대목이라 할 수가 있겠다.

그런데 여기서 한가지 중요한 부분이 있겠는데 그것은 본 장 2항의 후자에 언급하고 있는 양간(甲, 丙, 戊, 庚, 壬)이라 하나 그 중에 "戊", "庚"은 십이운성 장생지에 해당 된다손 치더라도 지지에서 완벽하게 붙들어 매어줄 수 있는 힘의 영향력이 쇠약하기 때문에 "戊", "庚"의 기운이 상대적인 합의 기운인 "戊", "乙"등의 천간합(天干合)이 있을 경우 천간합(天干合)을 할 수가 있다.

따라서 이와 같은 성질은 지금까지 양간(甲, 丙, 戊, 庚, 壬)등이 사주지지에 십이운성 장생지에 해당되고 있을 경우 그 힘을 완벽하게 받을 수가 있는 성질이 되는 고로 천간합을 잘하지 않을 려는 부분에 정면으로 대치되는 현상이라 말 할 수가 있다.

상당히 논리적으로 설명하여야 만이 그 실체를 이해시킬 수가 있으므로 이 부분을 학자들의 이해를 돕기 위해 아래 도표 1항을 적용시켜 그 실체를 완벽하게 파 헤쳐보면,!

(도표1).!

※ "월간 戊土와 년간 癸水가 근접하여 있
으니 戊-癸合火가 합을 구성하는데 사
주월상에 투출되어 있는 戊土를 월지 寅
木에 대하여 십이운성을 판별하니 장생
지에 해당하고 있어 천간 戊土가 힘을
강력하게 받는 것을 판단할 수가 있지만
사실상 寅木의 지장간 정기(正氣)의 기
운은 甲木이 존재하여 있으므로 이것이
월상 戊土를 木헨土로 상극하기 때문에
그리 강력하게 힘을 받을 수가 없고 따
라서 자연히 戊-癸合火가 성립된다",!

　　이상의 도표 1항에 나타나고 있는 사주팔자를 보면 사주월상
에 戊土가 노출되어 있는 중에 다시 년간 癸水가 근접하여 있으
니 완벽한 戊-癸合火가 될 수가 있을것 같은 성질이다.

하지만 사주월지의 寅木의 십이운성 장생지에 월상 戊土가 자리를 잡고 있음에 따라 이것은 곧 천간과 지지가 동주(同柱)의 기운이 되면서 뿌리를 튼튼히 하는 것이 되니 일면 단편적으로 판단할 경우 합의 성질이 잘 되지 않는다고 볼 수가 있겠다.

그러나 이와 같은 성질은 다음 장에 도표 3항에 나오는 양간(甲, 丙, 戊, 庚, 壬)에 대한 십이운성의 장생지에 관하여 그 실체를 파악하여 볼 때 지장간 정기(正氣)의 기운이 甲木이 됨에 따라 월상에 투출되어 있는 戊土를 木剋土로서 상극하고 있으니 이것은 월상의 戊土가 뿌리를 튼튼히 할 수가 없음을 단적으로 보여주고 있다해도 과언이 아니다.

더구나 시상의 戊土이외에 또 다른 양간(陽干)으로 대변하고 있는 庚金의 기운을 도표 2항에 적용시켜 그 현상을 자세하게 파악하여 본다면,!

(도표2).!

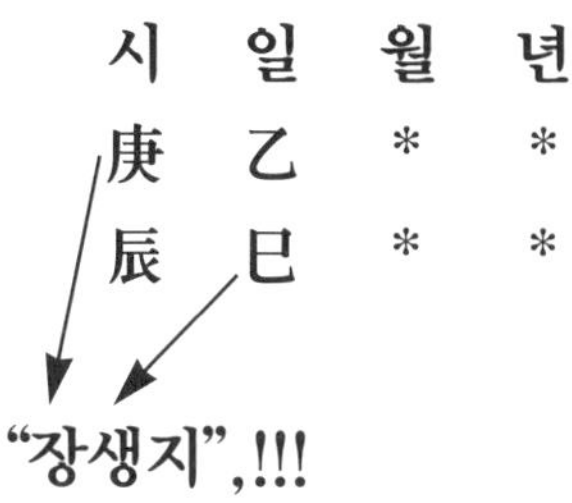

※ "사주일간 乙木과 시상에 투출되어 있는
   庚金간 乙-庚合金이 나타나고 있으나
   일면 사주일지 巳火에 시상 庚金이 십이
   운성 장생지에 앉아 있으므로 지지에 뿌
   리를 튼튼히 하는것이 되어 잘 합이 안
   된다고 단편적으로 판단할 수가 있다",!

"그러나 일지 巳火의 지장간 정기(正氣)
의 기운이 丙火가 존재하고 있어 시상
庚金을 火剋金으로 상극하고 있으니 강
력하게 庚金이 힘을 받을 수가 없음에
따라 이는 곧 뿌리를 튼튼히 하지 못하
게 되어 자연히 乙-庚 合金이 성립된
다",!

이상의 도표 2항에도 자세하게 나타나고 있듯이 시상에 투출되어 있는 庚金은 비록 양간(陽干)으로서 사주일지 巳火에 십이 운성이 장생지에 해당하여 있으나 사실상 巳火의 지장간 정기 (正氣)의 기운은 丙火로서 이것이 직ㆍ간접적으로 시상 庚金을 火剋金으로 상극하고 있으니 올바르게 지지에 뿌리를 두지 못하 는 것이 되고 있음을 엿볼 수가 있다.

더구나 이러한 현상은 전자의 도표 1항과 더불어 기술하고 있 는 사주명조는 월상에 투출되어 있는 戊土는 그나마 월지 寅木 의 지장간 여기(餘氣)에 戊土 및 중기(中氣)에 丙火가 있으니 정 기(正氣)의 甲木을 제외한 일부 잔여세력인 여기(餘氣)와 중기(中 氣)에 통근(通根)할 수 있는 여력이 있다할 것이다.

또한 지금 거론하고 있는 庚金도 역시 동일선상에서 이상의 맥락에 비추어 볼 때 일지 巳火의 지장간의 성질을 보면 역시 여 기(餘氣)에 戊土와 중기(中 氣)에 庚金이 존재하여 있으므로 역시 십이운성 장생지의 기운에 대한 힘을 받는 성질이 전자 도표1항 과 마찬가지로 戊土와 庚金이 동질하게 작용하고 있다.

그렇다면 같은 양간(陽干)의 성질로 대변하고 있는 "甲", "丙", "壬"등은 모두 십이운성의 장생지에 해당할 경우 지장간의 정기 (正氣)의 기운이 정상적으로 천간오행을 생조하는 것에 반하여 같은 양간(陽干)이라도 "戊", "庚"은 지장간의 정기(正氣)의 기운 이 상극으로 짜여져 있음에 따라 올바른 甲, 丙, 壬보다 지지에 쇠약하게 힘을 받을 수 있는 성질이 되고 있다해도 과언이 아니 다.

상당한 집중력을 요구하는 성질이 됨에 따라 학자들의 이해를 돕기 위해 아래 도표 3항을 적용시켜 양간(甲, 丙, 戊, 庚, 壬)을 나열한 후 지지의 십이운성 장생지에 해당하고 있는 성질을 모두 나열하여 그 실체를 자세하게 기술하여 보면,!

(도표3).!

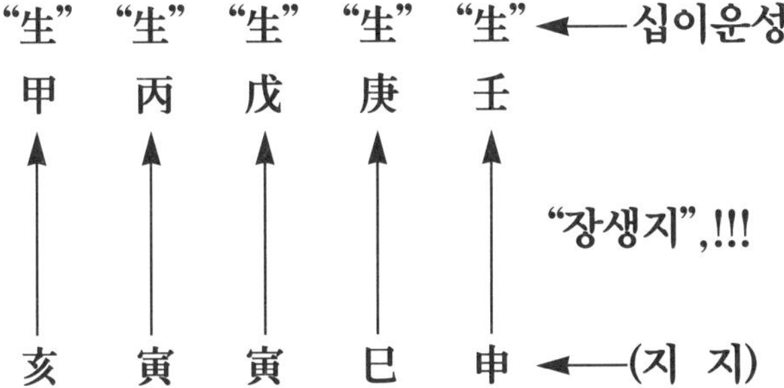

***. "지장간 변화",!!**

戊	戊	戊	戊	戊	◀──(여 기)
甲	丙	丙	庚	壬	◀──(중 기)
壬	甲	"甲"	"丙"	庚	◀──(정 기)

이상의 도표 3항에 나타나고 있는 양간(甲, 丙, 戊, 庚, 壬)의 기운을 지지에 십이운성 장생지에 해당하고 있는 성질을 면밀히 대조하여 볼 때 "甲", "丙", "壬"의 천간오행은 지지에 모두 정기(正氣)의 기운이 생조의 법칙이되어 힘을 받는 것으로 나타나고

있다.

그러나 그 중에서 유독 "戊" 천간오행은 비록 십이운성 장생지에 들어 있는 寅木 지지에 정기(正氣)의 기운은 甲木이 존재하여 木剋土로 상극하고 있고 또한 "庚" 천간은 巳火에 십이운성 장생지에 해당하고 있으니 巳중의 지장간 정기(正氣)의 기운이 丙火가 되고 있음에 따라 火剋金으로 역시 상극하고 있으니 그 영향력은 여기(餘氣)나 중기(中氣)가 아무리 생조를 해준다 해도 정기(正氣)만큼은 세력이 적은 것은 두말할 이유도 없다.

이것은 그만큼 "戊", "庚"의 천간오행이 아무리 십이운성 장생지에 해당한다 손 치더라도 타 천간오행인 "甲", "丙", "壬"의 천간오행에 비교하여 그 힘을 강력하게 받지 못하는 절대적인 이유가 여기에 있다해도 과언이 아니다.

이러한 성질을 놓고 사주추명학의 비조인 고서(古書)나 원서 등에서는 막연히 일간의 기운이나 천간에 투출되어 있는 오행이 십이운성 장생지에 해당된다해서 뿌리를 튼튼히 하여 강력한 생조를 받음에 따라 천간합이 있을 경우 양간(甲, 丙, 戊, 庚, 壬)은 절대로 합을 하지 않는다는 등의 견해를 밝히고 있다.

하지만 사실상 이와 같은 맥락에 비추어 고서(古書)나 원서의 부분이 하나에서 열까지 완전하게 일치되지 않고 있음에 따라 현실적으로 고서나 원서의 원리에 정면으로 배치하여 본 저자는 상당히 그 실체를 부정하고 있는 것이 사실이다.

　더구나 이상의 성질을 초심의 학자나 일부 역학의 대가(大家)를 불문하고 고서(古書)나 원서를 추종하는 학자들이 무조건적으로 이러한 법칙을 받아들이게 될 경우 일간의 왕쇠(旺衰)나 용신의 선택을 완전히 거꾸로 선택할 수 있는 소지를 다분히 안고 있는 것이 되니 대단히 주의가 요망되고 아울러 완벽한 숫자적인 공식에 준한 부분이 일치하지 않을 경우 하무리 사주추명학의 비조라 해도 배척함이 마땅하다는 것을 강조하고 싶다.

　결국 본 장 2항에 언급하여 천간오행이 비록 양간(甲, 丙, 戊, 庚, 壬)일 경우 십이운성 장생지에 해당되어 그 세력이 강력하게 지지에 뿌리를 두는 현상이 같은 천간오행이라도 틀리게 작용하는 것을 본 장에서 대단히 상세하게 밝히고 있으며,!

　아울러 천간합이 있을 경우 이상에 장생지의 기운이 같은 "甲", "丙", "壬"의 천간과 "戊", "庚"의 천간과는 상당히 거리가 있다는 것을 대단히 강조하고 있으니 이것은 절대적으로 소중한 하나의 용신과 일간을 판단하는데 절대적인 간명법으로 자리매김하고 있다해도 과언이 아닐 것이다.

(예1). 남자, 최 모씨(전남 완도) 1955년 음력 윤3월 5일 卯 시

<pre>
病   旺   衰   帶
癸   丁   庚   乙
卯   巳   辰   未

편관   정재 편인
水 (火) 金   木
木   火   土   土
편인 겁재 상관 식신
</pre>

***. 일간의 왕쇠(旺衰),!**

丁일간 辰월에 출생하여 실령(失令)하였으며 사주월지 辰土 상관을 중심으로 해서 년지 未土 식신과 천간에 庚金 및 癸水 편관이 투출되어 일간 丁火를 강력하게 극설(剋泄)하고 있음을 알 수가 있다.

하지만 일간 丁火는 사주일지 巳火 겁재에 득지(得地)한 중에 다시 시지 卯木 편인에 득세(得勢)를 하였으니 일간이 그리 신약하지 않고 아울러 강력한 식상 土氣와 정재 庚金 및 시상에 癸水 편관의 기운에 서로 중화(中和)가 되어 있다고 볼 수가 있겠다.

상황이 이럴진데 만약 년간에 투출되어 있는 乙木 편인이 월상에 투출되어있는 庚金 정재와 乙-庚合金으로 돌아가지 않을 경우 마땅히 일간 丁火가 신왕으로 귀착할 것인데 년간 乙木 편인이 합을 탐한 나머지 기반(羈絆)되어 재성 金氣로 돌변함에 따라 본 사주팔자는 강약을 정하기 어려운 약간 신약이 될 수밖에 없다.

그러나 사주일지 巳火 겁재가 일간 丁火에 대한 십이운성 제왕지에 해당하고 있으니 아주 좋게 일간과 유정(有情)하면서 또한 강력하게 일간의 기운을 부조하고 있으므로 이것은 일간이 사실상 천군만마를 얻었다고 해도 과언이 아닐 것이다.

한편으로 볼 때 사주시상에 투출되어 있는 癸水 편관을 중심으로 해서 시지卯木 편인을 水生木으로 생조하고 다시 시지 卯木 편인은 일지 巳火 겁재에게 木生火, 그리고 월지 및 년지 식상 土氣가 火生土로 이어져 그 힘이 오행상 연결을 도모하고 있음을 발견하게 된다.

더구나 이렇게 일지 巳火 겁재의 기운을 흡수받은 식상 土氣는 월상에 투출되어 있는 庚金 정재가 재차 土生金으로 연결하면서 마지만 월상 庚金 정재는 다시 시상에 투출되어 있는 癸水 편관으로 이어지는 오행상 주류무체(周流無滯)로 연결하는 즉, 다시 말해서 물결이 높은데서 낮은대로 순리에 따라 흐르고 있으니 곧 생화불식(生化不息) 및 생식불식(生息不息)에 의존하는 것이 되어 대단한 청기를 가지는 명조라 말할 수가 있겠다.

∗. 격국(格局)과 용신,!

　본 사주팔자에 대한 격국(格局)과 용신을 판별하여 보면 우선 일간 丁火가 신약한 중에 사주월지에 辰土 상관이 자리를 잡고 있는 중에 다시 년지 未土식신까지 존재하여 있으므로 원칙적인 "신약월지상관격(身弱月支傷官格)" 및 일명 "진상관격(眞傷官格)"이 성격(成格)되고 있다.

　고로 용신의 격국은 "진상관용인격(眞傷官用印格)으로서 왕성한 식상 土氣와 아울러 사주천간에 투출되어 있는 정재 庚金을 바로 억제하면서 시상 癸水 편관은 살인상생(殺印相生) 및 관인상생(官印相生)의 법칙을 실현할 수 있는 인성 木氣를 용신하고 아울러 일간 丁火가 신약하니 신약한 일간을 부조할 수 있는 비겁 火氣는 길신으로 선택하는 것이 마땅하다.

　이렇게 사주상에 용신과 길신을 선택하여 놓고 사주격국을 면밀히 관찰하여 볼 때 일간 丁火에 대한 중요한 용신의 기운으로 자리매김하고 있는 시지 卯木 편인이 자리를 잡고 그 세력을 한층 더 발휘하고 있으니 이것은 곧 사주상에 들어 있는 것은 진신(眞神)의 성질이 되고 있으니 정히 복록이 깊은 것이 된다.

　더구나 이와 같은 현상은 용신의 기운이 진신(眞神)의 성질이 되는 점도 길하게 작용하는 것은 두말할 이유가 없을 것인데 금상첨화로 일간 丁火에 대한 길신의 역할을 하고 있는 일지에 巳火 겁재까지 존재하고 있음에 따라 이것은 곧 용신과 길신이 나란히 자리를 잡고 한층 더 그 세력을 강력하게 만드는 것이 되어 더욱 더 대길하게 되었다 해도 과언이 아닐 것이다.

한편으로 볼 때 보통 사주원국에 조후법을 중시 취용하여 일간이 신강, 신약을 불문하고 억부법보다 조후법을 우선 선택하여 용신을 선택하기 쉬운데 본 사주원국은 일간에 대한 오행이 丁火가 되므로 이렇게 인성 木氣를 용신으로 삼는 것과 비겁 火氣를 길신으로 선택하는 것은 곧 억부법이나 조후법상 용신이 일치를 하는 것이 되어 이것 역시 길하게 되고 있다.

＊. 일부학자들의 의문,!

여기서 일부학자들 중에서 본 사주격국에 대한 일간의 왕쇠(旺衰)와 용신을 선택하는 과정에서 한가지 의문을 가지면서 본 저자에게 질문을 하고 있다.

그것은 "合, 沖의 特秘 저자 운정선생은 본 사주팔자에 대한 일간에 대한 왕쇠(旺衰)를 진상관격(眞傷官格)과 진상관용인격(眞傷官用印格)을 성격(成格)하여 일간 丁火가 신약하니 인성 木氣와 비겁 火氣를 용신과 길신으로 선택 한다고 명시하고 있다",!

"하지만 저희 학자들은 운정선생과 상당히 의견을 달리하고 있는데 그 이유로 우선 위 사주원국은 일간 丁火에 대한 인성 木氣와 비겁 火氣가 단편적으로 보아도 사주일지 巳火 겁재에 득지(得地)한 중에 다시 시지 卯木 편인이 득세(得勢)를 하고 있으니 이것은 곧 사주강약도표에 준하여 상당히 일간 丁火가 힘을 가지고 있는 점을 발견할 수가 있다",!

"더구나 상황이 이럴진데 운정선생은 사주년간 乙木 편인이 투출되어 있는 것을 월상에 庚金 정재과 근접하여 乙-庚合金으로 둔갑한다고 하나 사실상 년간 乙木은 시지 卯木 편인에 제왕지에 앉아 뿌리를 튼튼히 하고 있는 점을 중시볼 필요가 있겠다",!

"그런 와중에 다시 월상 庚金 정재는 역시 일지 巳火 겁재의 십이운성 장생지에 해당하고 있으니 그렇다면 이렇게 양자의 기운이 각각 강력한 십이운성에 해당하고 있는 것은 대단히 지지에 뿌리를 튼튼히 하는 것이 되어 제대로 합의 기운으로 귀착할 수가 없게 되는 것은 자명한 일이지 않겠는가",?

"따라서 그렇게 될 경우 乙-庚合金이 성립될 수가 없음에 따라 일간 丁火에 대한 의지처인 년간 乙木 편인은 자연적으로 살아있게 되고 아울러 완전한 일간 丁火가 신왕으로 돌아갈 것은 자명한 일이 되는 점은 기정사실일 것이다",!

"결국 운정선생은 이와 같은 지지에 강력한 십이운성이 존재하여 있는 점을 전부 무시하면서 오히려 乙-庚合金을 취용해서 본 사주일간이 신약하다고 판단해서 인성 木氣와 비겁 火氣를 길신으로 삼고 있는 점은 역학을 하는 학자라면 누가 보아도 이치에 맞지 않는 것은 자명한 일이므로 이 부분에 대하여 구체적인 답변을 하여달라",! 라며 날카롭게 지적하면서 그에 대한 자세한 대답을 요구하고 있다.

✱. 일부학자들의 의문에 대한 본 저자판단,!

이와 같은 일부학자들의 질문에 대하여 본 저자는 일면 타당성이 있는 것처럼 판단하겠으나 사실상 이 부분은 본 장 2항에 적용되어 설명하려는 취지가 되고 있는데 그렇다면 본 장 2항에 부합시켜 그 실체를 조목조목 설명한다면 곧 본 저자의 취지에 공감을 표시할 수가 있을 것이다.

따라서 지금부터 설명하는 부분은 상당히 일간의 왕쇠(旺衰)나 용신을 선택하는 과정에 대단히 중요한 것이 되니 정신을 집중하여 그에 대한 성질을 경험상 터득한 비법(秘法)에 적용시켜 기술하고자 한다.

✱. 본 장 2항에 준한 판단,!

본 장 2항에 적용해서 그 실체를 자세하게 언급하여 본다면,!

2. "천간합(天干合)이 성립하는 성질이 지지의 십이운성 장생지에 해당하는 음간(乙, 丁, 己, 辛, 癸)은 힘을 받을 수가 없으니 취용하지 못한다고 이미 전장에 명시하였다",!

　"또한 이상의 현상은 양간(甲, 丙, 戊, 庚, 壬)이라도 그 중에 "戊", "庚"은 비록 십이운성 장생지에 해당하나 역시 지지에 강력하게 뿌리를 두지 못하므로 천간합(天干合)이 있을 경우 천간합(天干合)이 성립한다".! 라며 천간합(天干合)이 성립되는 절차에서 음간(乙, 丁, 己, 辛, 癸)과 양간(甲, 丙, 戊, 庚, 壬)에 대한 실체를 언급하면서 그 중에 戊, 庚의 오행을 집중적으로 거론한 후 그에 대한 실체를 대단히 자세하게 따지고 있음을 엿볼 수 가 있겠다.

　따라서 위 사주팔자에 대한 월상 庚金 정재의 기운이 완전히 본 장에 해당하고 있는데 그것은 월상에 투출되어 있는 庚金 정재가 사실상 일지 巳火 겁재의 십이운성 장생지에 해당하고 있으나 庚金은 비록 양간(陽干)이라 할지라도 강력하게 힘을 주지 못하고 아울러 십이운성의 영향력이 쇠약하고 있음을 단적으로 보여주고 있다해도 과언이 아니다.

　더구나 이와 같은 현상은 사주일지 巳火 겁재가 정오행이 지장간 정기(正氣)의 기운이 丙火가 되어 이것이 사실상 직·간접적으로 월상 庚金 정재를 火剋金으로 상극하는 점은 두말할 이유가 없을 것이다.

　또한 이와 같은 현상은 비록 뿌리를 둔다해도 巳중의 지장간 중기(中氣)에 庚金이 존재해서 지장간 중기(中氣)에만 힘을 받고 있을 뿐 지지에 강력하게 영향력을 행사할 수 있는 정기(正氣)의 오행은 상극하고 있으니 이것을 두고 戊土나 庚金은 비록 양간

(陽干)이라 해도 십이운성 장생지의 기운이 힘을 제대로 받쳐주지 못하는 절대적인 이유가 여기에 있다해도 과언이 아니다.

아울러 일부학자들이 의문을 표시하고 있는 년간 乙木 편인이 사주시지 卯木편인에 십이운성의 제왕지에 해당하니 역시 뿌리를 강력하게 두고 있다해서 월상 庚金 정재와 乙-庚合金으로 돌아가지 않는다고 판단하고 있다.

하지만 이것 역시 본 저자가 후장에 나오고 있는 천간의 기운이 년간이 되어 시지등에 건록지나 제왕지에 해당하고 있을 경우 원격(遠隔)한 힘의 영향력으로 말미암아 제대로 합의 기운을 말릴 수가 없다고 명시하고 있는바, 이렇게 년간 乙木과 시지 卯木 편인간은 너무 떨어져 있음이니 역시 완벽한 乙-庚合金으로 귀착할 수밖에 없다는 것을 알 수가 있다.

이상의 맥락에 비추어 일부학자들이 의문을 표시한 위 사주천간에 乙-庚合金은 비록 월상 庚金 정재가 양간(陽干)이 되어 일지 巳火 겁재의 십이운성 장생지에 해당하는 것은 미약한 뿌리를 둘 수밖에 없고 더하여 시지 卯木 편인 또한 원격(遠隔)한 힘의 기운이 됨에 따라 년간의 乙木을 완전히 붙잡지를 못하게 되므로 완벽한 乙-庚合金으로 돌아가는 것을 본 장에서 대단히 강조하고 있다해도 과언이 아니다.

결국 본 장에 언급하는 2항의 성질을 같은 양간(甲, 丙, 戊, 庚, 壬)이라도 그 중에 戊, 庚金은 십이운성 장생지에 해당 한다손 치더라도 그에 대한 통근(通根)여부가 쇠약함이 되고 있으니 천간합(天干合)이 근접하여 있을 경우 완벽히 합의 기운으로 돌아가는 것을 중요하게 언급하고 있다는 것을 알 수 가 있다.

따라서 이러한 성질에 대한 부분을 제대로 숙지하게 될 경우 일간의 왕쇠(旺衰)나 용신의 선택을 발빠르게 채택할 수가 있으니 정말 중요한 성질이 되는 것은 두말할 이유가 없다.

3. "전자 1항에 준하여 천간합은 사주지지에 왕성한 십이운성인 장생, 건록, 제왕지에 뿌리를 두고 있을 경우 잘 합을 하지 않을려는 성질이 있으나 이렇게 뿌리를 두는 지지의 기운이 천간 오행과 원격(遠隔)하여 있을 경우 뿌리를 두는 힘이 미약하게 작용할 수밖에 없으니 완벽하게 합으로 돌아간다",!

※ 이상의 성질에 대하여 학자들의 이해를 돕기 위해 좀 더 구체적으로 기술하자면 전자 1항에서는 무릇 모든 천간합(天干合)은 사주지지에 왕성한 십이운성인 장생, 건록, 제왕지에 뿌리를 두고 있을 경우 뿌리를 튼튼히 하는 것이 되어 잘 합을 하지 않을려는 성질이 있다고 명시한 바가 있다.

그런데 이와 같은 성질에 대하여 천간에 투출되어 있는 오행이 지지에 통근(通根)하는 것이 비록 장생, 건록, 제왕에 뿌리를 둔다고 해도 동주(同柱)이거나 근접한 성질이 아니라면 아무리 왕성한 지지에 의지를 한다고 해도 원격(遠隔)한 점이 될 경우 그 힘을 멀리서 작용하는 성질이 됨에 따라 천간합

(天干合)을 하지 못하도록 붙잡지 못하게 된다.

무슨 말인지 더 구체적으로 아래 사주도표 1항을 실례로 들어 가면서 설명하자면,!

(도표1).!

※ 년간 癸水를 시지 子水에 십이운성을 대조하니 건록지에 해당하고 있으나 사주년간과 시지간 거리가 너무 원격(遠格)하여 뿌리를 두는 현상이 방해를 받고 있음,!!

이상의 도표 1항에 나타나고 있듯이 사주년간 癸水를 시지 子水에 대하여 십이운성을 대조하니 건록지에 해당되고 있음에 따라 일면 단편적으로 판단할 경우 전자 1항의 법칙에 준하여 십이운성 장생, 건록, 제왕지등에 해당하고 있을 때 천간합(天干合)

을 잘 하지 않을려는 법칙에 적용되고 있다.

하지만 이렇게 사주년간에 癸水가 자리를 잡고 시지 子水까지는 상당한 거리가 원격(遠隔)한 세력에 뿌리를 두고 있으니 그 힘이 미약하게 미칠 수밖에 없는데 설상가상으로 이미 지지의 년지 및 월지, 그리고 일지의 오행이 가로막아 더욱 더 힘을 받지 못하게 방해하고 있는 형상이 되고 있음을 알 수가 있다.

더구나 이와 같은 현상은 시지 子水에 근접한 일지등의 오행 등이 만약 가상하여 예를 들어 寅木이나 卯木이 자리를 잡고 있다면 子水의 기운을 水生木으로 흡수하게 되어 水氣의 기운을 완전히 빼어 버리니 이 때는 년간 癸水가 그렇지 않아도 원격(遠隔)한 뿌리로 말미암아 의지하기 어려운데 더욱 더 힘들어지게 되는 점은 기정사실이라 할 것이다.

그렇다면 지금까지 고정관념으로 생각하였던 판단의 성질이 사주상 천간합(天干合)이 지지에 뿌리를 튼튼히 하는 십이운성의 장생, 건록, 제왕지에 해당하고 있을 경우 막연히 원격(遠隔)한 성질이 되던, 혹은 근접한 세력이 되는 현상을 불문하고 무조건 힘있는 세력을 받는다고 가정하여 천간합(天干合)의 성립을 결정하게 될 때 이에 따른 필연적인 오류를 낳게 되는 점은 자명한 일이 된다.

결국 본 장 3항에 기술하는 성질은 전자의 1항에 부합시켜 그 원리가 비록 사주지지내 왕성한 십이운성의 장생, 건록, 제왕지 등에 해당된다손 치더라도 이렇게 사주천간오행과 지지오행의 거리가 원격(遠隔)한 세력이 된다면 천간합(天干合)은 근접하게 작용하고 있는 상대적인 오행과 천간합(天干合)을 구성할 수가 있다는 성질을 거론하고 또한 합의 실체에 대하여 대단히 강조하고 있음을 엿볼 수가 있다.

(예1). 여자, 윤 모씨(여수 종화동) 1952년 음력 윤5월 17일 子 시

病　祿　養　帶

丙　乙　丁　壬

子　卯　未　辰

상관　　식신 인수

火　(木)　火　水

水　木　土　土

편인 비견 편재 정재

***. 일간의 왕쇠(旺衰),!**

　　乙일간 未월에 출생하여 비록 실령(失令)하였으나 사주일지 卯木 비견에 득지(得地)한 중에 다시 시지 子水 편인이 득세(得勢)를 하였으며 또한 일지 卯木 비견과 월지 未土 편재가 卯-未 合木을, 그리고 월상 丁火 식신이 년간 壬水 인수와 丁-壬合木을 함에 따라 강력하게 일간 乙木을 생조하고 있으니 신왕이다.

한편으로 볼 때 사주일지 卯木 비견과 월지 未土 편재는 준삼합(準三合)의 기운으로서 사왕지지(四旺地支)인 卯木이 사주월지에 존재하여 있지 않고 합을 구성하고 있으니 단편적으로 보면 쇠약한 합이 되고 있는 점은 두말할 필요가 없겠으나 卯-未合木을 거슬리는 상충이나 삼형등이 존재하여 있지 않아 그나마 건전한 합을 구성하고 있다고 보겠다.

따라서 이렇게 일간 乙木이 신왕하게 되면 일간의 기운을 억제할 수 있는 오행이 필수적으로 있어야 만이 왕신(旺神)의 성질을 따르게 되는 외격(外格)의 종격(從格)이나 가종격(假從格)으로 돌아가지 않고 내격(內格)에 준하여 용신을 선택할 수가 있을 것이다.

이러한 점을 감안하여 사주격국을 면밀히 관찰하여 보니 일간 乙木을 적절히 억제할 수 있는 사주월지 未土 및 년지 辰土 편재와 정재가 자리를 잡고 다시 시상 丙火 상관이 투출되어 있으니 왕성한 일간의 기운을 적절히 억제하고 있음을 발견할 수 있다.

그렇다면 이와 같은 현상은 결코 본 사주원국이 왕신(旺神)의 기운을 따르게 되는 외격(外格)의 종격(從格)이나 가종격(假從格)으로 돌아가지 못하고 내격(內格)의 억부법이나 조후법상 용신이 선정되는 것이 마땅하다.

*. 일부학자들의 의문,!

여기서 일부학자들 중에서 방금 본 저자가 위 사주팔자를 설명하는 자리에서 한가지 의문을 가지면서 질문을 하고 있다.

그것은 "合, 沖의 特秘 저자 운정선생은 위 사주원국에 대한 일간의 왕쇠(旺衰)를 기술하는 부분에 대하여 사주일지 卯木 비견과 월지 未土 편재가 卯-未合木을 성립하는 절차에 사주지지의 일지와 월지간 卯-未合木을 상극하는 상충이나 삼형의 작용이 없으니 건전하게 합을 구성한다고 설명하고 있다",!

"그러나 이와 같은 현상을 면밀히 관찰하여 보면 사실상 사주시지 子水 편인이 일지 卯木 비견과 완전하게 근접하여 子-卯 형을 동반하니 직 · 간접으로 卯-未合木을 방해하고 있음에 따라 제대로 卯-未합의 기운으로 귀착하지 않을 수도 있지 않겠는가",?

"따라서 저희 학자들은 마땅히 사주일지 卯木 비견과 월지 未土 편재간 卯-未合木은 子-卯 형으로 인하여 합의 기운으로 성립되지 않는다고 판단하고 있는데 어찌하여 운정선생은 이와 같은 점을 완전히 무시한채 卯-未合木이 건전하게 이루어 진다고 간명하고 있는지 이 부분을 좀 더 구체적으로 설명 하여달라",! 라며 자세한 답변을 요구하고 있다.

＊. 일부학자들의 의문에 대한 본 저자판단,!

이상에 일부학자들이 의문을 표시하고 있는 점은 일면 단편적으로 생각할 경우 상당한 타당성이 있다고 판단할 수가 있겠지만 그러나 이미 본 저자가 편찬한 명리입문이나 명리비전 상권에서 실제인물을 간명하는 절차에 그러한 부분을 대체로 자세하게 언급하여 설명하고 있다.

따라서 그와 같은 성질을 아마도 학자들이 추명의 원리를 단순적으로 판단하여 이렇게 의문을 구하고 있지 않는가, 라며 본 저자는 문득 생각이 들고 있는데 그렇다면 지금부터 설명하는 부분을 학자들이 경청 하였을 때 비로서 학자들의 생각이 틀렸구나 하고 정정을 할 수가 있을 것이니 그 부분을 약 2가지로 구별하여 자세하게 설명하기로 한다.

우선 첫 째로,!

"지지의 형(刑)중에서 子-卯형은 오행상 水生木의 조건이 되니 완벽하게 상극하지 못하고 때에 따라서는 오히려 유정(有情)하게 된다",!

이와같은 성질을 좀 더 자세하게 구체적으로 기술하여 보면 보통 상충이나 삼형은 오행상 상극으로 짜여져 강력하게 충돌하는 것이 정석인데 이 중에 삼형은 원칙적으로 3가지로 구성되어 충돌하는 寅-巳-申이나 丑-戌-未등으로 대변하는 것이 정석이다.

하지만 그에 반하여 子-卯형이나 辰-辰, 午-午, 酉-酉, 亥-亥,등의 자형(自刑)은 두가지의 오행이 짜여져 형을 동반하고 있지만 이것은 사실상 子-卯형은 오행상 상생의 법칙으로 연결되는 水生木의 조건이 될 것이며 또한 자형(自刑)은 동질성인 같은 오행으로 성립되고 있음을 중시볼 필요가 있다.

그렇다면 이런 현상은 상충의 작용이나 삼형의 작용중에서 나타나는 특성이 삼형으로 묶어지는 동질성을 부여하지 못하고 살성(殺星)으로 분류해서 취급하는 것이 원칙이 되니 사실상 강력하게 오행상 상극으로 발생하는 상충 및 寅-巳-申이나 丑-戌-未 삼형과는 조금 거리를 두어야 할 점은 자명하며 아울러 강력한 삼형의 작용으로 포함시켜서는 절대로 안될 것이다.

*. 고서(古書)나 원서의 오류,!

이상의 부분에 대하여 고서(古書)나 원서에 기술하고 있는 성질을 비교하여 볼 경우 무조건 상충이나 삼형의 작용이 있으면 모든 사주명조내 합의 기운이 분산된다는 부분을 모두 자형(自刑)이나 子-卯의 형도 포함시켜 그 실체를 언급하고 있지만 이것은 추명의 원리를 제대로 알지 못하고 막연히 기술 하고 있는 처사라고 감히 말할 수가 있다.

더구나 이러한 부분을 놓고 고서(古書)나 원서에 삼형이나 상충의 작용이 기록되어 있는 것은 사실상 하늘같은 사주추명학의 비조이라 생각하여 초심의 학자들이 그대로 취용하게 될 경우 사주상 일간의 왕쇠(旺衰)나 용신의 기운에 필연적인 오류가 생기는 것은 자명하니 이는 곧 마땅히 배척하여야 될 것은 두말할 이유가 없다.

다음 둘째로,!

"전자에 언급한 子-卯의 형은 오행상 水生木의 조건을 갖추고 있으니 완벽하게 상극하지 못하는 중에 재차 사주년지 辰土와 시지 子水간 子-辰합이 성립되어 상극의 작용을 합을 하여 해극을 도모하고 있다",!

이상의 부분도 자세하게 기술하자면 우선 전자에 설명하고 있는 사주월지 未土 편재와 일지 卯木 비견간 卯-未합木을 구성하고 있는데 시지 子水가 일지 卯木을 子-卯 형으로 상극한다는 원칙은 오행상 水生木의 조건을 구비하고 있으니 제대로 상극의 작용이 되지 않는다고 설명하였다.

그런 와중에 사주년지 辰土 정재가 비록 시지 子水 편인간과는 일면 원격(遠隔)하여 제대로 합의 기운으로 취용할 수 있는 水氣로 돌변하지 못하게 되겠으나 그렇지만 이상의 子-卯형의 상극이 발생 된다손 치더라도 이렇게 子-辰합이 되고 있으니 이것은 곧 상극의 작용을 합으로 해극을 도모하고 있는 중요한 법칙이 성립되고 있다.

무슨 말인지 학자들의 이해를 돕기 위해 좀 더 구체적으로 언급하자면 이러한 부분은 본 저자가 이미 편찬한 명리비전 상권에서 실제인물을 간명하는 자리에서 子-卯형의 부분을 놓고 오행상 상극의 의미를 넘어서 오히려 水生木의 조건을 갖추고 있으니 일간의 왕쇠(旺衰)나 용신 및 육친의 성정에 대한 의미를 자세하게 설명한 바가 있었다.

따라서 이상의 성질을 이미 전자에 子-卯 형은 오행상 水生木의 조건이 되므로 완벽하게 卯-未合木을 파극하지 못하고 있는 중에 금상첨화로 사주년지 辰土가 子水와 子-辰합을 구성하고 있으니 이것 또한 절묘하게 하나의 미약한 합의 기운으로 해극하게 됨에 따라 더욱 더 상극의 작용이 퇴색되고 있다해도 과언이 아닐 것이다.

결국 일부학자들이 의문을 구하고 있는 사주일지 卯木 비견과 월지 未土 편재간 卯-未合木은 시지 子水 편인이 일지 卯木을 子-卯 형으로 파극하여 합이 분산되는 논리는 모두 이와 같은 성질에 일치를 하고 있기 때문에 본 저자는 卯-未合木을 취용하여 본 사주팔자에 대한 일간의 왕쇠(旺衰)를 결정하고 있는 대답이 여기에 있으니 더 이상 무슨 이유가 있을 수가 없다.

*. 격국(格局)과 용신,!

다시 본 사주팔자에 대한 격국(格局)과 용신을 판별하여 보면 우선 일간 乙木이 신왕한 중에 사주월지에 未土 편재가 자리를 잡고 년지 辰土 정재가 존재하여 있으므로 원칙적인 "신왕월지편재격(身旺月支偏財格)"이고 또한 한편으로 乙일간이 일지에 卯木 비견이 자리를 잡고 십이운성 건록지에 앉아 형, 충으로 파극되지 않고 있으니 "전록격(專祿格)"을 같이 성격(成格)한다.

고로 용신은 왕성한 비겁 木氣를 金剋木하여 억제할 수 있는 "비중용관격(比重用官格)"이 될 것이나 제일로 본 사주팔자내 비겁 木氣가 강력한 중에 월상 丁火 식신과 시상 丙火 상관이 투출되어 신왕한 일간 乙木을 자연스럽게 수기(秀氣)유행을 도모하고 있으므로 "가상관격(假傷官格)"을 겸한 "식상생 재격(食傷生財格)"을 구성한다.

따라서 용신은 왕성한 일간 乙木의 기운을 누출시키는 식상 火氣를 주된 용신으로 선택하고 아울러 재성 土氣는 길신으로 선택하는 것이 마땅한데 그 중에 습토인 辰, 丑 土氣는 왕성한 일간을 생조하는 인성 水氣에 부합하게 되므로 불리하며 그러나 조토인 未, 戌, 土氣는 대단히 길신으로 작용하는 점도 판단할 필요가 있다.

여기서 한가지 중요한 부분이 발견되고 있는데 본 사주팔자가 식상생재격(食傷生財格)이 성격(成格)되면 사주월지 未土 편재와 년지 辰土 정재가 자리를 잡고 있음에 따라 그 힘을 사주강약도 표에 준하여 측정하여 보면 월지는 약 30%가 되니 힘이 강력한 편재 未土를 용신으로 선택하는 것이 마땅하지 않느냐,!라는 의문을 가지게 된다.

그러나 본 저자는 이 부분에 대하여 만약 사주월지 未土 편재가 건전한 성질이 되고 있다면 일면 그렇게 볼 수가 있겠지만 이렇게 卯−未合木을 구성하여 합을 탐한 나머지 기반(羈絆)이 되고 있으니 용신의 성질을 망각한채 제대로 그 역할을 수행할 수가 없다.

더구나 이와 같은 현상은 일간 乙木의 기운을 부조할 수 있는 비겁 木氣로 변화되어 있으므로 이것은 더 이상 강력한 용신의 기운이 되지를 못하는 절대적인 이유가 성립되니 본 사주팔자는 월상과 시상에 투출되어 있는 丁, 丙火 식상을 주된 용신으로 선택하는 이유가 여기에 있는 것이다.

이렇게 용신과 길신을 선택하여 놓고 사주격국을 면밀히 관찰하여 보니 일간 乙木에 근접하여 월상 丁火 식신과 시상 丙火 상관이 투출되어 왕성한 木氣를 흡수받고 있으므로 이것은 곧 진신(眞神)의 성질이 되면서 식상생재격(食傷生財格)의 장점을 유감없이 발휘하고 있다고 볼 수 있겠으며 격국은 순수 하다고 판단한다.

＊. 본 장 3항에 준하여,!

본 장에 3항에 준하여 그 실체를 기술하여 보면,!

3. "전자 1항에 준하여 천간합은 사주지지에 왕성한 십이운성인 장생, 건록, 제왕지에 뿌리를 두고 있을 경우 잘 합을 하지 않을려는 성질이 있으나 이렇게 뿌리를 두는 지지의 기운이 천간오행과 원격(遠隔)하여 있을 경우 뿌리를 두는 힘이 미약하게 작용할 수밖에 없으니 완벽하게 합으로 돌아간다",! 라며 그에 대한 천간합(天干合)에 대한 변화를 완벽하게 기술하고 있음을 엿 볼 수가 있겠다.

따라서 본 사주명조를 본 장 3항에 준하여 그 실체를 적용시켜 볼 경우 완전히 일치를 하고 있겠는데 그것은 사주년간에 투출되어 있는 壬水 인수가 사주시지 子水 편인에 대해서 십이운성 제왕지에 앉아 있으니 일면 단편적으로 판단할 경우 왕성한 지지에 통근(通根)을 하는 것이 되어 丁-壬合木을 잘 하지 않는다고 간명하기 쉽게 되었다.

그러나 본 장 3항에 기술하고 있듯이 사주년간과 시지의 기운은 너무나 원격(遠隔)한 성질이 되어 있는 가운데 더구나 사주월지 未土 편재는 그 힘이 약 30%의 기운과 일지 卯木 비견은 20%의 세력이 합세하여 모두 50%의 기운이 가로막아 있기 때문에 아무리 강력한 십이운성의 영향력이 있다고 해도 제대로 바지가랭이를 붙잡지 못하는 단점이 발생되는 것은 자명한 일이 되었다.

상황이 이럴진데 일면 한편으로 판단할 경우 사주년간에 투출되어 있는 壬水 인수와 월상에 丁火 식신이 근접하여 丁-壬合木을 구성하고 있는 성질을 시상에 투출되어 있는 丙火 상관이 년간 壬水 인수를 丙-壬 상충으로 파극하여 丁-壬합을 분산시키는 일면이 발견되고 있다.

이와 같은 현상은 마땅히 천간합(天干合)의 경우 합을 구성하는 성질이 안정된 가운데 미약하게 결합하는 성질이 되니 조금의 상충의 작용이 아무리 원격(遠隔)하게 작용 한다손 치더라도 역시 합의 기운이 방해를 받는 것은 모면 할 수가 없기 때문에 결국은 합으로 취용하지 못하는 단점을 지니고 있다해도 과언이 아니다.

*. 丁-壬合木에 대한 중요한 결론,!

그런데 여기서 한가지 재차 중요한 대목이 발견되고 있는데 그것은 시상에 투출되어 있는 丙火 상관이 년간과 절묘하게 원격(遠隔)하여 丙-壬상충의 작용을 미약하게 만들고 있는 중에 사주월지 未土 편재와 일지 卯木 비견이 卯-未合木을 구성하여 다시 천간에 투출되어 있는 丁-壬合木에 그 세력에 대한 중심기운을 모아주고 있음을 중시볼 필요가 있다.

이와 같은 현상은 시상에 투출되어 있는 丙火 상관이 사주년간 壬水 인수를 상극의 작용을 업고 비록 직·간접적인 丙-壬 상충이 되고 있다해도 木氣의 중심기운으로 그 힘을 집중시켜주고 있는 강력한 세력이 되고 있으니 절대적 丁-壬合木이 성격(成格)되는 점을 면밀히 관찰할 필요가 있겠다.

만약 지금의 현상이 사실상 월지나 일지에 卯-未合木이 성립되지 않고 있다면 사실상 월상 丁火와 년간 壬水간 丁-壬合木은 시상에 투출되어 있는 丙火 상관이 년간 壬水를 丙-壬 상충으로 방해하는 성질로 말미암아 제대로 천간합(天干合)을 구성할 수가 없는 절대적인 요인으로 작용하고 있으니 이 경우에는 천간합(天干合)을 볼 수가 없게 될 것이다.

이상의 맥락에 비추어 본 사주팔자는 丁-壬合木은 완벽하게 결성되어 비겁 木氣로 그 영향력을 행사하고 있음을 간명할 수가 있겠으며 그렇다면 이러한 부분을 제대로 단편적으로 소홀히 취급하여 천간합(天干合)의 성립여부를 불투명하게 취용하게 될 때 완벽한 일간의 왕쇠(旺衰)나 용신의 선택에 필연코 오류를 나타내게 되는 점은 자명할 수밖에 없다.

결국 본 장 3항에 기술하는 취지는 무릇 모든 사주천간에 투출되어 있는 천간합(天干合)의 기운이 존재하게 될 경우 이것이 왕성한 십이운성인 장생, 건록, 제왕지등에 해당된다손 치더라도 년간과 사주시지등에 원격(遠隔)한 성질이 되어 있다면 제대로 천간오행을 붙잡지 못하는 절대적인 이유가 성립됨에 따라 천간합(天干合)은 성격(成格)된다는 부분을 본 장에서 대단히 강조하고 있다.

4. "전자 3항의 성질에 부수하여 천간합(天干合)의 경우 사주지지에 뿌리를 두는 현상이 비록 십이운성 건록지나 제왕지에 해당 될 때 천간오행이 의지한다고 했지만 원격(遠隔)한 현상(년간과 시지간의 성질등)이라면 뿌리를 강력하게 받쳐주지 못하기 때문에 천간합(天干合)이 결합된다고 기술하고 있다",!

"그렇다면 천간에 투출되어 있는 천간오행이 사주지지에 힘을 받는 강도를 비교 측정할 필요가 있겠는데 이것은 사주강약도 표에 준하여 %의 분배에 준하여 사주월지가 가장 강력하게 뿌리를 두고 그 다음이 일지, 그리고 시지순으로 판단한다",!

※ 참고로 이상의 부분을 학자들의 이해를 돕기 위해 좀 더 구체

적으로 기술하자면 전자 3항에 언급하는 성질을 놓고 볼 때 무릇 모든 사주천간에 천간합(天干合)이 있을 경우 사주지지의 오행이 원격(遠隔)한 거리가 되어 통근(通根)하는 힘을 가로막는 세력이 첩첩으로 되어 있다면 천간합(天干合)은 성립된다고 명시한 바가 있다.

이것은 곧 사주 천간 오행에 대한 지지에 통근(通根)하는 여부가 십이운성 강약에 비추어 그 실체를 따지고 있는 것을 말할 수가 있겠는데 이러한 지지에 강력한 장생, 건록, 제왕등에 아무리 해당하고 있다손 치더라도 가로막는 오행이 이중, 삼중으로 둘러 쌓여 있다면 천간 오행이 원격(遠隔)함으로 인하여 제대로 합의 기운을 말릴 수가 없게 되는 절대적인 이유이다.

따라서 이와 같은 점에 대하여 천간오행이 지지에 뿌리를 두는 십이운성 장생, 건록, 제왕등이 얼마나 강력하게 천간오행에 영향력을 미치는 것을 세밀히 측정할 필요가 있겠는데 이것이 본 장 4항에서 언급하는 주된 취지이라 거론할 수가 있겠다.

좀 더 구체적으로 아래 도표1항을 적용시켜 그 실체를 판단하여 보면,!

(도표1).!

시　일　월　년
9%　＊　9%　4%

15% 20% 30% 13%

　이상의 도표 1항에 나타나고 있는 사주강약도표에 대한 각각의 천간과 지지 오행에 대한 힘의 %가 자세하게 기록되어 있음을 엿볼 수가 있다.

　그렇다면 사주천간에 투출되어 있는 오행이 지지에 영향력을 받는 기운이 가장 강력하게 작용하는 것은 사주월지의 힘이 30%가 되니 제일 왕성하게 뿌리를 둘 것이며 그 다음이 일지이고 그리고 시지순으로 대변할 것인데 그에 반하여 사주년지는 13%가 되므로 가장 힘의 기운이 낮다는 것을 판단할 수가 있다.

＊. 지지오행보다 더 강력한 지지합의 기운,!

　그런데 여기서 한가지 중요한 부분이 나타나고 있는데 그것은 본 장 4항의 취지는 천간오행이 지지의 십이운성에 강력한 장생, 건록, 제왕등에 해당하고 있을 경우 가장 강력하게 힘을 둘 수가 있다고 첨언하고 있지만 사실상 그보다 더욱 더 강력하게 힘을 받을 수 있는 부분이 있다.

따라서 그에 대하여 단적으로 설명하자면 곧 지지합의 세력이 되겠는데 이것은 사실상 천간오행이 지지에 강력한 힘에 대한 통근(通根)여부가 어느 한곳인 지지오행에만 국한되어 있다는 것이 아니고 광범위한 지지합의 기운에 대하여도 모두 그 영향력을 미칠 수가 있다는 점을 단적으로 보여주는 대목이라 할 수가 있다.

그렇다면 지지합(地支合)을 놓고 세력에 대한 강약의 차이를 판별하여 볼 때 보통 육합(六合), 준삼합(準三合), 삼합(三合), 방합(方合)의 기운을 대변할 수가 있겠으며 그 중에서 가장 강력한 합의 세력으로 대변하자면 그 첫째로 방합(方合)이 될 것이고, 다음이 삼합(三合), 그리고 준삼합(準三合), 육합(六合)의 순서로 그 힘을 거론하는 것이 순서이라 볼 것이다.

하지만 이와 같은 성질은 역시 사주월지에 중심오행인 사왕지지(子, 午, 卯, 酉)가 자리를 잡고 합을 구성하는 세력이 모두 동일적인 측면에 준하고 또한 합의 기운이 근접하여 나란히 자리를 잡고 결합이 단단히 결속되어 있는 점을 공통적으로 취용할 수가 있다.

이상의 부분을 비교 분석하여 볼 때 전자에 언급한 지지오행이 십이운성에 강력한 세력에 통근(通根)하였다손 치더라도 지지합(地支合)이 결합되면서 천간오행이 그 곳에 뿌리를 두고 있다면 이것은 그야말로 지지오행이 아무리 십이운성 장생, 건록, 제왕등 강력한 세력에 힘을 받고 있다해도 그 힘은 지지합의 세력에는 빙산의 일각에 해당할 것은 자명한 일이다.

*. 본 장 4항에 기술하는 취지,!

이상의 맥락에 비추어 본 장 4항에 기술하는 성질은 무릇 사주천간에 투출되어 있는 오행이 또 다른 하나의 천간오행을 만나 천간합(天干合)을 구성하는 성질이 되고 있을 때 천간오행이 지지에 힘을 받을 수 있는 영향력을 중점하여 판단하는 것을 상당히 중요하게 다루고 있다.

따라서 이와 같은 천간오행이 지지에 통근(通根)하는 힘의 기운은 이미 전자에 언급하였듯이 사주강약도표에 준하여 가장 강력하게 작용하는 것은 사주월지이고 다음이 일지, 그리고 시지, 마지막 년지순으로 순차적으로 작용하고 있는 것을 말 할 수가 있겠다.

하지만 이렇게 강력한 지지오행이 힘을 받고 있는 것도 역시 하나의 지지오행에 뿌리를 두는 역할이 지지합(地支合)의 기운을 받고 있는 천간오행이 있을 경우 오히려 지지오행의 영향력은 빙산의 일각이라는 것을 자세하게 밝혀 두고 있음을 알 수가 있다.

결국 본 장 4항에 언급하는 취지는 무릇 모든 사주천간오행이 지지에 뿌리를 두는 성질이 힘의 강약에 준하여 그 실체를 조목조목 따지고 있으며 그러나 이와 같은 현상도 지지오행이 아무리 천간오행에게 강력한 힘을 준다손 치더라도 지지합(地支合)의 세력에는 대단히 쇠약하다는 것을 대단히 중요하게 강조하고 있다해도 과언이 아니다.

5. "천간합(天干合)을 성립하는 절차에서 합의 한쪽오행
   이 비록 지지에 장생, 건록, 제왕지에 뿌리를 두고 있
   는 성질이나 동주(同柱)의 기운이 되지 않는 이상 통근
   (通根)하고 있는 지지오행을 상충이나 삼형으로 파극
   하고 있다면 통근(通根)자체가 흔들리게 되니 천간합
   (天干合)은 귀착된다.!

※ 이상의 성질을 좀 더 자세하게 기술하자면 전자의 3항에 부수
   되는 현상이 되는 것을 알 수가 있겠는데 전자 3항의 경우 천
   간합(天干合)의 한쪽 오행이 비록 지지에 장생, 건록, 제왕지
   에 뿌리를 두는 현상이 될지라도 그 거리가 원격(遠隔)한 기운
   이 되고 있을 경우 천간오행에게 미치는 영향력이 쇠약하기
   때문에 합으로 귀착하는 것을 알 수가 있었다.

   그런데 본 장 5항에 언급하는 성질이 일면 대동소이한 일면
   이 있겠으나 사실상 엄밀히 따져보면 그 실체가 완전히 달리
   판단되는 것을 엿볼 수가 있겠다.

   따라서 그에 대한 성질을 거론하자면 무릇 모든 천간에 투출
   되어 있는 한 쪽 오행이 천간합(天干合)을 구성하는 절차에서
   지지에 비록 왕성한 기운인 십이운성 장생, 건록, 제왕지에
   해당된다 해도 천간과 지지에 동주(同柱)의 기운이 되지 않는
   이상 뿌리를 두고 있는 지지오행을 상충이나 삼형으로 파극
   하고 있을 경우 지지의 근거지가 흔들리게 되므로 천간오행
   이 합을 하는 성질을 막을 수가 없게 된다.

무슨 말인지 학자들의 이해를 돕기 위해 아래 도표 1항을 적용해서 그 부분을 집중으로 판단하여 보면,!

(도표1),!

시 일 월 년
* * 己 甲
申 寅 * 申

*."寅-申상충",!!

※ 년간 甲木을 기준하여 사주일지 寅木이 십이운성의 건록지에 해당하고 있으니 잘 합이 되지 않는다고 판단할 수가 있겠지만 시지 申金이 일지 寅木을 寅-申 상충으로 파극하니 甲木을 붙들어 매지 못하게 된다.!!

이상의 도표 1항에 나타나고 있듯이 이 때 사주년간 甲木이 월상에 투출되어 있는 己土와 甲-己合土를 구성하는 과정에서 사주일지 寅木이 자리를 잡고 십이운성 건록지에 해당하고 있으니 이것은 곧 지지에 뿌리를 튼튼히 하는 것이 되어 제대로 합으로 귀착하지 않을려는 성질이 다분히 있다할 것이다.

그런데 이 때 사주일지 寅木의 기운을 시지 申金이 근접하여 寅-申 상충으로 파극하고 있으니 년간 甲木이 뿌리를 두는 것을 흔들리게 만들고 있음에 따라 제대로 일지 寅木이 년간 甲木을 붙들고 있는 힘의 영향력이 미약하게 된다.

이와 같은 현상은 보통 천간과 지지간에 동일선상에 놓이게 되는 동주(同柱)의 성질이 아닌 이상 무리없이 甲-己合土로 변화될 수 있는 성질이 되고 있겠으며 이것은 한편으로 판단할 때 전장 1항에 기술하였던 부분에 일지 寅木에 년간 甲木이 건록지에 해당하고 있음에 따라 완벽하게 지지에 통근(通根)하고 있다고 착오하여 합의 기운으로 취용하지 않는다고 간명할 수가 있으니 곧 상당한 오류가 발생되는 점을 모면할 수가 없다.

따라서 위 도표 1항에 표시하고 있는 성질을 놓고 글자 그대로 甲-己합이 근접하여 있음에 따라 비록 일지 寅木에 십이운성 건록지에 해당된다손 치더라도 이미 원격(遠隔)하여 있는 중에 설상가상으로 寅-申상충으로 일지 寅木을 파극하고 있음에 따라 년간 甲木을 붙들지 못하는 절대적인 이유가 성립되는 것을 거론할 수가 있다.

결국 본 장 5항에 기술하고 있는 부분에 적용하여 위 도표의 甲-己합은 성립하고 있다는 것을 알 수가 있겠고 아울러 이렇게 천간에 투출되어 있는 하나의 오행이 천간합(天干合)을 구성하는 요건중에서 지지에 비록 강령한 뿌리를 두는 의지처가 있다해도 그 거리가 원격(遠隔)하거나 상충이나 삼형등으로 지지의 의지처를 파극하고 있을 경우 천간오행은 합을 도모할 수밖에 없다는 취지를 본 장에서 대단히 강조하고 있다해도 과언이 아니다.

(예1). 여자, 한 모씨(경기, 파주) 1962년 음력 6월 24일 午 시

死　浴　墓　祿
庚　甲　丁　壬
午　子　未　寅

편관　　　상관 편인
金　(木)　火　水
火　水　土　木
상관 인수 정재 비견

＊. 일간의 왕쇠(旺衰),!

　　甲일간 未월에 출생하여 실령(失令)하였으며 사주원국 월지 未土 정재를 중심으로 해서 편관 庚金과 상관 火氣가 강력하게 일간 甲木을 극루하고 있으니 일간 甲木이 신약이다.

이렇게 일간 甲木이 신약하고 있을 경우 마땅히 사주원국내 일간 甲木을 부조할 수 있는 오행이 있어야 만이 일간이 의지처가 있어 외격(外格)의 종격(從格)이나 가종격(假從格)으로 돌아가지 않고 내격(內格)에 기준하여 용신이 선택될 수가 있다.

따라서 사주격국을 면밀히 관찰하여 보니 일간 甲木은 비록 사주내 정재 未土와 편관 庚金 및 상관 火氣가 강력하게 작용하고 있지만 사주일지 子水 인수에 득지(得地)한 중에 년주가 壬寅이 되어 비견과 편인이 동주(同柱)의 기운을 형성한채 강력하게 일간 甲木을 생조하고 있음을 엿볼 수가 있겠다.

더구나 이와 같은 현상은 비록 일간 甲木이 신약하지만 그나마 어느 정도의 세력을 구성하고 있다고 볼 수가 있는데 금상첨화로 월상에 투출되어 있는 丁火가 년간에 壬水와 丁-壬合木을 구성함에 따라 일간의 기운을 부조하는 현상이 되고 있으니 일간이 힘이 없는 가운데 천군만마를 얻으므로 절묘하다고 판단한다.

하지만 사주일지 子水 인수가 일간 甲木과 서로 유정(有情)하여 그 힘을 유감없이 일간에게 이끌어내는 것이 되어 좋다고 판단하겠으나 아쉬운 점은 사주시지 午火 상관이 역시 사왕지지(子, 午, 卯, 酉)로서 일지 子水 인수를 子-午 상충으로 파극하고 있으니 이것은 직·간접적으로 일간의 의지처가 파극을 당하는 중요한 원인 제공이 되어 참으로 좋지 못한 것을 알 수가 있다.

또한 설상가상으로 일간 甲木이 태어난 계절이 未월이 되고 있으므로 상당히 더운 여름에 일간 甲木이 대단히 힘을 소진하고 있는 중에 이렇게 중요한 일간의 의지처인 일지 子水 인수가 자리를 잡고 있으니 그나마 조후법을 충족시키는 중요한 기운이 되고 있는 것은 두말할 이유가 없다.

그런데 신약한 일간 甲木에 대한 힘을 부조할 수 있는 성질이 되는 子水 인수를 아쉽게도 시지 午火 상관이 子-午 상충으로 완전하게 파극하고 있으니 조후법을 무력하게 만들면서 신약한 일간의 의지처를 파괴시키고 있으므로 애석한 일이 아닐 수가 없다.

*. 격국(格局)과 용신,!

본 사주명조에 대한 격국(格局)과 용신을 판별하여 보면 우선 일간 甲木이 사주내 편관, 상관, 정재인 金, 火, 土가 많아 신약한 중에 사주월지 未土정재가 자리를 잡고 있으니 원칙적인 "신약월지정재격(身弱月支正財格)"이 성격(成格)된다.

고로 용신은 "재중용비격(財重用秘格)"으로 왕성한 재성 土氣를 木剋土로 억제하면서 신약한 일간 甲木을 부조하는 비겁 木氣를 용신으로 선택하고 아울러 비겁 木氣를 생조하는 인성 水氣는 희신으로 잡는 것이 마땅하다 할 것이다.

따라서 이렇게 사주상의 용신과 희신을 선정하여 놓고 사주격국을 면밀히 관찰하여 보니 일간 甲木에 대한 용신의 기운이 사주 년지 寅木이 자리를 잡고 있음에 따라 일면 조금 일간 甲木과 거리가 원격(遠隔)하여 무정(無情)한 감이 없지 않으나 그나마 일지 子水가 일간 甲木과 유정(有情)하여 있는 관계로 정히 진신(眞神)의 성질이 되고 있으므로 아쉬운 부분을 보충시키고 있다 고 보겠다.

하지만 사주일지 子水 인수 역시 사주시지 午火 상관이 子-午 상충으로 파극하고 있으니 이것은 곧 직·간접적으로 일간 甲木의 의지처를 파극하는 현상이 되어 암합리에 그 기운이 줄여지고 있음을 모면할 수가 없음으로 사실상 생식불식(生息不息)에 조금의 막힘을 조성하는 결론에 도달하게 만들면서 일부 탁기(濁氣)를 남기는 격국이 되고 있음은 두말할 이유도 없다.

＊. 본 장 5항에 준한판단,!

본 장 5항에 준하여 그 실체를 인용하여 본다면,!

5. "천간합(天干合)을 성립하는 절차에서 합의 한쪽오행이 비록 지지에 장생, 건록, 제왕지에 뿌리를 두고 있는 성질이나 동주(同柱)의 기운이 되지 않는 이상 통근(通根)하고 있는 지지오행을 상충이나 삼형으로 파극하고 있다면 통근(通根)자체가 흔들리게 되니 천간합(天干合)은 귀착된다.! 라며 그에 대한 성질을 대단히 자세하게 기술하고 있음을 엿볼 수가 있다.

따라서 위 사주명조를 본 장에 준해서 그 부분을 적용시켜 보면 완전히 일치를 하고 있는데 그것은 사주년간에 투출되어 있는 壬水 인수가 월상에 있는 丁火 식신과 丁-壬合木을 구성하는 절차에서 년간 壬水 편인이 사주일지 子水 인수를 대조하니 십이운성의 제왕지에 해당하고 있음을 중시볼 필요가 있다.

그런데 이와 같은 현상은 단편적으로 판단할 경우 이렇게 지지에 왕성한 십이운성 제왕지에 년간 壬水가 자리를 잡고 있는 점은 누가 보아도 지지에 뿌리를 튼튼히 하는 것이 되어 제대로 합의 기운으로 귀착할 수가 없다고 판단하는 것이 정석이다.

하지만 이 때 사주일지 子水 인수를 시지 午火 상관이 근접하여 子-午 상충으로 파극하고 있으니 이렇게 강력한 사왕지지(子, 午, 卯, 酉)끼리 충돌하는 처사는 그 원천적인 오행이 뿌리채 흔들리게 되는 것을 모면할 수가 없으므로 년간에 투출되어 있는 壬水 편인을 일지 子水가 붙잡지 못하게 되는 절대적인 요인에 봉착하게 된다.

그렇다면 이렇게 일지 子水 인수가 아무리 년간 壬水 편인에 대한 십이운성제왕지에 해당된다손 치더라도 강력한 상충의 작용이 있을 경우 지지상호간 전극(戰剋)의 소용돌이로 말미암아 천간오행을 자기것으로 귀속시키지 못하게 되니 이렇게 되면 년간 壬水 편인은 월상에 투출되어 있는 丁火 상관과 무리가 없이 丁-壬合木으로 귀착되는 것을 알 수가 있다.

이상의 맥락에 비추어 본 장 5항에 기술하고 있는 취지는 이렇게 사주천간 오행이 천간합(天干合)을 구성하는 절차에서 지지에 장생, 건록, 제왕지등의 강력한 십이운성에 해당되어 그에 대한 통근(通根)여부로 말미암아 합을 할 수가 없다는 원칙을 정면으로 뒤집는 결론으로 당면하고 있으니 정말 중요한 성질이 되는 점은 두말할 이유가 없다.

결국 정리 하자면 무릇 모든 사주천간에 떠있는 천간오행이 천간합(天干合)을 구성하는 절차에서 지지에 강력한 십이운성 장생, 건록, 제왕지등에 해당되 어도 이렇게 지지상호간 상충의 작용으로 뿌리를 두는 근본오행을 파극하고 있을 경우 천간오행을 붙잡지 못하는 절대적인 이유가 성립되니 이 경우 무리 없이 천간합(天干合)이 성격(成格)되는 성질을 상당히 중요하게 기술하고 있다해도 과언이 아니다.

6. "천간합(天干合)은 지지합(地支合)에 비해 그 세력이 대단히 미약하게 결합하기 때문에 조금의 상충의 작용이 있을 경우 쉽게 합이 분산되어 합의 성질로 귀착하지 못한다".!

※ 참고로 이상의 성질을 좀 더 자세하게 기술 한다면 무릇 모든 사주천간에 투출되어 있는 오행은 지지의 오행과 비교 분석 판단하여 볼 때 그 힘의 영향력이 약 3배정도 천간오행이 쇠약하게 작용하고 있음에 따라 세력의 균형면에 비추어 천간오행은 지지오행에 비해 쇠약함은 두말 할 필요가 없다.

따라서 이와 같은 현상은 더 나아가서 하나의 합으로 결합되

는 천간합(天干合)이나 지지합(地支合)에 대한 결합여부도 전
자와 같이 판단할 수 있는 하나의 기준점이 되고 있겠으며 이
것은 또한 한편으로 판단할 경우 그만큼 천간합(天干合)의 기
운은 독립적인 홀로서기인 관계로 더욱 더 미약하게 될 수 밖
에 없는 것이다.

이와 같은 현상을 감안하여 본 장 6항에 기술하고 있는 천간
합(天干合)이 성립하는 절차를 놓고 그 합의 결합이 미약하게
작용하는 것이 되니 이렇게 천간합(天干合)이 성립되고 있다
해도 다시 사주천간에 천간합(天干合)을 방해하는 천간상충
이 근접하여 합의 기운을 파극할 경우 그렇지 않아도 미약한
합은 완전히 분산되는 것을 막을 수가 없게 되므로 이 때는
천간합(天干合)이 성립되지 못하는 것으로 귀착한다.

무슨 말인지 학자들의 이해를 돕기 위해 좀 더 자세하게 아래
도표 1항을 적용해서 그 실체를 언급하여 보면,!

(도표1),!

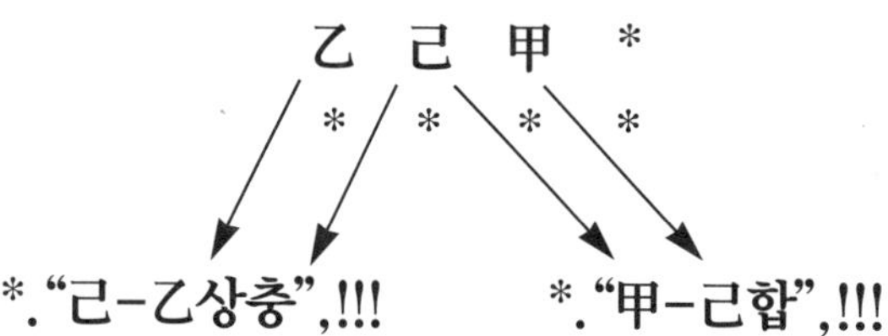

　이상의 도표에서 나타나고 있듯이 이 때 사주일간 己土가 월상에 투출되어 있는 甲木과 완벽하게 근접하여 있음에 따라 하나의 甲−己合土를 구성하고 있는데 시간에 투출되어 있는 乙木이 일간 己土와 己−乙 상충이 되어 합의 성질을 방해하고 있으니 상충의 작용으로 인한 합의 성질이 방해를 받게 되는 점을 모면할 수가 없다.

　이러한 부분은 지지합을 생각한다면 사실상 지지합은 그나마 그 세력이 대단히 강력하게 작용하는 현상이 되어 사왕지지(子, 午, 卯, 酉)가 월령에 자리를 잡고 삼합(三合)이나 방합(方合)을 구성하는 성질이 될 경우 아무리 상충이나 삼형의 작용이 있다해도 쉽게 분산되지 않는 힘의 결합이 나타나고 있다.

　그러나 이상의 지지합(地支合)보다 지금에 언급하고 있는 천간합(天干合)은 독립적으로 홀로서기인 관계로 합을 구성하는 오행이 서로 근접하여 비록 합을 결합하더라도 조금의 합을 방해하는 천간상충으로 파괴시키고 있을 경우 그렇지 않아도 미약한 합을 완전히 분산시키는 중요한 원인제공을 부여하기 때문에 상충으로 인한 천간합(天干合)은 제대로 성립될 리가 만무하다.

　이상과 같은 맥락에 비추어 본 장 6항에 기술하고 있는 취지를 종합적으로 판단하여 볼 때 무릇 모든 사주팔자의 천간합(天干合)이 구성하는 요건이 안정된 가운데 합의 오행끼리 근접하면서 아울러 방해받는 천간상충의 기운이 없을 경우 합을 성립할 수가 있다는 절대적인 조건을 본 장에서 언급하면서 그에 대한 세밀한 판단을 요구하고 있다해도 과언이 아니다.

따라서 이상의 성질은 실례로 모든 사주팔자에 하나의 천간합(天干合)이 있다고 가정할 경우 과연 이것이 완벽한 천간합(天干合)의 기운으로 돌아가고 있는가, 그렇지 않으면 상충의 작용을 제대로 파악하여 천간합(天干合)이 될 수가 없다는 등의 성질을 구체적으로 따져야 할 것이다.

결국 본 장에 기술하고 있는 6항에 대한 중요성을 망각한채 이상의 부분을 소홀히 취급한다면 이러한 합의 기운을 제대로 분석하지 못하고 막연히 천간합이 있다해서 합으로 취용할 경우 용신의 선택이나 일간의 강약(强弱)을 제대로 파악하지 못하는 절대적인 현상으로 연결될 수가 있으니 참으로 중요한 대목임은 두말할 이유도 없다.

(예1). 여자, 진 모씨(부산 완월동) 1959년 음력6월 28일 辰 시

帶　帶　衰　絶
壬　丙　辛　己
辰　辰　未　亥

편관　　　정재　상관
水　(火)　金　土
土　土　土　水
식신　식신　상관　편관

✱. 일간의 왕쇠(旺衰),!

丙일간 未월에 출생하여 실령(失令)하였으며 사주원국 월지 未土 상관을 중심으로 해서 지지에 전부 식상 土氣와 년지 亥水 편관 및 사주천간에 金, 水, 土가 투출되어 정오행 전부가 일간을 생조하는 기운이 없으니 일간 丙火가 극도로 신약함을 면치 못하고 있다.

이렇게 될 경우 일간 丙火의 기운이 왕성한 식상 土氣를 따르게 되는 외격(外格)의 종격(從格)이나 가종격(假從格)으로 돌아가기 쉽게 되는데 그렇다면 지지에 지장간이라도 일간을 의지하는 기운이 있어야 만이 종격(從格)으로 돌아가지 못하고 내격(內格)에 기준하여 용신을 선택할 수가 있다.

따라서 사주격국을 면밀히 관찰하여 보니 일간 丙火에 대한 의지하는 오행은 사주내 정오행이 없겠으나 지지에 월지 未土 상관의 지장간 중기(中氣)에 乙木이 존재하여 있고 다시 년지 亥水의 지장간 중기(中氣)에 甲木이 들어 있으므로 이곳에 일간 丙火가 뿌리를 두고 있으니 결코 일간 외격(外格)의 성질을 따르게 되지 못하게 되었다.

고로 위 사주명조는 외격(外格)의 용신법이 적용되는 것은 아니고 내격(內格)의 억부법이나 조후법상 용신이 선택되는 것이 마땅하며 그러나 일간 丙火가 극심한 신약을 면치 못하고 있으므로 시급히 대운이나 세운에서 일간 丙火를 생조하는 기운을 얻어야 만이 그나마 안정을 되찾을 수가 있을 것이다.

　그러나 만약 이와 같은 현상이 후천성의 운로인 대운이나 세
운등에서 일간 丙火를 상극하는 삼형이나 상충 및 용신을 상극
하는 기신(忌神)의 운로를 맞이하게 될 경우 그에 대한 재화는 극
심하게 들이 닥치는 것을 모면할 수가 없으니 숙명적인 운기가
대단히 불안하기 그지없다.

＊. 일부학자들의 의문,!

　여기서 일부학자들 중에 방금 본 저자가 위 사주팔자에 대한
일간의 왕쇠(旺衰)를 간명하는 부분에 대하여 한가지 의문을 가
지면서 질문을 하고 있다.

　그것은 "合, 沖의 特秘 저자 운정선생은 위 사주명조에 대한
일간의 왕쇠(旺衰)를 결정하는 자리에서 일간 丙火가 사주월지
未土 상관의 지장간 중기(中氣)에 乙木과 년지 亥중의 지장간 중
기(中氣)에 甲木등에 뿌리를 둔다고 하여 외격(外格)의 종격(從
格)으로 보지 않고 내격(內格)의 억부법이나 조후법상 용신을 선
택한다고 명시하고 있다",!

　"하지만 저희 학자들의 견해는 운정선생과 달리 판단하고 싶
은데 그 부분은 우선 본 사주일간 丙火가 월지 未土 상관의 지장
간에 뿌리를 둔다고 하나 월지 未土는 사실상 고(庫)에 해당하는
기운으로 대변하고 있는 중에 일간　丙火를 기준하여 쇠약한 십
이운성 쇠지에 재차 적용되고 있으니 이것은 마땅히 일간 丙火
가 기운을 얻지 못하는 것은 자명한 일이 아니겠는가".?

"또한 이것은 더 나아가서 사주년지 亥水 편관의 지장간속에 들어 있는 중기(中氣) 甲木도 일간 丙火에 대하여 뿌리를 둘 수 있는 여력은 있겠지만 년지 亥水가 일간 丙火와 너무 원격(遠隔)하여 올바른 힘을 받을 수가 없는 절대적인 현상이 되고 있음도 면밀히 관찰할 필요가 있다",!

"더구나 상황이 이럴진데 시상에 투출되어 있는 壬水 편관이 강력하게 일간 丙火를 丙–壬 상충으로 파극하고 있으니 이것은 곧 일간 丙火가 상충의 소용돌이를 맞이하고 있음에 따라 더욱 더 안정된 가운에 지지의 지장간에 뿌리를 둘 수 없는 현상이 되고 있는 점은 두말할 필요가 없다",!

"그런데도 불구하고 운정선생은 이와 같은 부분은 조금도 언급하지 않는채 막연히 사주지지의 지장간에 일간 丙火가 뿌리를 둔다고 하여 외격(外格)의 종격(從格)으로 보지 않고 내격(內格)에 기준하여 용신을 선택하는 처사는 누가 보아도 어불성설임이 분명하니 이 점에 대하여 구체적인 답변을 하여달라,!라며 날카롭게 그 원리를 반박하여 자세한 답변을 요구하고 있다.

＊. 일부학자들의 의문에 대한 본 저자판단,!

이와 같은 일부학자들의 의문에 대하여 본 저자는 일면 타당성이 있다고 볼 수가 있지만 사실상 본 사주팔자에 대한 지지오행의 지장간 변화와 합, 충의 특성을 면밀히 관찰하여 보면 곧 본 저자와 견해를 같이할 수가 있을 것이다.

따라서 이상의 성질에 대하여 본 저자는 상당한 학술적인 부분을 접목시켜 그 실체를 조목조목 따져야 학자들을 이해 시킬 수가 있겠는데 그에 대하여 그동안 본 저자가 약 30여년 동안 사주추명학을 연구하는 과정에서 경험상 터득한 비법(秘法)을 적용해서 약 3가지로 구분하여 기술하기로 한다.

✱. 본 저자가 실제인물에 적용하여 약 30여년간 경험상 터득한 비법(秘法),!

그 첫째로,!

"사주월지 未土 상관은 고(庫)에 해당하더라도 그 힘이 왕쇠(旺衰)에 준하여 쇠약할지언정 일간에 대한 영향력은 행사할 수가 있으니 지장간속의 오행이라도 힘을 줄 수가 있다",!

이상의 성질은 상당히 의미가 있는 부분이 되겠는데 무릇 사주명조에 庫(辰, 戌, 丑, 未)에 해당하고 있는 기운은 사실상 창고에 갇힌 것이 되니 고(庫)에 해당하고 있는 지지오행 전부을 막론하고 정오행과 더불어 지장간의 기운조차 그 힘이 쇠약한 점은 기정사실이다.

그러나 그와 같은 성질은 고(庫)의 오행자체가 쇠약하다는 것으로 판단할 따름이지 이것이 천간이나 지지오행에 대하여 생조의 법칙이나 상극의 법칙이 된다면 고중에 머물러 있다손 치더라도 생조를 하지 못하거나 혹은 상극을 못하는 것은 아니다.

무슨 말인지 학자들의 이해를 돕기 위해 좀 더 구체적으로 자세하게 기술하자면 사주지지에 辰, 戌, 丑, 未등은 보통 고(庫)라는 의미를 부여하여 통칭하고 있는데 이와 같은 고(庫)에 해당하는 기운이 고중에 들어 있다해서 타오행을 생조하거나 혹은 상극하지 못한다는 점은 있을 수가 없는 것이다.

가령하여 예를 들면 辰, 戌, 丑, 未는 오행상 土氣로 판별되고 있는데 이 때 사주원국내 庚, 辛, 申, 酉등이 있다할 경우 土生金으로 생조할 수가 있게 된다는 점이고 이것이 모두 고중에 해당된다하여 金氣를 오행상 土生金으로 생조할 수가 없다는 것은 말도 되지 않는 어불성설로 귀착될 수밖에 없다.

또한 이상의 辰, 戌, 丑, 未가 오행상 土氣로 대변되고 있는데 가상하여 사주명조상 壬, 癸, 亥, 子 水氣가 있다면 土剋水로 상극할 수밖에 없음에 따라 이것이 고중에 해당된다해서 창고에 갇힌 물건이 되므로 土剋水를 하지 못하는 원칙에 부합할 것이니 이 역시 말도 되지 않는 새로운 법칙(?)이 될 것은 자명한 일이다.

물론 이와 같은 성질은 사주명조내 水氣가 있다고 가정할 때 조토인 未, 戌, 土氣는 강력하게 水氣를 土剋水할 것이고 그에 반하여 습토인 辰, 丑 土氣는 水氣에 부합하는 일면이 있으므로 완벽하게 상극하지 못하는 점은 인정할 것이나 그래도 오생상 土氣로 대변되고 있는 이상 다소 水氣를 억제하는 점은 틀림이 없다.

　따라서 이상의 성질은 사실상 辰, 戌, 丑, 未가 고(庫)를 대변하고 있는 점은 사실이지만 이것이 오행상 자기본래의 성질에 대한 모든 조건을 망각한채 土氣의 기운이 사라지는 것이 아니기 때문에 판단의 부분을 신중히 하여야 될 점은 기정사실이고 그렇다면 사주상에 고(庫)에 해당하고 있는 지장간의 여기(餘氣), 중기(中氣), 정기(正氣)의 기운도 전부 무시될 수가 없는 절대적인 이유가 여기에 있는 것이다.

　결국 본 사주팔자에 월지 未土의 지장간 중기(中氣)에 乙木은 살아있는 것으로 판단하고 아울러 다시 여기(餘氣)에 丁火가 재차 존재하고 있음에 따라 본 사주일간 丙火가 월지 未土에 의지를 하고 있는 성질이 모두 이상의 부분에 적용하고 있다고 말할 수가 있으니 더 이상 무슨 반박의 논리가 있을 수가 없다.

　다음 둘째로,!

　"일간이 양간(甲, 丙, 戊, 庚, 壬)인 중에 시상에 투출되어 있는 壬水 편관이 일간 丙火를 丙-壬 상충으로 파극하고 있어 일간이 흔들리게 되어 지지의 지장간에 안정된 가운데 뿌리를 둘 수가 없어 종(從)할 수가 있다고 판단하나 월상에 투출되어 있는 辛金 정재가 일간 丙火를 丙-辛합으로 상충의 작용을 해극 하고 있다",!

　이상의 성질에 대하여 좀 더 구체적으로 기술하자면 일부학자들의 의문중에서 일간 丙火가 지지의 지장간에 뿌리를 두는 역할이 시상에 투출되어 있는 壬水편관이 일간을 丙-壬 상충으로 파극하니 그에 대한 상충의 소용돌이로 말미암아 안정된 가운데 사주월지 未土의 지장간에 뿌리를 두지 못하여 종격(從格)으로 돌아갈 수 있는 점을 의심하고 있다.

하지만 이렇게 시상 壬水 편관이 일간 丙火를 丙-壬 상충으로 파극하고 있는 것을 절묘하게도 월상에 투출되어 있는 辛金 정재가 일간과 丙-辛합을 도모하고 있으니 이것을 지지합, 충의 변화와 마찬가지로 상충의 작용을 합으로 해극을 하고 있음을 판단할 필요가 있겠다.

이와 같은 성질은 일면 단편적으로 판단할 경우 일간 丙火가 지지에 정오행이 아닌 미약한 지장간 여기(餘氣)나 중기(中氣)등에 뿌리를 두고 있을 때 안정된 가운데 통근(通根)할 수가 없는 점을 감안한다면 어찌보면 타당성이 있겠으나 이렇게 상충의 작용을 합으로 해극할 수 있는 성질이 발생한다면 오히려 일간이 죽음속에서 살아날 수 있는 현상이 되고 있음도 면밀히 관찰 하여야 된다.

상황이 이럴진데 일간 丙火의 성질이 음간(陰干)이 아닌 양간(甲, 丙, 戊, 庚, 壬)이 되고 있으므로 이것은 조금의 지장간속에 의지처가 있다면 결코 쉽사리 일간 본인을 포기하지 않는 절대적인 이유가 여기에 있다해도 과언이 아닐 것이며,!

또한 만약 이상의 성질을 가상하여 비록 월상에 辛金 정재가

丙-辛합을 도도하지 않더라도 이렇게 월지에 여기(餘氣)와 중기(中氣)에 뿌리를 두는 현상이라면 丙-壬 상충이 있다하나 일간이 뿌리채 뽑혀지지 않으니 역시 내격(內格)의 용신법이 선택될 수밖에 없는 이유가 여기에 있다해도 과언이 아니다.

다음 셋째로,!

"사주월지 未土 상관이 비록 고(庫)이지만 일간 丙火에 대하여 지장간에 통근(通根)할 수 있는 성질이 되고 있는 중에 다시 사주년지 亥水 편관과 월지 未土 상관이 亥-未合木을 하여 암합리에 일간 丙火를 木生火하면서 다시 사주일지 및 시지 辰土 지장간 여기(餘氣)에 乙木까지 있음을 면밀히 관찰하여야 된다",!

이 부분도 좀 더 자세하게 기술하자면 전자에 언급한 사주월지 未土 상관이 고(庫)에 해당된다손 치더라도 일간 丙火가 완벽하게 뿌리를 둔다고 명시하 고 있는 가운데 또 한가지는 이렇게 사주년지 亥水 편관과 월지 未土 상관이 같이 亥-未合木을 구성하고 있음을 중시볼 필요가 있다.

더구나 이와 같은 지지합인 亥-未合木을 방해할 수 있는 지지 상충이나 삼형의 기운이 선천성인 사주명조내 없으니 상당히 건전하게 합을 구성하고 있을 요건을 갖추고 있다고 판단하여야 될 것이고 이것은 비록 사왕지지(子, 午, 卯, 酉)인 卯木이 빠진 다해도 암합리에 일간 丙火에 대한 인성 木氣가 만들 어지고 있음을 유념하여야 된다.

또한 상황이 이럴진데 이번에는 사주일지 및 시지 辰土 식신의 지장간 여기(餘氣)에 乙木이 존재하여 있음에 따라 비록 지장간속에 존재하는 여기(餘氣)의 기운은 그 힘이 미약하게 작용하기 때문에 완벽하게 천간의 기운이 뿌리를 두는 현상이 쇠약하다고 판단할 지 모른다.

그러나 이상의 지지에 모두 일간에 대한 인성 木氣와 비겁 火氣의 의지처가 있게 되면서 亥—未合木까지 구성하는 마당에서는 이렇게 지지의 지장간 여기(餘氣)의 기운까지 합세할 수가 있으므로 더욱 더 일간 丙火가 의지를 한다해도 과언이 아니다.

이런 부분을 우리 일상생활에 비추어 자동차가 도로에서 탄력을 붙쳐 질주를 하게 될 때 평탄한 도로인 경우와 도로가 내리막길이 되고 있을 경우를 놓고 같은 속도라도 평탄의 도로보다 내리막길이 훨씬 더 속도를 가지면서 질주하는 형상과 똑같은 성질이라 생각한다면 쉽게 이해가 갈 수가 있을 대목이다.

따라서 결론적으로 이상 3가지 조건을 본 사주원국에 적용하여 판단하게 될 때 완전하게 일간 丙火가 의지를 하여 외격(外格)의 종격(從格)이나 가종격(假從格)으로 돌아가지 않고 내격(內格)의 억부법이나 조후법상 용신이 선정되는 점은 방금 설명한 부분에 모두 일치하고 있다고 볼 수가 있다.

결국 지금까지 장황히 기술한 부분은 사주추명학의 실체에 비추어 고서(古書)나 원서에 이상의 성질이 조금도 언급되지 않고 있는 것을 부득이 본 저자는 약 30여년동안 실제인물이 이상의 성질에 당면되어 있는 격국만 골라서 다시 운로인 과거, 현재 , 미래의 순으로 역추적하여 오늘날 경험상 하나의 비법(秘法)으로 정리를 하였던 것이니 참으로 중요한 성질이 되고 있는 것은 두말할 이유가 없다.

*. 격국(格局)과 용신,!

다시 본 사주명조에 대한 격국(格局)과 용신을 판별하여 보면 우선 일간 丙火가 신약한 중에 사주월지에 未土 상관이 자리를 잡고 일지 및 시지에 전부 辰土 식신까지 존재하여 있으므로 원칙적인 "진상관격(眞傷官格)"이며 일명 "신약월지상관격(身弱月支傷官格)"을 성격(成格)한다.

고로 용신의 격국은 "진상관용인격(眞傷官用印格)"으로 신약한 일간 丙火를 생조하면서 아울러 왕성한 식상 土氣를 木剋土로 억제할 수 있는 인성 木氣를 용신으로 삼고 아울러 신약한 일간 丙火를 부조할 수 있는 비겁 火氣는 길신으로 삼는 것이 마땅하다.

이렇게 사주상에 용신과 길신을 선택하여 놓고 사주격국을 면밀히 관찰하여 보니 일간 丙火에 대한 용신의 기운으로 자리매김하고 있는 인성 木氣가 사주상 정오행이 없으므로 사주격국이 대단히 답답하게 되었다.

더구나 그나마 일간 丙火의 기운을 부조할 수 있는 세력은 오로지 년지 亥水 및 월지 未土의 지장간 중기(中氣)에 각각 甲木과 乙木이 암장되어 있으므로 이렇게 암장된 기운속에 일간 丙火가 의지하고 있으니 이것은 참으로 미약한 형상이 될 수밖에 없음을 알 수가 있다.

따라서 이와 같은 현상은 사주상에 정오행이 없고 지지의 암장된 기운을 용신으로 선택하고 있으니 진가(眞假)의 법칙에 준하여 곧 진신(眞神)의 성질이 아닌 가신(假神)을 용신으로 볼 수밖에 없음에 따라 운로인 대운이나 세운에서 시급히 인성 木氣를 바라 보아야 하는 절박함마져 감돌고 있다해도 과언이 아니다.

상황이 이럴진데 사실상 용신의 기운으로 선택되고 있는 인성 木氣가 사주내 정오행이 없더라도 그나마 일간 丙火를 부조할 수 있는 비겁 火氣라도 있으면 상당히 격국이 안정되면서 좋은 장점을 부여받을 수가 있겠지만 역시 비겁 火氣마져 사주월지 未土 상관의 지장간 여기(餘氣)에 암장되어 미약한 기운이 되고 있으니 더욱 더 숙명적인 불길함을 모면할 수가 없다는 것을 단적으로 보여주고 있다.

＊. 본 장 6항에 적용하여 판단,!

본 장 6항에 적용하여 천간합(天干合)합의 부분에 대해 그 실체를 인용하여 본다면,!

6. "천간합(天干合)은 지지합(地支合)에 비해 그 세력이 대단히 미약하게 결합하기 때문에 조금의 상충의 작용이 있을 경우 쉽게 합이 분산되어 합의 성질로 귀착하지 못한다".! 라며 천간합(天干合)이 성립하는 과정에서 천간합을 방해하는 천간상충이 근접하여 자리를 잡고 있을 경우 합을 할 수가 없다고 명시하고 있다.

따라서 본 사주팔자는 이상의 성질에 완전히 일치를 하고 있음을 엿볼 수가 있겠는데 그것은 사주월상에 투출되어 있는 辛金 정재가 일간 丙火와 丙-辛合水를 결성하는 과정이 어찌보면 서로 근접하여 합을 구성하고 있으니 완벽한 丙-辛合水가 결합되는 것으로 착각하기 쉽다.

하지만 자세히 관찰하여 보면 이 때 사주시상에 투출되어 있는 壬水 편관이 일간 丙火를 丙-壬 상충으로 파극하여 丙-辛合水를 분산시키고 있음에 따라 완전하게 합의 기운으로 돌아가지 못하는 절대적인 이유가 성립된다고 볼 수가 있다.

이상의 성질에 대하여 천간합(天干合)의 세력은 지지합인 육합(六合), 삼합(三合), 준삼합(準三合) 및 방합(方合)과 달리 사주천간에 홀로 떠있는 오행끼리 합을 구성하는 것으로 그 힘이 미약하기 짝이 없고 아울러 결합하는 자체도 쇠약하니 조금의 합을 깨뜨리는 천간상충의 작용이 있을 때는 여지없이 분산될 수 있는 점을 감안한다면 쉽게 이해가 갈 수 있는 대목이다.

그렇다면 이와 같은 현상은 무릇 모든 사주명조상에 천간합

(天干合)이 되고 있을 때 다시 천간합(天干合)을 방해하는 천간상충이 있어 합의 기운을 파극한다면 지지합도 무사할 수가 없듯이 천간합은 더욱 더 성립되지 못하는 절대적인 성질이라 말할 수가 있다.

따라서 학자들은 이렇게 사주천간에 오행끼리 천간합(天干合)이 구성되어 근접하여 합을 성립할 경우 모두 천간합(天干合)으로 취용할 수 있는 성질이 천간상충이 있어 합이 분산되어 사실상 독립적인 오행으로 판단하여야 될 것인데 이것을 착오하여 천간합으로 보면서 합의 오행으로 취용하게 될 때 일간의 왕쇠(旺衰)나 용신의 강약에 필연코 오류가 발생될 수 있는 소지는 자명한 일이다.

결국 본 장 6항에 기술하는 취지는 모든 사주팔자의 천간에 합을 구성하는 천간합(天干合)이 있을 경우 이렇게 양자의 어느 오행이라도 합을 방해하는 천간상충이 도사리고 있다면 천간합(天干合)이 성립되지 못한다는 결론을 중요하게 언급하고 있으니 참으로 합, 충의 변화에 대한 판단의 심리는 어려운 것이고 또한 대단히 중요한 성질이 되는 것은 두말할 이유가 없을 것이다.

7. "천간합(天干合)은 서로 근접하여 있을 경우 합이 성립되는데 이 때 합을 하고자 하는 하나의 오행이 타 오행에 가로막혀 있거나 원격(遠隔)하여 있을 경우 합이 될 수가 없다".!

※ 이상의 성질을 좀 더 구체적으로 기술하여 보자면 천간합(天干合)은 사주천간에 홀로 떠있는 성질이 됨에 따라 가장 근접하게 자리를 잡고 합을 구성하여야 만이 완벽하게 그에 대한 합을 성립시킬 수가 있다.

그런데 여기서 중요한 부분은 이렇게 천간합(天干合)을 구성하는 절차가 사주천간에 합을 도모 하려는 한쪽오행이 근접하여 있지 않고 거리가 생기고 있는 즉, 다시 말하면 원격(遠隔)하여 합을 성립하는 것이 된다면 가운데 다른 하나의 오행이나 두 개의 오행이 가로막고 있는 형상이 되고 있으니 이때는 합을 구성하는 성질이 미약하게 될 수밖에 없다.

따라서 이 경우에는 합으로 취용할 수가 없는 현상이 되는 것인데 이와 같은 현상은 지지합(地支合)에도 일면 일맥상통하는 것이 되나 일면 한편으로 지지합(地支合)의 경우 이렇게 비록 원격(遠隔)한 합이 된다손 치더라도 사주천간에 합의 기운을 모아주고 중심기운으로 대변하고 있는 2-3개의 동질오행이 투출되어 있을 경우 하나의 합으로 취용할 수 있는 소지는 남기고 있다 고 보겠다.

그러나 그에 반하여 무릇 모든 천간의 오행이 합을 도모함에 앞서 이렇게 거리가 있어 원격(遠隔)한 합이 되거나 혹은 가로막아 상충등으로 하나의 오행 및 양쪽의 오행을 상극하고 있다면 완전한 합을 구성할 수가 없게 되어 결론적으로 합이 분산되어 본래오행으로 돌아가 취용할 수밖에 없는 성질이 된다.

무슨 말인지 학자들의 이해를 돕기 위해 아래 도표 1항 및 도표 2항을 적용하여 그 실체를 자세하게 언급하여 보면,!

(도표1).!

시 일 월 년

戊 丙 癸 ＊
＊ ＊ ＊ ＊

＊. "戊-癸合火"를 결성하는데 일간 丙
火가 가로막아 있으니 완벽한 戊-癸
合火로 돌아가지 못하게 된다.!!

(도표2).!

시 일 월 년

丁 戊 己 壬
＊ ＊ ＊ ＊

＊. "丁-壬合木"을 결합하려고 하는데
이렇게 일간 戊土와 월상에 투출되
어 있는 己土가 이중으로 가로막고
있으니 더욱더 합을 결합하기가 어
렵게 된다.!!!

이상의 도표 1항과 도표 2항에서 자세하게 나타나고 있듯이 도표 1항에서는 월상에 투출되어 있는 癸水와 시간에 투출되어 있는 戊土가 戊-癸合火를 성립하려는 성질이 되고 있겠는데 이때 일간 丙火가 양쪽의 합의 기운을 가로막고 있는 형상이 되고 있으니 완전한 원격(遠隔)한 합의 기운이 되고 있음을 엿볼 수가 있겠다.

더구나 더 나아가서는 도표 2항에 합의 취용여부를 판단하여 볼 때 오히려 방금 설명한 전자 도표 1항에 기술하고 있는 성질을 넘어서 사주년간 壬水와 시상에 투출되어 있는 丁火와 丁-壬合木을 구성하고 있는데 이렇게 월상 己土와 일간 戊土가 동시 가로막아 합을 원격(遠隔)하게 만들고 있으니 더욱더 합으로 결합할 수가 없게 되었다 할 것이다.

이러한 부분은 하나의 사주천간에 투출되어 있는 오행끼리 천간합(天干合)을 성립할 수가 있겠는가, 혹은 성립할 수가 없겠는가,를 놓고 하나의 판단의 기준점으로 대단히 중요한 척도가 되고 있음은 두말할 것도 없는데 만약 이렇게 될 경우 천간합(天干合)의 기운을 단순즉흥식으로 간명하여 무조건 천간합이 있다해서 합으로 취용하게 된다면 필연코 간명상 오류를 나타내게 됨은 자명한 일이다.

결국 본 장 7항의 성질은 이상과 같은 맥락에 비추어 무릇 모든 사주상의 천간합(天干合)이 있다고 해서 합의 기운으로 취용하기 앞서 하나의 완벽한 천간합을 성립할 수 있는 상황과 그렇지 않고 천간합을 할 수가 없는 등의 근본적인 조건을 본 장에 제시하고 있는 것이며 이러한 성질은 대단히 중요한 부분이 되고 있음은 두말할 필요가 없을 것이다.

(예1). 남자, 장 모씨(경기 부천시) 1966년 음력 5월 4일 酉 시

浴　旺　胎　胎
己　壬　甲　丙
酉　子　午　午

정관　　　식신 편재
土　(水)　木　火
金　水　火　火
인수 겁재 정재 정재

＊. 일간의 왕쇠(旺衰),!

壬일간 午월에 출생하여 실령(失令)하였으며 사주원국 월지 午火 정재를 중심으로 해서 다시 년지 午火 정재에 십이운성 제왕지에 앉은 년간 丙火 편재가 투출되어 있는 중에 월상 甲木 식신이 재성 火氣를 강력하게 생조하고 또한 시상 己土 정관까지 있으니 일간 壬水가 신약하다.

한편으로 볼 때 일간 壬水에 대한 일지 子水 겁재가 일간에 대한 십이운성 제왕지에 해당하고 있으니 양인(羊刃)으로서 득지(得地)라 말할 수가 있겠으며 더하여 시지 酉金 인수가 득세(得勢)의 기운이 된 채 일간 壬水를 생조하고 있으니 이것은 곧 단편적으로 판단할 경우 신왕으로 착각하기 쉽게 되어있다해도 과언이 아니다.

하지만 시지 酉金 인수의 기운이 십이운성의 제왕지나 건록지에 해당하고 있을 경우 사주강약도표에 준해서 신왕으로 될 수도 있겠지만 이렇게 사주년주 丙午와 월주의 기운이 甲午가 되어 불의 기운으로 한집단체를 구성하고 있는 중에 시지 酉金 인수가 십이운성의 쇠약한 기운인 목욕지에 해당하고 있음에 따라 왕성한 재성 火氣의 세력에 일간의 동기인 金, 水의 힘이 떨어지고 있으니 신약함으로 귀착하는 것을 알 수가 있다.

그렇지만 이렇게 일간 壬水가 일지 子水 겁재의 양인에 해당되어 득지(得地)의 기운과 시지 酉金 인수에 득세(得勢)하고 있는 것은 그만큼 일간 壬水의 세력이 중화(中和)의 기점에 안정되어 있다는 것을 단적으로 표시할 수가 있으니 과히 강력한 재성 火氣에 대적할 만큼 왕성함을 자랑하고 있다해도 과언이 아니다.

또한 일면 사주일간 壬水가 태어난 계절이 午월인 더운 여름이 되고 있으니 이것 또한 마땅히 억부법이나 조후법상 신약한 일간 壬水를 생조하는 것이 타당할 것이고 이러한 점은 용신의 기운을 선택할 때 하나의 기준점으로 잡아야 할 점은 두말할 이유가 없다.

*. 격국(格局)과 용신,!

위 사주팔자에 대한 격국(格局)과 용신을 판별하여 보면 우선 일간 壬水가 사주내 재성 火氣와 식신 甲木 및 시상에 투출되어 있는 己土 정관이 합세하여 강력하게 일간의 힘을 극루(剋漏)함에 따라 사실상 일간의 기운이 신약하고 있음을 알 수가 있다.

따라서 일간 壬水가 신약한 중에 사주월지 및 년지 午火 정재가 자리를 잡고 년간 丙火 편재가 투출되어 있으니 원칙적으로 "재다신약격(財多身弱格)"혹은 "신약월지정재격(身弱月支正財格)"이 성격(成格)된다.

고로 용신은 "재중용비격(財重用比格)"으로 신약한 일간 壬水를 부조하면서 왕성한 재성 火氣를 水剋火로 억제할 수 있는 비겁 水氣를 용신으로 삼고 아울러 비겁 水氣를 생조하는 인성 金氣는 희신으로 선택하는 점이 마땅하다 할 것이다.

이렇게 사주상에 용신과 희신을 선택하여 놓고 사주격국을 면밀히 관찰하여보니 일간 壬水에 대한 용신의 성질로 대변하고 있는 일지 子水 겁재가 일간 壬水에 십이운성 제왕지에 해당하고 있는 중에 양인(羊刃)이 되고 있으니 직접 일간과 유정(有情)하게 되어 대단히 좋게 작용하고 있다.

더구나 이러한 현상은 사주일지 子水 겁재인 양인의 기운만도 그 힘이 강력하게 작용하고 있는 중에 금상첨화로 일지 子水를 시지 酉金 인수가 근접하여 득세(得勢)의 세력이 되면서 끊임없이 金生水로 생조하고 있으므로 용신의 기운이 왕성하여 대단히 길하게 되어 있다고 볼 수가 있다.

그렇다면 이와 같은 현상은 사주상에 용신의 기운이 일간 壬水와 서로 유정(有情)하면서 천복지재(天覆地載)의 법칙에 부합하고 아울러 사주상에 용신과 희신이 나타나고 있는 점은 곧 진가(眞假)의 판단에서 진신(眞神)의 성질이 되고 있는 중에 재차 억부법이나 조후법상 용신이 일치하고 있기에 더욱더 복록이 깊은 것이 된다.

*. 일부학자들의 의문,!

여기서 일부학자들 중에 방금 본 저자가 위 사주명조내 격국(格局)과 용신을 설명하는 자리에서 한가지 의문을 가지면서 질문을 하고 있다.

그것은 "合, 沖의 特秘 저자 운정선생은 본 사주팔자에 대한 용신의 기운을 설명하면서 일간 壬水가 사주내 재성 火氣가 강력하여 신약하고 있으니 마땅히 "재중용비격(財重用比格)"으로 왕성한 재성 火氣를 억제할 수 있는 비겁 水氣를 용신으로 삼고 비겁 水氣를 생조하는 인성 金氣는 희신으로 선택한다고 명시하고 있다",!

"하지만 저희 학자들의 견해는 운정선생과 조금 달리 판단하고 있는데 그 이유로 우선 단편적으로 판단할 경우 운정선생의 말씀대로 신약한 일간 壬水를 부조하는 비겁 水氣를 용신으로 선택하는 점이 타당할 수도 있겠지만 그보다 먼저 본 사주원국이 년주 丙午와 월지 午火가 무리를 이루어 일지 子水 겁재를 子-午 상충으로 파극하고 있는 점을 중시볼 필요가 있다”,!

“더구나 이와 같은 현상은 여기에만 끝나는 것이 아니고 년지 및 월지 午火정재의 십이운성 제왕지에 해당하면서 또한 火氣의 중심세력으로 표시하고 있는 년간에 투출한 丙火 편재가 일간 壬水를 丙-壬 상충으로 파극하고 있으니 이것만 보더라도 정말 한치의 양보가 보이지 않을 만큼 水剋火의 전극(戰剋)의 소용돌이를 모면할 수가 없는 절대적인 현상이 보이고 있다해도 과언이 아니다”,!

“그렇다면 이것은 마땅히 내격(內格)의 억부법이나 조후법을 적용해서 신약한 일간 壬水를 부조할 수 있는 인성 金氣와 비겁 水氣를 희신 및 용신으로 삼는 것보다 오히려 水剋火를 화해 연결시킬 수 있는 통관용신을 선택하여야 바람직하지 않겠는가”,?

“따라서 이상의 절박한 水剋火의 양자기운에 대해 운정선생은 조금의 언급도 하지 않는채 막연히 본 사주팔자를 내격(內格)의 억부법이나 조후법상 金, 水를 용신으로 선택하는 점은 어찌보면 사주추명학상 용신의 기운을 틀리게 잡는 중대한 사태가 발생할 수 있는 단적인 요인이 되고 있으니 이 부분에 대하여 구체적으로 답변을 하여달라”,! 라며 날카롭게 오행상 통관법(通關法)을 주장하면서 그 실체에 대한 자세한 설명을 요구하고 있다.

***. 일부학자들의 의문에 대한 본 저자판단,!**

이와 같은 일부학자들의 질문에 대하여 본 저자는 일부학자들의 판단이 일면 타당성이 있다고 생각할 수가 있겠지만 하지만 본 사주격국을 면밀히 관찰하여 보고 오행상 원리에 입각해서 그 원칙을 세밀히 분석하여 볼 때 곧 본 저자의 간명과 일치를 할 수가 있을 것이다.

따라서 그와 같은 성질에 대하여 학자들의 이해를 돕기 위해 약 2가지로 그 실체를 언급하여 본다면,!

우선 첫째로,!

"본 사주명조내 사주월지 및 년지 午火 정재와 일지 子水 겁재에 양인간 子-午 상충으로 파극하고 다시 년간 丙火 편재 및 일간 壬水간 丙-壬 상충으로 전극(戰剋)이 발생하는 재성 火氣와 비겁 水氣간 水剋火의 양상을 월상에 투출되어 있는 甲木식신이 水生木, 木生火로 통관(通關)작용을 하고 있다",!

이상의 부분에 대하여 좀 더 구체적으로 기술하여 보자면 보통 사주원국에 오행상 상극으로 대치되어 있는 형국이 발생되어 한치라도 양보하는 기색이 없을 경우 마땅히 통관법(通關法)을 적용해서 용신을 선택하는 것이 가장 바람직한 점은 두말할 이유가 없다.

그런데 위 사주명조를 자세히 관찰하여 보면 사주월상에 甲木 식신이 투출되어 있으니 사실상 왕성한 재성 火氣와 비겁 水氣간을 水生木, 木生火로 화해 연결을 도모하고 있음을 발견할 수가 있다.

이와 같은 현상은 한편으로 보면 사주천간은 그렇다손 치더라도 지지에서 월지 및 년지 午火 정재와 일지 子水 겁재간 子-午 상충은 사주천간에 투출되어 있는 甲木 식신 하나만으로는 역부족이 될 수 있는 소지도 있음을 미루어 짐작하고도 남음이 있겠다.

하지만 근본적으로 사주격국상에 월상에 투출되어 있는 甲木 식신은 그 힘의 강약면에 볼 때 사주강약도표에 준해서 약 9%의 기운을 가지고 있음에 따라 왕성함을 나타내고 있으니 충분히 그 역할을 착실히 수행하고 있으며 이러한 점은 곧 지지에도 영향력을 행사할 수가 있으므로 완벽하게 충족은 할 수가 없겠지만 그나마 다소 해결을 하고 있다해도 과언이 아니다.

만약 이러한 월상에 투출되어 있는 식신 甲木이 강력한 재성 火氣와 비겁 水氣간을 가로막고 있는 성질이 아니고 년지나 년간등에 존재해서 거리가 원격(遠隔)하여 있다면 왕성한 재성 火氣가 일간 壬水와 비겁 水氣를 水剋火로 상극하는 현상을 말려

주지 못하게 되므로 이 경우에는 완전한 통관법(通關法)이 적용
될 수 있을 것이다.

다음 둘째로,!

"본 사주팔자가 시상 己土를 중심으로 시지 酉金 인수
에게 土生金, 다시 시지 酉金은 일간과 일지 子水 겁재를
金生水하고 일지 子水 및 일간은 월상 甲木 식신에게 水
生木을 하면서 마지막 식신 甲木은 재성 火氣에게 木生
火로 연결하고 있다",!

이상의 성질은 오행상 木, 火, 土, 金, 水를 모두 가지고 오행
상생의 법칙으로 이어지는 주류무체(周流無滯)가 되니 곧 물결
이 높은데서 낮은데로 순리에 따라 흐르는 형상으로 비유할 수
있는 성질이라 말할 수가 있음에 따라 생화불식(生化不息) 및 생
식불식(生息不息)이라 하여 최고의 격국을 나타내고 있음을 의
미하고 있다.

따라서 위 사주원국은 지금 이 성질에 완전히 일치를 하고 있
는데 비록 재성火氣가 아무리 강력하게 작용한다손 치더라도 이
렇게 오행상 유통이 되고 있는 즉, 다시 말해서 주류무체(周流無
滯)가 되고 있을 경우 이것은 곧 오행서로간 연결을 도모하여 전
극(戰剋)을 방지할 수 있는 장점이 되고 있으니 이것은 정말 절묘
한 배합을 구성하고 있다해도 과언이 아니다.

결국 이와 같은 현상은 지금까지 본 저자가 2가지 이유를 들

어 자세히 설명한 부분을 깊이 생각하여 볼 때 일부학자들이 의문을 표시하고 있는 본 사주팔자에 대한 용신의 성질이 통관법(通關法)에 적용될 수가 없다는 원칙이 방금 기술한 성질에 적용한 것이라 판단하고 있으니 이것은 한마디로 말해서 "일청도저유정신(一淸到底有精神)"이라 참으로 격국이 아름답고 청(淸)하기 그지없다는 것을 알 수가 있겠다.

***. 본 장 7항에 준하여 판단,!**

다시 본 장 7항에 준해서 그 실체를 인용하여 본다면,!

7. "천간합(天干合)은 서로 근접하여 있을 경우 합이 성립되는데 이 때 합을 하고자 하는 하나의 오행이 타 오행에 가로막혀 있거나 원격(遠隔)하여 있을 경우 합이 될 수가 없다".!

라며 사주격국내 천간합(天干合)이 있을 경우 그에 대해 성립할 수가 없다는 원칙을 구체적으로 기술하고 있음을 엿볼 수가 있겠다.

그렇다면 위 사주명조는 지금 기술하고 있는 7항의 성질에 완전히 부합하고 있음을 판단할 수가 있겠는데 그것은 사주월상에 투출되어 있는 甲木 식신이 시상에 투출되어 있는 己土 정관과 甲-己합을 구성하는 것을 간명할 수 있다.

✳. 일간오행에 대한 중요한 성질,!

그런데 여기서 이렇게 甲-己합을 구성하고 있는 성질을 놓고 사주일간 壬水가 가로막고 있으니 비록 일간은 독립적인 오행으로 홀로서기인 관계로 별 지장을 받지 않는다고 판단할 지 모르지만 오행상 상생의 법칙으로 생조하는 과정하고 천간합(天干合)을 구성하는 성질하고는 별개의 차이를 두어야 한다는 것을 본 저자는 강조하고 싶다.

무슨 말인지 학자들의 이해를 돕기 위해 좀 더 구체적으로 기술하자면 이와같은 성질은 후장 17항에 들어갈 경우 지금의 실체를 완벽하게 기술하고 있는데 무릇 모든 사주격국에 천간에 투출되어 있는 오행끼리 천간합(天干合)을 구성하는 절차에서는 조금의 가로막는 기운이 나타나고 있을 때는 오행상 서로 잔여 기운을 남기면서 완벽한 합으로 귀착하지 못하는 단점을 가지고 있다해도 과언이 아니다.

그런데 여기서 일부학자들이 천간합(天干合)을 취용하는 자리에서 합의 원칙과 오행상 상생 및 상극의 원칙을 구분하지 못하고 일간의 기운이 홀로서기인 관계로 천간합(天干合)의 기운을 중앙에서 가로 막는다 해도 천간합(天干合)에는 아무런 지장을 주지 않는다고 생각하는 학자들이 많이 나타나고 있다는 점이다.

따라서 이와 같은 생각의 판단은 참으로 중대한 과실을 불러들일 수 있는 단적의 요인으로 작용하는 것이며 또한 큰 오산이 될 것인데 무릇 모든 사주팔자내 오행상생의 법칙에 준하여 생조의 현상이나 상극의 법칙으로 이어진다고 가정할 때 오행상 상생이나 상극에 대하여서는 일간을 무시하라는 취지이니 이것이 천간합(天干合)을 가로막는 현상이 되고 있다면 합의 기운이 방해를 받기는 매일반이라는 것을 중시 판단할 필요가 있다.

그렇다면 사주일간을 놓고 오생상 상생으로 연결되는 현상이 발생하는 성질에 대하여서는 일간을 무시한다는 원칙을 앞세워야 될 것이고 이것이 천간합(天干合)의 기운을 가로막는 현상이 되고 있을 때는 합의 기운을 원격(遠隔)하게 만들게 됨에 따라 제대로 천간합(天干合)을 구성할 수가 없다고 판단하는 것이 정석이다.

결국 본 장 7항에서는 무릇 모든 사주격국에서 이상의 천간합(天干合)이 형성될 경우 양자의 오행을 가로막는 기운이 있다면 완벽한 천간합(天干合)을 구성할 수가 없다는 절대적인 성질을 본 장에서 언급하고 있는 것이며 이렇게 될 때 하나의 천간합(天干合)을 성격(成格)하여 일간의 왕쇠(旺衰)나 용신의 강약을 발빠르게 채택할 수 있는 절대적인 중요한 부분이 되고 있다는 것은 두말할 이유가 없다.

8. "천간합(天干合)은 천간상충의 작용이 있다면 합의 기운으로 취용하지 못하는데 이 경우 상충의 작용을 가로막는 오행이있어 천간상충의 작용을 완화시키는 현상이 되어도 역시 합의 세력이 방해를 받아 완벽하게

결합하기 어렵게 되므로 합의 기운이 될 수가 없다".!

※ 이상의 성질에 대하여 좀 더 구체적으로 기술하자면 무릇 모든 사주격국의 천간에 투출되어 있는 오행은 천간합(天干合)이 성립되는 절차에서 천간합(天干合)을 도모하고 있는 두 개의 오행은 근접하여 있다고 가정해 볼 수가 있다.

그런데 이 때 천간합(天干合)의 기운을 분산시키는 천간상충의 작용이 원격(遠隔)할 경우 일면 원격(遠隔)한 상충의 작용은 결합되어 있는 하나의 상당한 거리로 말미암아 합을 파괴시킬 수가 없다고 볼 수가 있을 것이다.

하지만 이와 같은 현상은 한편으로 달리 판단할 경우 전자에도 언급 하였듯이 하나의 합이 구성되는 절차에서 양쪽이 합을 도모하는 가운데 타오행이 합의 기운을 가로막아 자리잡고 있다면 원격(遠隔)한 합이 되니 곧 하나의 동질성인 합의 기운으로 될 수가 없다고 명시한바가 있다.

따라서 이러한 경우를 본 장에 적용시켜 반대로 합을 하는 두 개의 오행이 근접하여 합을 결합하고 있는 성질을 놓고 합을 분산시키는 천간상충이 하나의 오행이 가로막는 현상이 되고 있다면 상충의 작용을 둔화시키는 역할로 귀착하니 완벽한 상충의 작용을 할 수가 없고 아울러 비록 합에 대한 방해는 일시 받겠지만 그래도 합의 기운으로 취용할 수 있는 함정이 도사리고 있다해도 과언이 아니다.

더구나 이 경우에도 타오행이 아무리 상충의 작용을 가로막고 있는 중에 천간합(天干合)을 구성하는 오행이 근접하여 합을 구성한다손 치더라도 역시 천간상충의 작용은 무시할 수가 없게 되므로 그로 인한 합의 결합이 분산되어 합의 기운으로 귀착하지 못하게 된다.

이것은 전자에도 본 저자가 누차 설명한 바가 있지만 천간합(天干合)은 천간에 투출되어 있는 오행끼리 합을 결합하는 성질로서 지지합(地支合)에 비교하여 상당히 미약하게 결합하는 하나의 단점으로 말미암아 조금의 상극작용으로 합의 성질을 가격하게 될 때 여지없이 분산되는 현상이 나타나기 때문이다.

무슨 말인지 상당한 집중력이 요구되고 있음에 따라 학자들의 이해를 돕기 위해 본 장 8항에 적용되는 성질에 대해 도표 1항을 접목시켜 그 실체를 자세하게 설명하여보면,!

(도표1),!

*, "甲-己合土"를 구성하는 절차에서 비록 월상에 투출되어 있는 壬水가 가로막고 있기는 하나 년간 庚金이 일간 甲木을 甲-庚 상충으로 파극하는 처사는 "甲-己合土"를 완전히 분산시켜 합을 할 수가 없게 된다.!

이상의 도표 1항에 나타나고 있듯이 사주일간 甲木을 기준하여 시상에 투출되어 있는 己土와 甲-己合土를 아주 근접하여 결합하고 있으니 이것은 곧 단편적으로 생각할 경우 완벽한 甲-己合土를 구성하고 있다고 판단할 수 있는 소지를 다분히 안고 있겠다.

그런데 한편으로 이렇게 甲-己合土로 결합하고 있는 성질을 사주년간 庚金의 일간 甲木을 甲-庚 상충으로 파극하는 절차에서 월상 壬水가 가로막아 상충의 작용을 원격(遠隔)하게 만들고 있으니 이것은 곧 직·간접적으로 미약한 상충의 작용이 되는 점은 합의 성질을 분산시킬 수가 없다고 판단할 수가 있음에 따라 완벽한 하나의 천간합(天干合)을 취용할 수 있는 함정이 도사리고 있다해도 과언이 아니다.

하지만 이와 같은 현상은 사실상 비록 사주월상에 투출되어 있는 壬水가 가로막아 년간 庚金의 일간 甲木에 대한 상충의 작용을 약간 완화시키는 현상은 될지라도 극단적인 완벽한 하나의 합을 할 수가 없게 만드는 절대적인 요인이 작용하고 있으니 이 경우는 천간합(天干合)은 성립되지 못한다.

이것은 곧 천간합(天干合)의 성질은 또 다른 상대적인 합으로 대변하고 있는 지지합(地支合)의 성질과 적용해서 볼 때 완전히 달리 판단하는 것이 원칙이다.

그 이유로 지지합(地支合)은 그 성정이 천간오행과 비교해 대단히 강력하게 세력을 구성하는 성질인데다가 사주월지에 중심 오행이 자리를 잡고 합을 구성하는 삼합(三合)이나 방합(方合)의 성질일 것 같으면 상충이나 삼형의 작용이 있다해도 합이 분산되지 않음에 따라 동질성인 합의 기운으로 취용하는 것이 정석이다.

그러나 본 장에 기술하고 있는 천간합(天干合)은 홀로서기인 관계로 그 힘과 세력이 지지합(地支合)에 비교할 때 대단히 미약하게 작용할 수밖에 없으니 조금이라도 합을 분산시키는 천간상충이 있을 경우 아무리 천간상충의 작용을 완화시키는 가로막은 오행이 있다손 치더라도 역시 천간상충으로 인한 방해는 천간합(天干合)이 분산될 수밖에 없는 절대적인 이유에 도달하게 된다.

　결국 본 장 8항에 기술하고 있는 취지는 천간합(天干合)이 결합되고 있는 것을 천간상충이 있는데 이것을 가로막는 오행이 있다고 해서 천간상충이 제대로 되지 않으니 천간합(天干合)이 완벽하게 성립될 수 있다는 함정이 도사리고 있는 성질에 대하여 한마디로 합의 기운이 될 수가 없다,라고 쐐기를 박는 하나의 법칙이 되고 있으므로 이것은 곧 일간의 왕쇠(旺衰)와 용신의 구분을 선정하는데 하나의 중요한 원칙이 되고 있음을 대단히 강조하고 있다해도 과언이 아니다.

(예1). 여자, 방 모씨(충남 서산) 1941년 음력 4월 22일 辰 시

帶　衰　浴　浴
庚　乙　癸　辛
辰　丑　巳　巳

정관　　편인 편관
金　(木) 水　金
土　土　火　火
정재 편재 상관 상관

＊. 일간의 왕쇠(旺衰),!

乙일간 巳월에 출생하여 실령(失令)하였으며 사주원국 월지 巳火 상관을 중심으로 해서 다시 년지 巳火 상관과 지지에 辰, 丑 土氣의 재성, 그리고 년간 辛金 편관과 시상에 투출되어 있는 庚金 정관이 강력하게 일간 乙木을 극루(剋漏)하고 있으므로 극심한 신약이다.

더구나 이와 같은 현상은 사주년지 및 월지 巳火 상관이 두개가 되어 비록 완전한 지합(地合)을 성립시킬 수가 없겠지만 그러나 잔여기운을 남긴채 일지 丑土 편재와 巳-丑合金을 구성한 중에 재차 년간 辛金 편관과 시상 庚金 정관이 투출되어 있으므로 관성 金氣의 기운이 만만치 않게 작용하고 있어 더욱 더 일간 乙木이 설상가상이라 하겠다.

따라서 이렇게 일간 乙木이 신약함이 극심할 경우 한편으로 생각하여 보면 불과분의 성질에 따라 왕성한 火, 土, 金을 따르는 외격(外格)의 종격(從格)이나 가종격(假從格)으로 돌아갈 수 있는 소지를 다분히 가지고 있다할 것이다.

그렇다면 이 때는 마땅히 일간을 생조하는 오행이 없어야 될 것이고 만약 일간 乙木을 생조하는 인성 水氣나 비겁 木氣가 존재하여 일간을 부조하는 역할이 되고 있다면 왕신(旺神)의 기운을 따르지 못하게 되니 내격(內格)의 억부법이나 조후법상 용신을 선택하는 것이 정석이라 할 수가 있다.

이상의 부분을 감안하여 사주원국을 자세히 관찰하여 보아 일간 乙木을 생조 할 수 있는 인성 水氣나 비겁 木氣를 판별하여 볼 경우 때마침 사주일지 丑土 편재와 시지 辰土 정재가 水氣를 머금은 습토로서 지장간에 癸水가 존재하여 있는 중에 다시 사주월상에 투출되어 있는 癸水 편인이 자리를 잡고 있는 것을 발견하게 된다.

이와 같은 부분은 신약이 극심한 일간 乙木을 인성 水氣로서 水生木의 조건을 갖추게 하고 아울러 지지에 巳-丑合金하여 년간 辛金과 시상에 투출되어 있는 庚金 정관이 재차 金生水로 강력한 관성의 기운을 살인상생(殺印相生) 및 관인상생(官印相生)의 법칙을 실현하여 일간 乙木으로 연결하고 있음도 묵과할 수 없는 성질이 되고 있다.

이러한 현상을 감안할 때 결코 일간 乙木이 왕성한 왕신(旺神)의 기운을 따르게 되는 외격(外格)의 종격(從格)이나 가종격(假從格)으로 돌아가지 못하고 내격(內格)의 억부법이나 조후법상 용신이 선정되는 것을 알 수가 있다.

하지만 이렇게 일간 乙木에 대한 일간의 왕쇠(旺衰)를 결정하고 난 뒤 격국에 대한 판별을 하여 볼 경우 선천성인 사주명조에 이렇게 일간의 기운이 심히 미약하여 있고 비록 일간을 부조하는 인성 水氣가 존재하지만 왕신(旺神)의 기운인 火, 土, 金의 기운이 너무 강력한 중에 내격(內格)의 용신법이 적용되고 있으니 근본적으로 너무 일간이 쇠약함에 따라 그에 대한 숙명적인 운로가 심히 불안하기 그지없다.

✻. 격국(格局)과 용신,!

다시 본 사주명조에 대한 격국(格局)과 용신을 판별하여 보면 우선 일간 乙木이 극심한 신약을 유지하고 있는 중에 사주월지 및 년지 巳火 상관이 자리를 잡고 있으므로 원칙적인 "신약상관격(身弱傷官格)" 및 "진상관격(眞傷官格)"이 성격(成格)되고 있다.

고로 용신은 "진상관용인격(眞傷官用印格)"으로 신약한 일간 乙木을 생조하면서 아울러 강력한 상관 巳火를 水剋火로 억제할 수 있는 인성 水氣를 용신으로 선택하고 아울러 재성 土氣도 강력하게 작용하고 있으니 재성 土氣를 木剋土로 억제할 수 있는 비겁 木氣는 길신으로 선택하는 것이 마땅하다.

이렇게 사주상에 용신과 길신을 선택하여 놓고 사주격국을 면밀히 관찰하여 볼 경우 일간 乙木에 대한 용신의 기운으로 대변하고 있는 사주월상에 癸水편인이 투출되어 있으므로 정히 진가(眞假)의 법칙에서 진신(眞神)의 성질이 되고 있으니 그나마 좋게 작용하고 있다고 볼 것이다.

또한 한편으로 볼 때 일간 乙木이 태어난 계절이 巳월이 되어 더운 여름이 되고 있으므로 일간 乙木에 대한 용신의 성질로 대변하는 인성 水氣가 억부법이나 조후법상 용신이 일치하는 것이 됨에 따라 길하게 작용하고 있는데 아울러 년간에 투출되어 있는 辛金 편관이 월상 癸水 편인을 金生水로 끊임없이 생조하고 있으므로 용신이 힘을 받는 것이 되어 대단히 길하게 되고 있다.

*. 관성의 본 사주팔자에서의 작용,!

이와 같은 현상은 일면 선천성인 본 사주팔자에 일간 乙木에 근접하여 월상에 癸水 편인이 투출되어 있길 망정이지 만약 이렇게 사주월상에 癸水 편인이 투출되어 있지 않고 년간이나 년지등으로 일간과 거리가 생길 수 있는 원격(遠隔)한 상태이라면 상당히 좋지 않는 점은 자명하다.

이것은 그렇지 않아도 일간 乙木의 신약함이 중화(中和)의 기점에 훨씬 멀어져 가는 극심한 신약을 보이고 있는 중에 설상가상으로 강력한 관살(官殺)의 기운이 완전히 일간을 金剋木으로 치고 들어오는 것을 모면할 수가 없음에 따라 이것은 곧 호랑이가 나를 물고 들어오는 형국이니 과히 그에 대한 재화는 미루어 짐작하고도 남음이 있다할 것이다.

그런데 천만다행으로 월상에 癸水 편인이 투출되어 있는 점은 일간 乙木에게 관성 金氣를 살인상생(殺印相生) 및 관인상생(官印相生)의 법칙에 실현하면서 오히려 관성 金氣의 기운을 일간에게 연결을 도모할 수 있는 장점이 있으니 이렇게 월상에 투출되어 있는 편인 癸水는 그야말로 일간 乙木에게는 천군만마라 해도 과언이 아니다.

하지만 본 사주팔자는 근본적으로 선천성인 사주명조상 일간 乙木의 기운이 사주강약도표에 준하여 중화(中和)의 기점을 훨씬 멀어져가고 있는 극심한 신약을 보이고 있으니 후천성인 운로인 대운이나 세운에서 인성 水氣나 비겁 木氣를 보아야 그나마 숙명적인 재화를 모면할 수가 있음을 생각하여 볼 때 참으로 불행한 운명을 타고 났음을 미루어 짐작해볼 수가 있다.

***. 본 장 8항에 준하여 위 사주명조를 간명,!**

본 장에 8항에 준해서 천간합(天干合)에 대한 성립여부를 인용하여 본다면,!

8. "천간합(天干合)은 천간상충의 작용이 있다면 합의 기운으로 취용하지 못하는데 이 경우 상충의 작용을 가로막는 오행이 있어 천간상충의 작용을 완화시키는 현상이 되어도 역시 합의 세력이 방해를 받아 완벽하게 결합하기 어렵게 되므로 합의 기운이 될 수가 없다".!라며 선천성인 사주팔자에 천간합(天干合)이 성립되는 절차를 자세하게 기술하고 있음을 엿볼 수가 있다.

따라서 본 사주원국은 이상의 본 장 8항에서 기술하고 있는 성질에 완전히 일치를 하고 있음을 알 수가 있겠는데 그것은 우선 사주일간 乙木이 시상에 투출되어 있는 庚金 정관과 완전히 근접하여 乙-庚간합을 구성하고 있으니 이것은 곧 단편적으로 판단할 경우 일간 乙木과 시상의 庚金이 천간합(天干合)을 성립한다고 착각을 하기 쉽게 되어 있다.

하지만 아무리 일간 乙木과 시상에 투출되어 있는 庚金 정관이 가깝게 있어 간합(干合)을 한다손 치더라도 년간에 투출되어 있는 辛金 편관이 천간합(天干合)을 시기한 나머지 일간 乙木을 乙-辛 상충으로 파극하여 합을 방해하고 있으니 이것은 곧 제대로 합을 구성할 수가 없는 절대적인 이유에 도달하게 되었다.

그렇다면 이상의 년간 辛金 편관이 일간 乙木을 乙-辛 상충으로 파극하여 합을 방해하는 성질로 말미암아 본 사주팔자에 대한 乙-庚간합은 성립할 수가 없다는 것으로 귀착하는 점이 타당할 것이고 아울러 이와 같은 성질을 일간의 왕쇠(旺衰)나 용신을 선택하는 과정에서 장점과 단점에 대한 가부(可否)를 결정할 수가 있으니 완벽한 합, 충의 원리를 독파할 수 있는 점이 되므로 정말 절대적 중요한 사안이라 말 할 수가 있다.

*. 여기서 일부학자들의 의문,!

여기서 일부학자들 중에서 방금 본 저자가 기술하였던 본 장 8항에 준하여 위 사주명조가 일간 乙木과 시상에 투출되어 있는 庚金 정관간에 乙-庚간합이 성립되지 않는다는 점에 대하여 한 가지 의문을 가지면서 질문을 하고 있다.

그것은 "合, 沖의 特秘 저자 운정선생은 위 사주원국에 대한 일간 乙木과 시상에 투출되어 있는 庚金 정관간에 乙-庚간합을 도모하는 성질에 대하여 년간에 투출되어 있는 辛金 편관이 일간 乙木을 乙-辛 상충으로 파극하고 있으니 천간상충의 작용으로 말미암아 제대로 합의 기운으로 돌아가지 못한다고 설명하고 있다”,!

 “그러나 저희 학자들의 견해는 운정선생과 조금 판단을 달리
하고 있는데 그 이유로 우선 운정선생은 본 사주년간에 투출되
어 있는 辛金 편관이 일간 乙木을 乙-辛 상충으로 파극하여 乙-
庚간합을 분산시키고 있다며 명시하고 있는바, 절묘하게도 사주
월상에 투출되어 있는 癸水 편인이 년간 辛金편관의 기운을 金
生水로 흡수하여 일간 乙木에게 살인상생(殺印相生) 및 관인상
생(官印相生)의 법칙에 적용해서 그 힘을 일간이 흡수를 받고 있
다”,!

 “이와 같은 현상은 오히려 년간 辛金 편관의 기운을 월상 癸水
편인이 다리를 놓아 직·간접으로 편관 辛金의 기운을 일간 乙
木이 받고 있으니 더욱 더 일간의 기운을 강력하게 만들면서 제
대로 辛金 편관이 일간 乙木을 乙-辛 상충으로 파극하는 점이
퇴색되지 않겠는가”,?

 “그렇다면 일간 乙木의 기운을 천간상충으로부터 보호가 되어
이렇게 유정(有情)한 시상 庚金 정관과 무리없이 乙-庚간합을
성립할 수 있는 절대적인 요건이 되고 있다해도 과언이 아닐 것
이다”,!

 “결국 어찌하여 운정선생은 이와 같은 성질을 조금도 언급하
지 않은채 막연히 천간상충이 있다해서 乙-庚간합이 분산되었
다고 설명하고 있는 것인지 학자들의 의문에 대하여 구체적으로
답변을 하여달라”,! 라며 날카롭게 반박의 논리를 제기한 후 자

세한 답변을 요구하고 있다.

*. 일부학자들의 의문에 대한 본 저자판단,!

이상의 성질에 대하여 일부학자들이 의문하고 있는 부분은 일면 타당성이 있다고 사료되겠으나 하지만 천간합(天干合)의 성질을 사주추명학에 비추어 좀더 구체적으로 관찰할 경우 본 저자의 견해와 일치를 할 수가 있을 것이다.

따라서 그 부분에 대하여 좀 더 자세하게 기술하여 보자면 우선 일간 乙木과 시상에 투출되어 있는 庚金 정관간에 乙-庚간합을 사주년간에 투출되어 있는 辛金 편관이 일간 乙木을 乙-辛 상충으로 파극하여 제대로 합을 할 수가 없다는 논리를 되짚어 보기로 하겠다.

그 첫째로,!

우선 본 사주명조의 월상에 투출되어 있는 癸水 편인이 가로막아 편관 辛金의 기운을 살인상생(殺印相生) 및 관인상생(官印相生)을 하고 있으니 제대로 상충의 작용이 되지 못하여 건전한 합을 구성한다고 학자들이 의견을 표시하고 있다.

하지만 본 저자는 이와 같은 성질은 비록 월상에 투출되어 있는 癸水 편인이 존재하여 일간 乙木과 년간 辛金 편관을 가로막았다손 치더라도 근본적인 상충의 소용돌이는 모면할 수가 없다고 판단 할 수가 있겠는데 이것은 천간합(天干合)의 기운은 사주 천간에 노출되어 떠 있는 오행으로 말미암아 대단히 안정된 가운데 합을 구성할 수 있는 성질이 되기 때문이다.

그런데 이상의 천간합이 결합되는 부분에서 아무리 합을 파극하는 천간상충을 가로막아 양자의 기운을 연결시킨다손 치더라도 근본적인 상충의 소용돌이는 약간이라도 나타나기 마련이고 이렇게 될 경우 천간합(天干合)에 대한 직·간접적인 영향력으로 인하여 제대로 합을 구성하기가 어렵게 될 수밖에 없다.

이상의 부분은 무릇 모든 사주천간에 떠있는 오행이 천간합(天干合)을 구성하는 절차에서 이것이 천간상충이 존재하여 있을 때 근접하던, 혹은 원격(遠隔)하던지 간에 아무리 상충의 작용을 완화시키는 오행상 유통(流通)과 합으로 해극을 도모하더라도 미약하게 결합하고 있는 천간합(天干合)은 그에 대한 소용돌이로 인하여 합이 분산될 수 있는 절대적인 요건을 만들게 되므로 곧 합의 성립은 이루어지지 못하는 점을 중시 판단할 필요가 여기에 있는 것이다.

결국 본 장 8항에서 언급하는 성질은 일부학자들이 상당한 반론을 제기하였지만 조금의 천간상충이라도 천간합(天干合)을 방해하는 기운으로 나타나고 있을 경우 이것이 연결되거나 혹은 다른 천간합 등으로 해극을 도모하던지를 불문하고 상극의 소용돌이로 말미암아 미약한 천간합(天干合)은 분산될 수 있다는 성질을 본 장에서 기술하고 있는 것이니 이것은 하나에 간명상 중요한 절대 적인 부분이라는 것을 첨언하는 바이다.

9. "천간합(天干合)은 안정된 가운데 합을 결합하게 되므로 이 때 하나의 오행을 두고 양쪽에서 합을 하는 쟁합(爭合)이 될 경우 잔여기운을 남기게 되므로 완벽한 합이 되지 못한다".!

"단 이 때 외격(外格)의 종격(從格)이나 가종격(假從格)의 성질이 지지에 하나의 동질성인 합국(合局)을 이루고 다시 천간에 쟁합(爭合)하는 기운과 일치된다면 이럴 경우는 완벽한 천 간합(天干合)으로 귀착한다".!

※ 참고로 이상의 성질을 좀 더 자세하게 기술하자면 무릇 모든 사주원국의 천간합(天干合)은 안정된 가운데 합을 결합하는 것을 원칙으로 삼고 있으며 이때 합을 이루고져 하는 오행이 1:1이 되어야만 정상적인 합을 이룰 수가 있을 것이다.

그러나 이렇게 1:1의 합이 되지 않고 합을 이루는 과정에서 하나의 오행을 놓고 양자간에 합을 쟁탈하고 있는 현상인 즉, 다시 말하면 쟁합(爭合)이 되고 있을 경우 합의 근본체가 흔들리게 되므로 제대로 합을 할 수가 없고 비록 합을 취용하더라도 오행상 잔여기운을 남기는 합이 되니 이것 역시 완벽한 천간합(天干合)이 되지 못하게 된다.

일부학자들 중에는 이와 같은 현상을 놓고 약간의 견해를 달리하는 점이 나타나고 있는데 그것은 합의 기운은 근접하여 있을 경우 비록 쟁합(爭合)의 경우라도 동질성으로 돌아가는 것이 타당하지 않겠느냐, 라며 반문을 하고 있는 점이 적지 않다.

하지만 그에 대한 부분은 나중에 다시 자세하게 설명하겠지만 단도직입적으로 말해서 우선 동일오행을 따르는 왕신(旺神)의 성질이 되어 하나의 종격(從格)이 되고 있을 경우를 말하는 것을 본 저자는 학자들에게 상기시키고 싶다.

더 자세하게 설명하면 일반적인 내격(內格)의 억부법이나 조후법상 용신이 선택되는 격국일 경우 마땅히 쟁합(爭合)의 성질이 되고 있을 때 합을 쟁탈하는 현상이 강력하게 발생하므로 양자의 모두 오행상 잔여기운을 남기는 현상이 되니 완벽한 합으로 귀착하지 못하는 단점이 나타나게 된다.

더구나 이러한 현상은 지지합(地支合)의 경우에도 완벽히 적용되어 판단하고 있는데 하물며 사주천간에 홀로서기로 대변하고 있는 천간의 오행이 합을 구성하는 천간합(天干合)이 된다면 합을 도모하는 양자의 기운중에 하나의 기운을 합을 하려는 쟁합(爭合)의 성질이라 할 때 더욱 더 오행상 잔여기운을 남기는 것이 되어 제대로 합의 성질로 돌아가지 못한다고 판단하여야 될 것이다.

학자들의 이해를 돕기 위해 아래 도표 1항을 적용하여 좀 더 구체적으로 설명하자면,!

(도표1),!

시　일　월　년

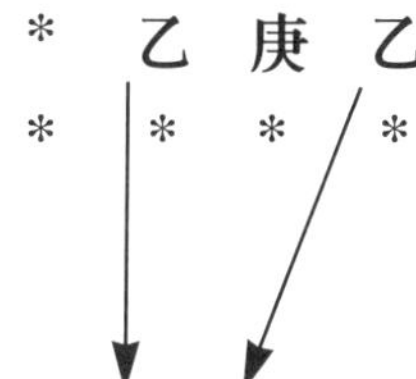

*. "乙-庚合金"을 구성하는 절차가 월상에 투출되어 있는 庚金 혼자를 놓고 일간과 년간에 투출되어 있는 乙木이 각각 서로 먼저 합을 하려고 다투는 쟁합(爭合)의 성질이 되고 있음에 따라 庚金 혼자서 두 개의 乙木을 합을 시켜 金氣로 변화되지 못하므로 완벽한 乙-庚合金이 되지 못하니 결국 합이 성립되지 못하는 것으로 판단한다.!!

이상의 도표 1항에 자세하게 나타나고 있듯이 이 때 사주월상에 투출되어 있는 庚金 하나가 자리를 잡고 있는데 일간과 년간에 투출되어 있는 양자의 乙木이 각각 乙-庚合金을 하자고 끊임없이 구애(求愛)를 펼치고 있는 모습이라 하겠다.

이러한 상황은 동질성인 천간합(天干合)을 도모하려는 본래의 취지가 합을 서로간 쟁탈하는 밀고 밀리는 싸움을 연상케하는 성질이 되고 있다는 점을 알 수가 있겠는데 이렇게 될 경우 사주 월상에 투출되어 있는 庚金은 양쪽의 乙木에게 정을 주는 형상이 나누어지게 되므로 庚金 혼자서 양자의 乙木을 모두 합을 시켜 金氣로 변화시키지 못하는 절대절명적인 귀로에 부닥치게 된다.

무슨 말인지 좀 더 자세하게 우리 일상생활에 비추어 설명할 때 한남자와 한여자의 결혼은 무리가 없이 성사가 되겠으나 만약 남자는 하나인데 여자가 두 명이 되거나 혹은 여자는 하나인데 남자가 두명이 될 경우 이것은 곧 양자간에 하나의 애인을 놓고 다투는 형상에 비유할 것이니 제대로 결합이 될 수가 없다는 취지를 생각한다면 쉽게 이해가 갈 것이다.

***. 종격(從格)이 되는 쟁합(爭合)의 천간합에 대한 판단 ,!**

여기서 한가지 중요한 부분이 나타나고 있겠는데 그것은 본장 7항의 후단에 언급하고 있는 성질을 다시 언급하여 볼 필요가 있으니 그것을 인용하여 보면,!

"단 이 때 외격(外格)의 종격(從格)이나 가종격(假從格)의 성질이 지지에 하나의 동질성인 합국(合局)을 이루고 다시 천간에 쟁합(爭合)하는 기운과 일치된다면 이럴 경우는 완벽한 천간합(天干合)으로 귀착한다".! 라며 그 실체를 자세하게 기술하고 있음을 엿볼 수가 있다.

그렇다면 전자에 설명하고 있는 천간합(天干合)의 성질은 하나의 오행을 놓고 양쪽에서 합을 하는 쟁합(爭合)의 현상이 되고 있다면 양자의 오행이 합을 서로 먼저하려는 다툼으로 말미암아 완벽한 동질성인 합으로 돌아가지 못하고 그렇다보니 오행상 서로 잔여기운을 남기는 것이 되어 제대로 합을 할 수가 없다고 명시하고 있다.

하지만 이러한 성질이 예외가 나타나고 있는데 그것은 천간합(天干合)이 쟁합(爭合)이 되더라도 사주격국이 종격(從格)인 왕신(旺神)의 성질에 천간합의 기운이 일치하는 현상이 되고 있을 경우는 모두 합으로 돌아가는 것을 본 장에서 강조하고 있다.

상당히 집중력을 발휘하여야 되는 성질이므로 학자들의 이해를 돕기 위해 좀 더 구체적으로 도표 2항을 적용시켜 그 실체를 자세하게 기술하여 보면,!

(도표2).!

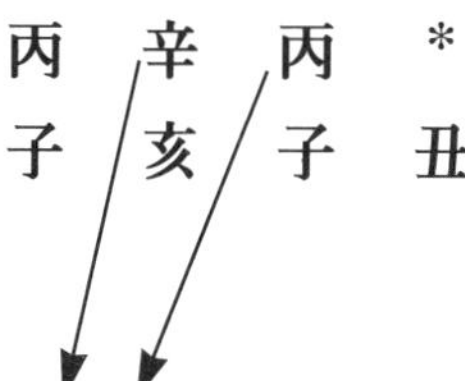

시　일　월　년

丙　辛　丙　＊
子　亥　子　丑

＊. "일간 辛金을 혼자두고 월상과 시상에
투출되어 있는 丙火가 두 개가 되어
丙-辛合水를 하려는 성질은 만약 내격
(內格)의 억부법이나 조후법의 용신에
적용되는 사주는 성립되지 않아 합으로
볼 수가 없겠다".!

"그러나 지지에 亥-子-丑 방합 水局을
결성한 중에 천간에 丙-辛合水가 일치
되고 있으므로 왕신(旺神)의 세력에 따
르는 병신합수화격(丙辛合水化格)이
성격(成格)되니 이 때는 비록 쟁합(爭
合)이라도 丙-辛合水를 따르게 된
다".!!

이상의 도표 2항에 나타나고 있듯이 이 때 일간 辛金이 월상과 시간에 투출되어 있는 丙火와 丙−辛合水를 결성하고 있음을 엿볼 수가 있겠다.

하지만 만약 이와 같은 사주명조가 내격(內格)의 억부법이나 조후법상 용신이 선택되는 사주라면 전자에도 언급하였듯이 서로간 합을 먼저하려고 쟁합(爭合)의 현상이 발생함에 따라 제대로 합의 성질로 귀착하지 못하는 것이라 판단하는 것이 정석이다.

그런데 도표 2항에 나타나고 있는 사주명조는 월지에 사왕지지(子, 午, 卯, 酉)로 대변하고 있는 子水가 강력히 자리를 잡고 완전히 亥−子−丑 방합 水局을 결합하고 있는 중에 사주월상 및 시상에 투출되어 있는 丙火가 지지에 뿌리를 두지 못하는 현상이 발생되면서 일간 辛金과 丙−辛合水로 변화되고 있으니 이 때는 완벽한 하나의 병신합수화격(丙辛合水化格)으로 성격(成格)된다.

이와 같은 현상은 지금 본 장 9항에서 기술하고 있는 천간합(天干合)이 결성되고 있는 과정에 하나의 오행을 두고 두 개의 오행이 쟁합(爭合)이 된다면 제대로 합으로 돌아가지 못한다는 부분에 정면으로 배치되는 현상이라 판단 할 수가 있을 것이다.

그러나 이것은 천간합(天干合)의 부분이 사주상 종격(從格)의 성질이 되어 왕신(旺神)의 기운에 부합되는 합의 성질이라면 비록 쟁합(爭合)의 성질이 된다해도 하나의 동질성인 합의 기운을 따르면서 다시 왕신(旺神)의 성질에 부합할 수 있는 것을 판단하여야 될 것이다.

　결국 본 장 9항에서 기술하고 있는 천간합(天干合)의 성질이 내격(內格)의 억부법이나 조후법에 적용되는 사주격국에 하나의 오행으로 구성되어 1:1의 조건이 된다면 천간합(天干合)이 성립되고 그러나 이상의 천간합의 기운이 1:2이거나 2:1의 성질이 된다면 모두 쟁합(爭合)의 성질이 되어 하나의 합의 기운으로 취용하지 못한다는 점을 상기시켜둘 필요가 있다.

　그리고 이와 같은 성질이 만약 왕신(旺神)의 종격(從格)이 되어 천간합(天干合)이 일치된다면 비록 쟁합(爭合)이 되더라도 하나의 동질성인 합의 기운이 왕신(旺神)오행에 따르게 되니 동질성인 합으로 귀착하게 되는 점을 본 장에서 대단히 중요하게 기술하고 있음에 따라 절대로 소홀히 취급할 수가 없다고 보겠다.

(예1). 남자, 하 모씨(순천시 매곡) 1914년 음력 2월 21일 未 시

養　病　死　病
丁　壬　丁　甲
未　寅　卯　寅

정재　　　정재　식신
火　(水)　火　木
土　木　木　木
정관　식신　상관　식신

＊. 일간의 왕쇠(旺衰),！

壬일간 卯월에 출생하여 실령(失令)하였으며 년지 및 일지 寅木 식신과 사주원국 卯木 상관을 중심으로 해서 시지 未土 정관과 卯-未合木을 한 중에 그 세력에 뿌리를 두고 대표하고 있는 년간 甲木 식신이 투출되어 강력하게 일간 壬水를 극루(剋漏)하고 있으니 일간 壬水가 극심한 신약을 모면할 수가 없다.

이렇게 일간 壬水가 극심한 신약을 유지하고 있을 경우 마땅히 일간을 생조하는 인성 金氣나 비겁 水氣가 있어야 만이 일간의 기운이 왕신(旺神)의 세력을 따르는 외격(外格)의 종격(從格)

이나 가종격(假從格)으로 돌아가지 못 하고 내격(內格)의 억부법이나 조후법상 용신을 선정할 수가 있을 것이다.

따라서 사주격국을 면밀히 관찰하여 보니 사주명조내 일간 壬水에 대한 인성 金氣나 비겁 水氣가 정오행이 없는 중에 지지의 지장간조차 일간을 생조할 수 있는 오행이 암장되어 있지 않음에 따라 본 사주명조는 부득이 왕신(旺神)의 세력을 따르는 외격(外格)의 종격(從格)으로 귀착되는 것을 알 수가 있다.

한편으로 볼 때 일간 壬水의 기운을 생조할 수 있는 인성 金氣나 비겁 水氣가 사주상 지지에 지장간에도 보이지 않고 있으므로 격국이 대단히 순수하다고 볼 수가 있겠으며 그렇다면 선천성인 사주명조가 왕신(旺神)의 세력을 따르고 있을 경우 반드시 후천성인 대운이나 세운에서 왕신(旺神)을 생조하는 기운이나 누출시키는 운로를 필연코 받아야 만이 대발복을 누릴 수가 있음은 자명한 일이다.

＊. 격국(格局)과 용신,!

다시 본 사주명조에 대한 격국(格局)과 용신을 판별하여 보면 우선 일간 壬水가 극심한 신약을 유지하고 있는 중에 사주년지 및 일지 寅木 식신과 왕신(旺神)인 사주월지 卯木 상관이 시지 未土 정관과 卯-未合木을 하여 년간 甲木 식신이 투출되어 있음을 면밀히 관찰하여야 된다.

　　더구나 이러한 현상은 사주지지에 식상 木氣 일색(一色)으로 차지를 하고있는 가운데 월상과 시상에 투출되어 있는 丁火 정재가 일간 壬水와 丁-壬合木을 하여 지지에 木局과 동일하고 있으니 원칙적인 식상 木氣를 따르고 있는 외격(外格)의 "정임합목화격(丁壬合木化格)"을 성격(成格)한다.

　　고로 용신은 "정임합목화격(丁壬合木化格)"에 준해서 왕신(旺神)의 성질을 가지고 있는 식상 木氣를 주된 용신으로 선택하며 아울러 식상 木氣를 생조하는 비겁 水氣와 왕성한 식상 木氣를 자연스럽게 수기(秀氣)유행을 도모할 수 있는 재성 火氣를 모두 길신으로 선택하는 것이 마땅하다.

　　이렇게 사주일간 壬水에 대한 용신과 길신을 선택하여 놓고 사주격국을 면밀히 관찰하여 보니 일간 壬水에 대한 용신의 기운으로 자리매김하고 있는 식상 木氣가 지지에 대부분을 차지하고 있는 중에 시지 未土 정관은 월지 卯木상관과 卯-未合木을 하고 있으니 아주 좋게 되어 있다고 판단할 수가 있다.

　　또한 이와 같은 현상은 지지의 木局을 사주천간에 木의 중심으로 모아주고 있는 일간 壬水와 월상과 시상에 투출되어 있는 丁火 정재가 丁-壬合木을 구성하고 있음에 따라 완전한 식상 木氣를 따르고 있는 "정임합목화격(丁壬合木化格)"의 진격(眞格)이라 할 수가 있다.

*. 일부학자들의 의문,!

여기서 일부학자들 중에서 방금 본 저자가 본 사주팔자에 대한 일간의 용신을 판단하는 과정에서 한가지 의문을 가지면서 질문을 하고 있다.

그것은 "合, 沖의 特秘 저자 운정선생은 본 사주명조에 대한 일간에 대한 격국(格局)과 용신을 거론하는 자리에서 왕신(旺神)의 세력을 따르고 있는 종격(從格)인 정임합목화격(丁壬合木化格)이 성격(成格)되며 아울러 진격(眞格)이라고 기술하고 있다",!

"하지만 저희 학자들의 견해로는 조금 의문이 가는 부분이 있는데 그것은 시지 未土 정관이 자리를 잡고 있는데 이것이 월지 卯木 상관과 卯-未合木을 하여 종격(從格)으로 돌아간다고 하였지만 사실상 일지 寅木 식신이 卯-未合木을 가로막고 있으니 완벽한 木氣로 변화되지 못하는 것이 되지 않겠는가",?

"이러한 현상을 감안할 때 운정선생은 본 사주명조가 식상 木氣를 따르는 정임합목화격(丁壬合木化格)의 진격(眞格)이라고 첨언하고 있는데 그러나 미약 하나마 시지 未土가 잔여기운을 남긴채 화격(化格)의 식상 木氣를 木尅土로 상극하는 것이 당연한 처사이라 감히 말할 수가 있겠다",!

"따라서 본 사주명조가 왕신(旺神)의 木氣를 불과분의 성질에 따르는 가종격(假從格)이면 몰라도 어찌하여 정임합목화격(丁壬合木化格)의 진격(眞格)이라고 말하고 있는지, 그렇다면 이 부분

에 대하여 좀 더 구체적인 답변을 하여 달라",!라며 자세한 대답
을 요구하고 있다.

*. 일부학자들의 의문에 대한 본 저자판단,!

이와 같은 일부학자들이 의문을 제기하는 성질에 대하여 본
저자는 상당한 타당성이 있는 질문으로서 일면 그렇게 볼 수가
있는 소지를 다분히 가지고 있다해도 과언이 아니다.

하지만 위 사주원국에 대한 지지오행과 지지합(地支合) 및 천
간합의 기운을 면밀히 관찰하여 보면 본 저자의 견해와 일치를
할 수가 있으니 그 부분에 대하여 좀 더 자세하게 약 2가지 이유
를 들어 구체적으로 기술하기로 한다.

우선 첫 째로,!

"사주시지 未土 정관은 식상 木氣를 거슬리는 기운이
되겠지만 지지합(地支合)이 있어 변화되는 오행이 木氣
를 따르고 있을 경우 완벽하게 화격(化格)의 식상 木氣
를 거슬리지 못하게 된다",!

이 부분에 대하여 학자들의 이해를 돕기 위해 좀 더 구체적으
로 설명하여 본다면 우선 본 사주명조의 시지 未土 정관이 왕신
(旺神)의 성질이 되고 있는 식상 木氣를 木剋土로 거슬리게 되어
가종격(假從格)이면 몰라도 완벽한 화격(化格)의 진격(眞格)이 되

지 못한다고 일부 학자들은 반박의 논리를 펼치고 있다.

그러나 이와 같은 점은 시지 未土 정관이 월지 卯木 상관과 卯-未合木을 하는 자리에서 비록 일지 寅木 식신이 가로막고 있지만 이렇게 지지에 합을 하여 木氣로 부합하는 자체가 식상 木氣를 거슬리는 기운이 되지 못하는 것을 판별할 필요가 있다.

더구나 사주년간에 甲木 식신이 투출되어 있는 중에 다시 일간 壬水를 주동하여 월상과 시상에 투출되어 있는 丁火 정재가 丁-壬合木까지 합세하고 있음에 따라 완전히 천간과 지지에 식상 木氣의 중심을 한테 모아주고 있으니 대단히 강력한 木氣의 기운으로 돌변하고 있음을 면밀히 관찰할 필요가 있다.

따라서 이것은 비록 사주시지 未土 정관이 월지 卯木 상관과 약간의 거리가 생기고 있는 즉, 다시 말해서 원격(遠格)한 합이라 판단해도 월지 卯木이 사왕지지(子, 午, 卯, 酉)가 되어 木氣의 중심역할을 대변하면서 卯-未合木을 결성하고 있는 중에 사주천간에 丁-壬合木과 년간 甲木 식신이 투출되어 있는 점은 제대로 완벽한 합의 기운으로 변화되어 있다고 해도 과언이 아니다.

다음 둘째로,!

"위 사주원국에 대한 일간 壬水의 기운을 생조할 수 있는 인성 金氣나 비겁 水氣가 사주상 정오행이 없고 아울러 지지의 지장간조차 암장된 기운이 없음에 따라 일간

壬水가 조금의 잔여기운이라도 힘을 받지 못하고 있다",!

무슨 말인지 이 부분도 학자들의 이해를 돕기 위해 좀 더 구체적으로 기술하자면 본 사주명조에 대한 일간 壬水가 힘을 받을 수 있는 인성 金氣나 일간의 동기인 비겁 水氣가 사주내 정오행이 없고 또한 지지에 지장간 여기(餘氣), 중기(中氣), 정기(正氣)에도 보이지 않고 있다.

이러한 점은 사실상 일간 壬水의 기운이 왕신(旺神)의 식상 木氣를 따르고있는 종격(從格)인 정임합목화격(丁壬合木化格)으로 귀착하게 될 경우 조금이라도 일간을 생조하는 인성 金氣나 비겁 水氣가 있다면 왕신(旺神)의 성질에 정면으로 반발을 할 수 있는 절대적인 요인으로 작용할 수가 있으므로 이 때는 왕신(旺神)의 기운이 얼마나 강력히 사주상에 힘의 영향력을 행사하여 불과분에 따르는 종격(從格)이 되고 있는냐, 를 필수적으로 따져야 될 것이다.

그렇다면 보통 사주격국상 무릇 모든 일간을 극루(剋漏)하여 종격(從格)으로 대변하고 있는 종아격(從兒格), 종재격(從財格), 종관살격(從官殺格) 및 종세격(從勢格), 그리고 천간이 합을 해서 종격(從格)으로 변화되는 화격(化格)등은 일간의 동기인 비겁이나 인성이 미약하게 존재하고 있을 경우 인성이나 비겁이 있다는 자체만으로 왕신(旺神)의 성질을 거슬리는 기운이 있다고 판단하는 것이 정석이다.

따라서 이렇게 될 경우 신약이 극심한 일간으로서는 부득이 강력한 왕신(旺神)의 기운에 순종할 수 밖에 없으니 이것은 곧 불과분의 성질에 따라갈 수 있는 조건이 성립되는 현상을 두고 가종격(假從格)이라 하였으므로 이것은 곧 비록 외격(外格)이 되더라도 종격(從格)의 진격(眞格)이 되지 못하는 절대적인 조건이 된다.

이상의 성질을 참고하여 본 사주명조를 면밀히 관찰하여 보면 완전히 지금까지 본 저자가 기술하였던 부분에 일치를 하고 있는 점을 학자들은 발견할 수가 있을 것인데 그렇다면 사실상 본 사주원국은 일간 壬水에 대한 일간의 동기인 인성 金氣나 비겁 水氣가 하나라도 존재하여 있지 않는 다는 점을 중시 볼 필요가 있다.

결국 이와 같은 현상은 더 나아가서 지지의 지장간조차 일간의 동기인 비겁 水氣나 인성 金氣가 전혀 보이지 않고 있는 중에 사주일간 壬水와 월상 및 시상 丁火 정재가 丁-壬合木을 구성하므로 격국(格局)이 완전한 식상 木氣를 따르고 있는 정임합목화격(丁壬合木化格)의 진격(眞格)이 되고 있는 이유가 여기에 있다 해도 과언이 아니니 더 이상 무슨 이유가 있을 수가 없다.

*. 본 장 9항에 준하여 본 사주팔자 간명,!

본 장 9항에 준하여 천간합(天干合)의 성립여부에 대한 성질을 인용하여 보자면,!

9. "천간합(天干合)은 안정된 가운데 합을 결합하게 되므로 이 때 하나의 오행을 두고 양쪽에서 합을 하는 쟁합(爭合)이 될 경우 잔여기운을 남기게 되므로 완벽한 합이 되지 못한다".!

"단 이 때 외격(外格)의 종격(從格)이나 가종격(假從格)의 성질이 지지에 하나의 동질성인 합국(合局)을 이루고 다시 천간에 쟁합(爭合)하는 기운과 일치된다면 이럴 경우는 완벽한 천간합(天干合)으로 귀착한다".! 라며 천간합(天干合)의 성립과정을 상세히 그 성질을 언급하면서 기술하고 있음을 엿볼 수가 있겠다.

따라서 본 사주원국은 방금 본 장 9항의 천간합(天干合)의 성립과정에 완전히 일치를 하고 있는 것을 발견할 수가 있는데 그것은 사주일간 壬水를 주동하여 월상과 시상에 투출되어 있는 丁火 정재가 각각 양쪽에서 丁-壬合木을 구성하고 있음을 중시볼 필요가 있다.

이와 같은 현상은 사실상 내격(內格)의 억부법이나 조후법상 용신이 선택되는 격국일 것 같으면 양자의 丁火 정재가 하나의 일간 壬水를 놓고 먼저 서로 합을 하려는 쟁합(爭合)의 성질이 되어 완벽한 천간합(天干合)을 구성할 수가 없으니 이 경우 합으로 취용할 수 없는 절대적인 사태에 돌입하게 될 것이다.

그러나 다행스럽게도 비록 이렇게 양자의 丁火 정재가 하나의 일간 壬水를 놓고 각각에 합을 다투는 쟁합(爭合)이 되더라도 본 사주명조가 완전한 왕신(旺神) 木氣의 성질을 따르고 있는 정임합목화격(丁壬合木化格)이 됨에 따라 지지의 木局을 천간에 木氣로 그 힘을 모아주고 있으니 비록 쟁합(爭合)의 성질이지만 완벽한 木局으로 돌변하고 만다.

이러한 성질은 한편으로 생각할 때 합의 성질을 단순적으로 판단할 경우 무릇 모든 천간합(天干合)이 성립되는 과정에서 쟁합(爭合)의 세력이 된다면 합으로 취용할 수가 없으니 이 경우 합으로 변화하지 않는다고 간명하여 의외로 일간의 왕쇠(旺衰)나 용신의 강약에 대한 판단의 오류를 필수적으로 불러올 수 있는 함정이 도사리고 있다해도 과언이 아닐 것이다.

결국 본 장 9항에서 기술하는 부분은 무릇 모든 사주상의 천간합(天干合)이 있다고 가정할 경우 이것이 두 개의 오행이 하나의 오행을 놓고 천간합(天干合)이 성립되는 과정에서 내격(內格)의 억부법이나 조후법상 용신이 선택되는 격국일 것 같으면 합으로 취용하지 못하는 점을 강조하고 있다.

하지만 이와 같은 현상이 외격(外格)의 종격(從格)이나 가종격(假從格)으로 귀착할 수 있는 왕신(旺神)의 기운을 따르고 있다면 비록 합을 쟁탈하는 쟁합(爭合)이라도 하나의 천간합(天干合)으로 돌아간다는 성질을 중요하게 명시하고 있으니 이것은 참으로 간명비법상 대단히 중요한 대목임은 두말할 이유가 없을 것이다.

10. "9항에 준하여 천간합(天干合)은 쟁합(爭合)이 되면 안정된 가운데 합이 될 수가 없으니 오행상 각각의 잔여기운을 남기는 합이 됨에 따라 완벽한 합이 될 수가 없는데 역시 하나의 오행을 두고 투합(鬪合)하는 성질이 되어도 합이 될 수가 없다".!

"하지만 이 경우에도 외격(外格)의 종격(從格)이나 가종격(假從格)에 준하여 지지에 합국(合局)을 이루고 다시 천간합(天干合)의 기운에 부합하고 있을 때는 비록 투합(鬪合)의 성질이라 도 하나의 합으로 귀착한다".!

※ 이상의 부분을 좀 더 자세하게 기술하자면 전자의 9항에 준해서 무릇 모든 천간합(天干合)은 왕신(旺神)의 성질을 따르는 외격(外格)의 종격(從格)이나 가종격(假從格)으로 돌아가지 않는 이상 내격(內格)의 억부법이나 조후법상 용신이 선정되는 격국일 때 합을 쟁탈(爭奪)하는 쟁합(爭合)이 되고 있을 경우 오행상 잔여기운을 남기는 현상으로 말미암아 제대로 합의 성질로 귀착하지 못하니 천간합(天干合)이 성립되지 못한다고 명시하고 있다.

이러한 성질이 본 장 10항에 일면 상통한 일면이 나타나고 있는데 그것은 쟁합(爭合)의 일종인 양쪽의 오행이 합을 하려는 하나의 합을 놓고 다투는 투합(鬪合)이 되고 있다면 이것 역시도 쟁합(爭合)의 성질과 마찬가지로 오행상 잔여기운을 남기기 때문에 비록 천간합(天干合)의 성질이 된다손 치더라도 역시 합의 결합을 먼저 도모하려고 양자간 다툼으로 인하여 천간합(天干合)은 성립되지 못하게 된다.

학자들의 이해를 돕기 위해 좀 더 자세하게 아래 도표 1항을 적용하여 설명 하자면,!

(도표1).!

시 일 월 년

*. 년간에 투출되어 있는 丙火가 일간 및 월상에 투출되어 있는 辛金이 양쪽에서 丙-辛合水를 하려고 투합(鬪合)의 현상이 되고 있으니 양자의 辛金에게 년간 丙火가 정을 주게 되면서 완벽한 水氣로 돌변하지 못하게 되므로 丙-辛水가 성립되지 못한다.!

이상의 도표 1항에 자세하게 나타나고 있듯이 이 때 사주년간

丙火가 투출되어 있는데 일간과 월상에 투출되어 있는 辛金 두 개가 동시에 년간 丙火와 丙-辛合水를 하자고 투합(鬪合)의 성질이 되어 끊임없이 구애(求愛)를 요청하고 있음을 엿볼 수가 있겠다.

그런데 이와 같은 현상은 전자에 9항의 성질과 비슷한 경향으로 하나의 합의 기운을 놓고 두 개의 오행이 서로 먼저 합을 하려고 다투는 것이 되니 힘의 세력이 팽팽한 접전이 발생하고 있음에 따라 년간 丙火는 일간 및 월상에 투출되어 있는 양쪽 辛金에게 정이 분산되어 제대로 하나의 완벽한 합으로 돌아가지 못하게 된다.

따라서 이 경우에는 쟁합(爭合)의 성질과 마찬가지로 투합(鬪合)의 현상이 되는 것을 나타내고 있는데 이렇게 되면 하나의 합을 쟁취하는 과정에 밀고 밀리는 생존경쟁에 치열한 싸움이 동반되고 있으니 이 경우 밀리게 되는 오행은 생사의 귀로에 설 수 있는 절대적인 벼랑 끝에 몰리게 되므로 과히 그에 대한 합의 쟁탈은 처절하다고 볼 수가 있다.

하지만 이상의 천간합(天干合)이 투합(鬪合)의 성질이 되어도 합이 성립되는 경우가 있는데 그것은 천간합(天干合)으로 변화되는 기운이 지지에 합으로 부수되어 일치되거나 천간합(天干合)의 동질성인 오행으로 나열되어 사주천간에 투출되어 있는 오행이 지지에 뿌리를 두지 못하게 된다면 하나의 오행국으로 변화되니 이 때는 천간합(天干合)으로 취용한다.

무슨 말인지 좀 더 자세하게 아래 도표 2항을 적용해서 구체
적으로 기술하여 본다면,!

(도표2).!

시　일　월　년

壬　丁　丁　*
辰　卯　卯　寅

*. 시상에 투출되어 있는 정관 壬水가 일간
및 월상에 투출되어 있는 두 개의 丁火와
丁-壬合木을 구성하고 있는데 내격(內
格)이라면 투합(鬪合)이 되어 성립되지
않겠지만 지지에 寅-卯-辰 방합 木局이
성립되면서 천간합(天干合)인 丁-壬合
木을 일치시키고 있음에 따라 비록 투합
(鬪合)이지만 동질 木局으로 천간합(天
干合)이 성립된다.!

　이상의 도표 2항에서 자세하게 나타나고 있듯이 사주시상에
壬水 정관이 투출되어 있는데 이 때 사주일간과 월상에 투출되
어 있는 丁火가 동시에 丁-壬合木을 결합하자고 끊임없이 壬水

정관에게 구애(求愛)를 펼치고 있음을 엿볼 수가 있겠다.

그런데 만약 이와 같은 현상이 보통 내격(內格)의 억부법이나 조후법상 용신을 선택하는 격국일 것 같으면 사실상 하나의 오행을 놓고 양자간에 합을 다투는 투합(鬪合)의 성질이 되고 있으니 마땅히 오행상 서로 잔여기운을 남기는 현상이 되어 제대로 완벽한 합이 되지 않으므로 천간합(天干合)은 취용할 수가 없다.

하지만 위 도표 2항의 경우는 사주월지 卯木이 사왕지지(子, 午, 卯, 酉)가 되어 중심기운으로 대변하면서 년지 寅木과 시지 辰土가 각각 자리를 잡고 완벽한 寅-卯-辰 방합 木局을 구성하고 있으니 사실상 사주지지의 기운은 木局의 일색(一色)으로 돌아가고 있음을 알 수가 있다.

더구나 사왕지지(四旺地支)로 대변하고 있는 월지 卯木이 하나도 아닌 두 개의 오행이 다시 일지에도 자리를 잡고 있으니 내격(內格)의 억부법이나 조후법상 용신이 선택되는 격국이 아니고 완벽하게 왕신(旺神)의 세력을 따르고 있는 종격(從格)으로 귀착하고 있다고 간명한다.

그렇다면 무엇보다도 방합(方合)의 세력이 강력하게 작용하고 있음을 나타내고 있는데 이 때는 비록 투합(鬪合)인 천간합이 되더라도 丁-壬合木이 되어 지지의 합의 기운과 일치하고 있으니 이 경우는 아무리 투합(鬪合)의 기운이 된다손 치더라도 완벽한 하나의 동질성인 木局으로 귀착하고 있다고 판단하여야 될 것이다.

결국 이러한 천간합(天干合)의 성질은 비록 하나의 오행을 놓고 양자의 오행이 서로 합을 먼저하려는 투합(鬪合)이 될 경우 내격(內格)에서는 천간합(天干合)의 기운을 취용할 수가 없다는 것으로 귀착하는 것이 타당하고 그러나 비록 천간오행이 투합(鬪合)이 되더라도 만약 외격(外格)의 종격(從格)이 된다면 아무리 투합(鬪合)의 성질이라 하나 전자 9항과 마찬가지로 쟁합(爭合)의 성질과 함께 완벽한 천간합(天干合)이 된다는 점을 본 장 10항에서 대단히 강조하고 있다고 보겠다.

(예1). 남 자, 여 모씨(충남 서산) 1964년 음력 3월 29일 辰 시

衰　帶　旺　衰

戊　己　己　甲

辰　未　巳　辰

겁재　　　비견　정관

土　(土)　土　木

土　土　火　土

겁재　비견　인수　겁재

＊. 일간의 왕쇠(旺衰),!

己일간 巳월에 출생하여 득령(得令)하였으며 사주원국 월지

巳火 인수를 중심으로 해서 지지에 전부 비겁 土氣로 구성되어 있는 중에 그 세력의 중심기운을 대표하고 있는 월상 己土 비견과 시상 戊土 겁재가 투출되어 있으니 일간 己土가 대단히 신왕하다.

이렇게 일간 己土가 신왕이 태왕하여 있을 경우 마땅히 사주 내 일간 己土의 기운을 억제할 수 있는 神(식상, 재성, 관성)의 기운이 자리를 잡고 있어야만이 일간 己土 및 왕성한 비겁 土氣의 세력을 억제할 수가 있게 되므로 내격(內格)의 억부법이나 조후법상 용신을 선택할 수가 있을 것이다.

그러나 만약 사주원국내 일간 己土의 기운을 억제할 수 있는 식상, 재성, 관성의 기운이 아예 없거나 혹은 있더라도 미약할 경우 배부른 일간의 기운을 제대로 억제할 수가 없게 되므로 일간 己土의 기운은 불과분에 왕신(旺神)의 세력을 따르게 되는 외격(外格)의 종격(從格)이나 가종격(假從格)으로 돌아 가기가 쉽게 될 것은 자명한 일이다.

따라서 사주격국을 면밀히 관찰하여 보니 일간 己土의 기운을 억제할 수 있는 오행이 사주년간 甲木 정관이 투출되어 있으나 이렇게 년간에 존재하여 있는 것은 일간과 거리가 멀어지고 있는 즉, 다시 말해서 유정(有情)하지 못하고 무정(無情)한 성질이 되고 있으니 제대로 일간 己土를 억제하기가 역부족이 되고 있다.

더구나 사주년간에 투출되어 있는 甲木 정관이 비록 사주년지 및 시지 辰土의 지장간 여기(餘氣)와 중기(中氣)에 乙木과 癸水가 존재하여 사실상 뿌리를 두고 있을 법한 착각을 할 수가 있겠다.

하지만 일간 己土와 월상에 투출되어 있는 비견 己土가 甲-己 습土로 합을 하자고 끊임없이 구애(求愛)를 하고 있으니 이것은 곧 합을 탐한 나머지 기반(羈絆)으로 돌아가 버리게 되므로 이래 저래 甲木 정관이 일간을 억제하기는 애시당초 틀린 상태라는 것을 알 수가 있다.

결국 본 사주팔자는 일간 己土가 사주지지에 강력한 火, 土로 서 왕성한 동질성의 세력을 가진채 인성 및 비겁의 기운으로 둘러쌓여 있음에 따라 그 세력에 뿌리를 두고 있는 월상 己土 비견과 시상 戊土 겁재가 투출되어 있으니 완전한 왕신(旺神)의 土氣를 따르고 있는 외격(外格)의 종격(從格)으로 귀착됨을 모면할 수가 없다.

*. 격국(格局)과 용신,!

다시 본 사주팔자에 대한 격국(格局)과 용신을 판별하여 보자면 우선 일간 己土가 지지에 火, 土인 인수와 비겁으로 짜여져 있는 중에 그 세력에 중심기운으로 대변하고 있는 월상 己土와 시상 戊土 겁재가 투출되어 있는 점을 중시볼 필요가 있다.

또한 한편으로 판단할 경우 이렇게 지지의 세력이 왕신(旺神)의 성질을 가지면서 일간 및 월상 己土가 년간 甲木 정관과 동시에 甲-己合土를 구성하고 있는 중에 지지의 기운이 土氣에 부합하고 있음을 엿볼 수가 있다.

그렇다면 이렇게 사주명조상 인성 火氣와 비겁 土氣가 강력하여 사주 대부분의 오행이 인성과 비겁으로 왕신(旺神)의 성질을 따르고 있으니 이것은 곧 "갑기합토화격(甲己合土化格)"이 성격(成格)되며 일면 지지에 辰, 未, 등의 土氣가 자리를 잡고 습토와 조토가 균형되어 있음에 따라 비겁 土氣를 따르고 있는 "종왕격(從旺格)"인 "가색격(稼穡格)"을 같이 볼 수 있다.

고로 용신은 왕신(旺神)인 火, 土의 기운을 추종할 수 있는 인성 火氣와 비겁 土氣를 용신으로 같이 선택하는 것이 마땅한데 일면 왕성한 비겁 土氣를 자연스럽게 누출시키면서 수기(秀氣) 유행을 도모할 수 있는 식상 金氣는 길신으로 선택할 수가 있을 법도 할 것이다.

그러나 사주지지에 전부 일간의 동기인 비겁 土氣로 구성되어 있다면 식상 金氣는 대단히 길하게 작용할 수가 있으니 오히려 주된 용신의 기운이 되는 것은 자명한 일인데 아쉽게도 사주월지 巳火 인수의 세력이 사주강약도표에 준하여 그 힘이 약 30% 가 되어 약간에 반발을 할 수 있는 소지를 가지고 있기 때문에 평길이 될 수밖에 없다.

이렇게 사주명조상 용신의 성질을 채택하여 놓고 격국을 면밀히 관찰하여 보니 일간 己土에 대한 용신의 기운으로 자리매김하고 있는 비겁 土氣가 대단히 강력하게 존재하여 있는 중에 사주월지 巳火 인수가 끊임없이 비겁 土氣를 火生土로 생조하고 있으므로 비겁 土氣의 세력이 왕성해져 더욱 더 좋게 작용하고 있다.

하지만 한가지 아쉬운 점이 있다면 사주지지에 왕신(旺神)의 성질을 추종할 수 있는 비겁 土氣로서 일색(一色)하던지, 그렇지 않으면 습토인 辰, 丑과 조토인 未, 戌이 전부 차지할 수 있는 즉, 다시 말해서 辰, 戌, 丑, 未가 모두 갖추어져 있을 경우 조후법을 충족하면서 종격(從格)의 성질이 되니 격국이 상당히 높게 책정될 수가 있을 텐데 이런 부분에서는 조금은 아쉬운 단점이 노출되어 있다해도 과언이 아니다.

∗. 일부학자들의 의문,!

여기서 일부학자들 중에서 방금 본 저자가 위 사주팔자를 기술하는 자리에서 한가지 의문을 가지면서 질문을 하고 있다.

그것은 "合, 沖의 特秘 저자 운정선생은 본 사주팔자에 대한 일간 己土의 기운을 놓고 지지에 인성과 비겁의 세력인 火, 土의 기운을 따라서 왕신(旺神) 土氣를 용신으로 삼는 격국(格局)으로 갑기합토화격(甲己合土化格) 및 가색격(稼穡格)으로 분류하여 설명하고 있다",!

"따라서 이와 같은 부분에 대해서 본 사주격국이 불과분의 세력을 추종하는 왕신(旺神)의 土氣를 따르는 종격(從格)이라는 점은 저희 학자들도 대체로 공감을 표시하고 있지만 그 중에 위 사주격국을 해설하는 과정에 운정선생이 설명한 부분이 있는 것을 되짚어 보자면”,!

“그러나 한가지 아쉬운 점이 있다면 사주지지에 왕신(旺神)의 성질을 추종할 수 있는 비겁 土氣로서 일색(一色)하던지 그렇지 않으면 습토인 辰, 丑과 조토인 未, 戌이 전부 차지할 수 있는 즉, 다시 말해서 辰, 戌, 丑, 未가 모두 갖추어져 있다면 조후법을 충족하면서 종격(從格)의 성질이 되니 격국이 상당히 높게 책정될 수가 있을 텐테 이런 부분에서는 조금은 아쉬운 단점이 노출되어 있다해도 과언이 아니다”.!라고 설명하고 있음을 지적하고 싶다.

“그리고 이러한 운정선생이 설명한 부분은 저희 학자들의 판단으로서는 상당히 의문을 구하지 않을 수가 없는데 일면 단편적으로 볼 경우 사주월지에 巳火 인수는 역시 일간과 왕신(旺神)의 성질로 자리매김하고 있는 비겁 土氣를 火生土로 생조하는 것은 당연한 처사이고 그렇다면 구태여 지지에 辰, 戌, 丑, 未를 갖추지 않아도 격국은 상급이 되지 않겠는가”,?

“또한 운정선생은 조후법을 운운(云云) 거론하면서 습토인 辰, 丑 土氣와 조토인 未, 戌 土氣를 전부 갖추어야 길격(吉格)된다는 점도 한편으로 생각할 경우 외격(外格)의 종격(從格)이나 가종격(假從格)이 된다면 내격(內格)에서 취용할 수 있는 조후법을 생각하지 않아도 될 것은 자명한 일이다”,!

"따라서 이상에 저희 학자들이 반론하는 취지를 생각하여 볼 때 왜, 구태여 그런 이유를 강조하면서 종격(從格)에서 조후법을 충족하는 격국이 더욱 더 좋은 것인지, 이상의 성질에 대하여 좀 더 구체적으로 답변을 하여달라",! 라며 대단히 날카롭게 본 사주격국에 대한 부분을 지적하면서 구체적인 해답을 요구하고 있다.

✽. 일부 학자들의 의문에 대한 본 저자판단,!

이상에 일부학자들이 질문하는 성질에 대하여 본 저자는 상당한 어려운 부분을 해설하여야 되는 것을 알 수가 있겠으며 또한 학자들의 의문은 지극히 당연한 것이라고 생각된다.

그렇다면 일부학자들이 지적한 의문에 대하여 상당한 이유를 들어 자세하게 답변하기로 하겠다.

우선 학자들이 의문한,!

"그러나 한가지 아쉬운 점이 있다면 사주지지에 왕신(旺神)의 성질을 추종할 수 있는 비겁 土氣로서 일색(一色)하던지 그렇지 않으면 습토인 辰, 丑과 조토인 未, 戌이 전부 차지할 수 있는 즉, 다시 말해서 辰, 戌, 丑, 未가 모두 갖추어져 있다면 조후법을 충족하면서 종격(從格)의 성질이 되니 격국이 상당히 높게 책정될 수가 있을 텐테 이런 부분에서는 조금은 아쉬운 단점이 노출되어 있다해도 과언이 아니다".!

"그리고 이러한 운정선생이 설명한 부분은 저희 학자들의 판단으로서는 상당히 의문을 구하지 않을 수가 없는데 일면 단편적으로 볼 때 사주월지에 巳火 인수는 역시 일간과 왕신(旺神)의 성질로 자리매김하고 있는 비겁 土氣를 火生土로 생조하는 것은 당연한 처사이고 그렇다면 구태여 지지에 辰, 戌, 丑, 未를 갖추지 않아도 격국은 상급이 되지 않겠는가",?

라는 부분은 보통 무릇 모든 외격(外格)의 종격(從格)을 취용하는 자리에서 는 별문제가 되지 않겠지만 사실상 격국(格局)에 대한 등급을 정하는 자리에서는 복록에 대한 높고 낮음을 가지는 것을 순차적으로 거론하기 때문에 청탁(淸濁)의 부분에 적용시켜 그에 대한 판단의 기운을 세밀히 측정할 필요가 있다

무슨 말인지 좀 더 구체적으로 기술하여 보면 예를 들어 본 사주팔자에 대한 외격(外格)의 종격(從格)을 판단할 때 이것이 사주지지에 辰, 戌, 丑, 未가 모두 갖추어진 격국하고 이렇게 사주월지에 巳火 인수가 자리를 잡고 나머지 하나인 습토나 조토인 戌, 丑 土氣등이 빠진 상태하고는 격국에 대한 순수함이란 비교가 되지 않을 만큼 등급이 매겨진다.

이와 같은 현상은 하나의 격국에 대한 복록을 등급순으로 차별하여 거론하는 절차로서 만약 가상하여 가색격(稼穡格)이라 할 경우 지지에 전부 辰, 戌, 丑, 未가 가지는 격국하고 그렇지 않고 하나의 기운이 빠졌다거나, 혹은 인성 火氣의 기운으로 채워져 있다면 지지에 辰, 戌, 丑, 未를 가지는 격국보다 복록이 뒤떨어 진다고 판단하는 한 일례와 같은 것이다.

따라서 일부학자들이 의문을 표시하고 있는 본 사주팔자에 대한 인수 巳火가 사주월지에 자리를 잡고 있는 점이 같은 동질성인 비겁 土氣인 辰, 戌, 丑, 未가 모두 갖추어진 격국하고는 상대적인 차이가 날 수밖에 없는 이유가 모두 이상의 부분에 적용하여 종격(從格)의 격국에 대한 청탁(淸濁)부분에 적용시켜 그 실체를 가름하는 것이 되니 참으로 이러한 성질은 중요하다고 볼 수가 있다.

＊. 본 장 10항에 적용하여 판단,!

본 장에 제 10항에 적용하여 천간합이 성립되는 절차를 인용하여 보자면,!

10. "9항에 준하여 천간합(天干合)은 쟁합(爭合)이 되면 안정된 가운데 합이 될 수가 없으니 오행상 각각의 잔여기운을 남기는 합이 됨에 따라 완벽한 합이 될 수가 없는데 역시 하나의 오행을 두고 투합(鬪合)하는 성질이 되어도 합이 될 수가 없다".!

"하지만 이 경우에도 외격(外格)의 종격(從格)이나 가종격(假從格)에 준하여 지지에 합국(合局)을 이루고 다시 천간합(天干合)의 기운에 부합하고 있을 때는 비록 투합(鬪合)의 성질이라도 하나의 합으로 귀착한다".! 라며 천간합(天干合)의 성립여부에 대한 실체를 대단히 구체적으로 자세하게 기술하고 있음을 엿볼 수가 있겠다.

따라서 본 사주팔자는 이상의 부분에 완전히 일치를 하고 있는데 그것은 사주년간 甲木 정관을 하나 두고 일간과 월상에 투출되어 있는 己土 비견이 각각에 두 개가 되어 서로 먼저 甲-己 合土를 하려고 살아남기 위한 처절한 다툼을 하고 있다는 것을 알 수가 있다.

이럴 경우 보통 내격(內格)의 억부법이나 조후법상 용신을 선택하는 사주격 국일 것 같으면 마땅히 이렇게 합을 다투는 성질을 투합(鬪合)이라 하여 제대로 합의 기운으로 귀착할 수가 없기 때문에 천간합(天干合)인 甲-己合土는 취용할 수가 없다고 판단하여야 된다.

하지만 본 사주격국은 왕신(旺神)의 土氣를 따르고 있는 종격(從格)이 되고 있기 때문에 이렇게 비록 사주상 천간의 기운이 투합(鬪合)이 되더라도 지지에 土氣 일색(一色)으로 되어 있는 비겁 土氣에 천간합(天干合)의 성질이 부합을 하고 있으므로 甲-己合土가 성립되고 아울러 본 사주팔자는 갑기합토 화격(甲己合土化格)을 성격(成格)하는 이유가 여기에 있음이다.

결국 본 장 10항에 거론하는 취지는 전장 9항에서 기술하였던 쟁합(爭合)과 마찬가지로 하나의 합이 성립되는 과정에서 두 개의 오행이 합을 먼저하려고 각각 다투어지는 투합(鬪合)의 성질이 되고 있을 때는 내격(內格)의 억부법이나 조후법상 용신이 선택된다면 마땅히 천간합(天干合)은 성립할 수가 없다.

그러나 이와 같은 현상이 천간에 투합(鬪合)의 성질이 되는 것이 지지에 동일적인 왕신(旺神)의 기운이 부합하고 있을 경우 천간과 지지가 동일체로 돌변할 수 있는 조건이 부여 되므로 곧 하나의 천간합(天干合)이 취용되는 것을 강조하고 있다하니 이것은 참으로 중요한 부분이라는 것은 두말할 필요가 없다.

11. "천간합(天干合)이 사주원국에 각각의 두 개로 기운이 성립되는 즉 예를 들면 丁-壬과 戊-癸등으로 짜여져 있을 경우 모두 각각에 합의 기운으로 취용한다".!

"그러나 이 경우 천간합(天干合)의 어느 쪽이던 지지에 십이운성 건록지(建祿地)나 제왕지(帝旺地)에 뿌리를 두고 있으면 완 벽한 합을 할 수가 없다".!

※ 참고로 이상 설명한 부분을 좀 더 자세하게 기술하여 보자면 사주팔자는 천간에 모두 4개의 오행이 투출되어 있기 때문에 천간합(天干合)의 경우 각각의 양자의 오행이 합을 구성하고 있을 때 모두 천간합(天干合)으로 취용한다는 취지이다.

더 세밀하게 설명할 경우 이와 같은 현상은 한편으로 예를 들어 설명하면 丁-壬과 戊-癸가 각각 사주천간에 투출되어 있고 서로 근접하여 합을 결합하고 있다고 가정할 때 양자의 丁-壬합이나 戊-癸합이 모두 성립한다고 볼 수가 있는 것이다.

하지만 이상의 천간합(天干合)을 성립하는 과정에서 합을 결성하는 한쪽오행이 사주지지에 강력한 뿌리를 두고 있는 십이운성 건록지나 제왕지에 통근(通根)을 하고 있다면 이것 역시 전자에 설명한 바와 같이 천간합(天干合)을 하려는 하나의 오행이 사주지지에 완전하게 뿌리를 두게 되므로 이 경우는 합을 결성할 수가 없다고 판단하는 것이 타당하다.

이 부분에 대하여 학자들의 이해를 돕기 위해 좀 더 자세하게 도표 1항을 적용시켜 예를 들어보면,!

(도표1).!

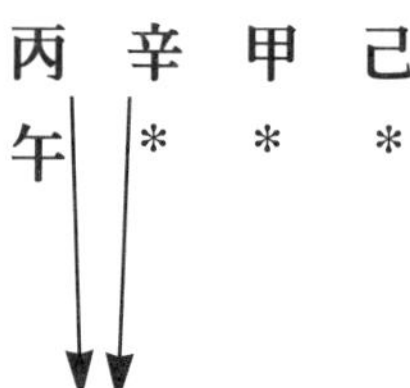

*. "년간 己土와 월상 甲木간은 무리없이 甲-己合土가 성립되지만 일간 辛金과 시상에 투출되어 있는 丙火간 丙-辛合水가 결합되고 있으나 이 때 사주시지 午火가 자리를 잡고 시상 丙火가 서로 동주(同柱)의 기운이 되면서 십이운성에 왕성한 세력인 제왕지에 해당하고 있으므로 지지에 뿌리를 튼튼히 하는 것이 되어 丙-辛合水가 성립될 수가 없다".!

이상의 도표 1항에 나타나고 있듯이 본 사주팔자는 천간에 모두 양자의 천간합(天干合)인 丙-辛합과 甲-己합이 동시에 성립되고 있음을 알 수가 있겠다.

그런데 사주년간 己土와 월상에 투출되어 있는 甲木은 무리없이 甲-己合土가 맺어지는 현상은 될지라도 일간 辛金과 시상에 투출되어 있는 丙火하고 丙–辛合水는 성립되지 못하는 것으로 판가름이 나고 있다.

그 이유로서 전자에 언급하였듯이 비록 이렇게 양자의 丙–辛합이나 甲–己合 土는 상대의 오행에 장애를 주지 않는다면 무리 없이 결합될 수가 있지만 여기에 일간 辛金과 시상에 투출되어 있는 丙火간 丙–辛合水는 사주시지 午火가 자리를 잡고 시상 丙火가 십이운성의 제왕지에 해당하고 있으니 이것은 곧 완전히 시지 午火에 완벽한 통근(通根)의 작용을 하고 있으므로 제대로 합의 성질로 돌아갈 수가 없게 되었다.

더구나 이와 같은 현상은 시지 午火와 시상에 투출되어 있는 丙火간 십이운성의 제왕지에 해당하는 것만으로도 그렇게 될 수 가 있겠지만 이렇게 丙火와 午火가 서로 하나의 주(柱)에 동주(同柱)의 기운이 되어 천복지재(天覆地載)의 법칙이 되고 있음에 따라 그 세력을 단단히 붙들어 매어 더욱 더 합을 할 수가 없음을 보여주고 있다해도 과언이 아니다.

결국 본 장 11항의 성질은 두 개의 합으로 성립되는 양쪽의 천간합(天干合)이 결합되어 그 실체를 거론하는 자리에서 이렇게 한 쪽 오행이 사주지지에 강력한 십이운성 건록지나 제왕지에 해당하고 있을 경우 지지에 뿌리를 튼튼히 하는 것이 되어 두 개의 천간합(天干合)중에서 하나의 천간합(天干合)은 성립될 수가 없다는 것을 강조하고 있으니 합의 성질에 대한 면밀한 판단을 하여 합의 결합에 대한 중요한 하나의 판단의 기준점이 되고 있음은 두말할 이유가 없다.

(예1). 남 자, 황 모씨(경북 구미) 1952년 음력 6월 6일 巳 시

病　養　墓　衰
己　甲　丁　壬
巳　戌　未　辰

정재　　상관 편인
土　(木)　火　水
火　土　土　土
식신 편재 정재 편재

✽. 일간의 왕쇠(旺衰),!

　甲일간 未월에 출생하여 실령(失令)하였으며 사주원국 월지 未土 정재를 중심으로 해서 사주지지에 전부 식신 巳火와 재성 土氣로 구성되어 있는 중에 다시 천간에 월상 丁火 상관과 시상 己土 정재가 재차 투출되어 있음에 따라 강력하게 일간 甲木을 극루(剋漏)하니 극도로 신약함을 면치 못하고 있다.

　이렇게 일간 甲木이 신약함이 극심할 경우 차라리 일간의 세력이 왕신(旺神)의 재성 土氣를 따르고 있는 외격(外格)의 종격(從格)이나 가종격(假從格)으로 돌아가 버리면 오히려 격국이 낫지 않을까, 하는 생각이 문득 들고 있다.

따라서 사주격국을 면밀히 관찰하여 보니 일간 甲木에 대한 의지처로 자리매김하고 있는 년지 辰土 편재의 지장간 여기(餘氣)와 중기(中氣)에 乙木과 癸水가 들어 있고 또한 월지 未土 정재의 지장간 중기(中氣)에 乙木 겁재가 자리를 잡고 있기 때문에 일간 甲木이 그 속에 완전하게 통근(通根)을 하고 있음을 엿볼 수가 있겠다.

더구나 이와 같은 현상은 사주년간에 壬水 편인이 투출하여 있으므로 일간을 생조하고 있는 여력이 발생하고 있는데 금상첨화로 월상에 투출되어 있는 丁火 상관과 년간 壬水 편인간에 丁-壬合木이 되어 일간 甲木에게 유정(有情)함을 만들면서 일간의 기운에게 더욱 더 다가오고 있으니 이것은 곧 일간이 의지처가 생기는 절대적인 이유라 할 것이다.

그렇다면 본 사주팔자는 일간 甲木이 비록 사주지지에 대부분이 재성 土氣와 식신 巳火로 짜여져 있다손 치더라도 왕성한 재성 土氣를 따르게 되는 외격(外格)의 종재격(從財格)으로 귀착할 수가 없고 내격(內格)의 억부법이나 조후법상 용신이 선택되는 것이 마땅하다.

하지만 걱정스러운 점은 무엇보다도 근본적으로 일간 甲木의 세력이 사주강약도표에 준하여 중화(中和)의 기점에 훨씬 멀어져 가는 극심한 신약함을 보이고 있으니 후천성인 대운이나 세운등에서 필수적으로 일간을 생조하는 水, 木의 기운을 보아야 하는 절박함 마져 나타나고 있음에 따라 이것은 곧 사주 주인공인 숙명적인 운기가 불길하다는 것을 단적으로 보여주고 있다해도 과언이 아닐 것이다.

*. 격국(格局)과 용신,!

다시 본 사주팔자에 대한 격국(格局)과 용신을 판별하여 보자면 우선 일간 甲木이 신약함이 극심하면서 사주월지에 未土 정재가 자리를 잡고 지지에 대부분이 재성 土氣로 구성되어 있는 중에 그 세력에 뿌리를 두고 시상 己土 정재가 투출되어 있으니 원칙적으로 "신약월지정재격(身弱月支正財格)"이고 일명 "재다신약격(財多身弱格)"을 성격(成格)한다.

고로 용신은 "재중용비격(財重用比格)"으로 극심하게 신약한 일간 甲木을 시급히 생조하면서 아울러 일간에 대한 기신(忌神)의 역할로 자리매김하고 있는 왕성한 재성 土氣를 木剋土로 억제할 수 있는 비겁 木氣를 용신으로 삼고 아울러 비겁 木氣를 생조할 수 있는 인성 水氣는 희신으로 삼는 것이 마땅하다 하겠다.

이렇게 사주격국상 용신과 희신을 선택하여 놓고 사주팔자를 면밀히 관찰하여 보니 일간 甲木에 대한 용신의 기운으로 대변할 수 있는 비겁 木氣가 사주원국 어느 곳에도 정오행이 없고 비록 있다손 치더라도 사주년지 辰土 편재와 월지 未土 정재의 지장간 여기(餘氣)와 중기(中氣)에 암장되어 있음을 엿볼 수가 있다.

따라서 이와 같이 암장된 용신의 기운은 그 세력이 미약하기 짝이 없으므로 곧 후천성인 운로로 대변하고 있는 대운이나 세운에서 비겁 木氣를 시급히 보아야 하는 절박함마져 감돌고 있다해도 과언이 아니다.

*. 진가(眞假)의 법칙에 준한 판단,!

하지만 그나마 다행스러운 점은 사주년간에 壬水 편인이 투출되어 있는 중에 월상에 투출되어 있는 丁火 상관이 丁-壬合木을 하여 용신의 기운인 비겁 木氣를 암합리에 만들고 있음에 따라 대단히 길하게 작용하는 성질이 되고도 남음이 있다.

또한 이것은 한편으로 판단할 경우 년간에 투출되어 있는 壬水 편인이 일간 甲木에 대한 희신의 역할을 대변하고 있으니 희신의 기운이 합을 도모하여 용신으로 이끌고 있는 중요한 성질이 되는 것도 알 수가 있겠다.

더구나 상황이 이럴진데 또 하나 절묘하게도 년간 壬水 편인과 월상 丁火 상관이 丁-壬合木을 성립하게 될 경우 일간 甲木에 대한 비겁 木氣로 근접할 수가 있는 것은 두말할 것도 없겠지만 그보다 중요한 점은 곧 일간에 대한 용신의 기운을 암합리에 만들어 주고 있으니 일간과 거리가 가까워지는 즉, 다시 말하면 유정(有情)함과 동시에 진가(眞假)의 법칙에 적용해서 가신(假神)에 대한 부족함을 충족하고 있다고 해도 과언이 아니다.

그렇지만 아무리 그렇다손 치더라도 근본적으로 사주상에 용

신의 기운이 진신(眞神)이 들어 있지 않는 점은 그만큼 사주격국
이 부족함을 나타내는 것을 단적으로 보여주고 있는 것이며 이
것은 시급히 운로인 대운이나 세운등에서 용신의 기운을 보아야
하는 성질이 되고 있기에 더욱 더 생식불식(生息不息)에 막힘이
많아 사실상 사주주인공의 숙명적인 운기에 절대적으로 영향력
을 미치게 되니 아쉽기가 그지없다.

＊. 본 장 11항에 준하여 판단,!

　　본 장 11항에 준하여 천간합(天干合)이 성격(成格)되는 절차에
부합하여 그 실체를 인용하여 보자면,!

**11. "천간합(天干合)이 사주원국에 각각의 두 개로 기운
　　이 성립되는 즉 예를 들면 丁-壬과 戊-癸등으로 짜
　　여져 있을 경우 모두 각각에 합의 기운으로 취용한
　　다".!**

**"그러나 이 경우 천간합(天干合)의 어느 쪽이던 지지
에 십이운성 건록지(建祿地)나 제왕지(帝旺地)에 뿌리
를 두고 있으면 완벽한 합을 할 수가 없다".!** 라며 사주
상에 천간합(天干合)이 성립되는 절차에 관하여 대단히 구체
적으로 언급하고 있음을 엿볼 수가 있겠다.

　　따라서 본 사주팔자는 이상의 성질에 완전히 일치를 하고 있

겠는데 그것은 우선 사주년간 壬水 편인이 월상에 투출되어 있는 丁火 상관과 丁-壬合木을 결성하고 있으며 또한 일간 甲木과 시상에 투출되어 있는 己土 정재간 서로 甲-己합등이 양자의 천간합(天干合)이 자리를 잡고 있음을 알 수가 있다.

그런데 여기서 년간 壬水 편인과 월상 丁火 상관간 丁-壬合木은 완벽하게 유정(有情)하게 자리를 잡고 있으니 무난하게 합을 결성할 수가 있는 것으로 판단하겠으나 일간 甲木과 시상에 투출되어 있는 己土 정재간은 제대로 甲-己合土를 구성할 수가 없게 되어있다 해도 과언이 아니다.

그 이유로서 우선 일간 甲木과 시상에 투출되어 있는 己土 정재간 역시 년간 壬水 편인과 월상 丁火 상관간 합을 하고 있는 丁-壬合木과 마찬가지로 서로 근접하여 합을 결합하고 있는 중에 이렇다할 합을 방해할 수 있는 천간상충이 보이지 않고 있으니 일면 건전하게 합을 도모할 수 있는 성질이 되고있다.

하지만 시상에 투출되어 있는 己土 정재는 바로 밑에 근접하여 있는 시지 巳火 식신이 십이운성 제왕지에 해당하고 있으니 이것은 곧 시상 己土 정재가 시지 巳火 식신에 뿌리를 튼튼히 하는 것이 되어 제대로 합을 하지 않을려는 현상이 나타나고 있음을 중시볼 필요가 있겠다.

더구나 이러한 현상은 더 나아가서 시지 巳火 식신이 시간의 己土 정재가 천간지지로 짜여져 있는 동주(同柱)의 기운이 되고 있으니 더욱 더 바지가랭이를 붙들어 매고 있는 형상을 연상케

하고도 남음이 있겠는데 이렇게 될 경우 사실상 일간 甲木과 시상 己土 정재간에 이루어지는 甲—己합은 성립될 수가 없다는 절대적인 논리에 귀착된다.

본 장 11항에 언급하는 취지는 무릇 모든 사주천간에 투출되어 있는 천간합(天干合)의 성질이 가까이 근접하여 합을 구성한다손 치더라도 이것이 지지에 강력한 장생, 건록, 제왕등에 한쪽 오행이 뿌리를 두고 있다면 제대로 합을 할 수가 없다는 성질에 일치되고 있으니 본 사주팔자도 하나의 년간 壬水편인과 월상 丁火 상관간에 丁—壬合木만 결합하고 일간 甲木과 시상에 투출되어 있는 己土 정재간 甲—己合土는 성립할 수가 없다는 것을 강조하고 있다.

결국 이와 같은 성질은 일면 단편적으로 판단할 경우 이렇게 근접하여 합이 결합되고 있다면 모두 하나의 동질성인 천간합(天干合)으로 귀착하여 오행상 일간의 왕쇠(旺衰)나 용신의 강약을 판별할 수 있는 헛점을 지적하는 결론을 불러들일 수 있는 단적인 요인으로 작용하고 있음에 따라 이것은 참으로 사주추명학상 중요한 대목임은 틀림이 없다해도 과언이 아니다.

12. "11항에 준하여 천간합(天干合)이 사주내 각각의 두 개의 기운으로 성립되고 있으나 이것이 각각에 가로 막혀 있는 합이 될 경우 원격(遠隔)한 합이 될 수밖에 없고 또한 가로막은 상대의 오행은 합의 기운을 방해하는 오행으로 둔갑하기 때문에 이 때는 양자 모두

합의 기운이 되지 못한다”.!

※ 이상의 부분을 좀 더 구체적으로 기술하자면 전자의 11항에 준하여 사주천간에 두 개의 오행이 모여 각각 두 개의 천간합(天干合)이 구성되고 있는데 이 때 지지에서 강력한 십이운성인 건록지나 제왕지등으로 천간합(天干合)을 성립할 수가 없게 뿌리를 튼튼히 하지 않는 이상 모두 합이 성격(成格)된다고 첨언하고 있다.

그런데 여기서 또 한가지 중요한 현상이 나타나고 있으니 그것은 이상의 두개의 천간합(天干合)을 도모하는 것이 각각에 오행을 가로막아 양자의 합을 구성하는 성질이라면 아무리 동질성인 천간합(天干合)을 이끈다손 치더라도 원격(遠隔)한 합이 될 수밖에 없음에 따라 끝내는 합으로 귀착할 수가 없다.

이와 같은 현상은 같은 합의 기운으로 대변하고 있는 지지합(地支合)의 경우에도 그대로 적용되고 있음을 엿볼 수가 있겠는데 하지만 그나마 지지합(地支合)의 경우에는 월지에 사왕지지(子, 午, 卯, 酉)가 자리를 잡고 있다면 비록 원격(遠隔)한 합이 될지언정 합의 기운을 모아주는 천간에 중심오행이 투출되어 있을 때 그나마 합의 기운으로 취용할 수가 있다.

하지만 천간합(天干合)의 경우는 전자에도 약간씩 언급을 하였지만 천간에 뜨있는 오행은 홀로서기인 관계로 지지에 강력한 뿌리를 두지 않는 이상 마음이 흔들리게 되어 간합(干合)을 쉽게 할 수 있는 반면 또한 한편으로 볼 때 미약한 합의 기운이 됨에 따라 오행상 서로 가로막는 기운이 되고 있다면 원격(遠隔)한 합이 될 수밖에 없으니 제대로 천간합(天干合)이 되지 못하는 각각의 단점이 여기에 있다해도 과언이 아니다.

학자들의 이해를 돕기 위해 아래 도표 1항을 적용시켜 그 실체를 구체적으로 기술하여 보면,!

(도표1).!

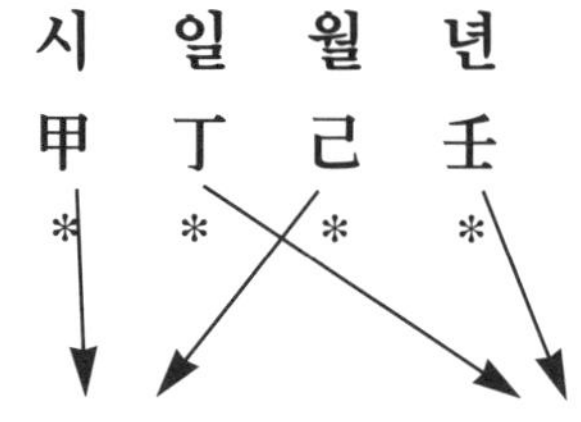

*.“甲-己합”,!!　　*.“丁-壬합”,!!

*. “각각에 甲-己합이나 丁-壬합이 구성되어 완벽한 합으로 간주하겠지만 사실상 양자의 기운이 각각 합의 기운을 가로막으면서 천간합(天干合)을 성립하고 있으니 오행상 잔여기운을 남기는 합이 되어 천간합(天干合)이 성립될 수가 없다”.!

이상의 도표 1항에 나타나고 있듯이 이 때 일간 丁火를 기준하여 년간에 나타나고 있는 壬水와 丁-壬합을 구성하고 다시 월상 己土와 시상에 노출되어 있는 甲木간에 甲-己합을 각각 성립하고 있음을 엿볼 수가 있겠다.

그러나 이러한 천간합(天干合)의 성립여부는 일면 단편적으로 판단할 경우 비록 양자의 합의 기운이 한다리 건너 합을 한다는 단점이 있겠지만 그래도 미약하나마 합의 기운을 취용할 수 있는 사주상의 헛점이 표출되어 있다해도 과언이 아니다.

하지만 본 저자는 이 부분에 대하여 전자에도 언급하였지만 무릇 모든 사주상의 천간합(天干合)은 완벽하게 근접하여 합을 구성하지 않는 이상 천간합(天干合)의 기운을 가로막는 현상이 되어 미약한 합을 구성하고 있다면 모두 오행상 잔여기운을 남기는 합으로 귀착한다고 하였으니 본 장에서도 아무리 양자의 천간합(天干合)이 구성된다손 치더라도 이것 역시 천간합은 성립될 수가 없다.

결국 본 장 12항에 기술하는 취지는 전자의 11항에 부수되어 기술하는 성질임을 알 수가 있겠는데 사주천간에 천간합(天干合)의 기운이 두 개의 오행이 합을 이루면서 동시에 또다시 두 개의 천간합(天干合)이 각각 성립한다 해도 이것이 각각의 오행이 가로막아 원격(遠隔)된 천간합(天干合)이라면 완전히 오행상 서로간 잔여기운을 남기는 합이 된다는 것을 강조하고 있으니 이때는 천간합이 성립될 수가 없다는 점을 대단히 강조하고 있다해도 과언이 아니다.

(예1). 여 자, 장 모씨(경기 파주) 1949년 음력 10월 21일 未 시

墓　養　浴　帶
辛　甲　丙　己
未　戌　子　丑

정관　　　식신　정재
金　(木)　火　　土
土　　土　　水　　土
정재　편재　인수　정재

***. 일간의 왕쇠(旺衰),!**

　甲일간 子월에 출생하여 득령(得令)하였으나 사주원국 월지 子水 인수를 제외한 지지에 전부 재성인 丑-戌-未 土氣와 다시 사주천간에 일간 甲木을 극설(剋泄)하는 火, 土, 金이 투출되어 있으므로 일간이 신약하다.

　이렇게 일간 甲木이 신약하고 있을 경우 마땅히 왕신(旺神)의 성질을 따르게 되는 외격(外格)의 종격(從格)이나 가종격(假從格) 으로 돌아가지 않는 이상 일간의 기운을 생조하면서 아울러 일 간을 극루(剋漏)하는 식상, 재성, 관성의 기운을 억제할 수 있는 인성 水氣나 비겁 木氣가 필요할 것은 두말할 여지가 없다.

따라서 사주격국을 면밀히 관찰하여 볼 때 사주월지인 子水 인수에 통근(通根)하는 것만으로도 사주강약도표에 준해서 그 힘이 30%가 되니 과히 일간은 천군만마의 기운을 얻었다고 자부할 만하다.

또한 이렇게 일간 甲木을 생조하는 인수 子水가 사주월지에 차지하고 있는 이상 일간을 생조하는 성질이 강력하게 작용함에 따라 결코 일간의 기운이 왕신(旺神)의 세력을 따르게 되는 외격 (外格)의 종격(從格)이나 가종격(假從格)으로 돌아가지 않고 내격 (內格)의 억부법이나 조후법상 용신이 선택되는 것이 마땅하다.

그러나 한편으로 판단할 경우 본 사주팔자는 비록 신약하나 사주월지에 子水인수가 득령(得令)을 하여 어느 정도 세력을 얻었다고 볼 수가 있겠지만 근본적으로 사주상에 神(식상, 재성, 관성)의 기운이 절대적인 우위를 차지하고 있으므로 그 힘에 의한 소진함에 일간이 대단히 괴롭다고 판단할 수가 있다.

또한 일간 甲木이 태어난 계절을 살펴볼 때 子월에 출생 하였으므로 추운겨울에 생하여 만물이 모두 꽁꽁 얼어붙어 있음에 따라 나무의 역할을 기대할 수가 없으니 이것은 시급히 조후법상 식상 火氣를 보아서 얼은 나무를 녹여주어야 대길할 것이다.

한편 사주팔자가 일간 甲木을 극루(剋漏)하는 재성 土氣가 무리를 지워 강력하게 일간을 상극하고 있음에 따라 여자사주에서는 재성 土氣는 육친통변법상 재물을 나타내는 일면이 있지만 이렇게 강력한 재성 土氣가 관성 金氣를 土生金으로 생조하는 현상은 관성의 기운이 더욱 더 왕성하게 발동하는 하나의 원인 제공으로 받아들일 수밖에 없다.

결국 이와 같은 현상은 곧 후천성인 대운이나 세운에서 용신이나 희신의 기운으로 치달리지 않는 이상 평생을 통하여 금전과 남편복이 없어 박복함을 면치 못할 것을 사주원국은 무언중에 암시를 하고 있다해도 과언이 아니다.

*. 격국(格局)과 용신,!

다시 본 사주팔자에 대한 격국(格局)과 용신을 판별하여 보자면 우선 일간 甲木이 신약한 중에 사주월지에 인수 子水가 자리를 잡고 있으므로 원칙적인 "신약월지인수격(身弱月支印綬格)"이고 또한 "재다신약격(財多身弱格)"을 같이 성격(成格)한다.

고로 용신은 "재중용비격(財重用比格)"으로 사주내 재성 土氣가 많아 일간 甲木을 대단히 극루(剋漏)하여 신약을 만들고 있으니 왕성한 재성 土氣를 木剋土하는 비겁 木氣를 용신으로 삼아야 되고 아울러 계절이 子월에 출생하여 추운겨울에 해당되고 있으므로 만물이 모두 꽁꽁 얼어붙어 있으니 시급히 조후법을 충족할 수 있는 식상 火氣는 길신으로 삼는 것이 타당하다.

이렇게 사주상에 용신과 길신을 선택하여 놓고 사주격국을 면밀히 관찰하여 볼 경우 일간 甲木에 대한 중요한 용신의 기운이 사주시지 未土 정재의 지장간 중기(中氣)에 乙木이 암장되어 있으나 지장간에 암장된 육신은 그 역할이 미미하기 짝이 없음에 따라 오히려 길신으로 선택되고 있는 월상 식신 丙火를 용신대용으로 선택하는 것이 타당하게 되었다.

따라서 이와 같이 사주원국내 용신의 기운으로 자리매김하고 있는 비겁 木氣가 사주상에 정오행이 없고 길신이 용신대용으로 선택되는 격국(格局)이 되고 있으니 이것은 곧 진가(眞假)의 법칙에서 진신(眞神)의 성질이 되지 못하고 가신(假神)의 성질이 되고 있다해도 무리가 없다.

결국 이상의 맥락에 비추어 판단할 때 사실상 사주주인공은 후천성인 대운이나 세운등에서 필수적으로 용신내지는 길신의 기운으로 치달리지 않는 이상 그에 대한 재화는 극심하게 돌출될 수가 있으니 숙명적인 운기가 대단히 불안하기 짝이 없다고 간명할 수가 있다.

*. 일부학자들의 의문,!

여기서 일부학자들 중에서 방금 본 저자가 위 사주팔자에 대한 용신 및 길신을 선택하는 과정을 놓고 한가지 의문을 가진채 질문을 하고 있다.

그것은 "合, 沖의 特秘 저자 운정선생은 본 사주팔자에 대한 용신의 기운을 "재중용비격(財重用比格)"이 성격(成格)되니 왕성한 재성 土氣를 木剋土 하는 비겁 木氣를 주된 용신으로 선택하고 아울러 조후법상 충족할 수 있는 식신 丙火는 길신으로 삼고 있는 것을 알 수가 있다",!

"이와 같은 점은 단편적으로 판단할 경우 일면 일리가 있는 점도 있겠지만 그러나 우선 무엇보다도 위 사주원국의 일간 甲木이 태어난 계절을 놓고 볼 때 子월이 되어 만물이 모두 꽁꽁 얼어붙어 있으므로 아무리 비겁 木氣가 왕성한 재성 土氣를 木剋土하여 길함이 되더라도 시급히 조후법을 먼저 따라가서 식상 火氣를 주된 용신을 삼아야 되지 않겠는가",?

"또한 운정선생은 본 사주상에 비겁 木氣는 사실상 사주명조 내 정오행이 없고 오로지 시지 未土 정재의 지장간 중기(中氣)에 존재하여 있으니 이렇게 단편적으로 보아도 지장간에 암장되어 있는 기운만으로는 그 역할이 미미하기 짝이 없기 때문에 복잡하게 생각할 필요가 없이 월상에 투출되어 있는 丙火 식신을 그대로 용신으로 선택하면 별 무리가 없게 되는 점도 당연하지 않겠는가",?

"더구나 이와 같은 현상은 더 나아가서 시지 未土 정재는 사주 일지 戌土 편재가 자리를 잡아 근접하여 丑-戌-未 삼형으로 파극하고 있으니 아무리 지장간에 암장된 오행이 용신의 기운이 된다손 치더라도 이렇게 삼형의 작용으로 파극되는 이상 그대로 쓸모가 없는 점은 자명한 일이 아닐 수가 없다",!

"그런데도 불구하고 어찌하여 건전한 월상에 투출되어 있는 丙火 식신을 제쳐두고 꼭 시지 未土 지장간 중기(中氣)에 암장되어 있는 乙木 겁재를 주된 용신으로 고집하는 이유는 또 무엇인가",?

"이상에 의문하는 성질을 사주추명학에 비추어 저희 학자들은 간명상 도무지 납득을 할 수가 없으니 이 부분에 대하여 좀 더 구체적으로 명쾌하고 자세한 답변을 하여달라",!라며 날카롭게 그 원리를 지적하면서 의문을 표시하고 있다.

***. 일부학자들의 의문에 대한 본 저자판단,!**

이상에 일부 학자들이 의문을 구하고 있는 사항은 대단히 날카로운 질문이며 또한 일면 타당성이 있다고 보고 있는데 하지만 본 저자가 설명하는 부분을 들었을 경우 비로서 그에 대한 이해를 할 수가 있을 것이다.

따라서 그 부분을 조목조목 정리하여 약 3가지로 구별해서 자세하게 기술하 여보면,!

우선 첫째로,!

"일부학자들이 의문을 표시하고 있는 용신의 선택이 비겁 木氣를 선택하는 과정에서 본 저자는 사주원국내 재성 土氣가 왕성하여 일간 甲木이 신약하고 있으니 재성 土氣가 木헨土로 억제 할 수 있는 비겁 木氣를 주된 용신을 삼아야 되는 점과 학자들은 조후법을 우선하여

식상 火氣가 주된 용신으로 선택되어야 한다고 의견을 제시하고 있다".!

이와 같은 현상은 일면 단편적으로 판단할 경우 비겁 木氣나 식상 火氣는 모두 길하게 작용하는 기운이 되니 사실상 복잡하게 생각할 필요가 없는 성질이 되겠으나 주된 용신을 선정하는 과정에서 사주추명학상 그 원칙을 세우는 계기가 되므로 절대로 소홀히 취급할 수가 없는데 우선 사주내 일간 甲木이 과연 어느 오행에 의하여 신약이 되고 있는 점을 중시볼 필요가 있다.

따라서 사주명조를 유심히 관찰하여 보면 단순적으로 보아도 사주월지 子水인수를 제외한 전부가 재성 土氣로 구성되어 있는 중에 다시 재성 土氣에 뿌리를 두고 그 중심의 역할로 대변하고 있는 년간 己土 정재가 투출되어 있으니 이것은 곧 재성 土氣가 태왕하여 있다해도 과언이 아닐 것이다.

그렇다면 본 사주일간 甲木이 계절이 子월에 출생하여 추운겨울이 되니 세상만물 전부가 꽁꽁 얼어붙어 있어 나무의 본래 기운을 지킬 수가 없으므로 일간이 신강, 신약을 불문하고 식상 火氣를 필요하게 되는 것은 두말할 여지가 없다.

하지만 이것을 달리 판단하여 보면 이렇게 재성 土氣가 사주내 왕성하게 자리를 잡아 강력하게 일간 甲木을 극루(剋漏)하고 있으니 식상 火氣는 오히려 재성 土氣를 火生土로 생조하여 호랑이에게 날개를 달아주는 형국이 발생되는 점은 자명하다.

이상의 맥락에 비추어 정리를 하자면 식상 火氣는 비록 조후법을 충족시키는 중요한 기운이 되는 것은 두말할 여지는 없겠으나 이렇게 재성 土氣가 강력하여 "재다신약격(財多身弱格)"을 성격(成格)하는 격국에서는 식상 火氣가 일시 조후법을 충족시키는 일면은 되더라도 다시 왕성한 재성 土氣를 생조하여 반대급부로 재성 土氣가 일간을 더욱 더 상극하여 들어옴으로 인해서 그에 대한 복록이 상쇄되는 중요한 원인제공을 할 수밖에 없다.

결국 본 저자는 이런 이유를 간파하여 식상 火氣는 비록 조후법을 충족시키는 중요한 기운이 되는 점은 인식을 같이 하고 있지만 반대급부인 재성 土氣를 생조하여 신약한 일간을 극루하는 이중성을 가지고 있으니 이러한 조후법을 충족시키고 아울러 기신(忌神)의 역할을 억제할 수 있는 왕성한 비겁 木氣를 주된 용신으로 삼는 이유가 모두 두 마리 토기를 다잡을 수 있는 장점이 여기에 있기 때문이라 해도 과언이 아니다.

다음 둘째로,!

"일부학자들이 의문을 구하고 있는 진가(眞假)의 법칙에서 일간 甲木에 대한 용신의 기운으로 비겁 木氣를 선택한다면 사주상에 정오행이 없고 시지 未土 정재의 지장간 중기(中氣)에 乙木이 있는데 지지에 암장된 용신은 미미하기 짝이 없으므로 복잡하게 생각할 필요가 없이 월상 丙火 식신을 주된 용신으로 삼는 것이 진신(眞神)의 역할이 되면서 가신(假神)보다 낮지 않겠는가, 라고 의문

182

을 표시하고 있다",!

이상의 부분에 대하여도 일면 학자들의 견해가 타당성이 있겠으나 이것 역시 전자 첫 번째 의문에 대하여 상세하게 기술한 부분이 중복되겠는데 사주내 재성 土氣가 왕성한 마당에서는 식상 火氣는 비록 조후법상 충족할 수 있는 조건이 되겠지만 왕성한 재성 土氣를 火生土로 생조하니 오히려 기운을 얻은 재성 土氣는 신약한 일간 甲木을 木剋土로 치고 들어오는 형상을 염려하여야 될 것이다.

따라서 이와 같은 현상은 비록 식상 火氣는 조후법을 충족할 수 있는 중요한 성질이 되는 반면 왕성한 재성 土氣를 생조하여 신약한 일간을 더욱 더 극루하게 만들게 되므로 그에 대한 복록을 상쇄시키는 일면이 생기는 것은 자명한 일임은 전자에 이미 언급한바가 있다.

그렇다면 문제는 진가(眞假)의 법칙에 준해서 그 실체를 따져볼 필요가 있겠는데 그것은 아무리 선천성인 사주명조내 진신(眞神)의 기운이 없다해서 가신(假神)으로 대변하고 있는 식상 火氣를 곧 바로 진신(眞神)대타로 용신으로 선택할 경우라 말할 수가 있겠다.

이와 같은 현상이 되고 있을 때 사주추명학상 후천성인 대운이나 세운등에서 들어오는 가신(假神)의 기운인 식상 火氣도 예외가 없이 역시 재성 土氣를 火生土로 생조하게 되므로 길과 흉이 교차됨으로 말미암아 복록이 상쇄되는 점을 모면할 수가 없

고 이것은 곧 간명상 헛점으로 연결될 수가 있으니 참으로 대단
히 경계해야 될 대목임은 두말할 여지가 없다.

이러한 불합리함을 생각하고 보니 본 저자는 사주상에 용신의
기운이 지장간에 암장되어 그 역할이 미미하게 작용한다손 치더
라도 다시 후천성인 운로로 대변하고 있는 대운이나 세운등에서
비겁 木氣를 재차 보게 된다면 역시 식상 火氣보다는 비겁 木氣
가 더욱 더 복록이 깊어지게 되는 것은 지극히 당연한 결과가 될
것이라 판단한다.

결국 이상의 맥락에 비추어 본 사주팔자에 비록 월상에 丙火
식신이 투출되어 진신(眞神)의 역할을 할 수 있는 점을 본 저자가
완전하게 배척하고 비겁 木氣를 주된 용신으로 삼고 식상 火氣
는 비록 조후법을 충족할 수가 있겠지만 그 역할이 한단계 아래
인 길신으로 삼는 성질이 여기에 있다해도 과언이 아니다.

다음 셋째로,!

"더구나 이와 같은 현상은 더 나아가서 시지 未土 정재
는 사주일지 戌土 편재가 자리를 잡아 근접하여 戌−未
삼형으로 파극하고 있으니 아무리 용신의 기운이 된다손
치더라도 이렇게 삼형의 작용으로 파극되는 이상 그대로
쓸모가 없는 점은 자명한 일인데 어찌하여 건전한 월상
에 투출되어 있는 丙火 식신을 제쳐두고 꼭 시지 未土
지장간에 암장되어 있는 乙木 겁재를 주된 용신으로 고
집하는 이유는 또 무엇인가",?

이상의 세 번째 의문에 대하여도 본 저자는 학자들이 의문하는 성질은 상당히 고난도의 원리가 포함되어 있는 것으로 사실상 지장간의 변화를 자세하게 파악하여야 만이 그 실체를 완벽하게 꼬집을 수가 있음을 문득 생각이 들고 있다.

따라서 일부 학자들이 의문을 구하고 있는 시지 未土 정재의 지장간 중기(中氣)에 존재하고 있는 乙木을 놓고 중요한 반론의 대상이 되고 있는데 이 부분을 학자들의 이해를 돕기 위해 아래 시지 未土 정재와 일지 戌土 편재에 대한 戌-未 삼형으로 가격하는 지장간 변화를 예를 들어 나열시키기로 한다.

(도표1).!

시 지 "삼형",!!! 일 지

未 ←————————→ 戌

*."火剋金",!!!

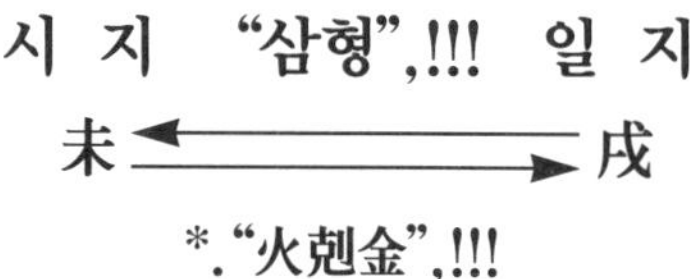

이상의 도표 1항에서 자세하게 나타나고 있듯이 이 때 사주시지 未土 정재의 지장간에는 각각 여기(餘氣), 중기(中氣), 정기(正氣)에 丁, 乙, 己가 존재하여 있고 그에 반하여 일지 戌土의 지장

간에는 각각 여기(餘氣), 중기(中氣), 정기(正氣)에 辛, 丁, 戊가 자리를 잡고 있음을 엿볼 수가 있다.

그런데 일부 학자들이 의문을 표시하고 있는 시지 未土 정재의 지장간 중기(中氣)에 乙木이 일지 戊土 편재간 戊-未 삼형으로 파극되는 원칙이 완벽하게 상극되지 않는다는 것을 알 수가 있겠는데 그것은 같은 지장간 중기(中氣)에 乙木과 丁火는 木生火의 조건으로 암합리 서로 유정(有情)한 관계를 유지하고 있으며 사실상 乙木을 파극시킬 수 있는 이렇다할 상충의 작용이 보이지 않고 있음을 중시 판단할 필요가 있다.

따라서 일부학자들이 상당한 반론을 제기하고 있는 사주시지 未土의 지장간 중기(中氣)에 乙木이 상충의 작용이 되지 않아 대체로 건전하다는 것을 한눈에 파악하는 것이 되고 있는데 이와 같은 맥락을 생각하지 않고 더 나아가서 학자들은 막연히 본 사주팔자에 丑-戊-未 삼형이 존재하여 있으니 이것을 단편적으로 판단해서 완전한 정삼형의 작용으로 인한 더욱 더 시지 정재의 지장간 중기(中氣)에 乙木이 파극되는 염려를 하고 있다.

하지만 그것 역시 그 실체를 자세하게 관찰하여 보면 년지 丑土 정재는 일지 戊土 편재와 시지 未土 정재간 서로 가깝게 자리를 잡고 丑-戊-未 삼형이 발생하는 것이 아니고 가운데 가로막는 기운인 즉, 다시 말해서 사주월지 子水 인수가 존재하여 년지 丑土 정재와 子-丑합으로 삼형의 작용을 해극시키고 있으니 이것은 丑-戊-未 삼형의 작용이 올바르게 나타날 수가 없는 절대적인 이유가 성립되고 있다해도 과언이 아니다.

결국 지금까지 장황하게 본 저자가 기술한 일부학자들의 의문에 대하여 본 저자는 모두 이상의 성질에 당면되어 있으니 위 사주팔자에 대한 주된 용신의 기운으로 비겁 木氣를 식상 火氣보다 우선 선택할 수밖에 없는 이유가 여기에 있으므로 이것은 더 이상 무슨 이유가 있을 수가 없고 또한 반론의 여지가 있을 수가 없다.

***. 본 장 12항에 적용하여 판단,!**

다시 본 장 제 12항에 적용하여 사주천간에 투출되어 있는 천간합(天干合)에 대한 성립부분을 인용하여 본다면,!

12. "11항에 준하여 천간합(天干合)이 사주내 각각의 두 개의 기운으로 성립되고 있으나 이것이 각각에 가로 막혀 있는 합이 될 경우 원격(遠隔)한 합이 될 수밖에 없고 또한 가로막은 상대의 오행은 합의 기운을 방해 하는 오행으로 둔갑하기 때문에 이 때는 양자 모두 합의 기운이 되지 못한다".! 라며 사주팔자내 천간합(天干合)의 성립여부를 대단히 자세하게 기술하고 있음을 엿볼 수가 있겠다.

따라서 본 사주명조를 본 장에 준해서 그 부분을 적용시켜 간명하여 볼 경우 완전히 일치를 하고 있는데 그것은 사주년간 己土 정재를 기준하여 일간 甲木과 甲-己합이 있고 다시 월상에 투출되어 있는 丙火 식신은 다시 시상에 투출되어 있는 辛金 정 관과 丙-辛합이 존재하여 있으니 이것은 한편으로 생각할 때 합 을 방해하는 천간상충이 없음에 따라 모두 천간합(天干合)으로 취용하기 쉽게 되어 있다.

하지만 이와 같은 양자의 甲-己합이나 丙-辛합은 상대의 합 을 하려는 각각에 한쪽오행이 모두 가로막아 있는 성질로서 사 실상 합의 중간에 끼워져 있으니 양자에 합의 기운을 원격(遠隔) 하게 만들게 되므로 제대로 근접하여 양자의 합을 성립시킬 수 가 없다고 볼 수가 있다.

그렇다면 지금에 거론하고 있는 甲-己합이나 丙-辛합은 일면 단편적으로 판단할 경우 모두 합의 기운으로 취용하게 될 때 필 연적으로 일간의 왕쇠(旺衰)나 용신의 강약을 설정하는데 간명 상 오류를 불러 들이게 됨은 자명한 일이 아닐 수가 없으니 마땅 히 경계해야 될 점은 두말할 필요가 없다.

결국 본 장 12항에 기술하고 있는 취지는 무릇 모든 사주격국 에서 천간합(天干合)의 기운을 가진 성질이 있다하나 이렇게 합 을 하려는 양쪽 오행이 거리가 생기고 있는 즉, 다시 말해서 원 격(遠隔)한 합이 되고 있을 경우 모두 천간합(天干合)으로 취용할 수가 없다는 것을 대단히 강조하고 있는 것이니 사주추명학상 하나의 체계를 세우는 원칙이 됨에 따라 참으로 중요한 부분이 아니할 수가 없겠다.

13. "전자의 11항에 준하여 사주천간에 모두 각각 2개의 오행으로 2개의 천간합(天干合)을 구성하고 있는데 이 때 각각에 천간합(天干合)의 기운을 지지에 강력한 건록지나 제왕지등에 해당하지 않고 더하여 상충 등으로 상극하지 않을 경우 합의 기운으로 귀착한다고 명시하고 있다",!

"그런데 이와 같은 2개의 천간합이 결합하는 것이 하나의 천간합은 근접하여 합을 결합하고 있는데 또 다른 천간합(天干合)은 전자에 천간합의 기운이 가로막아 원격(遠隔)한 합이 되고 있다면 합의 세력을 방해하여 제대로 합을 결성하지 못하니 이때는 원격(遠隔)한 천간합(天干合)은 성립되지 못한다",!

※ 참고로 이상의 성질에 대하여 좀 더 자세하게 구체적으로 기술하자면 우선 모든 사주천간에 투출되어 있는 천간합(天干合)의 성질은 지지에 강력하게 뿌리를 둘 수 있는 장생, 건록, 제왕지등에 해당하지 않고 양자의 합을 하려는 오행이 근접하여 있을 경우 극단적인 합을 파괴하는 천간상충이 없는 이상, 무리없이 천간합(天干合)으로 귀착하는 것이 통례이다.

그런데 여기서 중요한 부분이 나타나고 있는데 이러한 천간합(天干合)을 성립하려는 두 개의 오행이 각각 두 개의 천간합(天干合)을 성립하려는 절차에서 한쪽 천간합(天干合)이 가운데 가로막고 합을 구성하는 것이 종종 발견되고 있다.

따라서 이 경우에는 서로 근접하여 있는 천간합(天干合)이 먼저 성격(成格)되는 것이 정석이며 가로막혀 있는 즉, 다시말해서 원격(遠隔)되어 있는 천간합(天干合)은 성립되지 못하는 점으로 간명하는 것이 바람직하다.

무슨 말인지 학자들의 이해를 돕기 위해 아래 도표 1항을 적용시켜 그 실체를 기술하여 보자면,!

(도표1).!

*. "乙-庚합이 월상 癸水와 일간 戊土간 戊-癸合火가 가로막아 먼저 합을 하는 관계로 원격(遠隔)한 합이되니 乙-庚合金은 성립되지 못하고 있다",!!!

이상의 도표 1항에 자세하게 나타나고 있듯이 본 사주팔자는 년간 庚金과 시상 乙木이 乙-庚합이, 그리고 일간 戊土와 월상에 투출되어 있는 癸水와 戊-癸合火가 성립되어 있으니 양자의

4개의 오행이 2개의 천간합(天干合)을 구성하는 절차를 엿보이고 있다.

그런데 공교롭게도 년간 庚金과 시상에 투출되어 있는 乙木간 乙-庚합의 사이에 월상 癸水와 일간 戊土가 가로막고 먼저 근접하여 戊-癸합火를 성립하면서 乙-庚합을 원격(遠隔)하게 만들고 있으니 거리가 너무 멀어진 乙-庚합은 도저히 합을 성립시킬 수가 없게 만들고 있는 형상이라 할 수가 있다.

따라서 이 경우 두 개의 천간합(天干合)중에 원격(遠隔)하게 되어있는 乙-庚합은 취용할 수가 없는 절대적인 이유에 도달하게 되니 사실상 乙-庚합은 성립할 수가 없고 이에 반하여 월상 癸水와 일간 戊土는 戊-癸합火를 성격(成格)하는 것으로 간주한다.

하지만 이 때에도 비록 근접하여 있는 천간합(天干合)이 먼저 합으로 귀착하고 있을 경우 또 다른 천간합(天干合)이 원격(遠隔)됨으로 인하여 합을 성립하지 못할 즈음 하나의 천간오행이 근접하여 천간합(天干合)을 구성하는 어느 한쪽의 오행을 천간상충으로 방해하는 성질이 되고 있다면 역시 근접하여 있는 천간합(天干合)도 파극되는 점은 자명하니 이럴 때는 양자의 천간합(天干合)은 모두 성립되지 않는 것으로 판단한다.

무슨 말인지 학자들의 이해를 돕기 위해 이 부분도 아래 도표 2항을 적용해서 그 실체를 자세하게 판단하여 본다면,!

(도표2).!

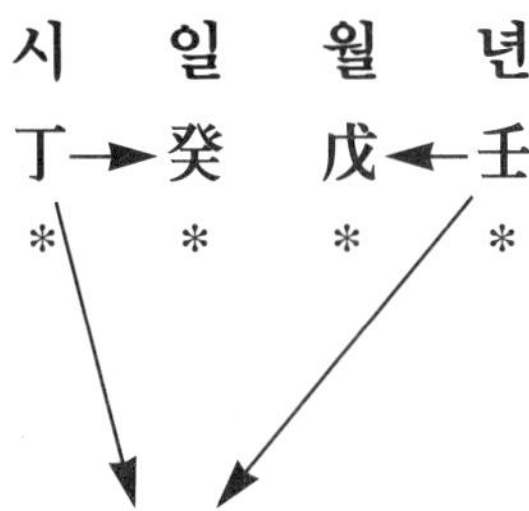

*. "丁-壬합 사이에 월상 戊土와 일간 癸水가 戊-癸합을 근접하여 천간합을 구성한다고 생각할 수가 있겠지만 사실상 丁-癸 상충과 壬-戊 상충으로 합을 방해하고 있으니 이 경우 戊-癸합이나 丁-壬합 모두 성립되지 못한다",!!

이상의 도표 2항에 자세하게 나타나고 있듯이 년간 壬水와 시상에 투출되어 있는 丁火가 丁-壬합이 있고 다시 월상에 투출되어 있는 戊土와 일간 癸水가 있으니 각각에 2개의 천간합(天干合)이 나타나고 있음을 엿볼 수가 있다.

그런데 전자 도표 1항의 사주팔자는 월상 癸水와 일간 戊土가 근접하여 戊-癸合火를 성립하는 절차에서 乙-庚합이 戊-癸合火에 대한 년간 庚金과 시상에 乙木이 원격(遠隔)하여 합을 성립 못하고 있는데 乙-庚의 어느 오행이라도 천간상충을 가지고 戊-癸합의 기운을 방해하지 않고 있으니 건전하게 합의 기운으로 취용하는 것으로 판단하였다.

하지만 본 장에 언급하고 있는 도표 2항에 나타나고 있는 사주팔자는 비록 월상 戊土와 일간 癸水가 근접하여 戊-癸합을 도모하더라도 년간 壬水는 월상 戊土를 壬-戊 상충으로 가격하고 다시 일간 癸水는 시상에 투출되어 있는 丁火가 丁-癸 상충으로 파극하고 있음을 알 수가 있다.

그렇다면 결과적으로 이럴 경우 비록 천간합(天干合)이 근접하여 합을 구성하고 있다해도 하나의 천간상충이 나타나고 있다고 가정한다면 합이 방해를 받아 천간합은 성립되지 않을 것은 분명한데 설상가상으로 이렇게 두 개의 오행이 각각 천간상충으로 상극하는 처사는 戊-癸합이 도저히 성립할 수 없는 극단적인 처지에 도달하게 된다.

따라서 도표 2항에 기술하고 있는 사주팔자는 丁-壬합이나 戊-癸합에 대한 천간합(天干合)의 성립절차는 모두 천간상충으로 인한 합의 기운을 취용할 수가 없다는 것으로 결론이 나고 있으니 이와 같은 점은 무릇 모든 천간합(天干合)을 간명하는 절차에서는 필수적으로 간명하여야 되는 중요한 성질이라 할 수가 있다.

만약 이와 같은 현상을 단순적으로 판단하여 막연히 본 사주팔자는 4개의 오행이 2개의 천간합(天干合)이 존재하여 있음에 따라 모두 천간합(天干合)으로 취용하여 일간의 왕쇠(旺衰)나 용신의 강약을 선정하게 될 때 이것은 필연적으로 사주간명상 오류를 나타내게 되는 점은 자명하게 되니 참으로 중요한 합에 대한 체계를 세우는 하나의 기준점이 되는 것은 두말할 이유가 없다.

결국 본 장 13항에 기술하는 취지는 전자의 11항에 부수되어 천간합(天干合)의 성립되는 절차를 더욱 더 세분하여 하나의 합의 기운을 선정하는 과정에 판단의 법칙을 세우는 것을 알 수가 있겠고 그렇다면 천간합(天干合)을 간명할 때 대단히 고난도의 집중력을 발휘하여야 됨을 본 장에서 대단히 강조하고 있다해도 과언이 아니다.

(예1). 남 자, 지 모씨(경남 사천) 1952년 음력 3월 19일 卯 시

病　墓　衰　衰
丁　己　甲　壬
卯　丑　辰　辰

편인　　정관 정재
火　(土)　木　水
木　土　土　土
편관 비견 겁재 겁재

*. 일간의 왕쇠(旺衰),!

근일간 辰월에 출생하여 득령(得令)하였으며 사주원국 월지 辰土 겁재를 중심으로 해서 사주년지 辰土 및 일지 丑土 비견에 일간 己土가 생조하고 있으며 다시 시상에 丁火 편인까지 투출되어 있으니 일간이 대단히 신왕이다.

이렇게 일간 己土가 신왕이 태왕할 경우 마땅히 일간의 기운을 억제할 수 있는 오행이 있어야 만이 일간이 왕신(旺神)의 세력을 따르게 되는 외격(外格)의 종격(從格)이나 가종격(假從格)으로 돌아가지 않을 것이다.

따라서 사주격국을 면밀히 관찰하여 보니 일간 己土와 일간의 동기인 비겁 土氣를 억제할 수 있는 시지 卯木 편관이 자리를 잡고 있는 중에 다시 년간 壬水 정재가 투출되어 있음에 따라 이것은 결코 왕신(旺神)의 세력을 따르게되는 외격(外格)의 종격(從格)이나 가종격(假從格)으로 돌아가지 못하고 내격(內格)의 억부법이나 조후법상 용신이 선정되는 것이 마땅하다 하겠다.

하지만 본 사주팔자는 근본적으로 사주격국의 일간 己土가 신왕함이 태왕한중에 일간을 억제할 수 있는 神(식상, 재성, 관성)의 기운이 상대적인 비겁 土氣에 비교하여 쇠약하고 있는 와중에 사실상 중화(中和)의 기점에 안정되지 못하고 신왕으로 치달리고 있으니 사주가 대단히 불안하기 그지없다.

더구나 이와 같은 현상은 월상에 투출되어 있는 甲木 정관이 절묘하게 자리를 잡고 그 역할을 다할 수가 있었다면 그나마 다행이라 할 수가 있을 테지만 아쉽게도 일간 己土와 甲-己合土로 변화되어 본래의 기운을 가지지를 못하게 되므로 신왕한 일간을 적절히 억제하지 못하고 있다.

결국 이러한 점은 믿었던 정관 甲木이 오히려 일간의 동기인 비겁 土氣로 돌변하여 더욱 더 일간의 기운을 왕성하게 만들게 됨에 따라 그렇지 않아도 배가 불러 죽을 지경인데 재차 일간을 배를 불리게 되므로 이것은 우리 일상생활에 비추어 말한다면 배탈이 날 수 있는 정도라 말할 수가 있으니 참으로 좋지 못함을 엿볼 수가 있다.

*. 격국(格局)과 용신,!

다시 본 사주팔자에 대한 격국(格局)과 용신을 판별하여 보자면 우선 일간 己土가 신왕한 중에 사주월지에 辰土 겁재가 자리를 잡고 다시 년지 辰土와 일지 丑土 비견이 대단히 강력하게 그 세력을 행사하고 있으므로 원칙적인 "신왕월지겁재격(身旺月支劫財格)"이 성격(成格)된다.

고로 용신은 "비중용관격(比重用官格)"으로 왕성한 일간 己土와 일간의 동기인 비겁 土氣를 木剋土로 억제할 수 있는 관성 木氣를 용신으로 선택하고 관성 木氣를 생조하는 재성 水氣는 희신으로 선택되는 것이 마땅하다.

　이렇게 사주상에 용신과 희신을 선택하여 놓고 사주격국을 면밀히 관찰하여 보니 일간 己土에 대한 용신의 기운이 사주시지 卯木 편관이 자리를 잡고 그 세력에 뿌리를 두면서 십이운성의 제왕지에 앉은 월상에 甲木 정관이 투출되어 있으므로 일면 정히 진신(眞神)의 역할을 하면서 대길하게 작용할 수가 있는 느낌이 들고 있다.

　그러나 월상에 투출되어 있는 甲木 정관은 시지 卯木 편관과의 거리가 너무 원격(遠隔)한 나머지 설상가상으로 월지 辰土 겁재와 일지 丑土 비견이 가로막아 있으니 제대로 월상 甲木이 비록 시지 卯木에 십이운성 제왕지에 앉아 있다손 치더라도 완전하게 바지가랭이를 붙잡지 못하는 단점이 노출되어 있다해도 과언이 아니다.

　더구나 이와 같은 현상은 설상가상으로 월상에 투출되어 있는 甲木 정관이 일간 己土와 완전히 근접하여 있음에 따라 완벽한 甲-己合土로 돌변하여 오히려 관성 木氣의 기운을 가지지 못한 채 왕성한 비겁 土氣에 동조하여 더욱 더 일간 己土의 배를 불리고 있으니 용신으로 그 역할을 망각하면서 합을 탐한 나머지 기반(羈絆)으로 변화되어 기신(忌神)의 역할을 하고 있다.

　따라서 본 사주팔자는 그렇지 않아도 일간 己土의 기운이 신왕한 정도가 사주강약도표에 준하여 단편적으로 판단해도 그 힘이 중화(中和)의 기점에 훨씬 태과하는 성질을 가지고 있는데 이번에는 일간을 적절히 억제할 수 있는 용신의 기운까지 이렇게 합을 하여 기신(忌神)으로 둔갑하고 있으니 용신으로서 제대로 그 임무를 하지 못하게 되는 것은 자명한 일이다.

결국 이러한 점은 사주상에 하나의 탁기(濁氣)를 조성하는 결과로 이어지고 있으니 오행 유통상 생식불식(生息不息) 및 생화불식(生化不息)에 대단한 막힘까지 연결되어 사실상 사주주인공은 숙명적인 운로가 대단히 불안하게 되었다해도 과언이 아니다.

***. 본 장 제 13항에 준한 판단,!**

본 장에 제 13항에 준하여 사주상에 천간합(天干合)이 성립되는 절차에서 그 실체를 인용하여 본다면,!

13. "전자의 11항에 준하여 사주천간에 모두 각각 2개의 오행으로 2개의 천간합(天干合)을 구성하고 있는데 이 때 각각에 천간합(天干合)의 기운을 지지에 강력한 건록지나 제왕지등에 해당하지 않고 더하여 상충 등으로 상극하지 않을 경우 합의 기운으로 귀착한다고 명시하고 있다",!

"그런데 이와 같은 2개의 천간합이 결합하는 것이 하나의 천간합은 근접하여 합을 결합하고 있는데 또 다른 천간합(天干合)은 전자에 천간합의 기운이 가로막아 원격(遠隔)한 합이 되고 있다면 합의 세력을 방해

하여 제대로 합을 결성하지 못하니 이때는 원격(遠隔)한 천간합(天干合)은 성립되지 못한다",! 라며 무릇 사주천간에 합을 할 수 있는 천간합(天干合)의 성질을 대단히 자세하게 기술하고 있음을 엿볼 수가 있다.

따라서 본 사주팔자를 이상의 부분에 적용시켜 그 실체를 판단하여 보면 완전히 일치를 하고 있는 것을 알 수가 있겠는데 그것은 우선 본 사주년간에 壬水 정재와 시상에 투출되어 있는 丁火 편인간 서로 丁-壬합이 존재하여 있음을 관찰할 수가 있다.

또한 이와 같은 현상은 월상에 투출되어 있는 甲木 정관과 일간 己土간에 甲-己合土가 성립되어 있으니 이렇게 되면 천간에 노출되어 있는 오행 모두 4개가 전부 천간합(天干合)의 기운으로 짜여져 있는 성질이라 할 것이다.

이것은 사실상 사주천간의 전부 오행이 합을 구성하는 성질이 되고 있는데 한편으로 그 실체를 면밀히 파악하여 볼 때 년간 壬水 정재와 시상에 투출되어 있는 丁火 편인간을 가로 막으면서 월상 甲木 정관과 일간 己土가 甲-己合土를 성립하고 있음을 알 수가 있다.

＊. 천간합(天干合)이 성립되는 조건,!

그런데 여기서 중요한 부분이 있는데 그것은 본 장 13항에 준하여 판단하여 보면 이렇게 비록 4개 오행이 합의 성질이 되더라도 이것이 얼마나 사주지지에 강력한 힘을 받을 수 있는 십이운성 장생, 건록, 제왕지등에 해당하고 있는가, 그리고 비록 장생, 건록, 제왕지등에 해당하더라도 천간의 기운과 지지의 오행이 얼마나 근접하여 서로 유정(有情)한 관계를 가지고 있는 등에 대한 부분을 면밀히 관찰하여야 될 필요가 있다.

또한 이상의 성질을 1차적으로 판단한 후 합의 기운이 얼마나 근접하여 합을 결합하고 있는 성질도 주의 깊게 관찰할 필요가 있는데 그렇다면 본 사주팔자에 천간오행의 기운을 각각에 합의 성질로 돌아가는 점을 이상과 같은 맥락에 비추어 종합적으로 판단한 후 비로서 그에 대한 합의 기운을 취용하여야 될 것이다.

이러한 점을 감안하여 이 때 사주년간에 투출되어 있는 壬水 정재와 시상에 투출되어 있는 丁火 편인간에 성립할 수 있는 丁-壬합은 년간과 시상간에 거리는 너무 멀어 원격(遠隔)한 성질이 되고 있으니 단편적으로 관찰하여 보아도 丁-壬합의 기운은 제대로 성립될 수가 없음을 알 수가 있다.

그러나 또 다른 일간 己土와 월상에 투출되어 있는 甲木 정관은 완벽하게 근접하여 합을 구성하고 있는 성질이 되니 곧 甲-己合土로 변화되는 것을 알 수가 있겠는데 일면 사주시지 卯木 편관이 자리를 잡고 월상에 투출되어 있는 甲木 정관이 십이운성의 제왕지에 해당하고 있음에 따라 지지에 뿌리를 튼튼히 하는 것이 되어 제대로 합의 기운으로 돌아가지 않는다고 판단할 수 있다.

하지만 이미 전자에 약간 언급하였지만 월상 甲木 정관과 시지 卯木 편관간에 거리가 멀어져 있는 즉, 다시 말해서 원격(遠隔)한 뿌리를 가지고 있는 중에 다시 월지 辰土 겁재와 일지 丑土 비견이 가로막아 하나의 卯木 편관을 木剋土로 상극까지 하고 있으니 올바르게 천간오행인 甲木을 붙들지 못하는 중대한 사안에 부닥치게 된다.

따라서 월상에 투출되어 있는 정관 甲木은 일간 己土와 무리가 없이 완전한 甲-己合土로 변화되는 성질임을 알 수가 있고 그에 반하여 년간 壬水 정재와 시상에 투출되어 있는 丁火 편인간에 丁-壬合木은 甲-己合土가 중간에 가로막아 있는 관계로 완전한 원격(遠隔)한 합의 기운이 될 수밖에 없으니 이것을 종합적으로 판단하자면 丁-壬合木은 성립되지 않는다고 간명할 수가 있다.

이와 같은 맥락에 비추어 이상의 성질이 사주추명학의 비조인 고서(古書)나 원서에 그 실체를 자세히 기록하고 있지 않음에 따라 부득히 본 저자는 살아있는 실존인물이 이상의 부분에 해당되어 있는 성질만 골라 다시 용신과 일간의 왕쇠(旺衰)를 파악하면서 비로소 지금의 천간합(天干合)의 가부(可否)에 대한 종합적인 체계를 파악하였던 것이다.

결국 본 장 제 13항에 기술하고 있는 취지는 무릇 모든 사주 천간에 4개의 오행이 각각에 다시 2개의 천간합(天干合)을 구성하는 절차에서 하나에 합의 기운이 다른 합에 끼워져 중간에 가로막아 합을 구성하는 성질이라면 원격(遠隔)해진 천간합(天干

合)은 성립될 수가 없다는 취지를 강조하고 있으니 이것은 곧 일간의 왕쇠(旺衰)나 용신의 판별을 하는 과정에서 참으로 대단히 중요한 사주추명학상 하나의 간명법칙이라 해도 과언이 아니다.

14. "전자 11항에 준하여 4개의 오행이 모여 각각 두 개의 천간합(天干合)을 결합하고 있을 경우 지지에 왕성한 건록, 제왕지등에 해당하지 않는다면 천간합(天干合)은 성격(成格)된다고 명시하고 있다",!

"그러나 이 경우 일간의 기운이 시상등에 천간합(天干合)을 결합하고 있을 경우 지지에 왕신(旺神)의 세력을 가지면서 외격(外格)의 종격(從格)으로 귀착하고 있다면 합의 기운으로 변화 되니 천간합(天干合)은 취용한다",!

"하지만 이상에 종격(從格)이 되지 않고 내격(內格)의 억부법이나 조후법상 용신이 선택되는 격국이라면 합을 탐한 나머지 기반(羈絆)되었다고 판단하여야 되며 일간의 오행이 근본적인 뿌리를 송두리채 모두 천간합(天干合)의 오행으로 변화될 수가 없다",!

※ 참고로 이 부분을 좀 더 구체적으로 기술하여 보면 전자 11항에 준하여 4개의 오행이 모여 각각 두 개의 천간합(天干合)을 결합하고 있을 경우 지지에 왕성한 십이운성인 건록, 제왕지 등에 해당하지 않는다면 천간합(天干合)은 성격(成格)된다고

명시하고 있다",!

이와 같은 성질은 왕성한 십이운성에 자리를 잡은 지지 오행이 천간오행에 대하여 직접적으로 영향력을 미치는 성질을 거론하는 것으로 만약 십이운성의 건록, 제왕지등에 해당하고 있다면 천간오행이 지지에 뿌리를 튼튼히 하는것이 되어 아무리 천간오행이 근접하여 천간합(天干合)을 구성한다손 치더라도 제대로 합의 기운으로 돌아가지 못하는 절대적인 이유가 성립된다.

따라서 사주천간에 합을 구성하는 절차에서는 양자의 천간오행이 근접하여 합을 성립하는 절차도 중요 하겠지만 제일로 지지에 왕성한 십이운성에 근접하여 있는가,를 먼저 살펴야 되는 필수적인 관찰력이 뒤따라야 하겠고 아울러 천간합(天干合)을 파극하는 천간상충이 없어야 만이 건전하게 합을 구성할 수가 있다.

여기서 중요한 부분이 한가지 나타나고 있는데 그것은 일간에 대한 오행을 중점하여 판단하여야 될 필요가 있으니 무릇 모든 사주팔자에 일간이 이상의 조건을 갖추고 천간합(天干合)을 구성하게 될 경우 근본적인 일간에 대한 오행전부가 합의 기운으로 돌아가느냐, 그렇지 않고 합에 대한 기반(羈絆)을 감안하여 잔여기운을 남기는 합이 되느냐,를 중점해서 간명할 필요가 있다.

✱. 일간의 오행이 합을 하여 왕신(旺神)의 성질에 일치할 경우,!

이상의 성질에 대하여 본 저자는 사실상 일간의 기운이 천간합(天干合)의 구성하는 절차인 즉, 다시 말해서 일간과 시간이 합을 하든지 혹은 일간과 월상에 투출되어 있는 오행과 합을 하는 것을 거론할 수가 있겠는데 사실상 모두다 근접하여 합을 구성하고 있으니 제대로 합의 기운으로 취용할 수가 있는 성질이다.

그러나 이럴 경우 일간이 천간합(天干合)을 결합하는 성질이 지지에 왕신(旺神)의 세력을 따르고 있는 외격(外格)의 종격(從格)이나 가종격(假從格) 및 화격(化格) 혹은 가화격(假化格)의 성질일 때 완전한 일간에 대한 본래의 기운을 저버리고 완벽한 종격(從格)의 세력을 따르는 동질오행으로 변화될 수가 있으니 이때는 일간의 성질이 근본적으로 존재하지 못하는 절대적인 이유가 성립될 것이다.

무슨 말인지 학자들의 이해를 돕기 위해 아래 도표 1항을 적용시켜 그 실체를 명확하게 기술하여 보자면,!

(도표1), 남자, 정 모씨(경기 안산) 1964년 음력 4월 14일 辰 시

衰　養　病　衰
戊　甲　己　甲
辰　戌　巳　辰

편재　　정재 비견
土　(土)　土　木
土　土　火　土
편재 편재 식신 편재

이상의 도표 1항에서 자세하게 나타나고 있듯이 남자 사주인 정 모씨의 사주명조을 자세히 관찰하여 볼 경우 이 때 사주월간 己土 정재를 하나두고 일간과 년상에 투출되어 있는 甲木 비견이 각각에 두 개가 되어 서로 먼저 甲-己合土를 하려고 살아남기 위한 처절한 다툼을 하고 있다는 것을 알 수가 있다.

이럴 경우 보통 내격(內格)의 억부법이나 조후법상 용신을 선택하는 사주격국일 것 같으면 마땅히 이렇게 합을 다투는 성질을 쟁합(爭合)이라 하여 제대로 합의 기운으로 귀착할 수가 없기 때문에 천간합(天干合)인 甲-己合土는 취용할 수가 없다고 판단하여야 된다.

하지만 본 사주격국은 왕신(旺神)의 土氣를 따르고 있는 종격

(從格)이 되고있기 때문에 이렇게 비록 사주상 천간의 기운이 쟁합(爭合)이 되더라도 지지에 土氣 일색(一色)으로 되어 있는 비겁 土氣에 천간합(天干合)의 성질이 부합을 하고 있으므로 甲-己合 土가 성립되고 아울러 본 사주팔자는 갑기합토 화격(甲己合土化格)을 성격(成格)하는 이유가 여기에 있음이다.

그렇다면 결론적으로 이상의 도표 1항에 나타나고 있는 사주 팔자는 만약 내격(內格)의 억부법이나 조후법상 용신이 선택되는 과정이라면 마땅히 쟁합(爭合)하는 성질은 천간오행이 합을 다투는 성질로 말미암아 제대로 합의 기운으로 귀착할 수가 없다고 판단해 볼 수가 있다

하지만 이상의 성질이 동질성인 왕신(旺神)의 성질을 가지면서 외격(外格)의 종격(從格)이 되고 있다면 일간의 기운이 비록 합을 하더라도 왕신(旺神)의 성질에 일치하고 있기 때문에 일간 본래의 기운은 전부 없어져 버리고 새로운 왕신(旺神)인 土氣의 성질로 돌아가는 현상을 본 장에 중요하게 강조하고 있다해도 과언이 아니다.

***. 일간의 성질이 왕신(旺神)의 성질에 따르지 않는 내격(內格)일 경우,!**

이상의 부분을 놓고 지금까지는 일간의 기운이 지지에 합을 하거나, 혹은 왕신(旺神)의 성질에 부합하고 외격(外格)의 종격(從格)이나 가종격(假從格)으로 돌아가게 되는 현상이 일간이 합

을 하여 왕신(旺神)의 기운에 부합하고 있다면 일간의 본래의 기운이 없어져 버리면서 왕신(旺神)의 오행으로 귀착하고 있다고 이미 설명하였다.

그러나 여기서 또 한가지 중요한 점이 나타나고 있는데 그것은 이상의 성질이 외격(外格)이 아니고 내격(內格)의 억부법이나 조후법상 용신을 선택하고 있는 격국(格局)이라면 그 때는 사주 격국을 조금 달리 판단하여야 됨을 본저자는 강조하고 싶다.

이 부분은 본 장 14항의 말미에 언급하고 있는 성질을 인용하여 본다면,!

"하지만 이상에 종격(從格)이 되지 않고 내격(內格)의 억부법이나 조후법상 용신이 선택되는 격국이라면 합을 탐한 나머지 기반(羈絆)되었다고 판단하여야 되며 일간의 오행이 근본적인 뿌 리를 송두리채 모두 천간합(天干合)의 오행으로 변화될 수가 없다",! 라고 내격(內格)의 억부법이나 조후법상 용신이 선택되는 것이라면 일간에 대한 오행이 비록 사주천간에 투출되어 있는 오행이 근접하여 천간합(天干合)을 구성한다손 치더라도 일간 오행 본래가 모두 없어지지 않는 것을 기술하고 있다.

이와 같은 현상을 두고 좀 더 구체적으로 기술하자면 외격(外格)의 종격(從格)이나 가종격(假從格)의 성질은 왕신(旺神)의 성질을 가지고 있기 때문에 천간에 대한 합의 원칙이 일간이던 혹은 다른 천간오행이 합을 하던지,를 불문하고 하나의 동질성인 왕신(旺神)의 기운에 부합하게 될 경우 모두 잔여기운을 남기지 않고 동질성인 왕신(旺神)의 오행에 따르게 된다.

하지만 그에 반하여 이것이 내격(內格)의 억부법이나 조후법상 용신이 선택되는 격국이라면 일간의 기운이 아무리 합을 할 수 있는 즉, 다시 말해서 천간합(天干合)을 구성하는 조건이 성립 되더라도 일간의 기운이 합을 탐한 나머지 기반(羈絆)되어 다소간 합의 오행은 돌출 되더라도 완벽한 일간 오행 전부가 없어지는 것은 아니라고 판단하여야 될 것이다.

고난도의 집중력과 상당한 심리를 요구하고 있으므로 무슨 말인지 좀 더 구체적으로 해석하자면,!

무릇 모든 사주명조는 4개의 기둥으로 구성되어 년주, 월주, 일주, 시주등으로 짜임새를 발휘하고 있는데 이 경우 일간의 오행은 사주팔자의 오행전부에 대하여 영향력을 받는 것이며 이것은 일간이라는 자체가 사주상의 몸통인 주체로 분류되어 있기 때문이다.

따라서 이 부분을 달리 바꾸어 말한다면 만약 일간의 오행이 없어지게 될 때 사주팔자내 다수의 오행의 통솔적인 부분을 관리할 수가 없으니 이것은 곧 육친통변법이나 해당되는 궁(宮)의 의미는 없어질 것은 자명한 일이다.

그렇다면 무릇 모든 사주팔자는 일간이라는 의미를 생각하여 볼 때 사실상 일간이 없이는 사주팔자의 몸통인 일간인 자기자신은 물론이고 더 나아가서는 년주, 월주, 일주, 시주에 대한 육친통변을 적용할 수가 없게 되니 극단적으로 나아갈 경우 사주명리에 대한 올바른 간명을 할 수가 없는 절대적인 어려움에 봉착하게 되는 중요한 원인제공이 될 수밖에 없다.

이상의 성질에 대하여 본 저자는 이와 같은 현상을 놓고 지금까지 내격(內格)의 억부법이나 조후법상 용신이 선택되는 성질이 되고 있을시 비록 일간이 월상이나 시상에 투출되어 있는 오행과 근접하여 천간합(天干合)을 성립하게 된다면 모두 하나의 천간합(天干合)이 성립된다고 기술한 바가 없지 않다.

그러나 이 경우 일간이 아무리 합을 한다손 치더라도 근본적인 일간 본래의 오행을 전부 망각하는 것이 아니며 일부 잔여기운을 남기게 되는 합이라 판단하는 것이 정석이고 아울러 근본적인 일간에 대한 뿌리 만큼은 존속시키야 되는 이유가 지금까지 설명한 이상의 성질에 모두 일치하고 있기 때문이다.

본 장 제 14항에 기술하고 있는 취지는 일간의 기운이 왕신(旺神)의 세력을 따르게 되는 외격(外格)의 종격(從格)이나 가종격(假從格) 및 화격(化格) 그리고 가화격(假化格)에서 일간의 기운이 천간오행과 합을 하여 종격(從格)의 성질에 부합하고 있을 경우 일간이 모두 잔여기운을 남기지 않으면서 왕신(旺神)의 세력에 일치하게 되니 이 때는 완벽한 천간합(天干合)이 될 것이다.

하지만 일간의 기운이 비록 사주상에 천간합(天干合)이 성립된다손 치더라도 이것이 외격(外格)을 따르지 않고 내격(內格)의 억부법이나 조후법상 용신이 채택되는 격국이 되고 있을 경우는 일간의 기운이 합을 탐한 나머지 기반(羈絆)되어 비록 합의 기운에 대한 오행은 표출되더라도 근본적인 일간의 뿌리만큼은 존속하고 있다는 것을 본 장에서 대단히 중요하게 기술하고 있는 대목이라 하겠다.

결국 본 장 제14항에 기술하고 있는 취지는 일간의 오행이 합을 하는 천간합(天干合)이 외격(外格)과 내격(內格)에 대한 성질에 하나같이 동일하게 판단할 수가 없다는 것을 알 수가 있으니 이것은 참으로 대단히 중요한 부분이 아닐 수가 없을 것이다.

더구나 만약 이러한 성질을 일부학자들이 막연히 단편적으로 판단하게 될 경우 사주추명학상 용신의 선택과 일간의 왕쇠(旺衰)에 대한 필연적인 오류가 발생되는 점은 자명한 일이 아닐 수가 없으니 결단코 사주 간명상 하나에 새로운 체계적인 간명법칙이 되고 있는 것을 본 저자는 감히 자인하는 바이다.

(예1), 여 자, 황 모씨(여수 덕충동) 1959년 음력 6월28일 子 시

胎　帶　衰　絕
戊　丙　辛　己
子　辰　未　亥

식신　　정재 상관
土　(火)　金　土
水　土　土　水
정관 식신 상관 편관

***. 일간의 왕쇠(旺衰),!**

　丙일간 未월에 출생하여 실령(失令)하였으며 사주원국 월지 未土 상관을 중심으로 해서 일지 辰土 식신과 다시 년지 亥水 및 시지 子水 관성이 자리를 잡고 있는 중에 사주천간에 일간 丙火를 제외한 전부가 식상 土氣와 정재 辛金으로 짜여져 있으니 일간이 극도로 신약함을 모면할 수가 없다.

　상황이 이럴진데 일간 丙火는 월상에 투출되어 있는 辛金 정재와 완벽하게 근접하여 있음으로 재차 丙-辛合水를 하고 있고 또한 사주시지 子水 정관은 일지 辰土 식신과 子-辰合水를 하고 있어 더욱 더 일간 丙火의 기운을 극설(剋洩)시키고 있으니 설상가상이라 말할 수가 있다.

이렇게 일간 丙火가 신약할 경우 마땅히 일간을 생조하는 오행이 없는 이상 대체로 지지의 왕신(旺神)의 세력으로 군림하고 있는 식상 土氣의 기운에 부합할 수 있는 외격(外格)의 종격(從格)이나 가종격(假從格)으로 돌아가기 쉽게 되어 있다해도 과언이 아니다.

그렇다면 시급히 일간 丙火를 생조할 수 있는 인성 木氣와 비겁 火氣가 사주내 존재하여 있어야 만이 일간 丙火가 절대세력으로 자리를 잡고 있는 식상土氣와 관성 水氣의 기운으로 따르지 않고 내격(內格)의 억부법이나 조후법에 준한 용신법을 선택할 수가 있다.

따라서 사주격국을 면밀히 관찰하여 보니 다행스럽게도 일간 丙火가 사주월지 未土 상관이 火氣를 머금은 조토가 되고 있는데 절묘하게 未土 상관의 지장간 여기(餘氣)에 丁火와 중기(中氣)에 乙木이 존재하고 있으니 이것은 곧 일간이 완전하게 통근(通根)하여 뿌리를 둘 수 있는 세력을 가지는 것을 엿볼 수가 있겠다.

더구나 이와 같은 현상은 여기에서만 끝나지 않고 사주월지 未土 상관이 년지 亥水 편관과 亥-未合木을 결합하니 합을 하여 나오는 오행이 인성 木氣로 돌출되고 있어 이것 또한 일간 丙火에 상당한 의지처를 부여함에 따라 단순적으로 판단할 수 없는 대목이라 할 것이다.

이상의 성질을 판단하여 볼 때 본 사주팔자는 이렇게 일간 丙火에 대한 의지처가 분명하게 나타나고 있으니 이것은 곧 일간이 지지에 생조받는 인성 木氣가 강력하는 것이 되어 결코 왕신(旺神)의 성질을 따르는 외격(外格)의 종격(從格)이나 가종격(假從格)으로 돌아가지 못하고 내격(內格)의 억부법이나 조후법상 용신이 선택되는 것이 마땅하다.

하지만 이러한 부분을 간명한 뒤 본 사주명조에 대한 운기를 파악하여 본다면 근본적으로 일간 丙火의 기운이 사주강약도표에 준하여 중화(中和)의 기점에서 훨씬 멀어져 가는 신약으로 치우쳐져 있으니 사실상 격국(格局)이 심히 불안정함을 모면할 수가 없게 되었다.

결국 이와 같은 성질은 다시 운로인 대운이나 세운등에서 일간을 생조하는 오행을 거듭 만나지 않고 만약 극단적으로 용신을 상극하는 기신(忌神)의 기운으로 첩첩으로 치달린다고 가정할 때 그에 대한 재화는 불을 보듯 뻔한 일이 아닐 수가 없으니 참으로 숙명적인 운로가 대단히 답답함을 모면할 수가 없는 사주팔자이라 하겠다.

***. 격국(格局)과 용신,!**

다시 본 사주팔자에 대한 격국(格局)과 용신을 판별하여 보면 우선 일간 丙火가 신약함이 극심한 중에 사주월지 未土 상관이 자리를 잡고 있는 중에 다시 그 세력에 뿌리를 두고 년간 己土

상관과 시상 戊土 식신이 투출되어 있으니 원칙적으로 "신약월지상관격(身弱月支傷官格)"이며 일명 "진상관격(眞傷官格)"을 같이 성격(成格)한다.

고로 용신은 "진상관용인격(眞傷官用印格)"으로서 강력한 식상 土氣를 木剋土로 억제하면서 아울러 신약이 극심한 일간 丙火를 생조하는 인성 木氣를 용신으로 선택하고 또한 일간이 신약하니 일간 丙火를 부조할 수 있는 비겁 火氣는 길신으로 선택하는 것이 마땅하다 할 것이다.

이렇게 사주상에 용신과 길신을 선택하여 놓고 사주격국을 면밀히 관찰하여 보니 일간 丙火에 대한 용신의 기운으로 자리매김하고 있는 인성 木氣가 사주상에 정오행이 없고 오로지 사주월지 未土 상관의 지장간 중기(中氣)에 乙木이 존재하여 있으므로 그곳에 일간이 의지를 하고 있음에 따라 참으로 용신의 기운이 미약함을 단적으로 보여주고 있다해도 과언이 아니다.

더구나 이러한 점은 일면 진가(眞假)의 법칙에 부합시켜 판단하여 볼 경우용신의 기운이 지장간에 암장되어 있으므로 진신(眞神)의 역할이 되지 못하고 가신(假神)을 용신으로 선택하는 격국이 됨에 따라 재차 후천성인 운로인 대운이나 세운등에서 필수적으로 용신인 인성 木氣나 비겁 火氣를 거듭 보아야 그나마 아쉬운대로 복록을 유지할 수가 있을 것이다.

그러나 만약 이와 같은 현상이 후천성인 운로가 용신인 인성 木氣와 비겁 火氣를 상극하는 기신(忌神)의 운로를 거듭 맞이하게 된다면 이렇게 일간 丙火가 신약함이 태왕하여 있는 중에 중첩하여 운에서 기신(忌神)의 기운까지 받아야 하므로 이것은 정말 크나큰 재화를 감수하지 않으면 안될 것이니 사주 주인공의 숙명적인 운로는 참으로 불안하기 그지없다.

***. 본 장 14항에 준한 판단,!**

본 장에 제 14항에 언급하고 있는 천간합(天干合)의 성질에 대하여 일간오행이 합을 성립하는 과정을 거론하는 부분을 인용하여 본다면,!

14. "전자 11항에 준하여 4개의 오행이 모여 각각 두 개의 천간합(天干合)을 결합하고 있을 경우 지지에 왕성한 건록, 제왕지등에 해당하지 않는다면 천간합(天干合)은 성격(成格)된다고 명시하고 있다",!

"그러나 이 경우 일간의 기운이 시상등에 천간합(天干合)을 결합하고 있을 경우 지지에 왕신(旺神)의 세력을 가지면서 외격(外格)의 종격(從格)으로 귀착하고 있다면 합의 기운으로 변화 되니 천간합(天干合)은 취용한다",!

"하지만 이상에 종격(從格)이 되지 않고 내격(內格)의 억부법이나 조후법상 용신이 선택되는 격국이라면 합을 탐한 나머지 기반(羈絆)되었다고 판단하여야 되며 일간의 오행이 근본적인 뿌리를 송두리채 모두 천간합(天干合)의 오행으로 변화될 수가 없다",! 라며 일간에 대한 오행이 천간합(天干合)을 결합할 경우 그 실체를 구체적으로 기술하고 있음을 엿볼 수가 있다.

따라서 본 사주팔자를 이상의 부분에 접목시켜 판단하여 본다면 완전히 일치를 하고 있겠는데 그것은 우선 일간 丙火가 지지에 강력한 십이운성인 건록, 제왕지등에 해당하고 있지 않는 중에 월상 辛金 정재가 투출되어 있으니 이것은 완전히 근접하여 합을 결합하는 성질로서 제대로 천간합(天干合)이 성립되는 것으로 판단하는 점이 정석이다.

그러나 이와 같은 현상은 만약 일간의 기운이 지지에 육합(六合), 삼합(三合), 준삼합(準三合) 및 방합(方合)을 하거나, 혹은 지지에 동질성인 오행으로 짜여져 왕신(旺神)의 성질에 따르고 있는 종격(從格)이나 가종격(假從格)이 되고 있는 중에 일간이 합을 하여 나오는 오행이 동질성인 지지의 오행과 일치가 되고 있다면 완전히 일간의 오행은 본래 성질을 망각한채 하나에 새로운 오행으로 천간합(天干合)은 성립될 것이다.

하지만 본 사주팔자는 일간 丙火가 사주월지 未土 상관의 지장간 여기(餘氣)와 중기(中氣)에 丁火와 乙木이 존재하여 있고 또한 년지 亥水 편관이 월지 未土 상관과 亥-未合木을 하여 일간 丙火를 생조하는 현상이 두드러지게 나타나고 있으므로 이것은 곧 내격(內格)의 억부법이나 조후법상 용신이 선택되는 격국이 되고 있다는 것을 중시 판단할 필요가 있다.

***. 일간의 성질에 따른 외격(外格)과 내격(內格)에 준한 천간
합의 성질,!**

그렇다면 사주일간 丙火는 아무리 월상에 투출되어 있는 辛金 정재와 그 거리가 근접하여 완벽한 丙-辛合水를 도모 한다손 치더라도 근본적인 일간 丙火의 오행이 뿌리채 사라지는 것은 아니며 사실상 천간합의 기운인 丙-辛合水에 대한 기반(羈絆)의 역할을 하여 무언중에 水氣를 돌출하고 있다고 판단하는 것이 타당하다.

그 이유로 일간이라는 오행은 사주팔자에 대한 근본적인 몸통으로 분류되어 있으니 일간오행이 없이는 사주팔자가 존재할 수가 없고 이것은 일간의 기운이 왕신(旺神)의 성질을 따르고 있는 외격(外格)의 종격(從格)이나 가종격(假從格)으로 귀착하지 않는 이상 일간에 대한 본래의 성질은 보존을 하고 있다고 판단할 수 있는 절대적인 이유가 성립된다.

이상의 성질에 비추어 본 장 14항에 언급하는 취지는 일간이 없이는 사주명조가 존재하지 않는 것을 거론할 수가 있고 하지만 근본적으로 외격(外格)의 종격(從格)이나 가종격(假從格)이 되고 있다면 그 때는 일간이 합을 하는 천간합(天干合)이 지지에 왕신(旺神)의 세력을 따르게 되므로 완전히 새로운 오행으로 판단하여 사주간명을 할 수밖에 없을 것이다.

따라서 이러한 일간이 천간합(天干合)을 도모하고 있을 경우 그에 대한 합의 실체를 막연히 판단하여 일간의 왕쇠(旺衰)나 용신의 강약을 저울질 한다면 이것은 필연코 사주추명학상 오류를 나타내는 것은 자명한 일이 아니할 수가 없음에 따라 상당히 합의 기운에 대한 일간의 성질을 집중적으로 판다할 수 있는 고난도의 심리가 요구된다.

본 장 14항에 기술하고 있는 성질은 무릇 모든 사주팔자내 일간이 천간합(天干合)을 성립하는 절차에서 이것이 왕신(旺神)의 성질을 따르고 있는 외격(外格)의 종격(從格)이나 가종격(假從格) 및 화격(化格)의 성질이 되고 있는가, 그렇지 않고 일반적인 내격(內格)의 억부법이나 조후법상 용신이 선택되는 격국인가,를 면밀히 따져보고 그에 대한 일간이 합을 하는 절차를 판단하여야 되는 것을 본 장에서 대단히 중요하게 강조하고 있다.

결국 이것은 명실공히 사주추명학상 고서(古書)나 원서에 기록하지 않는 성질이 됨에 따라 그동안 본 저자가 약 30여년동안 실제인물을 토대로 경험상 확인하여 오늘날 간명상 하나의 비법(秘法)으로 남기게 되었으니 참으로 하나에 사주추명학의 일대 혁신을 이룩하는 부분이라 본 저자는 감히 첨언하는 바이다.

15. **"사주내 천간상충(天干相沖)이 자리를 잡고 있는데 이 때 천간 상충을 가로막아 타 오행과 천간합(天干 合)을 성립시키고 있을 경우 천간상충(天干相沖)과 천간합(天干合) 모두 성립되지 못한다".!**

※ 참고로 이상의 성질을 좀 더 구체적으로 설명하자면 천간합 (天干合)의 경우 홀로서기인 관계로 합의 결합자체가 대단히 미약하게 성립한다고 이미 기술 하였는데 더구나 이 때에 천간상충이 동반되어 합의 기운을 파극하고 있다면 완전히 합의 성질은 분산되어 쓸 수가 없게 된다.

그렇다면 이상의 이러한 현상이 나타나고 있을 경우 천간상충이 과연 어떠한 힘을 발휘하여 사주원국에 영향력을 미치는 점에 대해 세밀히 판단하여 볼 필요가 있으니 이것은 비록 천간합(天干合)은 분산되어 합으로 취용하지 못 할지라도 천간상충의 작용으로 인한 사주운명소유자는 상당한 흉의를 가질 수가 있음도 염려할 수가 있는 대목이다.

따라서 이 경우는 양자의 천간합(天干合)이나 천간상충의 작용은 모두 성립되지 않는 것으로 판단하는 것이 타당하며 그러나 사주원국 자체에 육친의 운명상 간명법에 대한 적용은 천간상충이나 천간합의 기운을 모두 취용하여 간명하는 것이 정석이다.

무슨 말인지 학자들의 이해를 돕기 위해 좀 더 구체적으로 도표 1항을 적용시켜 그 실체를 자세하게 판단하여 보면,!

(도표1).!

시 일 월 년
己 己 乙 庚
* / * / * *

*. "사주월상에 乙木이 년간 庚金과 乙-庚 合金을 도모하고 있는데 일간과 시상에 나타나고 있는 己土가 월상 乙木을 己-乙 상충으로 합을 분산시키고 있음에 따라 乙-庚合金이 성립되지 못하고 아울러 천간상충인 己-乙상충 역시 합으로 인한 해극이 된다고 판단한다".!

이상의 도표 1항에서 자세하게 나타나고 있듯이 이렇게 사주 월상에 나타나고 있는 乙木이 년간에 있는 庚金과 완벽하게 근접하여 있으니 단편적으로 판단할 경우 하나의 乙-庚合金을 구성하고 있음을 착각하기 쉽게 되었다해도 과언이 아니다.

하지만 이러한 현상은 사주 일간과 시상에 투출되어 있는 己土가 월상에 나타나고 있는 乙木을 己-乙 상충으로 파극하니 완전하게 乙-庚合金을 방해하고 있음에 따라 제대로 합을 성립할 수가 없고 아울러 이것은 곧 상충의 작용으로 인한 합이 분산되는 결론에 도달하게 된다.

그렇다면 이렇게 己-乙 상충으로 인한 乙-庚合金이 분산되는 현상도 판단할 수가 있겠으나 사실상 己-乙 상충의 작용이 사주 운명소유자에게 막대한 피해도 일면 예상할 수가 있는데 하지만 이것 역시 상충의 작용을 합으로 막고 있으니 이 경우 상충과 합의 기운이 교차가 되어 양자의 합이나 상충이 모두 해극이 된다고 판단하는 것이 타당하다.

따라서 일간의 왕쇠(旺衰)을 결정하는 자리에 용신의 선택의 기준점이 되는 것을 놓고 이렇게 乙-庚合金을 취용할 수 있는 성질이라고 판단할 때 일간의 강약이 정반대로 되는 함정을 모면할 수가 없겠으며 또한 천간의 상충에 대한 작용력도 상당히 줄여져 근본적으로 상충의 작용이 발생할 수가 없다고 판단하여 용신을 선택하는 것이 바람직하다고 볼 것이다.

＊. 천간합(天干合)과 천간상충에 대한 육친판단,!

여기서 한가지 중요한 성질이 있는데 그것은 비록 본 서의 合, 沖의 特秘에서 거론하는 절차는 사실상 모두 일간의 왕쇠(旺衰)와 용신을 선택하는 절차에서 해당하는 점을 놓고 그 부분을 집중적으로 간명하고 있으나 이렇게 사주상에 천간합(天干合)이 있는데 천간상충이 되어 합의 성질을 분산하고 있다면 양자의 합, 충이 교차되어 모두 성립되지 않는다고 강조하고 있다.

하지만 사주추명을 하는 과정에서는 육친의 운명을 거론할 때 모두 합, 충의 부분이 교차되고 있을 경우 비록 서로간 상쇠되어 해극되었지만 사실상 합의 기운과 상충의 기운을 전부 적용시켜 간명하여야 될 필요가 있음을 강조하고자 한다.

이와 같은 성질은 사주당사자는 물론이고 해당되고 있는 육친의 운명을 감정하는 과정에서는 상충으로 인한 피해와 합으로 인한 재혼 및 음란성여부를 집중적으로 심리를 하는 것이 정석이라고 보겠다.

이상의 성질은 상당한 집중력과 고난도의 심리를 요구하고 있으니 좀 더 구체적으로 아래 도표 2항을 적용시켜 그 부분을 심도있게 자세하게 기술하자면,!

(도표2).!

시　　일　　월　　년
庚　　庚　　甲　　己
*　　　*　　　*　　　*

비견　　　편재　인수　◀━ (육　신)
金 (金)　木　　土　◀━ (오　행)
*　　　*　　　*　　　*

이상의 도표 2항에서 자세하게 나타나고 있듯이 이 때 사주월상에 있는 甲木편재가 년간에 자리를 잡은 己土 인수와 甲-己合

土로 천간합(天干合)을 구성하고 있음을 엿볼 수가 있다.

따라서 이렇게 일간 庚金과 시상에 노출되어 있는 庚金이 동시에 월상 甲木을 甲-庚 상충으로 파극하고 있으니 甲-己합으로 대변되는 천간합(天干合)과 甲-庚상충으로 표시되는 천간상충이 모두 합, 충이 교차되어 성립되지 않는 점으로 판단하는 것이 정석이라 할 수가 있다.

하지만 육친통변법상 이렇게 월상에 있는 甲木 편재는 비록 일간과 시상 庚金에게 파극을 당하여 이것은 한편으로 볼 경우 제대로 甲-己合土가 이루지지 못한다해도 년간 인수 己土와는 완전하게 유정하여 있는 것으로 간명하여야 될 것이다.

그렇다면 육친통변법으로 적용해서 사주당사자 일간 庚金을 기준하면 사주년주는 조부궁이니 조부님을 나타내고 월주는 부친의 자리가 됨에 따라 부친궁을 의미하고 있으니 이렇게 년주와 월주가 甲-己합이 되고 있다는 뜻은 조부님과 부친이 화목하다는 식으로 간명하여야 될 것이다.

＊. 사주주인공의 부친에 대한 음란성 판단,!

또한 이와 같은 현상은 이상의 성질이외에도 육친상 간명하게 되면 사주일간 庚金을 주동하여 월상 甲木은 편재의 기운이 되고 있음에 따라 편재는 곧 부친을 의미하고 있으므로 이렇게 년간 己土 인수와 甲-己합이 맺어지고 있음을 중요시 볼 필요가 있다.

따라서 이렇게 년간 己土 인수가 하나만 있어 甲-己합이 될 경우 별문제가 되지 않겠지만 만약 다시 사주지지에 지장간의 정기(正氣) 및 중기(中氣), 그리고 여기(餘氣)의 사주 어느곳이던 재차 己土 인수가 자리를 잡고 있다면 월상 甲木이 甲-己암합을 중첩하여 성립하게 된다.

이렇게 될 경우 곧 월상 편재 甲木은 사주 운명 소유자에게는 육친통변법상 부친을 의미하고 있음에 따라 간합(干合)이나 암합(暗合)이 많은 것은 부친이 재혼팔자이며 더욱 더 己土는 인수를 나타내고 있으니 어머니가 여러명이 있다고 간명하고 따라서 자연히 부친이 호색다음(好色多淫)하여 주색잡기(酒色雜技)에 능한 사람이라고 판단하는 한 일례와 같은 것이다.

이와 같은 현상은 일면 사주에 천간상충이 있어 월상 甲木 편재를 甲-庚 상충으로 파극하여 합을 구성할 수가 없게 만들었다고 판단하게 될 때 이상의 육친통변법상 간명을 무시할 수 있는 함정이 됨은 필수적이므로 이것은 곧 대단한 간명상 오류를 나타내는 것은 자명하며 이 경우는 무조건 상충의 작용은 무시하고 합의 기운을 취용하여 육친통변을 하여야 됨을 이 자리를 빌어 밝혀두는 바이다.

*. 천간상충에 대한 통변법,!

또한 다시 한편으로 볼 때 역시 천간상충의 작용이 있어 합을 분산시키는 일면이 있으니 천간상충 역시 해극되어 상충의 작용

을 볼 수가 없다고 판단하겠지만 이번에도 역시 육친통변법에서
는 상충의 작용을 부합시켜 간명하는것이 타당할 것이다.

이 부분도 좀 더 자세하게 기술하자면 지금 위 사주팔자는 이
렇게 월상 甲木 편재를 일간과 시상 庚金이 甲-庚 상충으로 파
극하고 있는 것을 甲-己合土로 해극한다손 치더라도 육친통변
법상 일간과 시간 庚金은 일간을 대조하여 비견이 되니 비견은
형제가 되므로 나의 형제와 나는 편재인 부친과 인연이 박하고
아울러 아버지와 사이가 좋지 않는 등으로 판단하는 한 일례와
같은 것이다.

이상의 맥락에 비추어 본 장 15항에 언급하는 성질은 비록 일
간의 왕쇠(旺衰)에 따른 용신을 선택하는 과정에서 천간합(天干
合)의 작용이 천간상충이 근접하여 합의 기운을 파극한다고 할
때 완전히 합이 분산되는 것을 의미하고 있으며 또한 천간상충
역시 합의 성질에 따른 해극을 도모하고 있는 것은 양자의 합,
충이 모두 성립되지 않는 점으로 간명하는 것이라 볼 수가 있겠
다.

하지만 이와 같은 현상은 아무리 천간상충이나 천간합(天干
合)이 모두 구비되어 있어 양자간 해극을 도모 한다손 치더라도
근본적으로 육친통변법상 해당되는 육친은 완전히 상충의 작용
과 합의 작용이 동시에 적용되고 있으니 양자의 기운을 판별하
여 그대로 판단하여야 됨을 본 저자는 대단히 강조하고 있는 바
이다.

　결국 이것은 결단코 사주추명학의 비조인 고서(古書)나 원서에 이렇다 할 부분이 자세하게 언급되지 않는 것을 본 저자가 약 30여년동안 피눈물을 쏟아가며 실제인물에 준하여 과거, 현재, 미래의 운로를 역추적하면서 그에 대한 결론을 집대성한 경험상 터득한 간명비법(看命秘法)이 되고 있으니 정말 하나같이 버릴 것이 없는 절대 절명적인 중요한 성질임은 두말할 필요도 없을 것이다.

(예1). 남자, 구 모씨(경기 파주) 1965년 음력 4월 2
일 申 시

(대　운)

| | | | | | 69 | 59 | 49 | 39 | 20 | 19 | 09 |

病 帶 帶 祿 "丙-庚상충"!　69　59　49　(39)　20　19　09

丙　丙　庚　乙　　　　　癸　甲　乙　(丙)　丁　戊　己

申　辰　辰　巳　　　　　酉　戌　亥　(子)　丑　寅　卯

*. "申-子-辰 삼합 水局",!!!

비견　　편재 인수

火 (火) 金　木

金　土　土　火

편재 식신 식신 비견

*. "일간 丙火가 극도로 신약하
여 "진상관용인격(眞傷官用印
格)"을 성격(成格)하고 있는
중에 대운의 흐름이 초년 19
세 戊寅대운까지는 좋으나 20
세 丁丑대운부터 참으로 고통
과 근심이 중중(重重)하다는
것을 알 수가 있다",!

"따라서 39세 丙子대운에 접어들면 일생 최대 위기를
맞이하는것을 알 수가 있겠는데 그것은 대운천간 丙
火가 비록 신약한 일간 丙火를 생조하는 비견이나 월
상에 투출되어 있는 庚金 편재를 丙-庚 상충으로 파

극하니 편재를 상충으로 파극하면 금전적으로 인한 파산을 의미하고 있다",!

"더구나 대운지지 子水가 신약한 일간 丙火의 기운을 완전히 상극하는 정관으로서 이것이 사주내 월지 및 일지 辰土와 시지 申金 편재가 모두 합세하여 申-子-辰 삼합 水局으로 돌변하니 물도 보통물이 아닌 바다 물로서 일간 丙火의 불길을 꺼지게 만들게 되므로 이것은 정말 목숨이 위태로울 정도의 대흉운이 들이 닥치는 것을 모면할 수가 없다",!!

*. 일간의 왕쇠(旺衰),!

丙일간 辰월에 출생하여 실령(失令)하였으며 사주원국 월지 辰土 식신을 중심으로 해서 다시 일지 辰土 식신이 자리를 잡고 시지 申金 편재와 申-辰合水를 도모한 중에 월상에 庚金 편재가 투출되어 있으니 일간 丙火가 극도로 신약함을 모면할 수가 없다.

이렇게 일간 丙火가 신약함이 극도로 치달리고 있을 때 만약 일간 丙火를 생조하는 인성 木氣나 비겁 火氣가 없을 경우 내격(內格)의 억부법이나 조후법상 용신을 선택하지 못하고 마땅히 왕신(旺神)의 식상 土氣를 따르는 외격(外格)의 종격(從格)이나 가종격(假從格)으로 돌아가기 쉽게 되어 있다해도 과언이 아닐 것이다.

따라서 사주격국을 면밀히 관찰하여 보니 일간 丙火를 생조할 수 있는 비겁 火氣와 인성 木氣가 사주내 년지 巳火 비견이 자리를 잡고 그 세력에 뿌리를둔 십이운성 건록지에 앉은 시상 丙火가 투출되어 있으며 또한 년간에 乙木인수가 끊임없이 일간 丙火를 생조하고 있으니 이것은 곧 일간에 대한 의지처가 확실하게 자리를 잡고 있는 것이 된다.

그렇다면 일간 丙火는 왕신(旺神)의 세력을 따르게 되는 외격(外格)의 종격(從格)이나 가종격(假從格)으로 돌아가지 못하고 내격(內格)의 억부법이나 조후법상 용신을 선택하는 것이 마땅하다고 볼 것이다.

하지만 본 사주명조는 근본적으로 일간 丙火가 신약함이 극도로 치달리고 있는 것은 곧 일간의 힘이 중화(中和)의 기점에 훨씬 멀어져 가는 것이 되어 사주원국이 대단히 불안정함이 엿보이고 있으니 재차 운로인 대운이나 세운에서 용신을 상극하는 기신(忌神)의 기운을 거듭 만나게 된다면 그에 대한 재화는 대단히 강력하게 작용할 수가 있으므로 불행한 운명을 모면할 수가 없다고 판단한다.

＊. 일부학자들의 의문,!

여기서 일부학자들 중에서 방금 본 저자가 본 사주팔자에 대한 일간의 왕쇠(旺衰)를 간명하는 자리에서 한가지 의문을 가지면서 질문을 하고 있다.

그것은 "合, 沖의 特秘 저자 운정선생은 본 사주원국에 대한 일간의 왕쇠(旺衰)를 판단하는 과정에 본 사주일간 丙火가 신약함이 극심하나 사주내 년간에 인성 木氣와 시상 및 년지에 비겁 火氣가 존재하여 있으니 그나마 내격(內格)의 억부법이나 조후법상 용신이 선택된다고 기술하고 있다",!

"그러나 저희 학자들의 견해는 운정선생과 조금 판단을 달리하고 있는데 우선 운정선생은 사주년지 巳火 비견이 시상에 투출되어 있는 丙火에 대한 십이운성 건록지에 해당한다고 설명하지만 사실상 년지 巳火 비견은 이미 사주월지 및 일지 辰土 식신과 시지 申金 편재간 申-辰合水로 변화되고 있는 점을 중시 판단할 필요가 있다",!

"따라서 합을 하여 水氣의 기운이 대단히 왕성한 중에 재차 년지 巳火가 시지 申金 편재간 巳-申合水로 이미 결합하고 있는 申-辰合水에 동조하는 성질이 되고 있는데 일면 申-辰合水는 근접하고 巳-申合水는 원격(遠隔)하고 있으니 거리가 멀어 제대로 합을 하지 않는 성질이라 볼 수가 있을 것이다",!

"하지만 운정선생이 이미 편찬했던 命理秘典 上권에 합의 성질을 기술하는 과정에서 육합(六合)이나 준삼합(準三合), 혹은 삼합(三合) 및 방합(方合)의 기운이 비록 각각에 합을 취용하더라도 합을 결합하는 과정에서 모두 합을 해서 하나의 오행으로 모아지게 될 경우 일치되는 오행인 즉, 다시 말해서 동질성이 하나의 합국(合局)으로 변화된다고 분명히 기술하고 있는 점을 강조하고 싶다",!

"그렇다면 본 사주팔자도 이렇게 巳-申합이 원격(遠隔)하고 있으나 申-辰合水에 부합하는 하나의 동질체인 水氣로 변화되어 간명하는 것이 타당할 것이고 아울러 그렇게 될 경우 일간 丙火는 지지에 년지 巳火에 뿌리를 둘 수 없는 절대적인 이유도 성립되니 사실상 년간 乙木과 시상 丙火의 기운으로서는 일간이 의지할 수가 없지 않는겠가",?

"또한 상황이 이럴진데 일간 丙火를 월상에 투출되어 있는 庚金 편재가 일간과 시상 丙火를 동시에 丙-庚 상충으로 파극하고 있으니 절대적 일간 丙火가 신약한 중에 상충의 소용돌이로 말미암아 일간의 기운이 왕신(旺神)의 세력을 따르게 되는 외격(外格)의 종격(從格)이나 가종격(假從格)으로 귀착하는 것이 타당할 것이다",!

"따라서 운정선생은 이러한 점을 관찰하지 못하고 막연히 본 사주팔자가 일간 丙火가 의지하는 인성 木氣와 비겁 火氣가 사주명조내 존재하고 있다해서 외격(外格)의 종격(從格)이나 가종격(假從格)이 될 수가 없다고 단적으로 못을 박고 있다",!

"결국 이상의 맥락을 종합적으로 판단하여 볼 경우 내격(內格)의 억부법이나 조후법상 용신을 선택하는 절차는 완전히 격국에 대한 용신의 기운이 정면으로 뒤바뀔 수 있는 사주추명학상 오류를 자아내는 것은 자명한 일이 될 것인데 이 부분에 대하여 구체적으로 답변을 하여 달라",!라며 날카롭게 그 원리를 지적 하면서 자세한 답변을 요구하고 있다.

*. 일부 학자들의 의문에 대한 본 저자판단,!

이상의 일부학자들이 의문한 내용은 상당히 날카로운 지적으로서 그 원리를 학술적인 측면에 부합시켜 설명하여야 만이 제대로 이해를 할 수가 있는 대목이 된다는 것을 감안할 수가 있겠는데 하지만 본 저자의 판단은 학자들의 견해와 조금 달리 생각하고 있다.

그 부분을 좀 더 구체적으로 학자들의 질문에 대하여 반론을 표시하여 보자면 우선 학자들은 본 사주팔자에 대한 일간의 왕쇠(旺衰)를 간명하는 자리에서 사주시지 巳火 비견이 巳-申合水로 변화되는 관점을 중점하여 꼬집고 있다는 것을 알 수가 있다.

이러한 성질은 일면 단편적으로 판단할 경우 그렇게 볼 수가 있는 착각을 할 수가 있겠지만 사실상 합에 대한 변화되는 원리를 집중적으로 세밀히 관찰하여 본다면 곧 본 저자와 생각이 일치를 할 수가 있겠는데 이것을 약 4가지의 원칙을 예를 들어 우선 사주월지 및 일지 辰土 식신과 시지 申金 편재간 申-辰合水를 먼저 집중적으로 간명하기로 한다.

그 첫째로,!

"사주월지 및 일지 辰土 식신이 2개의 오행이 되고 있는 중에 시지 申金과 申-辰合水를 한다는 것은 곧 2개의 오행이 하나의 오행과 합을 다투는 투합(鬪合)의 성질이 되고 있으므로 잔여 기운을 남기는 합이 되어 완벽한 수기(水氣)로 돌변하지 못한다”,!

　이상의 성질을 좀 더 학자들의 이해를 돕기 위해 구체적으로 자세하게 설명하자면 우선 본 사주팔자의 일지 및 월지 辰土 식신은 2개의 오행이 되고 있는 중에 합을 도모 하려는 시지 申金은 하나밖에 되지 않기 때문에 2개의 辰土 식신이 하나의 申金 편재를 놓고 합을 다투는 투합(鬪合)의 성질이 되고 있음을 알 수가 있다.

　따라서 이와 같은 현상은 2개의 辰土 식신이 하나의 申金 편재를 놓고 서로 먼저 합을 하려고 치열한 경쟁을 벌이고 있으니 양자의 다툼속에 제대로 합을 할 수가 없고 비록 합을 하더라도 다툼의 소용돌이 속에 각각에 잔여기운을 남기는 합이 될 수밖에 없다.

　그렇다면 근본적으로 申－辰合水를 결합한다 하지만 이렇게 치열한 투합(鬪合)의 성질이 되고 있을 경우는 안정된 가운데 완벽한 합을 할 수가 없으니 그나마 합을 성립하여 水氣를 돌출해 낸다손 치더라도 일지와 월지의 기운은 사주강약도표에 준하면 그 힘이 약 50%가 되는 세력이 모두 水氣로 만들어지지 못하는 것이 되므로 이 부분은 정말 절대적인 중요한 의미를 가질 수밖에 없는 성질이 되고 있다.

　이상의 맥락에 비추어 申－辰合水는 미약한 합이 되는 이유가 여기에 있다고 볼 수가 있겠으며 그런 와중에 년지 巳火가 역시 재차 巳－申合水를 하는 것은 그만큼 무리가 따른 것이 되니 비록 동질성인 申-辰合水나 巳-申合水가 하나의 오행으로 돌변하더라도 일지와 월지의 50%의 세력이 가로막고 있는 절대적인 이유가 성립됨에 따라 제대로 합이 결성될 수가 없는 이유가 여기에 있다해도 과언이 아니다.

다음 둘째로,!

"사주일지 및 월지 辰土 식신이 시지 申金 편재와 申-辰合水를 도모하는 과정에 합의 성립이 사왕지지(子, 午, 卯, 酉)인 子水가 빠진 준삼합(準三合)의 기운이 됨에 따라 이것 또한 강력한 합을 구성할 수가 없는 요인이 되고 있다",!

이상의 성질을 좀 더 구체적으로 기술하여 보면 전자에 첫 번째 항목에 준하여 申-辰合水를 도모하는 과정이 사주일지와 월지 辰土 식신이 2개의 오행이 되고 있는 중에 시지 申金 편재는 하나의 오행이 되어 투합(鬪合)의 성질이 되고 있으니 모두 잔여 기운을 남기는 합이라고 기술한 바가 있다.

그런데 여기서 중요한 점은 이렇게 투합(鬪合)의 성질인 申-辰合水가 사실상 중심오행으로 대변하고 있는 사왕지지인 子水가 빠진 상태에서 합을 구성하는 성질이 되고 있으므로 더욱 더 강력한 합의 기운이 되지 못하고 상당히 미약한 합이 될 수밖에 없는 소지를 가지는 것을 생각해 볼 필요가 있다.

이와 같은 현상은 보통 사주원국내 지지합을 구성하는 절차에서 합을 주도할 수 있는 중심오행이 얼마나 강력하게 자리를 잡고 있느냐에 따라 완벽한 합을 구성하느냐, 그렇지 않으면 미약한 합을 구성하는 성질인가,를 비교 분석하여 따질 필요가 있는데 지금 본 사주팔자는 사실상 중심오행인 子水가 빠진 상태에서 申-辰合水를 구성하고 있으니 완전한 미약한 합이라는 것을 엿볼 수가 있다.

더구나 이러한 현상은 더 나아가서 사왕지지인 子水가 사주월지에 자리를 잡고 강력한 합을 구성하고 있지 않는 중에 두 개의 辰土가 하나의 申金을 놓고 申-辰合水를 투합(鬪合)하는 성질이 됨에 따라 더욱 더 강력한 합을 구성 할 수가 없으니 상대적인 巳火 비견이 동질성인 巳-申合水도 할 수가 없는 이유가 여기에 있다해도 과언이 아니다.

다음 셋째로,!

"巳-申合水가 성립 되려면 전자에 언급한 사왕지지인 子水가 자리를 잡고 있는 상태에서 申-子-辰 삼합 水局으로 변화되고 있는 중에 사주천간에 水氣를 대표하고 있는 壬, 癸水가 투출되어야 하고 아울러 巳火에 근접한 월지에 申金이 자리를 잡아 유정(有情)한 巳-申合이 되고 있을 경우 하나의 동질성인 水局으로 귀착할 수가 있다",!

상당히 고난도의 집중력과 심리를 요구하고 있으므로 정신을 집중하여 본 저자의 설명을 들어야 되겠는데 우선 년지 巳火가

巳-申合水가 申-辰合水의 기운에 부합하려면 근본적으로 水氣의 중심오행으로 대변하고 있는 子水가 자리를 잡고 삼합(三合)의 성질이 되고 있는 중에 巳-申合을 연결할 수 있는 申金이 巳火에 근접하여 자리를 잡고 있어야 동질성인 水局으로 돌아갈 수가 있다.

그런데 위 사주명조는 이러한 조건을 하나도 갖추지 않는 중에 2개의 辰土식신만 월지와 일지에 자리를 잡고 시지 申金 편재와 투합(鬪合)의 성질인 申-辰合水를 구성하고 있을 뿐더러 더 나아가서 巳火 비견이 합을 구성할 수 있는 申金 편재가 사주시지에 존재하여 있으니 이렇게 년지와 시지간의 거리는 너무도 멀어져 있는 원격(遠隔)함에 따라 제대로 巳-申합을 구성할 수가 없게 된다.

따라서 이와 같은 현상을 감안할 때 하나의 조건도 충족할 수가 없는 성질이 되고 있는 가운데 申-辰合水나 巳-申合水를 모두 동질성인 합으로 보고 水局으로 돌아갔다는 논리는 아무래도 어색한 일면이 나타날 수밖에 없으니 이것은 사주추명학상 절대적인 합의 가부(可否)에 대한 판단을 신중히 하여야 만이 비로서 제대로 합의 기운을 측정할 수가 있을 것이다.

다음 넷째로,!

"전자에 설명하였던 첫 번째 항목부터 세 번째 항목까지 어느 하나라도 합의 성질이 완벽하게 될 수가 없다고 판단할 수가 있는데 더 나아가서는 사주년지 巳火 비견

이 일간과 시상에 투출되어 있는 丙火 비견이 모두 십이운성 건록지에 해당하여 뿌리를 튼튼히 하고 있으니 이것은 곧 사실상 합을 잘하지 않을려는 성질을 지니고 있다",!

이와 같은 성질은 일간이 홀로 뿌리를 사주년지 巳火 비견에 십이운성 건록지에 해당하고 있을 성질을 가상하여 지지에 합의 기운이 있다고 간명할 때 사왕지지(子, 午, 卯, 酉)가 자리를 잡고 합을 구성하게 된다면 일간이 혼자서는 합을 하는 성질을 완벽하게 막을 수가 없게 된다.

그렇다면 천간오행이 십이운성에 강력한 건록이나 제왕지등에 해당하고 있을 경우 사주지지에 중심오행인 사왕지지(四旺地支)가 자리를 잡고 있는가, 혹은 자리를 잡지 않고 준삼합(準三合)이나 육합(六合)등의 쇠약한 합이 되는가,를 면밀히 관찰하여 합의 가부(可否)를 결정하는 것이 좋을 것이다.

따라서 이 경우 사왕지지(子, 午, 卯, 酉)가 빠진 상태에서 천간오행이 하나도 아닌 두 개이상이 왕성한 십이운성에 건록, 제왕지등에 해당하고 있을 경우 제대로 합을 구성하기 어렵다고 판단하는 것이 정석이며 그러나 이 때 합의 중심오행이 재차 사주천간에 투출되어 중심국(中心局)으로 형성하면 그때는 상황이 조금 달라질 수가 있다.

그것은 아무리 천간오행이 지지에 왕성한 건록이나 제왕지등에 해당 된다손 치더라도 지지에 동질성인 합국(合局)을 이루고 있는 중에 재차 사주천간에 합국(合局)을 대표하고 있는 중심오행이 투출되어 있다면 더욱 더 합의 결합을 강력하게 만들 수가 있기 때문에 이 때는 하나의 합으로 돌아갈 수 있다고 판단하는 것이 정석이다.

그러나 본 사주팔자는 이상의 원리에 해당되지 않고 있는 것을 엿볼 수가 있겠는데 그것은 이렇게 사주지지에 사왕지지(四旺地支)인 子水가 빠진상태에서 申-辰합을 구성하고 있는 성질에 대하여 재차 원격(遠隔)해진 巳-申합을 도모 하기가 실로 바늘구멍에 낙타가 들어가는 식이 될 수밖에 없다.

더구나 이와 같은 현상이 더 나아가서 巳-申합을 결성하는 하나의 오행인 申金은 사주시지에 존재하여 있으니 완전히 원격(遠隔)한 거리는 더욱 더 합을 도모할 수가 없다고 판단하는 것이 정석인데 하물며 이렇게 일간과 시상에 동시에 비견 丙火가 시지 巳火 비견에 십이운성 건록지에 자리를 잡고 있는 점은 더욱 더 완벽한 합을 할 수가 없다는 것을 단적으로 보여주는 대목이라 할 것이다.

이상의 맥락에 비추어 4가지 조건을 모두 본 사주팔자에 대하여 접목하여 보면 어느 하나라도 일치되는 현상이 없다는 것을 학자들은 알 수가 있을 것이며 따라서 본 저자는 이와 같은 성질을 간파하여 巳-申合水를 성립하지 못하고 申-辰合水는 비록 투합(鬪合)의 성질이 되고 있으나 완벽한 水氣의 기운을 형성할 수가 없다고 단적으로 못을 박는 이유가 여기에 있다해도 과언이 아니다.

결국 일부학자들이 의문을 표시하고 있는 申-辰合水와 巳-申合水는 命理秘典上권인 합의 결합에 준하여 반대의 목소리를 높이고 있지만 사실상 동질성인 하나의 합으로 귀착할 수가 없는 절대적인 성질이 되고 있음에 따라 본 사주팔자는 일간 丙火가 불과분의 성질에 따르게 되는 왕신(旺神)이 용신이 되는 외격(外格)의 종격(從格)이나 가종격(假從格)으로 돌아가지 못하고 내격(內格)의 억부법이나 조후법상 용신이 선택되는 것을 알 수가 있으니 이것은 더이상 무슨 이유가 있을 수가 없다.

*. 격국(格局)과 용신,!

다시 본 사주팔자에 대한 격국(格局)과 용신을 판별하여 보면 우선 일간 丙火가 사주내 왕성한 식신 土氣와 편재 申金이 자리를 잡고 왕성하니 신약함이 중중(重重)하고 있는 중에 사주월지에 辰土 식신이 자리를 잡고 다시 일지 辰土 식신이 중첩하여 그 세력을 형성하고 있으므로 원칙적인 "신약식신격(身弱食神格)"이며 일명 "진상관격(眞傷官格)"이 성격(成格)된다.

고로 용신은 "진상관용인격(眞傷官用印格)"으로 강력한 식상 土氣를 木剋土로 억제하면서 아울러 신약한 일간 丙火를 木生火로 생조할 수 있는 인성 木氣를 용신으로 삼고 인성 木氣를 생조할 수 있는 비겁 火氣는 길신으로 선택하는 것이 마땅하다.

이렇게 사주상에 용신과 길신을 선택하여 놓고 사주격국을 면밀히 관찰하여보니 일간 丙火에 대한 용신의 기운으로 대변하고 있는 년간에 乙木 인수가 투출되어 있으나 월상에 庚金 편재가 투출되어 끊임없이 乙-庚合金을 하자고 용신을 기반(羈絆)으로 몰고 가고 있음에 따라 그렇지 않아도 신약한 일간이 용신의 기운마져 무력하게 만들게 되므로 설상가상이라 하겠다.

한편으로 볼 때 이와 같은 현상은 일면 사주일간과 시상에 투출되어 있는 丙火 비견이 월상 庚金 편재를 丙-庚 상충으로 파극하여 기반(羈絆)하려는 乙-庚합을 분산시키는 도움이 있겠지만 그래도 육친통변법상 인수가 간합되는 의미는 완전히 제거할 수가 없으니 용신이 기반(羈絆)되는 의미와 함께 모친과 조부님이 호색다음(好色多淫)함을 피할 수가 없다.

그리고 비록 본 사주팔자는 이렇게 용신의 기운으로 대변하고 있는 년간 乙木 인수와 다시 길신의 성질로 볼 수 있는 시상에 丙火 비견이 사주시지 巳火 비견에 십이운성 건록지에 뿌리를 두고 투출되어 있지만 근본적으로 일간 丙火의 기운이 중화(中和)의 기점에 멀어져 가는 신약함을 보임에 따라 필수적으로 후천성인 대운이나 세운등에서 용신인 인성 木氣와 길신인 비겁 火氣를 거듭 보아야 만이 그나마 복록을 누릴 수가 있을 것이다.

만약 후천성인 대운이나 세운의 흐름이 일간 丙火를 상극하면서 용신의 기운을 파극하는 재성 金氣와 식상 土氣 및 관성 水운을 거듭 만나게 된다면 신약한 일간 丙火로서는 더욱 더 극루교가(剋漏交加)의 현상을 중첩하여 맞이 할 수가 있기 때문에 그에 대한 재화는 대단히 강력하게 발생되니 이 때는 정말 불행한 숙명적 운기를 피할 수가 없을 것이다.

***. 본 장 제 15항에 준한 판단,!**

본 장에 제 15항에 언급하고 있는 사주상의 천간합(天干合)을 성립하는 절차에 준하여 그 실체를 인용하여 보자면,!

15. "사주내 천간상충(天干相沖)이 자리를 잡고 있는데 이 때 천간상충을 가로막아 타 오행과 천간합(天干合)을 성립시키고 있을 경우 천간상충(天干相沖)과 천간합(天干合) 모두 성립되지 못한다".! 라며 사주천

간에 두 개의 오행이 천간합(天干合)을 성립하는 과정에서 천간상충이 재차 천간합(天干合)을 파극하고 있을 경우 합이 제대로 결합되지 않는다고 그 실체를 중요시 명시하고 있다.

따라서 본 사주팔자에 대한 천간합(天干合)의 성질을 본 장 제15항에 적용시켜 그 원리를 부합시켜 본다면 완전히 일치를 하고 있음을 엿볼 수가 있겠는데 그것은 우선 사주년간 乙木 인수가 투출되어 있는데 다시 월상에 庚金편재가 투출되어 년간 乙木 인수와 근접하여 있으므로 제대로 완벽한 천간합(天干合)인 乙-庚合金을 결합한다고 단편적으로 판단하기 쉽게 되었다.

그러나 이 때 사주일간과 시상에 투출되어 있는 丙火 비견이 동시에 가중하여 월상에 있는 庚金 편재를 丙-庚 상충으로 파극하여 완전히 천간상충의 작용으로 천간합(天干合)인 乙-庚合金을 분산시키고 있으니 제대로 합의 기운으로 귀착하지 못하고 각각에 본래의 오행으로 돌아가는 것을 알 수가 있다.

　　더구나 이러한 현상은 사실상 천간합(天干合)이 성립되지 못하면 천간상충으로 대변하고 있는 丙-庚 상충은 성립되어 천간상충의 흉의를 모면할 수가 없다고 단편적으로 판단할 수가 있겠으나 하지만 이것 역시 천간합(天干合)의 작용으로 천간상충의 작용을 해극하고 있으니 이것은 절묘하게도 합과 충이 모두 성립되지 않는 것으로 판단하여야 될 것이다.

　　결국 본 장 제 15항에 기술하고 있는 취지는 무릇 모든 사주천간에 천간합(天干合)이 존재하여 있을 경우 바로 근접하여 천간상충이 천간합(天干合)을 방해하고 있을 때는 천간합이 결합되지 않는다고 간명하는 것이 정석이고 아울러 이렇게 될 때 천간상충 역시 천간합으로 인한 합, 충의 작용이 모두 해극된다고 판단하여 일간의 왕쇠(旺衰)나 용신의 강약을 선별하는 것을 거론하고 있으니 이상의 성질은 사주추명학상 참으로 중요한 대목이 아니할 수가 없다.

16. "사주천간에 천간합(天干合)이 완벽하게 근접하여 결합되고 있을 경우 이 때 주위에 두 개의 기운으로 충돌을 하고 있는 천간상충(天干相沖)이 발생하고 있는 중에 다시 지지에서 동주(同柱)의 성질이거나 혹은 근접하여 상충이나 삼형이 발생되고 있다면 그에 대한 소용돌이로 인하여 합의 기운이 방해받기 때문에 미약한 합으로 될 수밖에 없고 아울러 잔여기운을 남기게 되니 완벽한 합이 되지 못한다".!

※ 참고로 이 부분에 대하여 좀 더 구체적으로 기술하여 보면 무릇 모든 사주천간에 천간합(天干合)이 근접하여 결합되고 있을 때 비록 천간합(天干合)에 대한 직접적인 상충으로 파극하지 않으나 주위에 또 다른 두 개의 오행이 천간상충이 되어 양자간 전극(戰剋)이 발생하게 된다면 그에 대한 소용돌이로 말미암아 천간합(天干合)이 간접적으로 영향력을 받게 된다.

그런데 상황이 여기에만 끝나는 것이 아니고 천간상충이 발생하고 있는 중에 이번에는 다시 사주지지에서 삼형이나 상충이 발생되고 있을 경우 이 때는 천간과 지지인 양자 상호간 천간상충과 지지상충 및 삼형으로 인한 전극(戰剋)의 소용돌이를 모면할 수가 없으니 주위의 건전한 오행까지도 상당한 타격을 받음을 모면할 수가 없다.

따라서 이런 상태의 사주천간과 지지에 상충이나 삼형의 작용이 동시에 발생하고 있을 때는 비록 건전하게 사주천간에 천간합(天干合)이 가까이 있어 완벽한 결합을 하더라도 주위의 상극의 소용돌이로 말미암아 제대로 합을 구성하기 어렵다고 볼 수가 있다.

더구나 사주천간에 천간상충이 있는 중에 더 나아가서 천간합(天干合)이 있는 자리에서 원격(遠隔)한 성질이 아니고 가까운 거리에 발생하고 있는 다시 말하면 지지에 삼형이나 상충의 작용이 바로 아래서 충돌하고 있는 즉, 천간합(天干合)과 동주(同柱)의 기운이 되고 있을 경우 더욱 더 강력하게 천간합(天干合)이 영향을 받게 되니 이 때는 완전하게 천간합이 성립될 수가 없다.

 무슨 말인지 학자들의 이해를 돕기 위해 좀 더 자세하게 도표 1항을 적용시켜 그 실체를 기술하여 보면,!

(도표1).!

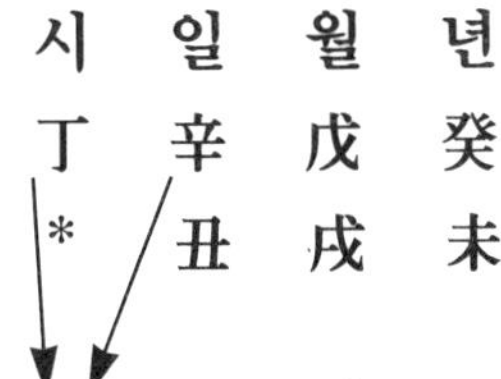

 *. "사주천간에 辛-丁 상충과 지지에 丑-戌-未 삼형이 되어 온통 사주전체가 전극(戰剋)의 소용돌이에 휘말리게 되니 사주월상 戊土와 년간 癸水가 근접하여 합을 구성하고 있는 戊-癸合火가 심한 타격을 받게 되는데 戊-癸合火의 바로 아래에서 삼형의 작용이 발생하고 있으므로 더욱 더 戊-癸合火가 성립될 수가 없다".!

 이상의 도표 1항에 자세하게 나타나고 있듯이 월상에 戊土가 있는 중에 다시 사주년간에 癸水가 근접하여 있으므로 완벽하게 戊-癸合火로 변화될 수 있는 소지를 안고 있음을 엿볼 수가 있겠다.

그런데 상기의 戊-癸合火에 대하여 직접적인 천간상충은 발생하고 있지 않겠으나 시상에 노출되어 있는 丁火와 일간 辛金 간에 辛-丁 상충이 됨에 따라 양자간 전극(戰剋)이 형성되고 있으니 그로 인해 戊-癸합이 직·간접적으로 영향을 받는 것을 모면할 수가 없다.

또한 이와 같은 성질은 여기에만 끝나는 것이 아니고 이번에는 재차 지지에서 사주월지 戌土를 주동하여 일지 丑土와 년지 未土간 완전히 丑-戌-未 삼형이 되어 지지의 삼형의 소용돌이는 대단히 강력하게 작용하는 성질이 되고 있으니 천간상충과 더불어 더욱 더 천간합(天干合)은 그 영향력의 소용돌이에 휩싸여 완전히 천간합을 제대로 결합할 수가 없는 처지에 놓이게 된다.

더구나 이렇게 지지의 丑-戌-未 삼형으로 인한 전극(戰剋)이 건전한 천간합(天干合)과 거리가 멀리 떨어져 있다면 그나마 강력한 소용돌이를 피하면서 조금의 영향력으로 안심을 할 수가 있을 것이다.

하지만 완전히 월상 戊土 밑에 戌土가 자리를 잡고 더하여 년간 癸水 밑에 未土가 자리를 잡아 모두 각각 동주(同柱)의 기운이 되면서 3개의 오행이 충돌하고 있는 丑-戌-未 삼형이 됨에 따라 이것은 더 이상 무엇을 논할 필요도 없이 완벽하게 삼형의 소용돌이로 인하여 합이 분산되는 것을 피할 수가 없다.

*. 천간상충과 지지의 삼형 및 상충이 동시에 발생하는 작용,!

이와 같은 현상을 놓고 우리 일상생활에 비추어 설명하자면 "고래싸움에 새우등이 터진다",! 라는 문구에 비유할 수가 있는 성질이라 감안할 때 과히 그에 대한 영향력을 미루어 짐작할 만하다.

이것은 비록 직접적인 상충이나 삼형의 작용이 천간합(天干合)에 대하여 영향력을 발휘하지 않겠지만 이렇게 타 오행끼리 주위에서 상충의 작용과 삼형의 작용을 동시에 형성하고 있다면 그로 인한 소용돌이에 천간합(天干合)은 결합할 수가 없는 절대적인 귀로에 놓이게 된다.

그렇다면 이상의 성질이 천간합(天干合)이 무리없이 결합되고 있는 것이라고 판단하게 될 때 사실상 옆에 근접해 있는 주위 오행이나 지지에 근접한 오행이 모두 천간지지 상충이나 삼형으로 충돌을 하고 있다면 천간합(天干合)으로 귀착할 수가 없음은 자명한데 이것은 그만큼 천간합(天干合)의 성질은 천간에 홀로 떠 있는 미약한 오행이 서로간 결합하는 하나의 단점이라 할 수가 있다.

따라서 시중일부 초심의 역학자나 혹은 장시간 세월로 역학을 통달한 역학자를 불문하고 지금의 천간합(天干合)의 성질에 대한 상세한 부분을 간파하지못하고 막연히 근접하여 천간합이 결합되었다고 간명하게 될 경우 일간의 왕쇠(旺衰)나 용신의 선택이 완전히 정반대로 잡을 수가 있는 함정이 있으므로 상당한 주위가 요망된다고 보겠다.

결국 본 장 16항에 기술하는 취지는 무릇 모든 사주천간에 천간합(天干合)이 가까이 근접하여 결합하고 있는 성질이라면 직접적인 상충이나 삼형의 작용이 되지는 않을지라도 주위의 오행끼리 근접하여 천간상충과 지지상충 및 삼형을 동시에 근접하여 발생하고 있을 경우 천간합(天干合)은 결합될 수가 없다는 것을 본 장에서 대단히 중요하게 강조하고 있다해도 과언이 아니다.

(예1). 남 자, 이 모씨(경기도 파주) 1962년 음력 7월 12일 申 시

旺　死　旺　胎
丙　辛　戊　壬
申　巳　申　寅

정관　　　인수 상관
火　(金)　土　水
金　火　金　木
겁재 정관 겁재 정재

***. 일간의 왕쇠(旺衰),!**

辛일간 申월에 출생하여 득령(得令)하였으며 사주원국 월지

申金 비견을 중심으로 해서 다시 시지 申金 겁재에 생조된 중에 재차 월상에 戊土 인수가 일간 辛金에 근접하여 왕성하게 土生金으로 생조하고 있으니 일간 辛金이 신왕하다.

이렇게 일간 辛金이 신왕하다면 마땅히 일간의 기운을 억제할 수 있는 오행이 사주내 필요할 것인데 만약 억제할 수 있는 오행이 없다면 왕신(旺神)의 성질을 따르게 되는 외격(外格)의 종격(從格)이나 가종격(假從格)으로 돌아가기 쉽게 될 것은 자명하다.

일면 사주월지 및 시지 申金 겁재가 일지 巳火 정관간에 巳-申合水를 도모하여 일간이 신약으로 귀착할 수가 있지 않겠느냐,라고 일부학자들이 의문을 표시하고 있지만 년지 寅木 정재가 월지 및 시지 申金 겁재를 寅-申 상충으로 파극하여 합을 방해하고 있으니 합을 성립할 수가 없겠으며 더구나 완전한 寅-巳-申 삼형의 소용돌이는 더욱 더 합을 구성할 수가 없음에 따라 모두 본래의 오행으로 귀착하는 것이 타당하다.

따라서 사주격국을 면밀히 관찰하여 보니 신왕한 일간 辛金을 억제할 수 있는 오행이 일지 巳火 정관이 자리를 잡고 그 세력에 십이운성 건록지에 앉아 투출되어 있는 시상 丙火 정관이 재차 투출되어 있는 중에 년주가 壬寅으로서 정재와 상관이 동주(同柱)하여 있으니 신왕한 일간을 완전히 억제하고 있음에 따라 결코 왕신(旺神)의 세력에 따르게 되지 못하게 되는 것을 알 수가 있다.

그렇다면 일간 丙火의 기운은 이렇게 사주상에 일간의 기운을 억제할 수 있는 오행이 강력하게 자리를 잡고 있으니 이것은 곧 외격(外格)의 종격(從格)이나 가종격(假從格)의 용신법이 채택되지 못하고 내격(內格)의 억부법이나 조후법상 용신이 선정되는 것이 마땅하다 하겠다.

한편으로 볼 때 사주명조가 일간 丙火가 신왕한 중에 사주지지에 寅-巳-申삼형과 시상에 정관 丙火가 투출되어 있으므로 사주격국이 상당한 청기(淸氣)를 유지하고 있으니 벌써 첫눈에 형권(刑權)을 장악하는 사법관(司法官)의 팔자로 간명하고 있으나 애석하게도 초년 대운이 이롭지 못하여 검사나 판사로서는 힘들겠고 하지만 본인의 노력정도에 따라 사무관정도는 무난할 것이다.

*. 격국(格局)과 용신,!

다시 본 사주팔자에 대한 격국(格局)과 용신을 판별하여 보면 우선 일간 辛金이 신왕한 중에 사주월지 申金 겁재가 자리를 잡고 있는 중에 다시 시지 申金 겁재가 이중으로 차지하여 왕성하여 있으므로 원칙적인 "신왕월지겁재격(身旺月支劫財格)"이 성격(成格)된다.

고로 용신은 "겁중용관격(劫重用官格)"으로 왕성한 일간 辛金과 일간의 동기인 비겁 金氣를 억제할 수 있는 관성 火氣를 용신으로 선택하는 것이 마땅하며 아울러 관성 火氣를 火生土로 생조하는 재성 木氣는 희신으로 삼는 것이 정석이다.

이렇게 사주상에 용신과 희신을 선택하여 놓고 사주격국을 면밀히 관찰하여보니 일간 辛金에 대한 용신의 기운으로 자리매김하고 있는 일지 巳火 정관이 자리를 잡고 다시 십이운성에 건록지에 앉은 시상 丙火 정관이 투출되어 있으므로 이것은 곧 용신의 기운이 왕성한 것이 되어 아주 좋게 작용하고 있다.

또한 이와 같은 현상은 용신의 기운이 진가(眞假)의 법칙에 준하여 진신(眞神)의 성질이 되고 있음에 따라 더욱 더 길하게 작용하고 있는데 더구나 용신과 희신의 기운이 억부법이나 조후법상 용신이 일치하는 것이 되어 복록이 깊은 것이 된다.

한편으로 볼 때 본 사주팔자가 이렇게 용신의 기운이 왕성한 중에 월지가 왕인(旺刃)이 성립되고 다시 지지에 寅-巳-申 삼형을 모두 갖추면서 일간이 신왕하고 있으니 벌써 첫눈에 형권(刑權)을 잡는 사법관(司法官)으로 직업을 잡는 성질임을 알 수가 있다.

그러나 아쉽게도 후천성인 대운의 흐름이 己酉, 庚戌, 辛亥등으로 치달리고 있으니 신왕한 일간을 더욱 더 신왕하게 만들고 있음에 따라 비록 법과를 나온다손 치더라도 용신의 기운인 관성 火氣를 초년대운에서 보지 못하고 있으므로 대발복을 할 수가 없게 되어 대단히 애석한 일이 아닐 수가 없다.

*. 본 장 제 16항에 준한 판단,!

본 장 제16항에 준하여 사주천간에 천간합(天干合)이 존재하는 실체에 대하여 인용하여 보자면,!

16. "사주천간에 천간합(天干合)이 완벽하게 근접하여 결
    합되고 있을 경우 이 때 주위에 두 개의 기운으로 충
    돌을 하고 있는 천간상충(天干相沖)이 발생하고 있는
    중에 다시 지지에서 동주(同柱)의 성질이거나 혹은
    근접하여 상충이나 삼형이 발생되고 있다면 그에 대
    한 소용돌이로 인하여 합의 기운을 방해받기 때문에
    미약한 합으로 될 수밖에 없고 아울러 잔여기운을 남
    기게 되니 완벽한 합이 되지 못한다".! 라고 비록 천간
    합(天干合)이 서로간 근접하여 합의 기운이 되더라도 이렇게
    합이 성립되지 못하는 이유를 구체적으로 기술하고 있음을
    엿볼 수가 있겠다.

따라서 본 사주팔자는 이상에 제16항의 성질에 완전히 일치를
하고 있음을 엿볼 수가 있겠는데 그것은 위 사주일간 辛金이 시
상에 투출되어 있는 丙火정관과 근접하여 있으니 일면 단편적으
로 생각할 때 완벽한 丙-辛合水로 돌아가고 있음을 판단할 수가
있다.

하지만 이러한 현상은 비록 丙-辛합에 대한 거리상 유정(有
情)함이 완벽하여 합의 성립을 할 수가 있다해도 년간 壬水 상관
과 월상에 투출되어 있는 戊土인수간에 壬-戊 상충으로 전극(戰
剋)을 형성하는 소용돌이는 아무래도 시상과 일간이 합을 하는
丙-辛합에 대한 영향력을 조금이라도 주는 것을 모면할 수가 없

게 되었다.

또한 이러한 현상은 여기에만 끝나는 것이 아니고 이번에는 사주월지 및 시지 申金 겁재를 주동하여 년지 寅木 정재와 일지 巳火 정관이 모두 합세해서 寅-巳-申 삼형을 동반하니 지지가 온통 삼형의 소용돌이는 천간에 대한 오행은 물론이고 그에 대한 여파는 실로 심각한 지경에 이르고도 남음이 있는 성질이다.

더구나 사실상 천간상충인 壬-戊 상충이 있는 것도 그럴진데 이렇게 지지전부가 모두 寅-巳-申 삼형의 소용돌이는 완전히 지지기반이 흔들리는 정도를 넘어 기둥이 뿌리채 뽑혀지는 형상을 연상할 수가 있겠으며 그것도 丙-辛合水에 바로 밑에서 삼형이 발생하고 있으니 더욱 더 합의 성립을 할 수가 없는 절대적인 기로에 부닥치게 되었다.

*. 고서(古書)나 원서에 기술하고 있는 천간합(天干合)에 대한 오류,!

이상의 맥락에 비추어 본 사주팔자의 일간 辛金과 시상에 투출되어 있는 丙火 정관간에 성립하려는 丙-辛합은 결합되지 못하는 것으로 판단하는 것이 타당하며 이것을 막연히 고서(古書)나 원서에서 기록하고 있기를 무조건 천간합(天干合)의 기운이 근접하여 합을 구성하고 있다면 모두다 합의 기운으로 취용하여 간명하라고 기술하는 성질에 정면으로 쇄기를 박는 대목이라 아니할 수가 없다.

따라서 이러한 고서(古書)나 원서에 기록하고 있는 성질을 토대로 만약 모든 사주팔자를 간명하게 될 경우 사실상 천간합(天干合)이 성립되지 않는 것을 천간합으로 보고 일간의 왕쇠(旺衰)나 용신의 강약을 취용하게 될 때 필연적인 간명상 오류가 발생되는 것은 자명한 일이 될 것이다.

그렇다면 이상의 성질을 놓고 그동안 본 저자는 사주추명학을 연구하여 오다가 실제인물이 일간의 왕쇠(旺衰)나 용신의 강약이 맞지 않아 부득이 이상의 부분에 당면되어 있는 실제 사주명조를 모아서 그 실체를 과거, 현재, 미래의 운로를 역추적하여 오늘날에 하나의 천간합(天干合)의 가부(可否)에 대한 정립을 집대성하게 되었으니 이것은 마땅히 사주추명학상 새로운 간명비법이 되는 것은 두말할 이유도 없다.

결국 본 장 제16항에 기술하는 취지는 무릇 모든 사주천간에 천간합(天干合)이 성립되고 있을 경우 이렇게 비록 근접하여 천간합(天干合)이 성립되더라도 이것이 다시 사주천간에 천간상충과 지지에 상충 및 삼형의 작용이 동시에 발생되고 있다면 미약한 합의 결합으로 이루어지는 천간합(天干合)은 전극(戰剋)의 소용돌이 속에 분산되고 만다는 점을 대단히 중요하게 기술하고 있다해도 과언이 아니다.

17. "16항에 준하여 천간합(天干合)이 비록 직접 상충을 당하지 않더라도 주위에 천간상충과 다시 지지에 지지상충과 삼형이 같이 동반될 경우 천간합(天干合)이

성립되지 못한다고 하였다".!

"그러나 이 경우 지지에 삼형이나 상충의 작용을 가지고 있다해도 외격(外格)의 종격(從格)의 성질이 되어 왕신(旺神)의 기운에 천간합(天干合)으로 나오는 오행이 일치가 되면 천간합 (天干合)은 성립된다".!

※ 이상의 성질에 대하여 좀 더 자세하게 기술하여 보면 전장 15항에서는 천간합(天干合)이 건전하게 두 개의 오행이 가까이 있어 합을 구성하고 있을 경우 하나의 완벽한 합으로 볼 수가 있을 것이다.

그러나 이 때 다시 두 개의 오행으로 싸움을 하는 천간상충이 있는 중에 재차 지지에 삼형이나 상충의 작용이 천간합(天干合)과 근접하여 전극(戰剋)이 형성되고 있을 경우 그에 대한 소용돌이로 말미암아 아무리 근접하여 합을 구성한다손 치더라도 천간합(天干合)은 성립되지 못한다고 못을 박고 있다.

하지만 여기서 하나의 예외가 있겠는데 그것은 전자의 언급한 성질은 내격(內格)의 억부법이나 조후법상 용신이 선택되는 격국을 거론할 수가 있으니 동일성 오행으로 짜여져 왕신(旺神)의 성질을 따르고 있는 종격(從格)이나 가종격(假從格)에 대한 천간합(天干合)은 비록 이상의 성질이 되어 전극(戰剋)이 형성되더라도 천간합(天干合)이 성립될 경우가 있다.

따라서 그 부분을 세밀하게 판단하여 보면 우선 하나의 전제

조건이 있어야 천간합(天干合)이 성립될 수가 있다.

그 첫째로,!

"우선 천간합(天干合)이 되어 나오는 오행과 지지의 왕신(旺神)의 기운이 일치되어야 성격(成格)한다",!

이와 같은 성질은 보통 내격(內格)의 억부법이나 조후법상 용신이 채택되는 격국에는 사실상 하나의 상충 및 삼형 그리고 천간상충등이 있을 경우 완전히 합이 분산되는 성질에 비교할 때 상당히 거부감을 가질 수 있는 소지이라 감히 말할 수가 있겠다.

그렇지만 지지의 강력한 세력에 하나의 중심체를 구성하고 있으면서 비록 천간상충과 지지상충 및 삼형이 동반되었다손 치더라도 천간합(天干合)으로 변화되어 나오는 오행이 왕신(旺神)의 성질과 일치하고 있을 경우 모두 동질성인 하나의 국(局)으로 변화되고 있으니 이것이 곧 내격(內格)과 외격(外格)의 천간합(天干合)이 달리 적용되는 원칙이다.

상당히 집중력과 고난도의 심리를 요구하고 있으므로 학자들의 이해를 돕기위해 아래 도표 1항을 적용시켜 그 실체를 파악하여 보면,!

(도표1).!

시　일　월　년
甲　己　丁　癸
戌　未　丑　未

정관　　편인 편재
木　(土) 火　水
土　土　土　土
겁재 비견 비견 비견

　　이상의 도표 1항에 준하여 위 사주팔자가 자세하게 나타내고 있듯이 사주일 己土와 시상에 노출되어 있는 甲木간에 甲-己合土가 구성되고 있는데 甲-己合土를 직접 상극하는 천간상충이 없으니 완벽한 합으로 귀착할 수가 있음을 알 수가 있다.

　　하지만 사주년간 癸水와 월상에 있는 丁火가 丁-癸상충이 발생하고 있으면서 다시 사주지지에 월지 丑土를 중심으로 해서 년지 및 일지 未土와 그리고 시지 戌土가 모두 합세하여 丑-戌-未 삼형을 성립하고 있음을 엿볼 수가 있겠다.

　　따라서 이렇게 천간상충과 지지의 삼형으로 인한 영향력으로 말미암아 그에 대한 전극(戰剋)의 소용돌이는 막심하니 이것이 곧 바로 甲-己合土에 영향을 주게 되므로 내격(內格)의 억부법이나 조후법의 용신을 선택하는 사주격국일것 같으면 올바른 천간합을 성립할 수가 없게 되었다.

그러나 본 사주팔자는 지지에 비록 丑-戌-未 삼형을 가지고 있다해도 지지오행이 전부 왕신(旺神)의 성질을 가지고 있는 土氣 일색(一色)이 되고 있는 중에 이렇게 甲-己合土의 천간합(天干合)으로 변화되는 오행성질이 지지인 土氣에 일치되므로 이것은 곧 외격(外格)의 종격(從格)을 따르는 갑기합토화격(甲己合土化格) 및 종왕격(從旺格)이 성격(成格)되므로 이 때는 甲-己合土가 성립되어 하나의 동질성을 부여하고 있다.

본 장 17항에 기술하는 취지는 전자 16항에 언급하였던 내격(內格)의 억부법이나 조후법상 용신이 선택되는 격국에서는 이렇게 천간상충이나 지지상충 및 삼형이 중복되어 있다면 비록 건전하게 천간합(天干合)을 성립하더라도 전극(戰剋)의 소용돌이로 말미암아 천간합(天干合)이 성립할 수가 없다고 못을 박고 있다.

그러나 이와 같은 성질이 왕신(旺神)의 세력을 따르고 있는 외격(外格)의 종격(從格)이나 가종격(假從格)이 되는 격국이 되고 있을 경우 이 때 지지에서 왕신(旺神)의 오행에 천간합(天干合)이 일치가 되고 있다면 완벽한 천간합(天干合)이 성립된다는 것을 본 장 17항에서 대단히 강조하고 있으니 이것은 곧 사주추명학상 하나의 판단의 기준점이 되는 점은 두말 할 필요가 없다.

(예1), 여자, 故 강 모씨(경남 사천) 1919년 음력9월 11일 丑 시

(대　운)

墓	帶	養	帶	己-乙 상충,!	62	52	42	32	22	12	2
乙	己	甲	己		辛	庚	己	戊	丁	丙	乙
丑	未	戌	未		巳	辰	卯	寅	丑	子	亥

*. "亥-未合木",!!!

*. "衰者旺神發",!!

겁재	정관	비견

木　(土)　木　土

土　土　土　土

비견 비견 겁재 비견

*. "일간 己土가 지지에 비겁 土氣를 전부 보면서 월상에 투출되어 있는 甲木 정관이 년간 己土와 근접하여 지지의 왕신(旺神) 土氣와 천간합의 기운인 土氣에 부합하고 있으니 "갑기합토화격(甲己合土化格)이다",!

"하지만 초년대운이 이롭지 못하여 2세 乙亥대운에서 대운천간 乙木이 일간과 년간에 투출되어 있는 己土 비견을 己-乙 상충으로 파극하고 다시 대운지지 亥水가 土剋水로 방해 하면서 년지 및 일지 未土 비견과 亥-未合木으로 돌변하고 있으니 완전히 왕신(旺神) 土氣를 木剋土로 상극하고 있다",!

"결국 이러한 현상은 왕신국(旺神局)을 형성하고 있는 강력한 土氣가 반발을 하여 쇠자왕신발(衰者旺神發)로 연결되고 말았으니 초년 6세에 교통사고로 절명하고 말았다",!

***. 일간의 왕쇠(旺衰),!**

18. "사주천간에 투출된 천간오행이 균등을 가지면서 사주명조가 오행상 주류무체(周流無滯)로 연결되고 있을 때 일간을 가운데 놓고 월상과 시상의 기운이 오행 상생이 되나 일간의 기운이 가운데 가로막아 있기 때문에 상생의 작용을 할 수가 없다고 판단하기 쉽다".!

"그러나 이 경우 일간의 기운이 시상과 월상의 기운을 파극하는 상충의 작용이 성립되지 않는 이상 생조의 법칙으로 이어진다고 판단하며, 그러나 만약 상충으로 양자의 오행중에 한쪽을 상극하면 생조의 법칙이 되지 못한다고 결론한다".!

(예1),!

제 2 장

지지합충(地支合沖)의 특비(特秘)

사주원국의 용신을 선정하는데 있어 지합(支合)의 성질을 완벽하게 판별하여야 일간의 왕쇠(旺衰)를 결정할 수 있으니 지금까지 지합(支合)의 불투명한 부분을 약 30여 년동안 경험상 터득한 비법(秘法)을 적용하여 그 실체를 적나라하게 파헤치고 있다.!

제2장

지지합충(地支合沖)의 특비(特秘)

1. 지지합충(地支合沖)의 특비(特秘),!

사주추명학은 인간이 태어난 시점을 기점으로 하여 태음력을 적용시켜 년, 월, 일, 시를 나열한 후 일간을 주동하여 왕쇠(旺衰)를 결정하고 다시 용신을 선정해서 운로인 대운이나 세운에 대한 길흉을 결정하는 것이다.

그런데 사주팔자에 대한 일간을 기점으로 정하는 오행의 강약 유무를 단순히 오행의 갯수를 세어 왕쇠(旺衰)를 결정한다고 하면 대단히 간편하고 쉬울 것이나 사실상 지지의 합(合)이나 형, 충, 파, 해로 인한 성질이 복잡 다단하게 연결되기 때문에 그 실체를 명확하게 선정하기란 대단히 어렵고도 난이한 부분으로 다루어지고 있다해도 과언이 아니다.

이것은 곧 사주추명학의 대가(大家)들도 일간에 대한 강약을 결정해서 용신을 선정하라고 하면 이상과 같은 맥락에 부닥치기 때문에 어쩔때는 용신을 바로 잡았다가도 어떤 사주팔자는 용신을 틀리게 잡는 이유가 모두 복잡한 지지의 합충(合沖)의 변화를 제대로 판단하지 못했기 때문이다.

이상의 성질에 대하여 그동안 본 저자는 사주추명학의 비조인 고서(古書)나 원서등에서 불투명한 부분을 실제인물에 적용하여 경험상 바탕으로 추명의 체계를 세웠다고 자부하는 命理秘典 上권과 下권에 그 실체를 자세하게 기술하였고 또 지금까지 여러 권의 본 저자가 집필한 명리의 서책을 통하여 약 30여년동안 실존인물을 토대로 다수 사주팔자의 합이나 상충의 원리를 일부 언급하여 나름대로 학자들의 욕구를 충족시켰다고 자부해도 과언이 아니었다.

그런데도 불구하고 사실상 일부 역학자들이 지적한 대로 이상의 합, 충의 변화가 미흡하다는 질책을 받고 그동안 본 저자는 대단히 마음으로 고심하다가 그 원리를 본 장 地支合沖의 特秘에서 실존인물에 접목, 경험상 터득한 비법(秘法)을 기술하기로 하였다.

따라서 본 장 지지합충(地支合沖)의 특비(特秘)에서는 전항에 기술하였던 천간합충(天干合沖)의 특비(特秘)와 마찬가지로 그동안 학술적인 합의 원리에 대한 불투명하고 난이한 성질을 체계적으로 분석한 뒤 그 실체를 실존인물에 준하여 명확한 합충(合沖)의 변화를 경험상 토대를 바탕으로 그 원리를 자세하게 파헤치고 있음을 알 수가 있을 것이다.

결국 본 장에 기술하는 地支合沖의 特秘는 지금까지 시중 역학서적에는 물론이고 더 나아가서 본 저자의 서책중에서도 전혀 기술되지 않았던 경험상 특별비법이라 감히 말할 수가 있으니 이러한 본 저자의 경험상 비법(秘法)을 터득하게 될 경우 곧 사주 일간의 왕쇠(旺衰)에 대한 판단과 용신의 기운을 완벽하게 간명 할 수 있을 것이며 또한 하나의 명리학술에 대한 체계를 도모하 는 성질이 되고 있음을 자신있게 첨언하는 바이다.

● 지합(支合)의 성질

예. "子-丑合土"

1. "子-丑合土의 성질은 子水와 丑土가 합을 할 때는 완 벽한 土氣로 변화되는 것은 아니다".!

"무슨 말인지 좀 더 구체적으로 언급하자면 子水는 사 왕지지(子, 午, 卯, 酉)로서 水氣가 대단히 왕성하여 丑土와 비록 합을 하더라도 잔여기운인 水氣가 남아 있게 된다".!

"더하여 운로인 대운이나 세운, 그리고 월운등에서 亥水가 들어오게 될 경우 亥-子-丑 방합 水局으로 돌아가서 완전한 물기운이 되므로 子-丑濕土의 경우는 비록 土氣로 변화되는 현상이라도 이상과 같은 맥락에서 水氣를 머금은 합이라고 보아야 될 것이다".!

(도표1).!

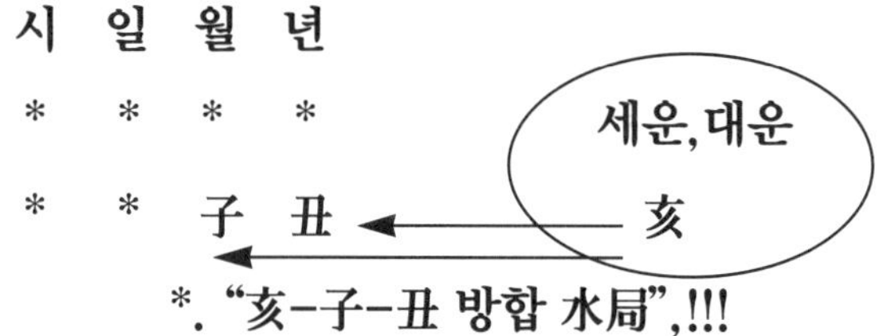

위 도표1항에 준하여 子-丑濕土의 기운이 성립되고 있는 사주명조가 자세하게 나타나고 있음을 엿볼 수가 있으니 일면 근본적인 합의 기운으로 대변되는 土氣로 볼 수가 있는 성질이라 할 것이다.

하지만 이렇게 선천성인 사주명조에 하나의 子-丑濕土가 결합되어 있다손 치더라도 후천성을 대변하고 있는 운의 흐름인 대운이나 세운에서 재차 방합(方合)의 성질이 되고 있는 亥水가 들어오게 되면 완전한 亥-子-丑 방합 水局으로 돌변하고 있음에 따라 언제라도 子-丑濕土는 배신을 할 수가 있는·현상이 나타나고 있다해도 과언이 아니다.

　　이러한 현상을 두고 고서(古書)나 원서에 기술하고 있기를 사주팔자에 子-丑합이 있을 경우 무조건 土氣로 변화된다고 기술하고 있는데 이것은 그동안 본 저자가 약 30여년동안 경험상 터득한 비법(秘法)에 준하여 실제인물을 적용시켜 사주간명을 하여본 결과 그 변화원리가 용신을 선정하는 과정에서는 다소 불일치되는 현상이 나타나고 있음을 발견하였다.

　　따라서 이와 같은 부분을 학자들의 이해를 돕기 위해 좀 더 자세하게 언급하자면 이상의 子-丑合土의 기운이 사주팔자에 대한 용신이나 일간의 강약부분에는 다소 틀리는 현상이 발견되었으나 육친통변법상 해당하는 육친을 해설 간명할 때는 子-丑合土의 부분을 성립한다고 판단하여 해석을 하여야 된다는 취지이다.

　　실례로 가상하여 사주원국에 子-丑합이 들어 있는데 일간의 왕쇠(旺衰)나 용신을 선택하는 과정에서 子-丑合土는 水氣를 머금은 합이며 완벽한 土氣를 가지는 합의 기운이 아니라고 판단하는 것이 정석이나 육친통변법상 子水가 남자사주에서 정재의 기운이라면 자신의 처로 대변할 수가 있다.

　　그런데 이상의 子水 정재가 하나의 土氣만 子-丑합을 하고 있는 것이 아니고 다시 사주명조내 다른 丑土와 합을 거듭하고 있다면 처가 음란하여 재혼팔자로 지금의 사주주인공에게 시집을 왔다는 식으로 간명하여야 된다는 점을 본 저자는 대단히 강조하고자 한다.

따라서 그에 대한 해당하는 원칙과 적용되는 육친통변법은 다음 장에 나오는 실존인물에 적용하여 그 실체를 조목조목 반박하고 이론을 정립하여 하나씩 증명해 보고져 한다.

(예1), 여자, 황 모씨(경기 여주) 1949년 음력10월 15일 丑 시

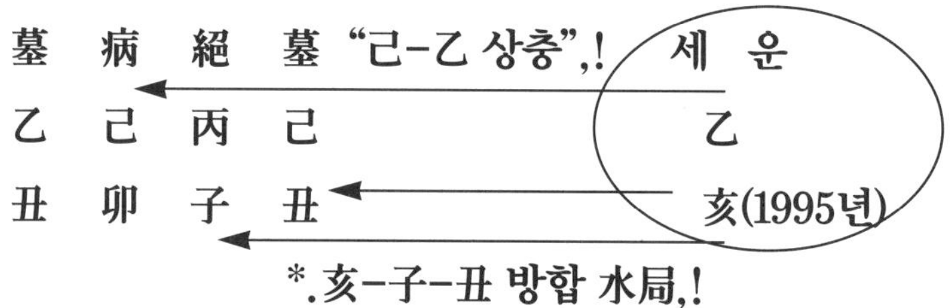

편관　　　인수 비견

木　(土)　火　土

土　木　水　土

비견 편관 편재 비견

*. 일간의 왕쇠(旺衰),!

己일간 子월에 출생하여 실령(失令)하였으나 사주시지 丑土 비견에 득세(得勢)한 중에 년지 丑土 및 월상과 년간에 각각 丙, 己土가 투출되어 일간 己土가 그리 쇠약하지 않다.

하지만 원칙적으로 사주강약 도표에 준하면 41%가 되어 신왕이 되겠으나 년지 丑土의 기운은 일간 己土와 무정(無情)하니 신약으로 귀착하는 것이 마땅하다.

하지만 사주원국을 자세히 관찰하여 볼 때 일간 己土가 주위의 인수와 비견에 의하여 생조되어 중화(中和)의 기점에 육박하는 성질이 되고 있으니 사주가 안정되어 있음을 엿볼 수가 있으므로 그렇게 격국이 나쁜 것은 아니라고 판단한다.

✻. 격국(格局)과 용신,!

위 사주팔자에 대한 격국(格局)과 용신을 판별하여 보면 사주월지에 子水 편재가 자리를 잡고 있으니 원칙적으로 "신약편재격(身弱偏財格)"이 성격(成格)된다.

고로 용신은 "재중용비격(財重用比格)"으로 비겁 土氣를 용신으로 삼아야 하겠으나 제일로 본 사주일간 己土가 子월에 태어나 추운겨울이 되고 있으므로 시급히 조후법상 인성 火氣를 용신하고 인성 火氣를 생조하는 관성 木氣는 희신으로 삼는다.

이와 같은 현상은 비록 위 사주는 일간이 신약으로 간주되나 그나마 일간이 중화(中和)의 기점에 육박하는 성질이 되고 있으니 관성 木氣를 조후법상 희신으로 삼는 것이며 더하여 사주원국이 신강, 신약을 불문하고 내격(內格)의 성질상 억부법이나 조후법의 용신이 일치하지 않을 경우 조건없이 조후법을 따라가야 하는 원칙에 입각한다.

***. 본 장 육합(六合)의 성질에 준한판단,!**

본 장에 언급하는 육합(六合)의 성질을 인용하여 본다면 "子-丑合土의 성질은 子水와 丑土가 합을 할 때는 완벽한 土氣로 변화되는 것은 아니다.!

무슨 말인지 좀 더 구체적으로 언급하자면 子水는 사왕지지(子, 午, 卯, 酉)로서 水氣가 대단히 왕성하여 丑土와 비록 합을 하더라도 잔여기운인 水氣가 남아있게 된다.!

더하여 운로인 대운이나 세운, 그리고 월운등에서 亥水가 들어오게 될 경우 亥-子-丑 방합 水局으로 돌아가서 완전한 물기운이 되므로 子-丑合土의 경우는 비록 土氣로 변화되는 현상이라도 이상과 같은 맥락에서 水氣를 머금은 합이라고 보아야 될 것이다.! 라며 구체적으로 기술하고 있다.

그렇다면 본 사주팔자는 완전히 이상의 부분에 적용되어 있음을 엿볼 수가 있겠는데 그것은 사주년지 丑土 비견과 월지 子水 편재간 子-丑合土가 구성되어 있으니 단편적으로 판단할 경우 일간이 신왕함으로 간명하기 쉽게 되어있다.

하지만 전자에 언급하였듯이 년지의 기운은 일간과 무정(無情)하고 있으며 또한 일간 己土를 대조하여 십이운성을 판단할 때 시지 및 년지 丑土 비견은 묘지에 해당하고 있는 중에 월상에

丙火도 천간에 있는 기운이 되니 더욱 더 완전히 부합하고 있음을 알 수가 있다.

이러한 맥락에 비추어 본 장에서도 언급하였듯이 子-丑합은 水氣를 머금은 합으로 사실상 사왕지지(子, 午, 卯, 酉)인 子水 편재가 월지에 앉아 년지 丑土 비견과 합을 하면 대단히 강력한 합의 성질로 볼 수가 있겠다.

이것은 곧 子水와 丑土의 합의 성질은 언제든지 亥水가 운로인 대운이나 세운, 그리고 월운 및 심지어는 일운까지 들어오게 될 경우 완전히 亥-子-丑방합 水局으로 돌변하기 때문에 子-丑 合土로 표현하여 土氣로 판별할 때 간명상 약간의 오류를 불러들이기 쉬운 것은 자명한 일이다.

따라서 본 장에 언급하는 子-丑合土는 사실상 고서(古書)나 원서에는 무조건 土氣로 표현하고 있음을 알 수가 있으나 그 오행상 합의 결합여부는 일시 합을 탐하여 子水가 무언중에 丑土와 결합해서 보이지 않는 미약한 土氣를 만들고 있다고 판단하는 것이 타당하다.

이러한 이유에서 육합(六合)의 6개의 합중에 子-丑合土가 가장 까다로운 성질임을 여기서 엿볼 수가 있겠는데 비록 일부학자들 중에는 사주일지 卯木 편관이 子水 편재를 子-卯 형으로 상극하여 올바른 子-丑合土로 돌아가지 않는다고 항변을 하고 있지만 子-卯형은 전편인 命理秘典 上권에서 실제인물에 준하여 설명하는 과정에 오행상 水生木의 조건을 갖추고 있기 때문에 완벽한 상극을 할 수가 없다.

그런데 여기서 한가지 중요한 부분이 있는데 그것은 본 저자가 子-丑合土를 취용하는 것은 서로간 합을 탐한 나머지 기반(羈絆)하여 무언중에 土氣를 만드는 역할에 불과하다고 설명하고 있지만 육친통변법상 해당하는 육친의 성정을 판별할 때 완벽한 합의 기운으로 판단하여야 된다.

무슨 말인지 좀 더 구체적으로 언급하자면 용신의 성질이나 일간의 강약을 구분할 때는 子-丑合土는 무언중에 土氣로 만들어진다고 판단하고 아울러 子水의 기운은 잔여기운이 남아 있다고 보는 것을 강조하고 있다.

그러나 해당하는 육친은 합을 탐한 나머지 기반(羈絆)하고 있으니 예를 들어 위 사주월지 子水는 편재가 되어 부친을 의미하고 있는데 편재 子水가 년지 丑土 비견과 子-丑합이 되고 있으니 육친통변법상 부친이 바람을 피운다고 판단하는 한 일례와 같은 것이다.

*. 본 장 子-丑合土에 관하여 세운 1995년 乙亥년을 접목,!

위 사주주인공은 여자사주로서 황 모씨인데 이상과 같은 맥락에 비추어 이미 사주명조에 子-丑合土가 성립되어 있음을 알 수가 있겠으며 세운이 1995년 乙亥년이 되고 보니 세운지지 亥水가 水氣를 업고 사주월지 子水 편재와 년지 丑土 비견간에 子-

丑合土가 되고 있는 것을 亥水가 들어옴에 따라 완전히 亥-子-丑 방합 水局으로 돌변하고 있다.

따라서 본 사주팔자는 일간 己土가 子월에 출생하여 조후법상 木, 火를 용신으로 삼고 있는 것을 완전히 亥-子-丑 방합 水局으로 인하여 물바다를 이루어 사주전체를 휩쓸어 버리고 말았으니 그 흉함은 하늘을 찌르고도 남음이 있다 할 것이다.

결국 사주주인공인 황 모씨는 1995년 乙亥년 음력 10월에 경기도 여주 모처에 염색공장을 경영하다가 경영악화로 부도를 맞았는데 이것은 육친통변법으로 보면 子水 편재가 기신(忌神)이 되고 있는데 설상가상으로 합을 하여 亥-子-丑 방합 水局으로 완전한 투기성 및 재물로 인한 재화를 당한다는 것을 단적으로 보여주고 있음을 알 수가 있겠다.

2. "지지의 합(合)의 기운은 사왕지지(子, 午, 卯, 酉)가 사주월지에 자리를 잡고 합을 하는 경우에는 합의 성립이 쉬우나(방합, 삼합, 준삼합)유독 육합(六合)만큼은 합을 하더라도 거의 잔재기운이 남아 있게된다".!

※ 참고로 이상의 부분을 좀 더 자세하게 구체적으로 기술하자면 지지의 합중에 삼합(三合)이나 방합(方合)등은 모두 3가지 오행이 결합하여 하나의 동질성인 집단체를 구성하고 있으니 그 세력은 대단히 강력하게 작용한다고 보아야 한다.

그러나 육합(六合)은 2개의 오행으로 구성하게 되므로 상대적인 같은 지지합인 삼합(三合)이나 방합(方合)보다 월등이 그 힘이 쇠약하기 마련이다.

따라서 2가지 합으로 성립되는 육합(六合)은 합의 기운이 미약함에 따라 그 결속되는 성질도 약하게 되어 본래의 각각의 잔여기운을 남기는 형상이 되는 것을 본 장에서 강조하고 있는 부분이 된다.

학자들의 이해를 돕기 위해 아래 도표 1항을 적용시켜 그 실체를 자세하게 관찰하여 보면,!

(도표1).!

시 일 월 년
* * * *
* * 寅 亥

*. "월지 寅木이 자리를 잡고 년지 亥水와 寅-亥合木을 성립하고 있지만 寅木이나 亥水는 합도 되고 파(破)의 원칙이 되고 있으므로 비록 합의 기운은 취용하나 모두 오행상 잔여기운을 남기는 합이라 판단하여야 된다".!

이상의 도표 1항에 자세하게 나타나고 있듯이 사주월지 寅木이 자리를 잡고 년지 亥水와 寅-亥合木을 구성한다고 판단하기 쉽지만 寅-亥는 합의 기운도 되지만 파(破)의 성질도 동반하고 있으므로 완벽하게 완전한 木氣로 돌아가 기가 힘들게 된다.

따라서 이러한 점을 생각하여 볼 때 월지 寅木이나 년지 亥水 모두 오행상 잔여기운을 남기면서 무언중에 木氣를 만들고 있는 역할에 불과하다고 판단하는 이유가 여기에 있으니 사주지지에 합의 기운이 있다해도 그 원리와 변화되는 성질을 면밀히 관찰하고 난 후 비로소 결정을 내려야 되는 것을 알 수가 있겠다.

또한 이상의 육합(六合)의 기운이 사주원국내 자리를 잡고 있다해도 육합(六合)의 기운을 분산시키는 삼형이나 상충의 작용이 있는가, 그리고 같은 육합의 기운이라 할지라도 육합으로 결합되고 있는 양자의 오행이 근접하여 육합을 결성하고 있는가, 도 면밀히 관찰하여야 된다.

더하여 이와 같은 현상은 더 나아가서는 오행상 서로 멀리 떨어져 있는 중에 원격(遠隔)한 육합(六合)의 기운이 되는지도 그 역할에 대한 차지하는 비중도 상당히 영향력을 미치고 있으니 아울러 그에 대한 판단의 기준점도 신중히 취용하여야 됨은 두 말할 이유도 없을 것이다.

결국 육합(六合)의 성질은 삼합(三合)이나 방합(方合)보다 그 세력이 미약하다고 판단하는 것은 2개의 오행으로 결합되는 기운으로 말미암아 사주천간에 합의 중심세력을 대표하고 있지 않는 이상 완전히 동질성인 하나의 기운으로 중심이 모아지지 않고 서로 잔여기운을 남긴다고 보는 것이다.

(예1). 남자, 최 모씨(부산 동래) 1952년 음력3월 20일 亥 시

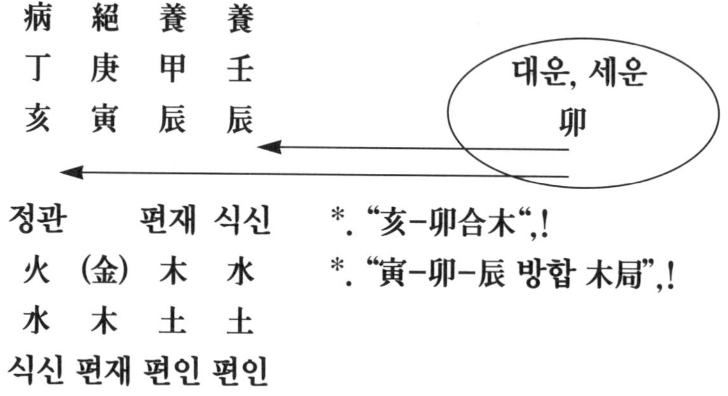

病　絕　養　養
丁　庚　甲　壬
亥　寅　辰　辰

정관　　편재　식신
火　(金)　木　水
水　木　土　土
식신 편재 편인 편인

***. 일간의 왕쇠(旺衰),!**

　　庚일간 辰월에 출생하여 득령(得令)하였으나 일간 庚金을 생조하는 편인 辰土가 월지와 년지에 있는 것은 원칙적으로 사주 강약도표에 준하여 그힘을 판별하면 년지의 기운이 13%가 되어 월지와 함께 43%가 되므로 신왕이겠지만 년지의 기운은 일간과 무정(無情)하니 신약이다.

　　더하여 사주원국에 일지 寅木 편재가 자리를 잡고 시지 亥水

식신과 寅-亥合木을 구성하면서 다시 사주월상에 그 세력을 대표하고 있는 甲木 편재가 투출되므로 년간 壬水 식신이 甲木을 생조하고 있으니 그 힘이 대단히 왕성한 것을 알 수가 있다.

따라서 이렇게 일간 庚金이 신약하면 마땅히 일간 庚金을 부조하는 인성 土氣나 비겁 金氣로서 신약한 일간을 생조하는 것이 대길하게 된다.

*. 격국(格局)과 용신,!

위 사주팔자에 대한 격국(格局)과 용신을 판별하여 보면 일간 庚金이 신약한중에 사주월지에 辰土 편인이 자리를 잡고 있으니 원칙적으로 "신약월지편인격(身弱月支偏印格)"이 성격(成格)된다.

고로 용신은 "재중용비격(財重用比格)"으로 일지 편재 寅木이 시지 亥水 식신과 寅-亥合木을 구성한 중에 그 세력에 중심을 두고 있는 월상 甲木 편재가 재차 투출되어 있으니 재성 木氣의 기운을 金剋木으로 억제하면서 아울러 신약한 일간 庚金을 부조하는 비겁 金氣를 용신하고 비겁 金氣를 생조하는 인성 土氣는 희신으로 삼는 것이 마땅하다.

이렇게 사주원국에 용신과 희신의 기운을 선택하여 놓고 사주 격국을 면밀히 관찰하여 보니 일간 庚金에 대한 용신으로 자리잡고 있는 비겁 金氣는 비록 없겠으나 희신의 기운으로 그 역할

278

을 다하고 있는 辰土 편인이 사주월지와 년지에 자리를 잡고 일간을 土生金하고 있는 것은 일간이 그나마 중화(中和)의 기점에 육박하게 되므로 사주가 대단히 좋게 되어 있다 할 것이다.

＊. 본 장 2항에 준하여 판단,!

본 장 2,항에 준하여 그 실체를 인용하여 본다면 "지지의 합(合)의 기운은 사왕지지(子, 午, 卯, 酉)가 사주월지에 자리를 잡고 합을 하는 경우에는 합의 성립이 쉬우나 (방합, 삼합, 준삼합)유독 육합(六合)만큼은 합을 하더라도 거의 잔재기운이 남아 있게된다..! 라며 구체적으로 기술하고 있다.

이상의 맥락에 비추어 본 사주팔자를 본 장 2항에 준하여 판단하여 보면 사주일지에 寅木 편재가 자리를 잡고 시지 亥水 식신과 寅-亥合木을 구성하고 있음을 중시볼 필요가 있겠다.

그렇다면 사주시지 亥水 식신의 기운이 사주강약 도표에 준하면 약 15%의 힘이 전부 일지 寅木의 기운에 의하여 木氣로 둔갑을 하였느냐,가 관건이 되겠는데 이것은 사실상 亥水 식신의 기운이 비록 寅-亥합을 하였더라도 亥水식신의 잔여기운이 남아 있게 된다.

더구나 사실상 이렇게 일지와 시지가 寅-亥合木을 하여 木氣의 세력을 대표하는 사주월상에 甲木 편재까지 투출되어 있으니 일면 단편적으로 판단할 경우 시지 亥水 식신의 세력은 더 이상 볼 것도 없이 木氣로 화(化)였다고 판단할 수가 있을 것이다.

하지만 사주일지 편재 寅木이나 시지 식신 亥水가 사주월령에 자리를 잡고있는 육합(六合)을 성립하는 기운이 아니며 또한 일간 庚金이 월상 甲木을 甲-庚 상충으로 파극하고 있으니 木의 기운이 흔들리게 되는 것으로 판단하는 것이 타당하다.

또한 본 사주팔자에 대한 운로인 세운이나 대운에서 도표에 나타나고 있듯이 만약 卯운이 들어오게 된다면 卯木은 사왕지지(子, 午, 卯, 酉)로서 중심 세력인 木氣를 등에 업고 사주원국에 寅-卯-辰 방합 木局, 그리고 시지 亥水식신과 亥-卯合木등으로 완전한 동질성인 木局으로 변화되니 이 때 본 사주원국은 재성 木氣가 기신(忌神)으로 대변되어 그 흉의는 극루교가(剋漏交加)가 되어 더욱 더 흉함이 강력하게 나타나게 될 것이다.

따라서 이미 선천성인 사주명조내 육합(六合)의 성질이 결성되고 있을 경우 이러한 육합의 성질이 후천성인 운로인 대운이나 세운에서 육합의 성질을 쟁탈하면서 다른 오행국(五行局)으로 변화될 수 있는 삼합(三合)의 기운이나 방합(方合)의 기운을 가지고 들어오는 현상을 면밀히 관찰하여야 됨을 본 저자는 대단히 강조하고 있다.

더하여 곧 단순히 육합의 성질이 있다해서 지금은 육합의 성질에 대한 특성 및 혹은 육합을 방해하는 상충의 작용이 있을 때는 상당히 그에 대한 변화의 법칙을 판단할 수가 있겠지만 사실상 모두 그대로 취용하지말고 재차 운로인 대운이나 세운에 육합을 쟁탈하는 성질도 면밀히 관찰함이 좋을 것이다.

결국 위 사주원국에 전자 1항과 마찬가지로 육합(六合)의 기운인 사주일지 寅木 편재와 시지 亥水 식신과의 寅-亥合木은 비록 사주월상에 甲木이 투출되어 있지만 亥水 식신의 잔여기운이 남아 있는 것으로 판단하여야 되며 그러나 월상에 甲木 편재가 투출되어 있기 때문에 甲木이 없는 것보다는 木氣의 기운이 더욱더 왕성해 진다고 간명하여야 된다.

3. "辰-酉합의 경우 사주월지에 사왕지지인 酉金이 자리를 잡고 사주년지나 일지등에서 辰土와 합을 할 때는 辰土의 기운은 완벽한 金으로 돌아가지 못한다".!

"이 때 단, 사주원국에 辰-酉合金의 세력을 대표할 수 있는 중심기운이 사주월간에 庚, 辛 金氣가 투출되어 있다면 완벽한 金氣의 기운으로 돌아간다".!

※ 이상의 부분에 대하여 좀 더 구체적으로 기술하자면 육합(六合)의 성질은 2가지 기운으로 합을 결합하고 있기 때문에 비록 사왕지지(子, 午, 卯, 酉)가 월지에 자리를 잡고 사주천간에 그 세력을 대표하고 있는 오행이 투출되어 있지 않는 이상 각각의 오행상 본래의 기운인 잔여기운을 남긴다고 판단하는 것이 정석이다.

따라서 위 본 장 3,항에 준하여 辰-酉合金의 경우 월지가 酉金이 자리를 잡고 년지 辰土나 일지 辰土에게 辰-酉合金을 결합하는 성질이 되고 있는다면 아무리 월지에 강력한 사왕지지(四旺地支)라 할지라도 辰土의 잔여기운을 남기는 것이 된다.

하지만 이와 같은 성질이 만약 사주천간에 辰-酉合金의 기운을 모아주고 그 세력의 중심으로 표시되고 있는 金氣가 투출되어 있을 때 하나의 동질성인 金氣로 귀착할 수가 있으며 그렇다면 같은 金氣라도 庚金이 辛金보다 양간(陽干)이 되어 더욱 더 金氣의 세력을 대표하게 되는 것으로 보아야 한다.

더하여 이러한 金氣가 사주천간에 하나가 투출되어 있는 성질하고 두 개나 사주천간 전체가 庚, 辛 金氣가 투출되어 있는 것하고는 모두 합의 결합과 기운을 달리 판단하여야 되는데 이것은 동질성인 합의 기운이 왕성함과 한나라의 국(局)을 결성하는 차이를 논할 수가 있으니 대단히 중요한 성질이 된다.

이와 같은 부분은 사주추명학상 간명법에 준하여 본 저자가 실제인물에 적용시켜 그동안 경험상 터득한 비법(秘法)의 성질이 되고 있으므로 좀 더 구체적으로 예를 들어 기술하기로 하겠다.

(예1).!   (예2).!

시	일	월	년		시	일	월	년
*	*	*	庚		庚	*	辛	庚
*	*	酉	辰		*	*	酉	辰

*. "예 1항의 도표에 나타나고 있는 사주팔자는 월지 酉金이 년지 辰土와 辰-酉合金을 구성하고 있는 중에 년간에 庚金이 하나가 투출되어 있다".!

"그러나 예 2항은 예 1항과 마찬가지로 지지에 辰-酉合金이 되고 있는 중에 사주천간에 중심오행인 金氣가 하나가 아닌 3개의 오행이 투출되어 있으므로 예 1항과 비교가 되지 않을 만큼 강력한 辰-酉合金이 되고 있음을 알 수가 있다".!

도표에서 나타나고 있듯이 (예1)의 사주명조와 (예2)의 사주명조는 모두 사주월지에 酉金이 자리를 잡고 있기 때문에 사왕지지(四旺地支)가 존재하여 년지 辰土와 辰-酉合金을 구성하게 되는 것을 알 수가 있다.

그런데 단편적으로 볼 경우 모두 사주천간에 金氣가 투출되어 있기 때문에 완벽한 하나의 金局으로 변화된다고 판단하겠으나 이러한 辰-酉合金에 대한 힘의 강약여부가 사실상 (예1)과 (예2)는 달리 적용되어 힘의 세력을 발휘하게 된다는 것을 면밀히 관찰할 필요가 있다.

따라서 (예1)의 사주는 辰-酉合金을 구성하고 사주년간에 庚金 혼자만 투출되어 있고 그에 반하여 (예2)는 辰-酉合金을 결합한 중에 일간을 제외한 천간 전부가 庚金과 辛金이 투출되어 있으니 (예1)은 사주년지 辰土의 기운이 사주강약도표에 준하여 13%라 가정한다면 11%정도 金氣로 돌아가고 나머지 2%는 辰土의 잔여기운을 남긴다고 판단할 수도 있다.

그에 반하여 (예2)는 辰-酉合金을 구성한 중에 사주천간에 庚金과 辛金이 3개씩이나 존재하여 있으니 사주년지 辰土의 기운은 모조리 사왕지지(子, 午, 卯, 酉)인 중심기운으로 대변하고 있는 酉金의 성질에 모두 부합시켜 잔여기운이 없게 되면서 오히려 더욱 더 金氣의 세력으로 강력하게 작용하는 현상을 대단히 중요하게 취용할 필요가 있는 것이다.

결국 이상의 성질은 사주추명학의 비조인 고서(古書)나 원서 등에 이렇다 할 원리를 제대로 밝히지 않고 있음에 따라 그동안 본 저자가 약 30여년에 걸쳐 수많은 실존인물의 사주명조를 대면한 뒤 오행상 합의 결합여부를 추적 검토하면서 하나의 경험상 비법(秘法)으로 자리매김하고 있으니 절대로 이 부분을 소홀히 취급하여서는 아니 된다.

(예1), 남자 어린이 장 모군(경남 합천) 1988년 음력 7월 28일 寅 시

生　生　死　帶

庚　丙　辛　戊

寅　寅　酉　辰

편재　　정재 식신

金　(火)　金　土

木　木　金　土

편인 편인 정재 식신

***. 일간의 왕쇠(旺衰),!**

　丙일간 酉월에 출생하여 실령(失令)하였으며 사주원국 월지 酉金을 주동하여 년지 辰土 식신과 辰-酉合金을 하는 중에 그 세력에 뿌리를 둔 월상 辛金과 시상 庚金 편재가 각각 투출되어 일간 丙火를 극루하고 있으니 신약이다.

　하지만 일간 丙火는 사주일지 寅木 편인에 득지(得地)한 중에 역시 시지 寅木 편인에 득세(得勢)까지 하고 있으니 이것은 곧 일간 丙火가 비록 신약하더라도 중화(中和)의 기점에 육박하는 성질이 되고 있으므로 사주팔자가 대단히 안정되어 있음을 엿볼 수가 있겠다.

한편으로 볼 때 사주강약도표에 준하면 이렇게 일지와 시지에 득지(得地), 득세(得勢)하는 기운이 십이운성의 건록지나 제왕지에 해당하고 있을 경우 본 사주팔자가 신왕(身旺)이 될 수가 있겠으나 이렇게 인성의 기운인 편인성이 자리를 잡게 된다면 원칙적으로 신약할 수밖에 없는 것이다.

*. 격국(格局)과 용신,!

위 사주팔자에 대한 격국(格局)과 용신을 판별하여 보면 우선 일간 丙火가 사주월지에 酉金 정재가 자리를 잡고 있는 중에 사주년지 辰土 식신과 辰−酉合金을 하여 그 세력에 뿌리를 두고 월상과 시상에 각각 辛金 정재과 庚金 편재가 투출되어 있으니 "재다신약격(財多身弱格)" 및 "신약월지정재격(身弱月支正財格)"을 같이 성격(成格)한다.

고로 용신은 "재중용비격(財重用比格)"이니 신약한 일간 丙火를 생조하면서 강력한 재성 金氣를 火剋金으로 상극하는 비겁 火氣를 용신하고 비겁 火氣를 생조하는 인성 木氣는 희신으로 삼는 것이 마땅하다.

이렇게 사주원국에 각각의 용신의 기운과 희신의 기운을 선정하여 놓고 사주팔자를 면밀히 관찰하여 보니 일간 丙火의 동기이고 용신의 기운으로 선택되고 있는 비겁 火氣가 사주상에 정오행이 없음을 알 수가 있다.

그러나 한편으로 볼 때 일지 및 시지 寅木의 지장간 중기(中氣)에 丙火가 자리를 잡고 지장간속에 암장되어 있으니 비록 가신(假神)의 성질이 되고 있겠지만 그나마 다행으로 편인 寅木이 일지와 시지에 자리를 잡아 일간 丙火를 木生火하고 있으니 중화(中和)의 기점에 안정되면서 대길하게 작용하고 있음을 엿볼 수가 있겠다.

*. 본 장 3항에 적용하여 판단,!

본 장에 3항에 적용하여 기술하고 있는 부분을 인용하자면 **"辰-酉합의 경우 사주월지에 사왕지지인 酉金이 자리를 잡고 사주년지나 일지등에서 辰土와 합을 할 때는 辰土의 기운은 완벽한 金으로 돌아가지 못한다.!**

이 때 단, 사주원국에 辰-酉合金의 세력을 대표할 수 있는 중심기운이 사주월간에 庚, 辛 金氣가 투출되어 있다면 완벽한 金氣의 기운으로 돌아간다.!라며 구체적으로 언급하고 있다.

따라서 본 사주팔자는 이상의 부분에 완전히 일치를 하고 있겠는데 그것은 위 사주원국이 월지에 사왕지지(子, 午, 卯, 酉)인 酉金 정재가 자리를 잡고 있는 중에 사주년지 辰土 식신과 辰-酉合金을 성립하여 그 세력에 뿌리를 둔 월상 辛金 정재와 시상 庚金 편재가 동시에 투출되어 있으므로 년지 辰土식신의 잔여기운인 土氣가 하나도 없이 완벽하게 재성 金氣로 돌변하고 만다.

만약 이와 같은 성질이 비록 사주월지 酉金 정재가 년지 辰土 식신과 辰-酉合金을 한다손 치더라도 월상이나 시상에 辛, 庚金이 투출되어 그세력을 중심으로 자리를 잡고 있는 오행이 없을 경우 辰土 식신의 잔여기운이 남아있다고 판단하는 것이 타당하다.

그렇다면 위 사주격국은 이상과 같은 맥락에 준하여 辰土 식신의 기운이 완벽하게 金氣로 돌변하는 것을 알 수가 있겠으며 이와 같은 법칙에 준하여 모든 사주팔자에 대한 일간의 강약이나 용신의 기운을 판별할 때 완벽한 하나의 기준이 되고 있음을 더 이상 논할 필요가 없을 것이다.

이상의 맥락에 비추어 본 장 3항에 기술하고 있는 성질이 사주추명학적으로 고서(古書)나 원서에 입각하여 하나의 육합(六合)이 있다해도 그 결합여부를 불투명하게 판단하여 무조건 육합의 기운이라고 판단하게 될 때 절대적으로 일간의 왕쇠(旺衰)나 용신의 선택을 정반대로 잡을 수 있는 헛점이 노출되는 것은 불을 보듯 뻔한 일이 아닐 수가 없으니 학자들은 판단을 신중히 하여야 됨은 두말할 필요가 없다.

결국 본 사주팔자는 월상이나 시상에 辛, 庚金이 하나도 아닌 두 개씩이나 투출되어 하나의 중심 세력인 재성 金局이 되어 한 나라의 왕국을 결성하는 결과로 말미암아 본 사주원국이 비록 일지와 시지에 득지(得地) 및 득세(得勢)를 하였더라도 일간 丙火가 신약으로 귀착하는 이유가 여기에 있다해도 과언이 아니다.

4. "육합(六合)의 경우 상대적인 또 다른 지합의 성질인 삼합(三合)이나 방합(方合)보다 미약한 합이 되므로 그 세력에 밀려나기 때문에 합의 기운을 분산시키는 상충(相沖)이나 삼형(三刑)으로 파극할 때나 합의 기운을 방해하는 지지 오행이 있을 경우 완벽하게 육합(六合)으로 돌아가지 못하게 된다".!

※ 이상의 부분을 좀 더 구체적으로 기술하자면 육합(六合)은 2개의 오행으로 결합하는 합이기 때문에 상대적인 3개의 기운으로 결합되는 삼합(三合)이나 방합(方合)보다 월등히 그 힘이 쇠약한 것은 두말할 이유도 없다.

그렇다면 이러한 육합(六合)의 기운은 방합(方合)이나 삼합(三合)보다 합을 결합하는 자체가 미약하게 되므로 조금의 합을 방해하는 상충(相沖)이나 삼형(三刑)의 작용이 동반될 시는 쉽게 합의 성질이 분산되는 단점이 노출되고 있다해도 과언이 아니다.

학자들의 이해를 돕기 위해 아래 도표 1항을 적용시켜 좀 더 자세하게 설명 하자면,!

(도표1),!

시　일　월　년

＊　＊　＊　＊

辰　戌　卯　＊

＊. "사주월지 卯木이 사왕지지(四旺地支)로서 일지 戌土와 卯-戌合火를 구성하고 있는데 이 때 시지 辰土가 일지 戌土를 辰-戌 상충으로 파극하고 있으니 합이 방해를 받기 때문에 제대로 卯-戌合火가 성립되지 못한다".!

이상의 도표 1항에서 나타나고 있듯이 사주월지에 卯木이 사왕지지(四旺地支)로서 일지 戌土와 卯-戌합을 구성하고 있는데 시지에 辰土가 자리를 잡고 일지 戌土를 辰-戌 상충으로 파극하고 있다면 卯-戌합이 성립되지 못하게 되는 중대한 사태가 발생하고 있음을 엿볼 수가 있겠다.

이러한 성질은 사실상 사주월지의 卯木은 사왕지지(子, 午, 卯, 酉)로서 일지 戌土와 卯-戌合火를 구성하고 있으니 일면 단편적으로 판단할 때 상당히 강력한 합을 결성할 수가 있다고 볼 수가 있겠지만 이렇게 시지 辰土가 일지 戌土를 辰-戌 상충으로 파극하는 것은 여지없이 합을 구성할 수가 없는 성질이라고 판단하는 것이 타당하다.

　따라서 본 장 4,항에 기술하고 있는 성질은 육합(六合)의 기운이 쇠약한 2개의 오행으로 구성되는 합이기 때문에 만약 사주팔자내 육합(六合)의 성질이 결합하고 있는 것을 조금의 상충(相沖)이나 삼형(三刑)등으로 가격하고 있을 경우 모두 육합(六合)의 성질로서 판단할 수가 없다는 취지이니 이것은 곧 대단히 중요한 의미를 강조하고 있다해도 과언이 아니다.

(예1). 여자, 김 모씨(경남 창원) 1958년 음력 1월 19일 申 시

胎　絶　祿　墓
甲　乙　乙　戊
申　酉　卯　戌

겁재　　비견 정재
木　(木)　木　土
金　金　木　土
정관 편관 비견 정재

*. 일간의 왕쇠(旺衰),!

乙일간 卯월에 출생하여 득령(得令)하였으며 일간을 중심으로 해서 사주월지 卯木 비견이 십이운성의 건록지에 앉아 있는 중에 그 세력에 뿌리를 두고 월상 및 시상에 乙木과 甲木 비겁이 투출되어 있으니 일간 乙木이 신왕이다.

따라서 이렇게 일간 乙木이 신왕하게 되면 마땅히 사주내 일간의 기운을 억제할 수 있는 오행이 필요할 것인데 사주원국을 자세히 관찰하여 볼 때 일간 乙木의 기운을 견제할 수 있는 일지 및 시지 酉, 申金 관살(官殺)이 자리를 잡고 있는 중에 년주가 戊戌 정재까지 있으므로 적절히 일간의 기운을 줄여 주고 있으니 아주 좋게 되어있다.

그러나 한편으로 볼 때 일간 乙木이 오행별 성질로 보면 음간(陰干)이 되고 있으니 사실상 甲木보다 부드러운 나무이므로 오히려 강력한 관성 金氣가 나타나고 있는 것은 대단히 꺼리게 되는 것은 자명한 이치이다.

무슨 말인지 좀 더 구체적으로 기술하자면 이렇게 사주일지 酉金 편관과 시지 申金 정관이 각각 자리를 잡고 관성 金氣의 기운이 강력하게 일간 乙木을 金剋木으로 치고 들어오니 아무리 일간 乙木이 신왕하다 하더라도 나무뿌리에 쇠가 박히는 것은 아주 좋지 못하게 된다는 취지이다.

그렇다면 제일로 일간이 신왕하니 신왕한 일간을 자연스럽게 누출시키면서 아울러 강력한 관성 金氣를 억제하고 아울러 재성 土氣를 생조하는 식상 火氣가 가장 좋게 작용하는 것을 알 수가 있겠다.

하지만 사실상 본 사주원국에 식상 火氣가 년지 戌土 정재의 지장간 중기(中氣)에 암장되어 있으니 암장된 기운은 비록 조후법을 충족하더라도 정오행이 되지 않아 적절히 그 역할을 수행할 수가 없다.

*. 격국(格局)과 용신,!

위 사주팔자에 대한 격국(格局)과 용신을 판별하여 보면 우선 일간 乙木이 사주월지에 卯木 비견이 자리를 잡고 십이운성에 건록지에 해당하면서 그 세력에 뿌리를 둔 월상과 시상에 각각 乙木과 甲木 비겁이 투출되어 있으니 원칙적으로 "신왕월지건록격(身旺月支建祿格)"이 성격(成格)된다.

고로 용신은 원칙적으로 "비중용관격(比重用官格)"으로서 일간을 신왕하게 만드는 비겁 木氣를 억제하는 관성 金氣를 용신으로 삼아야 타당할 것이다.

하지만 이렇게 사주원국에 일지와 시지 각각 酉, 申金 관성이 강력하게 자리를 잡고 있으니 아무리 관성 金氣를 용신으로 삼는 것이 좋더라도 관성이 강력하면 관성으로 용신으로 삼을 수가 없고 그 때는 일간의 기운을 수기(秀氣)유행을 도모하면서 강력한 관성 金氣를 억제하는 식상 火氣가 주된 용신이 된다.

　따라서 이상의 법칙에 준하여 위 사주팔자는 관성이 강력하니 일간이 신강, 신약을 불문하고 식상 火氣를 용신하며 아울러 재성 土氣는 길신으로 삼는 것이 타당한데 그렇다면 본 사주원국은 "식상생재격(食傷生財格)"을 같이 성격(成格)하여 사주격국을 간명하는 것이 마땅하다 하겠다.

　이렇게 사주상에 용신과 길신을 선정하여 놓고 사주원국을 면밀히 관찰하여 보니 일간 乙木에 대한 중요한 용신의 기운이 사실상 년지 戌土 정재의 지장간 중기(中氣)에 암장되어 제대로 그 역할을 수행할 수가 없어 답답하겠으나 정재의 기운이 년주에 모두 戊戌로서 자리를 잡고 있으니 그나마 식상생재격(食傷生財格)은 구성하는 것이라 판단한다.

　이와 같은 현상은 비록 식상 火氣가 사주내 그 기운이 미약하여 무용지물이 된다고 판단할 수가 있겠지만 다시 운로인 대운이나 세운에서 식상 火氣를 거듭 만나게 된다면 정재 土氣가 자리를 잡고 있으니 식상 火氣는 재성 土氣를 생조함으로 적소 적절히 재성 土氣가 절묘하게 배치가 되고 있다.

　하지만 여기서 약간 근심스러운 면은 비록 사주일지 酉金 편관이 월지 卯木비견을 卯-酉 상충을 하여 卯-戌合火를 방해를 하고 있는 것이 눈에 거슬리고 있는데 그나마 미약한 합의 기운으로 말미암아 년지 戌土　정재의 기운이 일간 乙木과 근접하여 서로 유정(有情)하게 만들고 있으므로 그 부족함을 보충하고 있다해도 과언이 아니다.

✻. 본 장 4항에 준하여 판단,!

본 장 4항에 적용하여 그 실체를 언급하여 보면 **"육합(六合)의 경우 상대적인 또 다른 지합의 성질인 삼합(三合)이나 방합(方合)보다 미약한 합이 되므로 그 세력에 밀려나기 때문에 합의 기운을 분산시키는 상충(相沖)이나 삼형(三刑)으로 파극 할 때나 합의 기운을 방해하는 지지 오행이 있을 경우 완벽하게 육합(六合)으로 돌아가지 못하게 된다"**.! 라며 그 실체를 상당히 자세하게 구체적으로 기술하고 있다.

따라서 본 사주팔자를 이상의 부분에 적용하여 판별하여 보자면 완전히 일치를 하고 있음을 엿볼 수가 있겠는데 그것은 사실상 사주월지 卯木 비견이 사왕지지(四旺地支)로서 강력하게 자리를 잡고 년지 정재 戌土와 卯-戌合火를 구성하고 있음을 알 수가 있다.

그런데 이렇게 육합의 기운으로 성립되는 卯-戌合의 결합을 사주일지 酉金 편관이 자리를 잡아 같은 사왕지지(子, 午, 卯, 酉)로서 卯-酉 상충이 되어 합의 기운을 파극하고 있으니 이것은 제대로 합의 성질로서 돌아가지 못하는 것으로 판단하여야 된다.

　더구나 사주시지 申金 정관이 재차 자리를 잡고 그 힘의 세력이 역시 강력하여 하나의 동질성인 金氣로 함께 酉金 편관을 밀어주면서 비겁 木氣를 金剋木으로 치고 들어오니 이것은 하나의 卯-酉 상충으로 합의 기운을 방해하는 것보다 훨씬 강력하게 상극되는 기운이 되고 있음을 엿볼 수가 있다.

　그렇다면 본 장에서 언급하는 육합(六合)은 상대적인 방합이나 삼합보다 쇠약한 합의 기운이 되고 있으므로 이렇게 약간의 상충이나 상극되는 오행이 왕성하게 합을 방해하고 있다면 완전히 합이 결합되지 못하는 이유가 여기에 있다해도 과언이 아니다.

　이와 같은 맥락에 비추어 사실상 고서(古書)나 원서에 기술하고 있는 육합(六合)의 성질이 얼마나 단순하게 판단하여 그 실체를 막연히 언급하고 있는 가를 판단할 수 있는 하나의 기준점이 될 것이고 아울러 학자들은 지금 기술하고 있는 성질에 대한 실존인물이 간명에 임할 때 이상과 같은 취지로 합의 기운을 판단하면 대단히 놀라운 적중률을 나타내게 될 것이다.

　결국 본 사주팔자는 지지의 육합(六合)인 卯-戌合火는 성립되지 못하는 것으로 판단하며 하지만 오행상 용신의 기운이 년주 戊戌 정재가 일간 乙木과 원격(遠隔)하여 무정(無情)함이 되어 비록 합의 기운을 상충의 작용으로 인한 방해를 받고 있지만 卯-戌합으로 년지 戊土 정재의 기운이 월지에게 이동하여 일간 乙木에게 근접하여 다가오고 있으니 이것은 일간과 유정(有情)한 결과로 사주격국을 간명하여야 될 것이다.

5. "육합(六合)의 경우 하나의 합의 기운을 놓고 합을 싸움하는 투합(鬪合)이 되었을 때 동질성인 합의 기운을 서로간에 먼저 하려고 싸움하는 형상이 발생되고 안정된 가운데 합의 성질이 형성되지 못하게 되므로 완벽한 합이 이루어지지 못하여 잔여기운이 남아있게 된다".!

"예를들면, 子-丑合의 경우 丑-子-子이나 子-丑-丑 등의 합을 하려는 성질은 투합(鬪合)의 성질이 되니 합의 성질을 서로간 먼저하려고 다투게 되므로 완벽한 합의 기운으로 귀착하지 못하니 잔여기운이 남는다고 판단한다".!

※ 이상의 부분을 좀 더 자세하게 기술하여 보면 육합(六合)의 경우 2개의 오행으로 결합되는 합이 되는데 이렇게 합을 하려는 오행이 많아 있을 경우 서로간 합을 투합(鬪合)하는 성질이 강력하게 발동하기 때문에 육합(六合)을 결성한 오행끼리 치열한 경쟁이 유발된다.

이것은 우리 일상생활에 비추어 설명 한다면 1남1녀는 무리없이 결혼에 성공하겠으나 만약 1남2녀이던지 2남1녀라고 가정할 경우 결합하는 절차가 한사람이 두 사람을 상대하여야 되는 필연적인 조건이 성립되므로 하나의 소외된 한사람이 대단히 반발하는 이치와 같은 것이라 생각하면 쉽게 이해가 갈 것이라 본다.

아래 도표 1항을 적용해서 그 실체를 좀 더 구체적으로 설명
하여 보면,!

(도표1).!

시　일　월　년
＊　＊　＊　＊
寅　亥　亥　＊

＊. "사주시지 寅木이 하나가 있는데 일
지 및 월지 亥水가 두 개가 되어 서
로먼저 寅-亥합을 하려고 하니 하나
의 寅木이 정을 분산시키면서 더구
나 양자의 합을 다투는 형상으로 말
미암아 완벽한 寅-亥合木이 되지 못
한다".!

　이상의 도표 1항에 자세하게 나타나고 있듯이 육합(六合)으로
대변되고 있는 寅-亥合木이 사주시지 寅木이 하나가 자리를 잡
고 사주월지와 일지 亥水가 각각 두 개가 되어 서로 먼저 寅-亥
合木을 하려고 하므로 본 장에 언급하는 투합(鬪合)의 성질이 되
고 있음을 엿볼 수가 있겠다.

　따라서 이와 같은 현상은 하나의 합의 기운을 놓고 양자의 오행이 서로 합을 먼저 하려고 다투는 형상이 되면서 또한 한편으로 하나의 오행인 시지 寅木은 역시 양자의 亥水에게 각각에 정을 분산하는 성질이 나타나고 있음으로 이것은 곧 중심으로 대표하는 木氣의 기운이 모여지지 않는 절대적인 현상이라 말할 수가 있다.

　그렇다면 본 장 5항에 준해서 이상의 맥락에 적용하여 볼 때 하나의 합을 성립하는 절차가 2개의 오행이 1개의 오행을 놓고 합을 서로간 탐한 나머지 이것도 저것도 아닌 성질이 되므로 곧 합을 서로간 방해를 하는 성질이 될 것인데 그렇다면 비록 합의 기운을 취용하더라도 서로간 각각에 오행 본래의 잔여기운을 남기는 것이라 판단한다.

　결국 본 장 5,항에 기술하는 취지는 하나의 오행은 두 개의 오행과 합을 제대로 할 수가 없는 성질을 논하는 것이며 이것은 비록 합을 하더라도 완벽한 합의 기운으로 귀착할 수가 없는 절대적 이유가 성립되는 것이므로 본 장에서 투합(鬪合)의 성질을 중요시 보아야 하는 것을 강조하고 있다.

(예1). 남자, 황 모씨(전북 정읍) 1969년 음력 2월 25일 午 시

旺　帶　帶　死

甲　丙　戊　己

午　辰　辰　酉

　

편인　　식신 상관

木　(火)　土　土

火　土　土　金

겁재 식신 식신 정재

***. 일간의 왕쇠(旺衰),!**

　丙일간 辰월에 출생하여 실령(失令)하였으며 사주월지 辰土 식신을 중심으로 해서 일지에 재차 辰土가 자리를 잡고 있는 중에 그 세력에 뿌리를 두고 다시 월상과 년간에 戊, 己土 식상이 투출되어 일간 丙火의 기운을 강력하게 극설(剋泄)하고 있으니 일간 丙火가 신약이다.

　하지만 일간 丙火는 시지 午火 겁재가 자리를 잡고 득세(得勢)한 중에 다시 시상에 甲木 편인이 투출되어 끊임없이 일간 丙火를 木生火로 생조하고 있으니 일간 丙火는 그나마 기운을 얻고 있으므로 천군만마를 얻은 기분이다.

따라서 이렇게 일간 丙火가 신약하다면 마땅히 사주격국이 외격(外格)의 종격(從格)이나 가종격(假從格)으로 돌아가지 않는 이상 일간의 기운을 부조하는 것이 마땅한데 시주가 甲午로서 일간의 의지처가 있으니 결코 종격(從格)으로 돌아가지 못하고 내격(內格)의 억부법이나 조후법에 준하여 용신이 선정되는 것을 알 수가 있다.

한편으로 볼 때 사주원국이 시주 甲午를 제외한 전부가 일간 丙火를 극루(剋漏)하는 식상 土氣와 정재 酉金으로 구성되어 있고 더하여 사주월지와 일지 辰土 식신이 년지에 존재하는 酉金 정재와 비록 2개의 辰土가 하나의 酉金과 투합(鬪合)을 하는 辰-酉합이 되니 미약하나마 역시 재성 金氣가 만들어지고 있으므로 더욱 더 일간의 기운이 누출되고 있다고 판단하여야 될 것이다.

결국 본 사주팔자는 일간 丙火가 신약한 것을 木生火로 생조하면서 강력한 식상 土氣와 재성 金氣를 억제하는 운로인 대운이나 세운에서 인성 木운을 시급히 만나야 만이 본 사주팔자는 대길하게 되는 것으로 판단한다.

*. 격국(格局)과 용신,!

본 사주팔자에 대한 격국(格局)과 용신을 판별하여 보면 우선 일간 丙火가 신약한 중에 사주월지에 辰土 식신이 자리를 잡아 다시 일지 辰土와 그 세력에 뿌리를 두고 년간과 월상에 己土 및

戊土 식신이 재차 투출되어 있음을 알 수가 있다.

따라서 이것은 단편적으로 보아도 사주팔자내 식상 土氣가 강력하게 일간 丙火의 힘을 누출시키고 있으므로 "신약월지식신격(身弱月支食神格)" 및 "진상관격(眞傷官格)"이 성격(成格)된다.

고로 용신은 "진상관용인격(眞傷官用印格)"으로서 신약한 일간 丙火를 생조하고 아울러 사주내 강력한 식상 土氣를 木剋土로 억제할 수 있는 인성 木氣를 용신하며 아울러 일간 丙火를 생조하는 일간의 동기인 비겁 火氣는 길신으로 선택하는 것이 마땅하다.

이렇게 사주상의 용신과 길신의 기운을 선택하여 놓고 사주격국을 면밀히 관찰하여 볼 경우 일간 丙火에 대한 용신의 기운으로 자리매김하는 시상 甲木 편인이 투출되어 있는 중에 길신의 기운으로 선택되고 있는 사주시지에 午火가 일간 丙火에 대한 십이운성 제왕지에 해당하여 있으니 이것은 정히 진신(眞神)이 자리를 잡고 더하여 억부법이나 조후법의 용신이 일치하는 것이 되어 복록이 깊은 것이 된다.

한편으로 볼 때 한가지 바램이 있다면 본 사주팔자에 비록 용신의 성질인 시상 甲木 편인이 투출되어 있다하지만 甲木 편인이 사주시상에 치우쳐 있는데다가 甲木을 생조하는 관성 水氣가 편인 甲木과 근접하여 水生木으로 생조하고 있다면 본 사주원국이 더욱 더 대길할 것이다.

그렇다면 만약 가상적으로 시상에 투출되어 있는 편인 甲木이 월상에 존재하여 있고 다시 년간에 甲木을 생조하는 관성 水氣가 노출되어 水生木으로 생조하고 있을 경우 지금의 격국하고는 비교도 되지 않을 만큼 사주팔자가 대길할 것인데 조금 아쉬운 감이 없지 않으나 하지만 그나마 월지와 일지 辰土식신의 지장간 중기(中氣)에 癸水가 자리를 잡고 있으니 그 속에 甲木 편인이 뿌리를 두고 있으므로 다행이라 아니할 수 없다.

***. 본 장 5항에 준하여 판단,!**

본 장 5항에 준하여 그 성질을 인용하여 본다면 **"육합(六合)의 경우 하나의 합의 기운을 놓고 합을 싸움하는 투합(鬪合)이 되었을 때 동질성인 합의 기운을 서로간에 먼저 하려고 싸움하는 형상이 발생되고 안정된 가운데 합의 성질이 형성되지 못하게 됨으로 완벽한 합이 이루어지지 못하여 잔여기운이 남아있게 된다".!** 라며 그 실체를 구체적으로 언급하고 있다.

따라서 본 사주원국은 이상의 부분에 완전히 일치를 하고 있겠는데 그것은 사주월지와 일지에 辰土 식신이 2개나 자리를 잡고 있는 중에 사주년지 酉金 정재와 辰-酉합을 구성하고 있음을 알 수가 있다.

그렇다면 사주원국을 단편적으로 판단하자면 이렇게 辰-酉합이 구성되고 있는데 합의 성질을 방해하는 상충이나 삼형의 작

용이 없으니 완벽한 辰–酉合金의 기운으로 취용할 수 있는 함정
이 도사리고 있다해도 과언이 아니다.

이상의 부분에 대하여 본 저자는 과감하게 완벽한 합의 성질
로 돌아가지 못하고 오행별 서로간 잔여기운을 남기면서 미약한
재성 金氣를 돌출하는 것에 불과하다고 판단하는 것이 타당한데
그 이유를 약 2가지로 구별하여 기술하기로 하겠다.

그 첫째로,!

"사주월지에 사왕지지(子, 午, 卯, 酉)가 들어있어야 만이 강력하게 합을 구성할 수가 있다".!

그런데 본 사주팔자는 어떤가?

사왕지지로 대변하고 있는 酉金 정재가 사주월지에 존재하여
있지 않고 년지에 있는 성질은 비록 사왕지지(四旺地支)이라 할
지라도 월지 辰土와 결합하는 성질이 월지에 酉金이 자리를 잡
고 辰–酉합을 구성하는 성질 하고의 차이를 판단하면 비교가 되
지 않는 만큼 그 힘이 현저하게 차이가 나고 있음을 알아야 할
것이다.

따라서 본 사주원국은 사주월지가 酉월이 아닌 辰월이 되고
있으므로 그만큼 년지 酉金과 합을 결성하는 힘이 쇠약할 수밖
에 없으니 이것은 서로간 辰土의 기운이나 酉金의 기운을 간직
한 채 미약한 金氣를 만드는 하나의 역할에 불과하다고 판단하

는 것이 정석이다.

다음 둘째로,!

"본 장에 언급하고 있듯이 본 사주팔자에 대한 辰-酉合金이 사주월지와 일지 辰土 식신이 두 개가 되어 년지 酉金 정재와 서로 먼저 합을 하려고 투합(鬪合)하는 성질이 발생되고 있으니 이것 또한 안정된 가운데 합이 성립될 수가 없음으로 하나의 완벽한 辰-酉合金이 되지 못하게 된다".!

무슨 말인지 좀 더 구체적으로 언급하자면 합을 결합하는 성질이 1:1로 맺어지는 합과 1:2로 맺어지는 합의 성질하고는 천차만별의 차이가 나는 것으로 보는 것이 타당한데 이것은 우리 일상생활에 비추어 설명한다면 한 남자와 한 여자는 무리가 없이 결혼이 성립될 수가 있겠으나 한 여자를 놓고 두 남자가 서로 사랑을 다투고 있다면 결혼을 할 수가 없는 것을 생각한다면 이해가 쉽게 될 수 있을 것이다.

그렇다면 본 사주팔자에 준하여 판단하자면 비록 사주상에 辰土가 년지 酉金 과 辰-酉合을 결성하고는 있겠으나 월지와 일지 辰土 식신이 두 개나 차지하고 있는 중에 년지 酉金은 하나뿐이니 완전히 방금 설명한 부분에 부합되고 있다 하겠다.

따라서 辰-酉合金을 형성하는 과정에서 하나의 酉金을 서로 간 다투는 형상이 발생되고 있으므로 비록 합에 의한 金氣는 일부 나오더라도 모두 잔여기운을 가지고 있다고 판단하는 것이 타당하며 이것은 곧 제대로 완벽한 金氣로 귀착하지 못하는 절대적인 이유가 발생되고 있음을 유념하여야 된다.

이상과 같은 맥락에 비추어 고서(古書)나 원서에는 이러한 투합(鬪合)의 성질이 있는 것을 합의 의미가 불투명하다고 말하지 않고 막연히 육합으로 취용하고 있음을 엿볼 수가 있겠는데 이러한 점을 본 저자는 그동안 실제인물을 적용해서 간명하여 본 결과 사실상 정면으로 배치되어 하나의 오류를 밝혀 내었음을 감히 말하고 싶다.

결국 이상과 같은 2가지 이유에 비추어 본 사주팔자는 비록 辰-酉합이 들어있다고 판단해서 辰土의 기운을 모두 金氣로 보고 간명할 경우 대단한 추명의 오류를 불러들일 수 있는 함정이 노출되는 것은 자명한 일이며 이것은 더나아가서 용신의 성질이나 일간의 왕쇠(旺衰)에 대한 판단을 완전히 정반대로 선택할 수 있는 헛점도 발생될 수 있음을 본 저자는 강조하고 있는 것이다.

6. "육합(六合)의 경우 하나의 합의 기운을 놓고 준삼합이나 타 육합등이 합을 쟁탈하는 쟁합(爭合)이 되었을 때 동질성인 합의 기운을 서로간에 먼저 하려고 싸움하는 형상이 발생되어 안정된 가운데 합의 성질이 형성되지 못하게 되므로 완벽한 합을 이루지 못하게 된다".!

"예를들면, 子-丑습土의 경우 가운데 子水가 끼어 辰土를 子-辰 합을 하려는 준 삼합의 성질이 丑-子-辰 및 巳-丑-子등으로 쟁합(爭合)의 성질이 되니 합의 성질을 서로간 먼저 하려고 다투게 되므로 완벽한 합의 기운으로 귀착하지 못한다".!

※ 이상의 부분을 좀 더 구체적으로 기술하자면 육합(六合)은 전자에도 언급하였듯이 2개의 오행으로 결합되는 합이니 상대적인 3개의 오행으로 결합하는 삼합(三合)이 방합(方合)보다 그 세력이 월등하게 쇠약하다고 판단하였다.

그런데 본 장 5,항에 준하면 이러한 합의 기운이 서로간 싸움을 하여 쟁탈하는 쟁합(爭合)을 논하는 것으로 이것은 같은 육합(六合)끼리, 혹은 육합(六合)과 삼합(三合) 및 방합(方合) 그리고 심지어는 준삼합(準三合)의 성질도 같이 사주팔자에 들어 있어서 합을 먼저 하려고 싸움이 발생되는 이치도 논할 수도 있다.

학자들의 이해를 돕기 위해 아래 도표 1항을 적용시켜 그 실체를 완벽하게 설명하여 보면,!

(도표1).!

시 일 월 년

* * * *

亥 寅 午 *

*. "사주일지 寅木을 중심으로 해서 시지 亥水와 寅-亥合木이 되고 다시 월지 午火간은 寅-午合火로 서로간 합을 먼저 하려고 하나의 寅木을 가운데 두고 쟁합(爭合)하는 성질이 되고 있으니 올바르게 양자가 합의 기운으로 돌아 갈 수가 없고 모두 오행상 잔여기운을 남기는 합이 되고 있다",!

이상의 도표 1항에 나타나고 있듯이 사주일지 寅木을 주동하여 시지 亥水와 寅-亥合木을 구성하고 있는 중에 다시 월지 午火가 자리를 잡고 재차 寅-午合火를 도모 하려고 하니 이것은 양자의 오행이 하나의 寅木을 두고 쟁합(爭合)의 성질이 되고 있음을 엿볼 수가 있겠다.

따라서 이와 같은 성질은 모두 양자의 합끼리 서로 세력을 다투는 것으로 어쩔때는 합을 하지 못하면 죽음을 불사하는 형상도 생각될 수가 있기 때문에 곧 뒷전에 밀리는 합은 과히 필사적이라 할 수가 있겠다.

그러나 이 경우 이상과 같은 합을 쟁탈하는 성질이 육합(六合)보다 강력한 3개의 오행으로 합을 구성하고 있는 삼합(三合)이나 방합(方合)의 성질이라면 육합(六合)은 삼합이나 방합에 비해 미약한 합의 성질이 될 수밖에 없으니 완전히 합에서 밀려날 것이며 이럴 때는 육합(六合)의 기운은 성립되지 못하는 것으로 판단하여야 된다.

무슨 말인지 좀 더 자세하게 예를 들어 설명하면 만약 사주지지에 월지에 卯木이 자리를 잡고 亥-卯-未 삼합을 구성하고 있는데 시지에 戌土가 자리를 잡아 월지 卯木과 卯-戌합이 성립할 경우 이 때 卯-戌합은 상대적인 강력한 亥-卯-未 삼합 木局에 밀려 卯-戌합을 구성할 수가 없다는 한 일례라 생각 하면 쉽게 이해가 갈 것이다.

결국 육합(六合)의 기운은 미약한 합이 되는 것은 두말할 것도 없을 것인데 이렇게 하나의 오행을 놓고 또다시 다른 육합(六合)의 기운이 합을 구성하려고 세력다툼을 하고 있을 때는 합의 기운이 한곳으로 모여지지 않아 분산되는 것을 본 장 6항에서 대단히 강조하고 있으니 곧 오행의 각각에 잔여기운을 남기는 형상이라고 판단하여야 되는 점을 중시 볼 필요가 있다.

(예1). 남자 정 모씨(서울 가리봉) 1949년 음력 10월 27일 寅 시

絕　養　死　墓
戊　庚　丙　己
寅　辰　子　丑

편인　　편관　인수
土　(金)　火　土
木　土　水　土
편재　편인　상관　인수

*. 일간의 왕쇠(旺衰),!

　　庚일간 子월에 출생하여 실령(失令)하였으나 사주일지 辰土 편인에 득지(得地)하였으며 다시 년지 丑土 인수에 생조되면서 일지와 년지 인성의 기운에 뿌리를 둔 년간 己土와 시상 戊土 편인이 투출되어 일간 庚金을 土生金하고 있으니 강약을 정하기 어려운 약간 신강이다.

　　이와 같은 성질은 사주강약도표에 준하면 일간 庚金을 생조하는 기운을 모두 합하면 46%가 되어 완전한 신강으로 귀착할 수가 있겠으나 전자에도 언급 하였다시피 사주년지의 기운은 일간 庚金과 무정(無情)하게 작용하므로 그 세력이 미약하다고 결정하여 강약을 정하기 어려운 약간 신강이 되는 것이다.

따라서 이렇게 일간 庚金이 사주내 많은 인성 土氣에 의하여 신강하다면 마땅히 일간 庚金의 기운을 억제하는 것이 가장 바람직한데 사주원국을 자세히 관찰하여 보니 일간 庚金의 기운을 억제하는 월지 子水 상관이 자리를 잡고 시지 寅木 편재 및 월상에 투출되어 있는 丙火가 존재하여 있는 것은 적절히 神(식상, 재성, 관성)의 기운이 왕성하므로 아주 좋게 작용한다고 볼 수가 있다.

한편으로 볼 때 사주일간 庚金이 태어난 계절이 子월이 되고 있으므로 만물이 모두 꽁꽁 얼어붙어 있으니 시급히 내격(內格)의 조후법상 관성 火氣로서 얼은 金氣를 녹여 주어야 대길하게 될 수가 있을 텐데 그렇다면 관성 火氣는 본 사주팔자에 중요한 조후용신이 되어야 하는 것은 필수적이라 하겠다.

*. 격국(格局)과 용신,!

위 사주팔자에 대한 격국(格局)과 용신을 선별하여 보면 우선 일간 庚金이 사주내 인성 土氣에 의하여 신강하고 있는 중에 사주월지에 子水 상관이 자리를 잡고 있으니 원칙적으로 "신강월지상관격(身强月支傷官格)"이며 또한 사주월상에 편관 丙火가 투출되어 있음에 따라 "월상편관격(月上偏官格)"이같이 성격(成格)된다.

고로 용신은 일간 庚金이 사주월지에 子水 상관이 자리를 잡고 신강하면 "가 상관격(假傷官格)"으로서 상관 子水를 용신으로 선택하여야 될 것이나 본 사주원국은 상관 子월에 출생하여 만물이 모두 꽁꽁 얼어붙어 있으니 내격(內格)의 조후법상 시급히 관성 火氣를 용신하고 관성 火氣를 생조하는 재성 木氣는 희신으로 삼는 것이 마땅하다.

이렇게 사주팔자내 일간 庚金에 대한 용신과 희신을 선택하고 난 후 사주격 국을 면밀히 관찰하여 보니 일간 庚金에 대한 조후 용신으로서 그 역할을 하고 있는 월상 丙火가 투출되어 있는 중에 시지 寅木 편재까지 자리를 잡고 있으니 정히 용신과 희신의 기운이 모두 있는 것이 되어 정히 진신(眞神)의 성질과 함께 억부법이나 조후법에 용신이 일치하고 있으므로 복록이 깊은 것이 된다.

하지만 여기서 한가지 아쉬운 점이 나타나고 있는데 그것은 본 사주팔자에 대한 용신의 기운으로 선택되고 있는 월상 편관 丙火가 시상 戊土 편인과 자리가 바뀌어져 있다면 지금의 격국보다 엄청난 차이가 나타날 수가 있겠다.

그 부분을 좀 더 자세하게 기술하자면 용신의 기운은 사주천간과 지지에 서로간 생조되거나 유정(有情)하여야 만이 대길하다고 전편인 命理秘典 下권인 간명비법상 천복지재(天覆地載)편에 언급하고 있다.

이와 같은 성질은 본 사주팔자에 월상 丙火 편관이 투출되어 있는데 편관 丙火를 생조하는 寅木 편재가 사주시지에 조금 원격(遠隔)하여 있으니 丙火 편관이 木生火로 생조받는 것이 약간 방해를 받고 있다해도 과언이 아니다.

그렇다면 용신의 기운인 丙火 편관이 자리 이동을 하여 시상에 丙火 편관이 있을 경우라 가정한다면 이것은 완전히 용신과 희신이 모두 천복지재(天覆地載)의 법칙에 부합하면서 시상편관 일위귀격(時上偏官一位貴格)까지 격국(格局)이 올라가게 되므로 금상첨화일텐데 이런 부분을 감안한다면 상당히 아쉬운 부분이라 아니할 수 없다.

*. 본 장 6항에 준한판단,!

본 장 6항에 준하여 그 성질을 인용하여 보면 **"육합(六合)의 경우 하나의 합의 기운을 놓고 준삼합이나 타 육합등이 합을 쟁탈하는 쟁합(爭合)이 되었을 때 동질성인 합의 기운을 서로간에 먼저 하려고 싸움하는 형상이 발생되어 안정된 가운데 합의 성질이 형성되지 못하게 되므로 완벽한 합이 이루어지지 못하게 된다.!** 라며 구체적으로 기술하고 있다.

따라서 본 사주팔자를 본 장 6항에 적용하여 간명하여 보면 완전히 일치를 하고 있겠는데 그것은 사주월지 子水 상관이 사왕지지(子, 午, 卯, 酉)로서 이것이 사주년지 丑土 인수와 子–丑 합이 되고 있는 중에 다시 사주일지 辰 土 편인이 자리를 잡아 또다시 子—辰합을 도모하고 있다할 것이다.

이것은 곧 사주팔자내 합을 결성하는 오행이 완전히 하나의 子水 상관을 놓고 각각의 丑土 인수와 辰土 편인이 싸움을 하고 있는 쟁합(爭合)의 성질이 되고 있음을 엿볼 수가 있다.

그렇다면 이상의 부분을 놓고 사주추명학상에 오행상 합의 결합여부에 대한 성질을 자세히 간파하여야 될 것인데 우선 단편적으로 판단하면 각각의 子—丑合土도 취용하고 또한 子—辰合水도 취용하게 된다면 별 어려움이 없이 합의 결합으로 귀착할 수도 있을 것이다.

하지만 이렇게 합의 기운을 취용하게 될 때 오행상 일간의 강약이나 용신을 선정하는 과정에서 오행의 강약의 힘을 잘못 판단하여 추명의 헛점을 노출시키는 결과가 되고 있기 때문에 절대로 단순 즉흥식으로 결정하면 반드시 큰 오류를 불러 일으키게 된다.

이상의 합의 결합여부는 양자 모두 子—丑합이나 子—辰합이 성립될 수가 없다고 판단하는 것이 타당하며 따라서 자연스럽게 본래 오행 그대로를 보고 용신이나 일간의 강약을 결정하는 것으로 간명하여야 된다.

하지만 여기서 한가지 중요한 사실이 있는데 그것은 전자에도 이미 언급하였지만 육친의 통변법을 적용시켜 간명할 때 子水 상관은 양쪽에서 쟁합(爭合)의 성질로 합을 하고 있기 때문에 육친의 운명상에는 합의 기운으로 취용하여 간명하여야 될 것이다.

본 장에 언급하는 쟁합(爭合)의 성질을 놓고 고서(古書)나 원서에 합의 성질에 대한 세밀한 원칙을 제대로 기술하지 않고 있음으로 부득히 본 저자는 약 30여년동안 고심과 번민을 연속하다가 그에 해당하는 실존인물을 찾아 사주팔자에 대한 과거, 현재, 미래의 운로를 역추적하여 오늘날 이와 같은 하나의 합의 기운에 대한 간명법상 체계를 세웠다 해도 과언이 아니다.

결국 본 장에서 기술하는 이러한 합, 충(合, 沖)의 특비(特秘)를 새롭게 정리하여 이상과 같은 맥락에 준한 실제인물이 나타나면 지금 설명한데로 간명 할 경우 대단한 적중률을 나타내게 됨은 두말할 필요도 없을 것이니 학자들은 마땅히 이상의 부분을 본 저자의 비법(秘法)으로 사주추명학상 하나의 정리를 하게 된다면 더 이상 바램이 없겠다.

7. "巳-申합의 경우 동질성의 오행인 水氣로 돌아가지 못하고 일시 합을 탐한 나머지 기반(羈絆)이 되는 것에 불과하며 이것은 巳火나 申金의 기운이 서로간 남아 있는 것으로 판단하여야 된다".!

"고서(古書)나 원서에서는 巳-申합이 오행별 합의기운으로 水氣로 돌아간다며 언급하고 있지만 사실상 본 저자의 판단은 巳火나 申金이 합을 탐한 나머지 기반(羈絆)되었다고 결론하는 것이 타당할 것이다".!

"왜냐하면 이러한 성질은 곧 운로인 대운이나 세운 및 월운 그리고 심지어 일운까지도 寅木이 들어오고 있을 때 완전히 寅-巳-申 삼형으로 성립되어 언제라도 합의 성질이 분산될 수가 있기 때문이다".!

※ 이상의 부분에 대하여 좀 더 구체적으로 기술하자면 고서(古書)나 원서에서는 본 장 7,항 육합(六合)의 성질인 巳-申합이 성립되었을 경우 오행별로 水氣로 취용하여 기재하고 있음을 엿볼 수가 있겠는데 이것은 조금 무리가 따른 것이라 감히 본 저자는 지적한다.

왜냐하면 전자에도 약간 언급 하였다시피 巳-申합은 육합(六合)의 성질이 되고 있음에 따라 그만큼 상대적인 3개의 오행으로 뭉쳐지는 삼합(三合)이나 방합(方合)에 비하여 월등하게 결합하는 세력이 미약한 것은 두말할 필요가 없다.

그런데 여기서 중요한 성질이 있는데 그것은 巳-申합의 경우 합의 성질에 앞서 한편으로는 삼형(三刑)을 동반하는 절대적인 이유가 발생되며 이것은 비록 선천성인 사주명조에 巳-申합이 있을 경우 합의 기운으로 취용하더라도 언제든지 운로인 대운이나 세운 및 월운 그리고 더 나아가서 하루 일진인 일운까지도 寅木이 들어오게 된다면 완전한 寅-巳-申 삼형을 동반하여 합의 세력을 분산시킬 수 있기 때문이다.

무슨 말인지 학자들의 이해를 돕기 위해 좀 더 구체적으로 사주원국과 운로인 대운이나 세운이 삼형을 동반하는 도표를 보면서 자세히 기술하기로 하겠다.

(예1).!

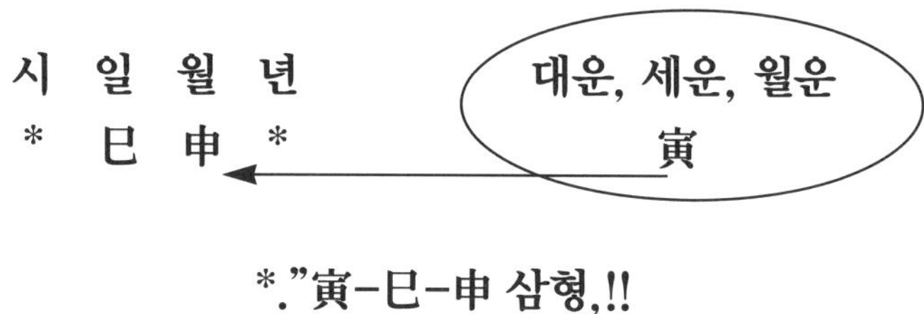

이상과 같이 도표에서 나타나고 있듯이 사주원국 월지에 申金이 자리를 잡고 일지 巳火와 巳-申合水를 구성하고 있는데 운로인 대운이나 세운 및 심지어 월운까지도 寅木이 들어오게 되면 申金의 기운을 寅-申 상충과 寅-巳-申 삼형등으로 완전히 巳-申合水를 분산되게 만드니 제대로 합을 구성할 수가 없다.

따라서 사실상 巳-申合水의 합에 대한 성질은 이러한 이유에서 대단히 안정되지 못한 합이라는 것을 알 수가 있겠는데 하물며 이것은 미약한 하루 일진까지도 寅木이 들어오게 되면 합을 방해하는 작용을 할 수밖에 없음에 따라 상당한 불안정한 성질이 되니 언제라도 분산되기 마련이다.

더하여 또한 巳-申合의 기운이 설령 사주원국에 들어 있다고 가정해도 巳火나 申金이 사왕지지(子, 午, 卯, 酉)가 아닌 관계로 강력하게 결합되는 합이아닌 점으로 판단하는 것이 타당한데 이것은 달리 말하자면 그만큼 세력이 미약한 합의 기운이 되는 것을 암시하고 있다해도 과언이 아니다.

*. 巳-申합에 대한 결론,!

그렇다면 여기서 한가지 중요한 판단으로 인하여 상당한 기로에 부닥치게 될 수가 있다.!

그것은 본 장 7,항에 기술하는 巳-申합이 만약 사주명조에 들어 있다고 가정할 때 이 합을 놓고 巳火나 申金이 본래의 오행을 버리고 합의 기운으로 귀착할 경우 어느 정도의 水氣로 대변 되는가 하는 성질을 파악할 필요가 있는 고민에 서게된다.

이상의 부분에 대하여 본 저자는 과감하게 사주명조에 巳火나 申金이 비록 巳-申합을 구성하고 있다 손치더라도 사왕지지(子, 午, 卯, 酉)가 들어있지 않는 합이 되니 모두 巳火나 申金의 기운을 간직한 채 무언중에 水氣를 만들어 내는 형상으로 판단하는 것이 타당할 것이다.

지금까지 설명한 부분에 비추어 이러한 巳-申합이 사주원국에 자리를 잡고 학자들이 巳-申합을 취용하는 과정에서 전자에도 언급하였다시피 비록 서로간 巳火나 申金의 기운을 남긴 채 水氣를 보충하는 정도로 판단하는 것이 정석이다.

더구나 이러한 현상이 나타나고 있음에도 불구하고 사주추명학의 비조인 고서(古書)나 원서에서는 무릇 모든 사주원국에 巳-申합이 있을 경우 변화되어 나오는 오행이 무조건 水氣로 돌아간다고 기술하고 있는데 이것은 정말 실제인물을 적용하여 사주간명을 하여볼 때 상당한 오류가 나타나고 있음이니 상당한 주의가 요망 된다고 보겠다.

하지만 이 경우에도 만약 운로인 대운이나 세운 및 월운, 그리고 심지어 일운까지도 寅木이 들어오게 될 때 완전한 寅-巳-申 삼형이 성립되어 巳-申합이 분산될 수 있는 소지를 언제라도 가지고 있으므로 이것 또한 巳-申합은 대단히 불안전한 합의 기운이 될 수밖에 없는 이유가 여기에 있다해도 과언이 아니다.

(예1). 남자, 장 모씨(부산 충무동) 1954년 음력 9월 23일 午 시

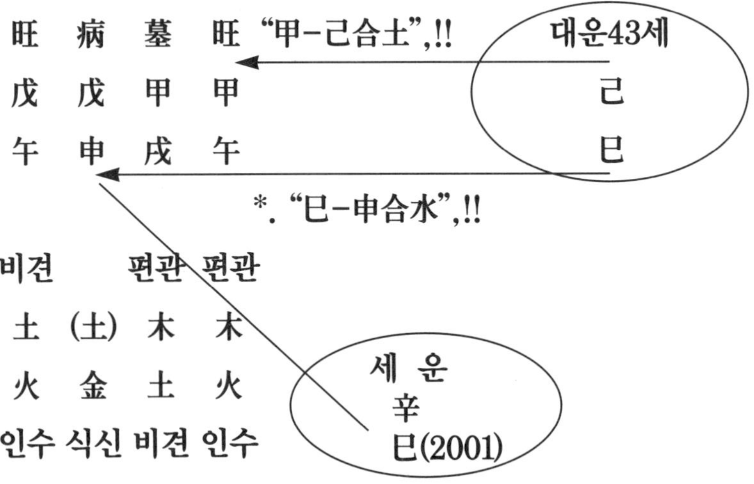

※ 앞으로 다가올 서기 2001년이 되면 대운 43세 己巳대운이 접
목되고 있는데 사주일지 申金과 巳-申合水를 구성하게 되면
어떠한 변동이 발생되는지?

그리고 특히 巳申의 경우 合, 刑, 破 모두가 일어나니 또 다른
의미가 없는지 궁금하며 참고적으로 타 철학원에서 감정하기
를 이 사람은 다가오는 2001년에 소송에 휘말리지 모른다고
하는데 만약 소송과 관련하여서는 어떠한 해석이 가능한지
요?

*. 巳-申合水에 대한 구체적인 판단,!

巳-申합의 경우 형을 동반한 합으로서 사주팔자내 어떠한 영
향력을 미치고 있는가는 사주추명학의 고난도의 원리를 깨치고
있는 역학자만이 올바르게 판단할 수가 있는 어려운 질문이라
하겠다.

왜냐하면 언제든지 후천성인 운로가 하나로만 짜여지지 않고
전자에도 언급 하였다시피 대운이 있는 반면 또 세운이 있을 것
이고 더하여 적게는 월운과 일운이 있기 때문이다.

따라서 이미 사주명조에 巳-申합이 들어 있다던지 그렇지 않
고 본 사주팔자와 같이 사주내 하나의 기운이 있고 대운이나 세
운에서 하나의 기운이 들어와 합을 하는 경우가 있는데 이 때
巳-申합에 寅木이 들어온다면 언제든지 寅-巳-申 삼형을 동반

하게 되는 것은 기정사실이다.

그렇다면 육합의 경우 보통 합의 기운으로 취용하고 있지만 유독 巳-申합은 약간 그 성질을 다르게 취급하여야 되는 이유도 이와 같은 복잡성을 가지고 있기 때문이다.

예를 들어 기술하자면 사주팔자에 대한 巳-申合水가 이미 사주명조에 巳-申 합이 들어 있는 것이 아니고 대운과 세운이 일치하여 들어오는 巳-申합이기 때문에 하나의 대운인 巳火와 사주명조내 일지 申金이 된다면 巳-申합을 구성할 수가 있게 될 것이다.

그렇지만 이 때 변화되는 오행이 완벽한 水氣로 돌변하지 못하는데 그것은 전자에도 언급하였듯이 언제든지 寅木이 도사리고 있으므로 합을 형으로 깨어버리기에 이것은 곧 합의 성질이 분산되게 된다.

더구나 육합의 기운은 상대적인 삼합이나 방합의 기운보다 미약하게 작용하므로 비록 육합이 된다하여도 중첩하여 육합이 되거나 월령에 중심을 둔 사왕지지(子, 午, 卯, 酉)가 합을 구성하여 사주천간에 중심의 오행이 투출되지 않는 한 본래의 잔여기운을 가지고 있는 것이므로 巳火의 본래기운을 져버릴 수가 없다.

또한 이러한 상황이 되고 있는데 중첩하여 세운마져 巳火를 거듭 만나게 되면 하나의 사주일지 申金이 두개의 巳火를 받아

들여 합을 구성하는 것이 힘들어지므로 이럴 경우 하나의 申金을 놓고 쟁합을 하는 이유도 되기 때문에 이것 또한 완벽한 巳-申합으로 돌아가기가 어렵게 될 것이다.

좀 더 자세하게 설명하자면 巳-申합의 기운이 지금 위 사주팔자에서는 합으로 인한 水氣를 조금 보충 시켜주는 결과라 판단하는 것이 타당할 것이다.

그러나 이것이 길신이 되는 것은 아니고 전자에도 언급하였지만 寅木(월운 및 일운)이 들어온다면 완전한 寅-巳-申 삼형이 되어 합이고 뭐고 모두 다 깨어지기 때문에 불안한 합이 될 수밖에 없고 또한 쟁합이나 육합해도 巳-申합은 巳火나 申金이 잔여 기운을 갖고있기 때문에 더욱 더 불안한 것이다.

*. 본 사주명조를 운로에 접목시켜 판단,!

본 사주팔자는 운로인 대운이나 세운이 중첩하여 巳火를 맞이 하면서 언제던지 寅木을 받게 되면 삼형의 작용을 완전히 당하게 되기 때문에 그 운로는 대단히 흉을 동반 한다고 판단하며 아울러 이와 같은 부분은 신체상 교통사고나 질병 및 관재로서 보답할 수가 있으니 사주원국이 신약할 경우 그 흉의는 대단히 불리하게 작용할 것은 기정사실이다.

巳-申합의 경우 형을 동반한 합으로서 사주팔자내 어떠한 영향력을 미치고 있는가는 사주추명학의 고난도의 원리를 깨치고 있는 역학자만이 올바르게 판단할 수가 있는 어려운 질문이 되는 것은 이상의 맥락에 비추어 그 원리에 미궁의 함정이 있기 때문이다.

왜냐하면 언제든지 후천성인 운로가 하나로만 짜여지지 않고 대운이 있는 반면 또 세운이 있을 것이고 더하여 월운과 일운이 있기 때문이다.

따라서 이미 사주명조에 巳-申합이 들어 있다던지 그렇지 않고 본 사주팔자와 같이 사주내 하나의 기운이 있고 대운이나 세운에서 하나의 기운이 들어와 합을 하는 경우가 있는데 이 때 巳-申합에 寅木이 들어온다면 언제든지 寅-巳-申 삼형을 동반하게 된다.

그렇다면 육합의 경우 보통 합의 기운으로 취용하고 있지만 유독 巳-申합은 약간 그 성질을 다르게 취급하여야 되는 이유도 이와 같은 복잡성을 가지고 있기 때문이다.

일부 학자들이 질문하고 있는 지금 본 사주팔자에 대한 巳-申 合水가 이미 사주명조에 巳-申합이 들어 있는 것이 아니고 대운과 세운이 일치하여 들어오는 巳-申합이기 때문에 하나의 대운인 巳火와 사주명조내 일지 申金이 된다면 巳-申합을 구성할 수가 있게 된다.

그런데 이 때 변화되는 오행이 완벽한 水氣로 돌변하지 못하는데 그것은 전자에도 언급 하였듯이 언제든지 寅木이 도사리고 있으므로 합을 형으로 깨어버리기 때문이다.

더구나 육합의 기운은 상대적인 삼합이나 방합의 기운보다 미약하게 작용하므로 비록 육합이 된다 하여도 중첩하여 육합이 되거나 월령에 중심을 둔 사왕지지(子, 午, 卯, 酉)가 합을 구성하여 사주천간에 중심의 오행이 투출되지 않는 한 모든 육합(六合)의 성질은 본래의 잔여기운을 가지고 있는 것이되니 巳火의 본래기운을 져버릴 수가 없는 이유가 여기에 있다해도 과언이 아니다.

또한 이러한 상황이 되고 있는데 중첩하여 세운마져 巳火를 거듭 만나게 되면 하나의 사주일지 申金이 두개의 巳火를 받아들여 합을 구성하는 것이 힘들어 짐으로 이럴 경우 하나의 申金을 놓고 쟁합을 하는 이유도 되기 때문에 이것 또한 완벽한 巳-申합으로 돌아 가기가 어렵게 된다.

일부학자들이 의문을 표시한 부분에 대하여 이상과 같은 판단에 비추어 볼 때 巳-申합의 기운이 지금 위 사주팔자에서는 합으로 인한 水氣를 조금 보충시켜주는 결과라 판단하는 것이 타당하다.

그러나 이것이 길신이 되는 것은 아니고 전자에도 언급하였지만 寅木(월운 및 일운)이 들어온다면 완전한 寅-巳-申 삼형이 되어 합이고 뭐고 모두 다 깨어지기 때문에 불안한 합이 될 수밖에 없고 또한 다른 기운이 들어오는 쟁합이나 육합에도 巳-申합은 巳火나 申金의 잔여기운이 남아있기 때문에 더욱 더 불안한 것이다.

결국 본 사주팔자는 운로인 대운이나 세운이 중첩하여 巳火를 맞이하면서 언제든지 寅木을 받게 되면 삼형의 작용을 완전히 당하게 되기 때문에 대단히 흉을 동반한다고 판단하며 아울러 위 사주격국이 순수하지 못하고 오행이 편중(偏重)으로 치우쳐져 있으니 사주상의 탁기(濁氣)로 말미암아 그 재화는 대 흉함을 모면하기 어렵게 될 것이다.

8. "육합의 경우에 방합이나 삼합과 서로간 합을 쟁탈하는 쟁합(爭合)이 되고 있을 경우가 있는데 이 때는 육합의 기운이 방합, 삼합, 준삼합의 기운과 육합의 오행이 일치되었을 경우는 모두 하나의 동질성의 기운으로 귀착한다".!

※ 참고로 이상의 성질을 좀 더 구체적으로 기술하자면 사주팔자의 지지에 육합(六合)이나 삼합(三合) 및 방합(方合)등이 복수적으로 존재하여 있을 경우 이와 같은 육합(六合)의 기운이 합을 하여 나오는 오행이 삼합이나 방합과 틀리는 기운이 나왔다면 육합은 미약한 합의 성질이 되니 상대적인 강력한 삼합이나 방합에 밀려 제대로 합으로 귀착할 수가 없게 된다.

그런데 본 장 8,항에 기술하는 취지는 이러한 육합(六合)의 기운이 삼합이나 방합의 기운에 서로간 일치되어 하나의 동질성인 합이 되고 있을 때는 완전히 모두 하나의 집단체를 구성할 수가 있기 때문에 이 경우 육합(六合)의 기운이 삼합이나 방합에 부속되어 하나의 세력을 만들 수가 있다.

무슨 말인지 좀 더 구체적으로 아래 도표 1항을 적용시켜 자세하게 기술하자면,!

(도표1).!

시 일 월 년
*   *   *   *
卯 戌 午 寅

*. **"사주월지 午火가 사왕지지(四旺地支)로서 년지 및 일지 모두 寅-午-戌 삼합 火局이 결성되고 있는데 이 때 사주시지 卯木이 자리를 잡고 일지 戌土와 卯-戌合火로 육합(六合)을 성립 시키고 있으니 이 경우 합을 쟁탈하는 것이 아니고 동질성인 하나의 火局으로 부합하므로 전부 火局이 된다",!**

이상의 도표 1항에 자세하게 나타나고 있듯이 이 때 사주팔자의 지지에 년지 寅木 월지 午火 일지 戌土가 모두 합세하여 寅-午-戌 삼합 火局이 결성되어 있는데 시지에 卯木이 자리를 잡아 있으니 이 때 卯木은 일지 戌土와 卯-戌合火로 육합(六合)의 성질이 모두 하나의 삼합의 火局을 따르게 되니 동질성으로 그 영향력을 행사하는 것이 된다.

이와 같은 현상은 한편으로 볼 때 사실상 사주월지 午火가 사왕지지(子, 午, 卯, 酉)로서 년지 寅木과 일지 戌土와 모두 寅-午-戌 삼합 火局을 결성하고 있는 중에 육합(六合)의 기운으로 대변하고 있는 사주시지 卯木이 일지 戌土와 卯-戌合火로 합의 기운을 쟁합(爭合)의 원리에 부합시켜 양자의 합에 대한 기운이 쇠약해지는 일면도 걱정할 수가 있겠다.

그러나 육합(六合)의 기운인 卯-戌合火가 상대적인 寅-午-戌 삼합 火局에 변화되어 나오는 기운이 火氣가 됨에 따라 하나의 火局에 모두 동조하게 되어 더욱 더 왕성한 불길을 지피우고 있으니 이때는 쟁합(爭合)이 되더라도 하나의 기운으로 모아주게 되므로 완전한 동질성인 火局으로 귀착한다는 점을 면밀히 관찰할 필요가 있다.

결국 본 장 8,항에서 언급하는 육합의 기운이 삼합이나 방합에 부수되어 하나의 합의 기운인 동일성으로 변화되고 있을 경우 하나의 기운으로 취용하는 것을 강조하고 있으며 이것은 유독 육합의 성질만이 아니고 준삼합(準三合)도 방합이나 육합의 기운에 부수 되어도 역시 동질성에 준하여 같은 오행으로 변화하는 것이다.

(예1). 남자 최 모씨(경남 진주) 1962년 음력 5월 16일 卯시

浴　墓　旺　生
辛　丙　丙　壬
卯　戌　午　寅

정재　　비견 편관
金　(火)　火　水
木　土　火　木
인수 식신 겁재 편인

＊. 일간의 왕쇠(旺衰),!

丙일간 午월에 출생하여 득령(得令)하였으며 사주월지 午火 겁재는 일간 丙火를 중심으로 해서 십이운성의 제왕지에 해당하는 중에 양인(羊刃)이 되고 있으니 그 세력이 대단히 왕성함을 나타내고 있다.

더하여 년지 寅木 편인과 일지 戌土 식신이 모두 함께 寅-午-戌 삼합 火局을 결성한 중에 그 세력을 대표하고 있는 월상 丙火 비견이 투출되어 있으니 화왕지국(火旺地局)을 만들면서 일간 丙火의 기운이 신왕함의 정도가 지나쳐 태왕(太旺)으로 치달리고 있다.

설상가상으로 사주시지 卯木 인수가 일간 丙火에 대한 득세(得勢)의 기운이되어 역시 일간을 강력하게 생조하고 있으니 그렇다면 일간 丙火의 기운을 반드시 억제할 수 있는 오행이 있어야 만이 일간이 외격(外格)의 종격(從格)이나 가종격(假從格)으로 돌아가지 않을 것이다.

따라서 사주격국을 면밀히 관찰하여 보니 일간 丙火의 기운을 억제할 수 있는 년간 壬水 편관이 투출되어 있으나 편관 壬水가 사주지지에 寅-午-戌 삼합 火局으로 인해 뿌리를 둘 수가 없고 이것은 또한 지지 지장간조차 모두 합의 기운인 火局으로 변해 있으니 무근(無根)이 될 수밖에 없다.

더하여 년간 壬水 편관을 생조할 수 있는 시상 辛金 정재가 있으나 시간과 년간까지는 너무 원격(遠隔)하여 있는 것은 壬水 편관이 힘을 받을 수가 없는데 설상가상으로 시상 辛金 정재 역시 지지에 뿌리를 두지 못하고 있으니 일간을 견제하기가 역부족으로 돌아가고 만다.

한편으로 볼 때 시상에 투출되어 있는 辛金 정재가 일간 및 월상에 투출되어 있는 丙火 비견과 丙-辛合水를 도모 하려고 하나 이미 많은 강력한 火氣에 의하여 火剋金으로 쇠가 녹아 버리고 말았으니 丙-辛合水는 성립되지 못하고 또한 년간에 壬水 편관마져 水剋火로 물의 기운이 없어져 버렸음에 따라 이래저래 일간 丙火를 견제하기는 애시당초 틀린 상태임을 알 수가 있다.

이상의 맥락에 비추어 본 사주팔자를 판단하여 볼 때 일간 丙

火가 강력한 왕신(旺神)의 火氣의 절대세력을 따라가는 외격(外格)의 종격(從格)인 염상격(炎上格)으로 귀착하고 만다.

*. 격국(格局)과 용신,!

다시 본 사주팔자에 대한 격국(格局)과 용신을 판별하여 보면 우선 일간 丙火가 사주내 왕성한 火氣를 따르는 종격(從格)이 되어 귀착하고 있으니 이것은 곧 외격(外格)의 염상격(炎上格)으로 성격(成格)하고 있다.

*. 命理秘典 下권인 외격(外格)의 염상격(炎上格)에 인용하여,!

이와 같은 외격(外格)의 염상격(炎上格)에 대하여 본 저자가 편찬한 命理秘典 下권인 염상격(炎上格)의 격국에 대하여 인용한다면,!

"사주일간이 丙, 丁일간으로서 지지에 寅-午-戌 삼합이나 巳-午-未 방합이 결성되어 사주내 강력한 火氣를 따르고 더하여 왕신(旺神)인 火氣를 거슬리는 관성 水氣나 재성 金氣가 없을 경우 성격(成格)한다".! 라며 구체적으로 기술하고 있다.

따라서 본 사주팔자는 이상의 염상격(炎上格)의 부분에 완전히 일치하는 성질이 되고 있겠으며 비록 시상 辛金 정재와 년간 壬水 편관이 있다해도 전자에 언급하였듯이 완전히 왕성한 불길에 흔적조차 없어졌으니 종격(從格)의 염상격(炎上格)을 성격(成格)하고 있는 것이다.

고로 용신은 외격(外格)의 "염상격(炎上格)"에 대한 왕신(旺神) 火氣를 추종하는 인성 木, 그리고 비겁 火, 더하여 왕성한 비겁 火氣를 자연스럽게 누출시키는 식상 土氣를 다함께 용신으로 선택한다.

그러나 여기서 식상 土氣의 경우 오행별 성질로 분류하면 습토인 辰, 丑 土氣는 물의 기운을 머금고 있기 때문에 강력한 火氣에 水剋火로 대적하게 됨으로 오히려 火氣가 반발을 하게 되니 불리하게 작용하고 그렇다면 조토인 未, 戌 土氣는 왕성한 火氣에 부합하면서 火氣의 기운에 동조하게 되어 조토는 아주 길하게 작용하는 것도 염두에 둘 필요가 있겠다.

이렇게 본 사주팔자에 대한 용신의 기운과 길신의 성질을 선택하고 난 후 사주격국을 면밀히 관찰하여 보니 일간 丙火에 대한 용신의 기운으로 자리 매김하고 있는 사주월지 午火가 양인(羊刃)이 되면서 겁재에 해당하고 계절이 午월이 되고 있으므로 더욱 더 그 세력이 강력한 불길이니 사주격국이 아주 좋은 것을 알 수가 있다.

***. 본 장 8항에 준한판단,!**

본 장 8항에 준하여 그 실체를 인용하여 보면 **"육합의 경우**

에 방합이나 삼합과 서로간 합을 쟁탈하는 쟁합(爭合)이 되고 있을 경우가 있는데 이 때는 육합의 기운이 방합, 삼합, 준삼합의 기운과 육합의 오행이 일치되었을 경우는 모두 하나의 동질성의 기운으로 귀착한다".! 라며 구체적으로 기술하고 있다.

따라서 본 사주원국은 이상의 부분에 완전히 일치하는 현상을 엿볼 수가 있겠는데 그것은 사주월지 午火가 사왕지지(子, 午, 卯, 酉)로서 불의 본 계절에 출생하여 월지에 자리를 잡고 있는 중에 년지 寅木 편인과 일지 戌土 식신과 완전히 근접하여 寅-午-戌 삼합 火局을 결성하고 있음을 알 수가 있다.

그런데 여기서 사주시지 卯木 인수가 일지 戌土 식신과 卯-戌 합으로 결합되는 육합(六合)의 성질이 되어 끊임없이 구애(求愛)하는 것은 일면 하나의 강력한 삼합의 기운을 거슬리는 것이 되므로 미약한 육합(六合)의 성질은 밀려나게 되는 일면을 생각할 수가 있을 것이다.

하지만 이렇게 시지 卯木 인수와 일지 戌土 식신이 육합(六合)의 결합이 되는 卯-戌合火가 오히려 왕신(旺神)의 세력인 寅-午-戌 삼합 火局에 일치되는 현상이 나타나게 됨에 따라 완전히 동질성인 하나의 불길로 한데 모아지는 형상이 발생되고 있다.

만약 이와 같은 성질을 놓고 전자에 쟁합(爭合)의 성질에 착각하여 합의 기운을 쟁탈한다고 판단하여 일간의 왕쇠(旺衰)나 용신의 선택을 취용하게 될 경우 필연코 간명상 오류를 나타내게 됨은 자명한 일이 될 수밖에 없으니 본 장에 언급하는 성질은 대단히 중요함은 두말할 필요가 없다 하겠다.

결국 본 사주팔자는 본 장 8항의 법칙에 완전히 일치되는 사주격국으로서 이렇게 사주팔자에 하나의 삼합이나 방합의 절대세력이 합을 하여 왕신(旺神)의 성질로 군림하고 있을 경우 미약한 육합(六合)이나 타 준삼합등이 왕신(旺神)의 세력에 하나로 동조하는 것이 되고 있을 때 모두 한집단으로 귀착하는 것을 본 장에서 강조하고 있음을 알 수가 있다.

9. "8,항의 경우 육합의 기운이 방합, 삼합의 기운에 동조하면 별 문제가 되지 않아 동질성인 하나의 기운으로 귀착하나 이때 방합, 삼합의 기운이 사주월지에 사왕지지(子, 午, 卯, 酉)로 된 경우가 되어 강력한 합이 구성되어 있을 때 육합의 성질이 방합이나 삼합의 기운에 거슬린다면 육합은 성립이 될 수가 없다".!

※ 참고로 이상의 부분을 좀 더 자세하게 기술하자면 전장 8,항에 기술하고 있는 육합(六合)의 성질이 삼합(三合)이나 방합(方合)의 기운에 동조하는 성질이 되고 있을 때 모두 하나의 동질성인 오행으로 돌아간다는 것을 판단하였다.

그런데 본 장 9,항에 설명하는 취지는 이상의 육합(六合)의 성질이 상대적인 삼합(三合)이나 방합(方合)의 기운에 동조되지 않고 합을 하려는 기운자체가 오행상 틀리는 현상이 되고 있다면 강력한 삼합(三合)이나 방합(方合)의 기운에 육합(六合)의 세력이 밀려 육합은 성립될 수가 없다는 것이다.

무슨 말인지 사주팔자를 예를 들어 설명하자면 만약 사주지지에 년지 申金, 월지 子水, 그리고 일지에 辰土가 들어 있어 완전한 申－子－辰 삼합 水局이 되고 있는데 이때 시지에서 酉金이 자리를 잡아 辰－酉합을 성립하려는 현상이다.

따라서 이 경우에는 육합(六合)의 성질로 합이 되는 辰－酉합의 기운이 비록 사왕지지(子, 午, 卯, 酉)인 酉金이 시지에 자리를 잡고 있는 것이 되나 酉 金이 월령에 자리를 잡고 있는 성질이 아니기 때문에 상대적인 삼합인 申－子－辰 삼합 水局에 辰－酉합이 밀려나면서 합으로 성립될 수가 없게 된다.

결국 본 장 9,항에 언급하는 것은 이상의 육합(六合)의 작용이 삼합이나 방합의 기운에 동조하지 않는 현상이 되고 있다면 미약한 육합으로서는 상대적으로 강력한 삼합이나 방합의 성질에 밀려나는 부분을 대단히 강조하고 있는 점을 알 수 있다.

(예1). 남자, 이 모씨(전남 구례) 1955년 음력 4월 23일 申시

胎　浴　生　養
甲　乙　壬　乙
申　巳　午　未

접재　　인수 비견
木　(木)　水　木
金　火　火　土
정관 상관 식신 편재

＊. 일간의 왕쇠(旺衰),!

乙일간 午월에 출생하여 실령(失令)하였으며 사주월지 午火 식신을 중심으로 해서 년지 未土 편재와 일지 巳火 상관이 모두 巳-午-未 방합 火局을 결성하고 있으니 일간 乙木이 신약이다.

일면 단편적으로 판단할 경우 본 사주팔자에 대한 일간 乙木이 음간(陰干)으로서 지지에 이렇게 남방 巳-午-未 火局이 결성되어 그 세력이 대단히 왕성 하고 있으니 잘못하면 일간이 외격(外格)의 종격(從格)이나 가종격(假從格)인 식상 火氣를 따를 수가 있는 성질도 배제할 수가 없게 되었다.

하지만 일간 乙木은 비록 사주지지에 巳-午-未 방합 火局을 결합하여 火氣가 태왕하였음에도 불구하고 일간의 동기인 甲, 乙木이 사주시상과 년간에 비겁으로 투출되어 있는 중에 월상 壬水가 시지 申金 정관에 뿌리를 두고 있는 것은 일간 乙木이 의지처가 단단하게 결속되어 있는 것으로 판단하여야 된다.

그렇다면 이와 같은 현상은 일간 乙木이 생조되는 기운이 버팀목이 되고 있음에 따라 결코 일간 乙木이 외격(外格)의 종격(從格)이나 가종격(假從格)으로 돌아가지 못하고 내격(內格)의 억부법이나 조후법의 용신이 선정되는 것 을 알 수가 있다.

*. 격국(格局)과 용신,!

본 사주원국에 대한 격국(格局)과 용신을 판별하여 보면 우선 일간 乙木이 신약한 중에 지지에 남방 巳-午-未 방합 火局을 결성한것이 사주월지에 火 氣의 중심인 午火 식신이 자리를 잡고 있으므로 "신약식신격(身弱食神格)"이며 일명 "진상관격(眞傷官格)"이같이 성격(成格)되고 있다.

고로 용신은 "진상관용인격(眞傷官用印格)"이며 사주지지에 강력한 식상 火氣를 구성하는 巳-午-未 방합 火氣를 억제하면서 아울러 신약한 일간 乙木을 생조하는 인성 水氣를 용신하고 일간 乙木이 신약하니 신약한 일간을 부조하는 비겁 木氣는 길신으로 선택하는 것이 마땅하다.

이렇게 사주원국에 대한 용신과 길신을 선택하여 놓고 격국을 면밀히 관찰하여 볼 경우 일간 乙木에 대한 용신의 기운으로 대변하는 사주월상에 壬水 인수가 투출되어 있는 중에 사주시지 申金 정관이 金生水로 생조하고 있으므로 정히 진신(眞神)의 성질과 함께 내격(內格)의 억부법이나 조후법의 용신이 일치하는 현상이 되어 아주 좋다.

하지만 한가지 아쉬운 점이 있다면 본 사주팔자에 대한 오행의 균등함이 이미 사주월지 午火 식신을 중심으로 하여 년지 未土 편재와 일지 巳火 상관이 모두 巳-午-未 방합 火局으로 변해버리고 말았으니 단편적으로 판단해도 식상 火氣가 태왕하여 있음을 엿볼 수가 있다.

이것은 상대적인 일간 乙木에 대한 인성이나 타 오행인 관성 등이 왕성한 火氣에 의하여 쇠약해지는 것은 자명한 일이고 그러다 보니 자연히 오행이 편중(偏重)이 될 수밖에 없게 되어 이것은 대단히 좋지 못한 것으로 판단하여야 될 것이다.

*. 본 장 9,항에 준한판단,!

본 장 9,항에 준하여 기술하고 있는 부분을 인용한다면 "8,항의 경우 육합의 기운이 방합, 삼합의 기운에 동조하면 별 문제가 되지 않아 동질성인 하나의 기운으로 귀착하나 이 때 방합, 삼합의 기운이 사주월지에 사왕지지(子, 午, 卯, 酉)로 된 경우가 되어 강력한 합이 구성되어 있을 때 육합의 성질이 방합이나 삼합의 기운에 거슬린다면 육합

은 성립이 될 수가 없다.! 라며 구체적으로 언급하고 있다.

따라서 본 사주팔자는 이상에 기술한 부분에 적용시켜 판단하여 볼 경우 완전히 일치를 하고 있는 것을 엿볼 수가 있겠는데 그것은 사주일간 乙木이 지지에 강력한 왕신(旺神)의 성질을 가지고 있는 월지 午火 식신을 중심으로 해서 巳-午-未 방합 火局을 결성하고 있으니 완전한 방합을 이루고 있음을 알 수가 있다.

그런데 사주시지에 申金 정관이 일지 巳火 상관과 근접하여 巳-申합을 도모 하고겨 끊임없이 申金이 巳火에게 구애(求愛)을 하고 있겠지만 이미 세가지 기운이 하나의 기운으로 돌변하는 巳-午-未 방합 火局이 결합되고 있으니 일지 巳火 상관 아가씨는 절대로 흔들리지 않고 있다 하겠다.

이와 같은 현상은 한편으로 생각할 경우 비록 巳-午-未 방합 火局이 성립되어 있겠으나 시지 申金 정관도 일지 巳火 상관에 근접하여 巳-申합을 하려고 하니 단편적으로 판단해서 巳-申합도 취용하고 巳-午-未 방합도 성립된다고 가정할 경우 완전히 일간의 왕쇠(旺衰)나 용신의 기운을 정반대로 선택 할 수 있는 아주 위험천만의 사태도 발생될 수 있는 소지를 다분히 안고 있다 해도 과언이 아니다.

결국 본 장 9,항에 기술하고 있는 성질에 준하여 본 사주팔자는 이렇게 강력한 지지의 巳-午-未 방합 火局이 결합되어 하나의 집단체를 구성하고 있을 경우 상대적인 또 다른 합의 기운이 육합(六合)의 성질은 그 세력이 미약한 관계로 합의 성립에 밀려나는 것을 본 장에서 대단히 강조하고 있음을 알 수가 있는 것이다.

10. "양쪽에서 합을 쟁탈하는 쟁합(爭合)이나 하나의 합을 놓고 합을 다투는 투합(鬪合)의 경우 양쪽의 합중에 어느 합의 기운을 대표하는 기운이 중심세력이 되어 사주천간에 투출되는 현상이 발생되고 있을 때는 사주천간에 투출되는 기운에 합의 기운이 따라가게 된다".!

"하지만 이 경우 역시 합을 쟁탈하는 쟁합(爭合)의 기운을 무시하지 못하게 되므로 잔여기운이 남아 있게 된다".!

※ 참고로 이상의 부분을 좀 더 자세하게 언급하여 보자면 육합(六合), 준삼합(準三合)등에서 서로간 하나의 오행을 놓고 합을 쟁탈하는 성질이 되고 있을 때 합의 주도권을 장악하기 위하여 필사적인 쟁합(爭合)이나 투합(鬪合)을 하게 된다.

보통 이와 같은 현상은 합의 기운인 육합(六合)이나 준삼합(準三合)이 하나 의 기운으로 변해지는 성질이라면 별 문제가 되지 않아 모두 동질성으로 귀착할 수가 있겠지만 만약 서로간의 변화되는 오행이 각각 틀리게 나오는 기운이라고 할 때 완전히 그 세력다툼으로 인하여 합의 기운이 제대로 돌아갈 수가 없다.

따라서 이 때에는 합의 중심기운이 사주천간에 투출되어 있
는지를 면밀히 관찰하여야 되는데 만약 사주에 쟁합(爭合)이
나 투합(鬪合)의 성질이 되고 있는 서로간의 합중에서 사주천
간에 투출되어 있는 중심오행이 나와 있을 경우 그 중심오행
의 기운에 합의 세력이 귀착할 수가 있다.

무슨 말인지 좀 더 예를 들어 설명하면 만약 사주지지에 월지
에 丑土가 자리를 잡고 년지 子水가 있을 경우 子-丑合土가
성립되는데 이 때 일지를 酉金이 차지하여 월지 丑土와 酉-
丑合金으로 또 다시 합을 하자는 이치라 말할 수가 있게 된
다.

이와 같은 합의 경우 단편적으로 생각하자면 두가지의 합의
기운이 동질성으로 돌아가지 못하는 현상도 판단할 수가 있
겠는데 그것은 서로간의 합의 기운이 각각의 오행이 틀리게
작용하고 있으므로 서로간 합을 하려고 필사적인 쟁합(爭合)
이나 투합(鬪合)을 하게 되는 이유이다.

그렇다면 이상의 경우 만약 사주천간에 酉-丑合金을 대표하
고 있는 중심오행인 庚金이나 辛金이 투출되어 있다면 子-丑
합보다 酉-丑合金으로 그 중심 세력의 기운이 모아지게 되니
酉-丑合金으로 절대적 우위를 차지하면서 그에 반해 상대적
인 子-丑합은 소외되게 되는 이치라 생각할 수가 있다.

결국 본 장 10,항에 기술하는 부분에 완전히 적용되는 현상
이라 할 수가 있겠으며 그러나 이상의 酉-丑合金이 비록 사

주천간에 庚, 辛金이 투출되어 酉-丑합의 기운을 모아주는
현상은 발생되어도 끊임없이 년지 子水가 구애(求愛)하는 현
상은 월지 丑土가 바람을 피우는 현상이 유발되므로 각각의
잔여 기운을 남긴다는 것이 본 장에 언급하는 중요한 취지이
다.

(예1). 남자, 송 모군(충북 청주) 1982년 음력12월 23 일 寅 시

絕 死 墓 旺
戊 庚 辛 辛
寅 子 丑 酉

편인　　겁재 겁재
土 (金) 金 金
木 水 土 金
편재 상관 인수 겁재

*. 일간의 왕쇠(旺衰),!

庚일간 丑월에 출생하여 득령(得令)하였으며 사주월지 丑土
인수를 중심으로 해서 년지 酉金 겁재와 다시 그 세력에 뿌리를
두고 사주천간 모두 土, 金으로 구성되어 일간 庚金을 생조하고
있으니 대단히 신왕하다.

이렇게 일간 庚金이 신왕함이 태왕할 경우 외격(外格)의 종격(從格)이나 가종격(假從格)으로 치우쳐지기 쉽게 될 것인데 사주원국을 자세히 관찰하여 보니 일간 庚金의 기운을 억제할 수 있는 일지 子水 상관이 있는 중에 시지 寅木 편재가 일간 庚金을 억제하고 있음을 알 수가 있다.

그렇다면 이것은 일간 庚金의 기운에 대한 억제할 수 있는 성질이 강력하게 작용함에 따라 결코 일간 庚金이 외격(外格)의 종격(從格)으로 돌아가지 못하고 내격(內格)의 억부법이나 조후법의 용신이 선정되는 것이 마땅하다.

한편으로 볼 때 사주일간 庚金이 출생한 계절을 보니 丑월에 출생하여 모든 만물이 추운겨울에 꽁꽁 얼어붙어 있으므로 시급히 조후법상 관성 火氣로서 얼은 庚金을 녹여 주어야 대길할 것이다.

하지만 사주원국에 이상의 조후법을 실현할 수 있는 관성 火氣가 정오행이 보이지 않고 오로지 사주시지 寅木 편재의 지장간 중기(中氣)에 丙火 편관이 암장되어 있으니 암장된 기운은 제대로 그 역할을 할 수가 없으므로 사주팔자가 조후법을 충족하지 못해 대단히 답답하게 되어 있음을 알 수가 있다.

***. 격국(格局)과 용신,!**

다시 위 사주팔자에 대한 격국(格局)과 용신을 판별하여 보면 우선 일간 庚 金이 신왕함이 태왕한 중에 월지에 인수 丑土가 자리를 잡고 있으며 더하여 재차 시상에 편인 戊土가 투출되어 있으니 원칙적으로 "신왕인수격(身旺印綬 格)"이 성격(成格)된다.

고로 용신은 "겁중용관격(劫重用官格)" 및 "비중용관격(比重用官格)"으로서 일간 庚金을 생조하고 있는 강력한 비겁 金氣를 火剋金으로 억제하고 아울러 조후법에도 충족할 수 있는 관성 火氣를 용신하며 관성 火氣를 생조하는 재성 木氣는 희신으로 삼는 것이 타당하다.

이렇게 사주원국 일간 庚金에 대한 중요한 용신과 희신의 기운을 선택하여 놓고 사주격국을 면밀히 관찰하여 보니 일간 庚金의 소중한 용신의 기운으로 자리매김하고 있는 관성 火氣가 전자에도 언급 하였다시피 사주시지 寅木 편재의 지장간 중기(中氣)에 丙火 편관이 암장되어 있는 것은 사실상 용신의 기운으로서 제대로 그 역할을 할 수가 없게 되었다.

하지만 그나마 다행스러운 것은 사주시지 寅木 편재가 자리를 잡고 있는 중에 그 옆에 근접하여 있는 일지 子水 상관이 水生木으로 희신 木氣를 생조하고 있으니 편재 寅木이 기운을 얻음에 따라 약간이라도 조후법을 충족할 수 가 있게 되어 아쉽지만 이것은 천군만마를 일간 庚金이 가지는 형상이라 할 것이다.

이상의 맥락에 비추어 볼 때 본 사주팔자는 조후법을 충족할 수 있는 용신인 관성 火氣가 지장간에 암장되어 무력하고 더하여 정오행이 없음에 따라 시급히 운로인 대운이나 세운에서 관성 火氣를 보아야 하는 절박함 마져 감돌고 있다해도 과언이 아니다.

결국 무엇보다도 근심스러운 것은 용신의 기운이 미약하기 그지없는 중에 본 사주격국이 일간 庚金의 신왕함이 태왕하여 오행의 균등을 갖추지 못하고 있는 것은 그만큼 살운(殺運)에 대한 흉함이 극도로 치달릴 수가 있으니 대단히 근심스러움을 금할 길이 없다.

*. 본 장 10,항에 준한판단,!

본 장 10,항에 준하여 그 실체를 기술하여 보면 **"양쪽에서 합을 쟁탈하는 쟁합(爭合)이나 하나의 합을 놓고 합을 다투는 투합(鬪合)의 경우 양쪽의 합중에 어느 합의 기운을 대표하는 기운이 중심세력이 되어 사주천간에 투출되는 현상이 발생되고 있을 때는 사주천간에 투출되는 기운에 합의 기운이 따라가게 된다"**.!

"하지만 이 경우 역시 합을 쟁탈하는 쟁합(爭合)의 기운을 무시하지 못하게 되므로 잔여기운이 남아 있게 된다".! 라며 구체적으로 언급하고 있다.

이상의 성질에 본 사주팔자를 접목시켜 간명하여 보면 완전히 일치를 하고 있겠는데 그것은 사주월지 丑土 인수가 자리를 잡고 있는 중에 다시 년지 酉金 겁재가 酉-丑합을 하고 그러나 재차 일지 子水 인수가 월지 丑土를 子-丑합으로 서로간 합의 기운을 쟁탈하고 있음을 엿볼 수가 있겠다.

이와 같은 성질은 단편적으로 판단하여 볼 경우 대단히 합의 기운을 취용하기가 어려운 혼란스러움 마져 감돌고 있는데 그렇다면 양자의 酉-丑合金이나 子-丑合土 중에 어느 것을 취용할 것인가, 그렇지 않으면 양자의 합을 모두 취용할 것인가,를 놓고 고민과 기로의 선택에 부닥치게 되는 것은 자명한 일이다.

따라서 이상의 성질은 사주추명학을 오랫동안 연구하였던 추명의 대가(大家)들도 종종 이와 같은 부분에 부딪치면 합의 성질을 불투명하게 선택하는 어려운 합의 기운이니 아주 난색을 표시하는 것을 본 저자는 많이 보고 있는데 이것은 본 장 10,항에 준한 법칙에 부합시켜 간명하게 될 경우 그 실체를 완전히 완벽하게 소화하여 합의 기운을 선택할 수가 있다.

그렇다면 본 사주팔자에 대한 월지 丑土 인수를 기점으로 하여 일지 子水 상관과 子-丑合土는 비록 사주시상에 戊土 편인이 1개가 투출되어 있지만 상대적인 년지 酉金 겁재와 酉-丑合金은 사주년간 辛金을 주동하여 월상 및 일간 庚金까지 전부 3개의 기운이 투출되어 있으므로 월지 丑土 인수의 기운은 년지 酉金 겁재에게 마음이 기울어지고 만다는 것을 알 수가 있다.

이상의 맥락에 비추어 사주추명학의 비조인 고서(古書)나 원서등에서는 이러한 중요한 성질을 간파하지 못하고 막연히 양자 모두 합의 기운으로 보고 판단의 성질을 단순하게 취급하고 있음에 따라 일간의 왕쇠(旺衰)나 용신의 선택등을 완전히 정반대로 잡을 수 있는 함정이 도사리고 있으므로 상당히 주의가 요망된다고 볼 수가 있겠다.

결국 본 사주팔자는 월지 丑土 인수는 년지 酉金 겁재와 酉-丑合金으로 귀착한다고 판단하는 것이 마땅하며 하지만 그래도 일지 子水 상관이 끊임없이 구애(求愛)하는 정성은 월지 丑土 인수 마음이 다소나마 기울어지고 있으므로 丑土의 잔여기운을 남기는 성질이 됨을 본 장 10항에서 대단히 강조하고 있는 것이니 이것은 정말로 하나의 간명상 체계를 도모할 수 있는 중요한 성질이 되고 있는 점은 두말할 필요가 없다.

11. "준삼합(準三合)의 경우 사왕지지(子, 午, 卯, 酉)로 된 오행이 사주월지에 자리를 잡고 합을 성립할 경우 사주천간에 합의 중심세력이 투출되어 있으면 완벽한 합의 기운으로 돌아간 다".!

"하지만 사주월지에 자리를 잡지 않고 합을 하는 경우는 역시 잔여기운이 남아있게 된다".!

※ 참고로 이상의 부분을 좀 더 자세하게 기술하면 삼합(三合)은 3개의 오행끼리 뭉쳐져 하나의 동일성 오행으로 변화되는 것이 원칙인데 그 중에서 2개만 구성되어 있어도 준삼합(準三合)이라 하여 오행으로 변화되는 것을 취용하고 있다.

그런데 이러한 준삼합(準三合)중에 중심세력으로 그 영향력을 주도하는 사왕지지(子, 午, 卯, 酉)가 사주월지에 자리를 잡고 사주천간에 준삼합(準三合)의 기운을 대표하고 있는 오행이 투출되어 있을 경우 완벽한 하나의 동질성인 오행으로 귀착할 수가 있다.

무슨 말인지 좀 더 구체적으로 사주원국을 예로 들어 설명하면 사주월지에 사왕지지(四旺地支)인 酉金이 자리를 잡고 년지에 辰土가 있어 辰-酉合金을 하고 있는데 이 때 사주월상이나 년간에 金氣를 대표하고 있는 庚, 辛金이 투출되어 있을 경우 완벽한 하나의 金局으로 귀착하는 한 실례이다.

하지만 이상의 중심세력인 사왕지지(四旺地支)가 사주월지에 자리를 잡지 않고 합을 하는 경우에 비록 중심을 대표하는 사주천간에 오행이 투출되어 있다손 치더라도 자기본래의 오행인 잔여기운을 남기는 성질을 판단하여야 된다.

결국 본 장 11,항에 기술하는 성질은 비록 사주천간에 합의 중심을 대표하는 오행이 투출되어 있더라도 사왕지지(子, 午, 卯, 酉)가 사주월지에 존재하여 합을 구성하는 성질하고 월지에 자리를 잡고 있지 않고 합을 구성하는 성질하고의 구체적인 합에 대한 판단의 기준점을 대단히 강조하고 있는 것이다.

(예1),!

<pre>
시 일 월 년
*   *   丙   *
卯 寅 午 丑

*   *   火   *
木 木 火 土
</pre>

1. 寅-午合火의 기운은 어떻게 보아야 할 것인가?

우선 사주월지 午火가 사왕지지(子, 午, 卯, 酉)로서 월지에 자리를 잡고 그 영향력을 백분 발휘하고 있으니 일지 寅木과 寅-午合火를 구성하게 된다.

또한 이 때 월상에 寅-午合火의 중심세력을 대표하는 월상 丙火가 투출되어 있으니 이것은 더 이상 볼 것도 없이 완전한 하나의 火局으로 돌변한다고 판단한다.

그렇다면 일지 寅木이 득지(得地)의 기운이 됨에 따라 그 힘의 강도가 20%가 되고 있는데 이것이 전부 火의 기운으로 돌아갈 것인가, 그렇지 않으면 잔여 기운이 남아 있는 것으로 판단할 것인가를 학자들은 고민하게 된다.

따라서 이상의 부분에 대하여 본 저자는 단호하게 월지 午火

와 寅-午合火로 둔갑하고 있으니 그 힘의 기운이 전부 火局으로 변화되어 있으니 寅木의 잔여기운이 모두 없게된다, 라고 판단을 내리고 싶다.

여기서 만약 寅-午合火가 정삼합이 아니며 戌土가 빠진 준삼합의 기운이 됨에 따라 寅木의 잔여기운이 남아있다고 해서 용신의 부분을 선정하게 될 때 착오로 인한 용신의 부분을 불투명하게 잡을 수가 있으므로 판단의 기준을 신중히 하여야 됨은 두 말할 것도 없을 것이다.

2. 만약 월지 午火와 일지 寅木간에 寅-午合火를 구성하고 있는데 월상에 丙火가 없을 경우 어떤가?

이 경우는 비록 월지 午火가 사왕지지로서 일지 寅木과 寅-午合火를 구성하고 있더라도 천간에 丙火가 없을 시는 비록 寅-午合火가 된다손 치더라도 중심세력을 대표하는 천간기운이 없기 때문에 寅木의 잔여기운이 남아 있다고 판단하는 것이 정석이다.

그렇다면 일지 寅木의 기운을 그 강도로 따진다면 그 힘이 20%가 되어 그 영향력을 행사할 수가 있는데 이것이 합으로 돌변할 때 과연 얼마나 잔여기운이 남아 있는지를 의문을 하게 될 것이다.

따라서 본 저자는 이상의 寅-午合火의 독립적인 합이 구성될 때는 寅木의 기운이 약 10%정도 잔여기운이 남아 있다고 판단하고 있으며 이것은 그동안 약 30여년동안 실제인물에 준하여 간명하여 본 결과 경험상 터득한 비법(秘法)으로 자리매김을 하고 있다해도 과언이 아니다.

실제로 학자들이 실증적인 사주팔자를 간명하게 될 경우 이상의 부분에 당면 이 되거던 지금 방금 본 저자가 설명한 성질에 대하여 그 원리에 부합시키면서 용신과 격국을 설정하게 될 때 대단한 적중률을 나타내게 될 것임을 감히 자인하는 바이다.

3. 寅-午合火의 주위 여건에 원진살이나 탕화살이 있을 때 합의 성질이 방해를 받고 있겠는가?

이 부분에 대하여서는 寅-午合火의 기운은 방해를 받지 않게 된다.

좀 더 구체적으로 언급하자면 보통 하나의 동질성인 합의 기운인 육합, 삼합, 준삼합, 방합의 기운이 성립되고 있을 때 상충이나 삼형의 작용이 있을 경우는 상극되는 강력한 충돌로 말미암아 합의 기운이 분산되는 것을 기점으로 삼게 된다.

그러나 타 각종 살성인 괴강이나 백호 및 원진 탕화등은 모두 오행상 상극으로 돌출되는 방해의 성질이 아니고 단순히 육친의 운명 및 본인의 운명에 대한 길 흉을 암시하는 것에 불과할 뿐이다.

무슨 말인지 좀 더 자세하게 기술하자면 각종 살성(殺星)은 귀인(貴人)과 더불어 오행상 상극으로 표출되는 것이 아니고 육친의 운명에 그 영향력이 미친다고 판단하는 것이 원칙이다.

더하여 이러한 각종 살성과 귀인이 사주에 들어 있다고 하여 이것이 용신을 선정하는 과정에서 일간의 강약 및 용신의 강약을 좌지우지 할 수 있는 성질이 아님을 판단하여야 될 것이다.

용신을 선정하는 것은 사주추명학을 연구하는 학자라면 기본적이고 절대적인것은 두말할 이유도 없음은 사주추명학을 연구하는 학자라면 누구나 다 알고 있는 사실이다.

하지만 이상의 단순적인 합의 기운을 무시한다던지 그렇지 않으면 합의 기운을 판단하더라도 그 실체를 불투명하게 간명하여 용신의 선정을 완벽하게 못하게 될 때 필연적인 사주추명학상 오류가 나타나는 것은 자명한 일이니 판단의 부분을 신중히 하여야 됨은 필수조건이다.

결국 역학의 대가(大家)는 전천후의 조건을 갖추고 있어야 되겠으며 자기 중심이 타원칙에 흔들리지 않는 부동불멸의 학식과 끊임없는 탐구가 전제 되어야 하기 때문에 역학의 대가(大家)라는 입지가 어려운 경지이라는 것은 새삼 강조할 이유도 없는 것이다.

12. "사주에 육합(六合)을 비롯하여 삼합(三合), 방합(方

合) 및 준삼합(準三合)을 하는 오행이 들어있을 경우 중심오행인 사왕지지(子, 午, 卯, 酉)가 멀리 원격(遠隔)하여 있는 중에 비록 상충이나 삼형으로 가격하지 않아도 상극되는 오행이 가로막고 있다면 이 때는 합을 결합하여도 미약한 합이 될 수밖에 없고 각각의 잔여기운을 남기면서 때에 따라서는 합으로 돌아 가지 못하게 되는 수도 있다".!

※ 참고로 이상의 부분을 좀 더 자세하게 기술한다면 사주팔자에 합을 성립하려는 절차에서 가장 중요하게 판단하는 하나의 기준점이 사주월지에 중심오행인 사왕지지(子, 午, 卯, 酉)가 자리를 잡고 합을 구성하고 있는가, 그렇지 않고 월지에 중심오행이 자리를 잡지 않고 합을 구성하고 있는가를 면밀히 관찰하는 것이다.

따라서 이와 같은 성질은 하나의 합의 결속력이 얼마나 강력하게 발휘되고 있는가에 대하여 하나의 판단의 기준점이 될 것인데 만약 전자에 언급한 사왕지지(四旺地支)가 사주월지에 자리를 잡지 않고 합을 구성하고 있다면 그때는 비록 합을 한다손 치더라도 그 힘이 월지에 중심오행이 자리를 잡지 않는 성질하고 비교하여 볼 경우 현저하게 합의 기운이 쇠약해진다고 판단하는 것이 정석이다.

그런데 본 장 12,항에 기술하고 있는 성질은 비록 삼합이나 방합 및 육합의 기운이 자리를 잡고 있다해도 중심오행을 기점으로 합의 결속력을 방해하는 성질인 타오행이 가로막아 중심오행을 상극하고 있을 경우 완벽한 하나의 합을 구성할 수가 없는 절대적인 이유에 부닥치게 된다.

이 부분을 좀 더 구체적으로 사주팔자에 준하여 예를 들어보면 만약 사주지지에 년지 午火를 중심으로 일지에 戌土 그리고 시지에 寅木이 있을 경우 세가지 오행이 모두 사주팔자에 있기 때문에 단편적으로 판단할 경우 하나의 완벽한 寅-午-戌 삼합 火局으로 취용할 수 있는 성질이 될 것이다.

하지만 사주월지에 년지 午火를 상극하는 金氣나 水氣가 가로막아 사왕지지(子, 午, 卯, 酉)인 午火를 火剋金이나 水剋火로 방해하고 있다면 중심오행이 상극으로 인한 합의 중심이 흔들리게 될 수밖에 없기 때문에 완벽한 삼합의 기운으로 귀착하지 못하는 중대한 사태가 발생된다.

결국 본 장 12,항에 기술하고 있는 성질에 준하여 이상의 합의 기운을 판별하여야 되는 것을 알 수가 있겠는데 그렇다면 육합(六合)이나 삼합(三合) 및 방합(方合)이 비록 사주팔자에 오행상 그 필요한 구성요건을 모두 갖추고 합을 성립하더라도 중심오행을 방해하는 기운이 강력하게 작용할 경우 제대로 합의 기운이 되지 못 한다는 성질을 본 장에서 대단히 중요하게 강조하고 있는 것이다.

(예1). 여자. 강 모씨(경남 하동) 1967년 음력 2월 23일 亥 시

絕　病　浴　衰
己　丙　癸　丁
亥　申　卯　未

상관　　정관 겁재
土　(火)　水　火
水　金　木　土
편관 편재 인수 상관

***. 일간의 왕쇠(旺衰),!**

丙일간 卯월에 출생하여 득령하였으며 사주지지에 월지 卯木 인수를 중심으로 해서 년지 및 시지 亥水를 모두 가지고 있으니 일면 단편적으로 판단하면 亥–卯–未 삼합 木局이 형성되어 일간 丙火를 신강으로 판단하기 싶게 되어있다.

그러나 비록 월지 인수 卯木이 사왕지지로서 그 역할을 충분히 할 수 있지만 일지 편재 申金이 끊임없이 월지 卯木 인수를 金剋木으로 방해를 하고 있는 중에 사주내 金, 水, 土가 많아 강약을 결정하기 어려운 신약으로 귀착하고 있다.

더구나 이러한 월지 卯木 인수는 일간 丙火에 대한 영향력이 상대적인 비견이나 겁재보다 쇠약한 것은 십이운성에 목욕지와 년지 未土는 쇠지에 해당하고 있으므로 일간 丙火가 인수 卯木 에 생조되는 것이 같은 오행인 비견이나 겁재보다 생조되는 기 운이 약하다고 판단하는 것도 중요한 하나의 이유가 성립된다.

하지만 일간 丙火에 대한 월지 卯木 인수는 일간에 대하여 득 령(得令)을 하고 있는 중에 년지 未土 상관과 卯-未合木을 구성 하고 다시 년간에 丁火 겁재까지 투출되어 있으니 사주내 관성 水氣와 편재 金氣 및 상관 土氣와 서로간 대적할 만하면서 일간 丙火의 기운이 중화(中和)의 기점에 안정되어 있으므로 이것은 무엇보다도 대단히 길하게 작용하는 것을 알 수가 있다.

더하여 본 사주팔자가 묘한 것은 오행인 木, 火, 土, 金, 水가 골고루 갖추어 지고 있는 중에 일간의 기운이 안정되면서 오행 상 서로 견제 및 부조하는 성질이 태과하거나 태약하지 않고 있 으니 사주가 균형을 이루고 있으므로 더욱 더 좋은 것으로 판단 한다.

여기서 한가지 중요한 부분이 나타나고 있는데 그것은 만약 본 사주원국의 월상 癸水 정관과 년간에 丁火 겁재가 각각 자리 바꿈을 하여 월상에 丁火 겁재가 있을 경우 일간 丙火는 신강으 로 귀착될 수가 있을 것이다.

결국 이것은 일간 丙火에 대한 겁재 丁火가 생조하는 것은 서 로간 유정(有情)함을 논하는 현상으로 그런데 丁火 겁재가 월상 癸水에게 가로막혀 일간을 생조하는 것이 미약하게 되니 본 사

주일간이 신약으로 판단하는 절대적인 이유가 여기에 있다해도
과언이 아니다.

＊. 격국(格局)과 용신,!

위 사주팔자에 대한 격국(格局)과 용신을 판별하여 보면 일간
丙火가 비록강약을 결정하기 어려운 약간 신약이나 중화(中和)
의 기점에 안정되면서 사주월지에 卯木 인수가 자리를 잡고 있
으니 원칙적으로 "신약인수격(身弱印綬格)"을 성격(成格)한다.

고로 용신은 신약한 일간 丙火를 생조하고 아울러 재성 金氣
와 관성 水氣를 억제할 수 있는 비겁 火氣를 용신하고 비겁 火氣
를 생조하는 인성 木氣는 희신으로 삼는 것이 마땅하다.

이렇게 사주원국에 대한 용신과 희신의 기운을 선택하여 놓고
격국을 면밀히 관찰하여 보니 일간 丙火에 대한 용신의 기운으
로 자리매김하고 있는 겁재 丁火가 비록 있겠으나 사주년간에
투출되어 있는 것은 일간 丙火에 대하여 직접 용신의 기운으로
서 그 역할을 하는 성질이 부족한 면이 나타나고 있다.

이와 같은 현상은 설상가상으로 사주년간에 丁火 겁재가 투출
되어 있는데 바로 근접하여 월상에 癸水 정관이 투출되어 용신
의 기운인 丁火 겁재를 丁-癸상충으로 파극하여 일간 丙火에게
가까이 가지 못하게 방해를 하고 있으므로 이것은 더욱 더 좋지
못한 것이라 판단한다.

하지만 사주월지 卯木 인수가 사주강약도표에 준하면 그 힘이 30%가 되어 일간 丙火를 생조하는 힘이 대단히 왕성하고 있으니 그나마 일간이 중화(中和)의 기점에 육박하면서 사주팔자가 안정됨을 나타내고 있는 중에 비록 丁火 겁재가 파극은 되어 있으나 용신과 희신이 사주내 자리를 잡고 있는 것은 정히 진신(眞神)의 성질이 되고 있으므로 복록이 깊은 것이 된다.

*. 본 장 12,항에 준한판단,!

본 장 12,항에 준하여 그 실체를 파악하여 인용한다면 **"사주에 육합(六合)을 비롯하여 삼합(三合), 방합(方合) 및 준삼합(準三合)을 하는 오행이 들어있을 경우 중심오행인 사왕지지(子, 午, 卯, 酉)가 멀리 원격(遠隔)하여 있는 중에 비록 상충이나 삼형으로 가격하지 않아도 상극되는 오행이 가로막고 있다면 이 때는 합을 결합하여도 미약한 합이 될 수밖에 없고 각각의 잔여기운을 남기면서 때에 따라서는 합으로 돌아가지 못하게 되는 수도 있다.!** 라며 구체적으로 기술하고 있다.

따라서 이상의 부분에 본 사주팔자를 접목시켜 간명하여 볼 때 완전히 일치를 하고 있음을 엿볼 수가 있겠는데 그것은 위 사주원국이 사주월지에 卯木인수가 사왕지지(子, 午, 卯, 酉)가 되어 그 세력을 강력하게 작용하면서 년지 未土 상관과 시지 亥水 편관과 모두 亥-卯-未 삼합 木局을 형성하고 있으니 단편적으로 판단한다면 완전한 木局으로 착각하기 쉽게 되어있다.

하지만 이와 같은 성질은 사주월지에 卯木 인수가 비록 존재하여 木局을 형성하는 과정에서 亥水 편관이 일지에 존재하여 있지 않고 멀리 시지에 떨어져 있는 중에 일지 申金 편재가 亥水와 卯木을 가로막아 월지 卯木 인수를 金剋木으로 오행상 상극을 하고 있으니 완전한 삼합의 기운으로 귀착하기 어렵게 되는 것은 자명한 일이다.

더구나 이러한 것은 합의 성질이 근접하여 있을 경우 비로서 완벽한 합을 구성할 수가 있을 텐데 비록 상충이나 삼형의 작용이 아니더라도 이렇게 상극되는 오행이 근접하여 있을 경우에도 합에 대한 영향력을 받는 것은 피할 수가 없게 된다.

∗. 일부학자들의 의문,!

여기서 일부학자들 중에서 방금 본 저자가 설명한 부분에 대하여 한가지 의문을 가지면서 질문을 하고 있겠는데 그것은 "운정선생은 본 사주팔자에 대한 지지에 亥-卯-未 삼합 木局에 대하여 사주일지 申金 편재가 시지 亥水편관을 가로막고 다시 월지 卯木 인수를 申金 편재가 金剋木으로 상극하니 합의 기운이 제대로 되지 못한다고 명시를 하고 있다".!

"그러나 저희 학자들의 견해는 운정선생의 설명에는 공감을 표시하고 있지만 그 중에서 비록 亥水 편관은 일지 申金 편재가 가로막고 있으니 월지 및 년지와 亥-卯-未 삼합을 동시에 구성하지 못한다손 치더라도 월지 卯木 인수와 년지 未土 상관은 근접하여 있는 것은 卯-未준삼합 木의 기운으로 귀착할 수가 있지 않겠느냐”,!라며 구체적으로 질문을 하고 있다.

*. 일부학자들의 의문에 대한 본 저자판단,!

이상과 같은 일부학자들의 질문에 대하여 본 저자는 학자들의 생각은 지극히 타당한 것이며 또한 본 저자의 생각도 일부 부합하고 있음을 인정하는 바이다.

그러나 이와 같은 일부학자들이 의문을 표시하는 성질도 좀 더 구체적으로 기술하여야 되는 필연성을 지니고 있겠으며 또한 오행상 서로간 합을 하는 성질도 일부학자들이 생각하는 부분과 조금 동떨어진 것도 있으니 그에 대하여 그 실체를 약 2가지 이유를 들어 자세하게 파헤쳐 보기로 하겠다.

우선 첫째로,!

“일부 학자들이 의문을 표시하는 사주월지 卯木 인수와 년지 未 土 상관과 卯-未合木에 대하여 비록 일지 申金 편재가 상충이나 삼형의 작용으로 卯木 인수를 파극하지 않지만 오행상 상극인 金剋木을 전혀 무시할 수가 없다”.!

무슨 말인지 좀 더 구체적으로 기술하자면 본 사주월지 卯木 인수가 년지 未 土 상관과 卯-未 준삼합 木으로 변화되는 절차에서 완벽한 木氣로 돌변하지 못하는 것은 일지 申金 편재가 합을 하는 것을 시기하여 상충이나 삼형의 기운이 아니라도 金剋木의 상극현상이 무언중에 나타나고 있으니 합에 대한 방해를 받기는 마련이다.

이와 같은 현상을 우리 일생생활에 비추어 설명한다면 결혼을 하려는 남, 녀가 동침을 하려는데 상충이나 삼형은 문을 박차는 것이 되므로 완전히 동침을 할 수가 없지만 오행상 상극되는 기운이 있을 때는 문밖에서 시끄럽게 싸움을 하며 소란을 피우게 될 경우 이것은 비록 잠자리를 하더라도 정상적인 동침이 될 수가 없는 것을 생각한다면 쉽게 이해를 할 수가 있겠다.

다음 둘째로,!

"본 사주원국에 월지 卯木 인수가 년지 未土 상관과 卯-未合木을 구성하는 절차에 그 세력을 뒷받침하여 중심오행으로 木局의 기운을 모아주는 사주천간에 甲, 乙木이 투출되지 않는 것을 꼬집을 수가 있다".!

이와 같은 부분은 만약 사주월지 卯木 인수와 년지 未土 상관이 卯-未合木을 구성하고 있는 중에 비록 사주일지 申金 편재가 金剋木으로 방해를 하고 있다손 치더라도 상충이나 삼형의 작용으로 인한 파극이 아니기 때문에 사주천간에 합의 중심기운을 모아주는 甲, 乙木이 있을 경우 완벽하게 하나의 木局으로 귀착할 수가 있다.

하지만 일지 申金이 金剋木하여 방해를 하고 있는 중에 사주천간에 이렇다할 木局을 대표하는 甲, 乙木이 투출되어 있지 않고 있으니 합의 중심기운이 모여지지 않아 완벽한 합의 기운이 되지 않는다는 부분을 명백히 알 수가 있을 것이다.

그렇다면 사주월지 卯木 인수와 년지 未土 상관이 卯-未合木에 대한 판단의 결정은 서로간 卯木 인수나 未土 상관이 바람을 피우다보니 木의 잔여기운이 돌출된다고 판단하는 것이 정석이다.

이상과 같은 맥락에 준하여 일부학자들이 언급하는 卯-未合木의 관계는 격국에 대한 합의 변화를 면밀히 관찰하여 볼 때 완전히 그 실체를 알 수가 있을 것이며 더하여 卯-未合木의 영향력이 미미하게 작용하는 것도 모두 본장 12,항에 적용하여 판단할 경우 그 실체를 자세하게 파헤치는 하나의 기준점이 될 것은 두말할 필요도 없다.

결국 본 장 12,항에 준하여 본 사주팔자를 접목시켜 볼 때 비록 사주팔자내 삼합의 기운이 있다하여도 그 오행 하나 하나가 어디에 어떻게 자리를 잡고 상극되는 오행이 얼마나 작용하는냐를 엄밀히 판단하여야 한다는 점을 본 장 12,항에서 대단히 강조하고 있는 것이다.

13. "사주지지에 상충이나 삼형이 존재하여 있다해도 상충이나 삼형의 기운을 가로막는 오행이 있고 육합(六合)이나 준삼합(準 三合)이 각각 사왕지지(子, 午, 卯,

酉)로 뭉쳐 근접하여 합을 결합하고 있는 중에 합의 성질을 대표하는 오행이 사주천간에 투출되어 있을 경우 비록 상충이나 삼형이 있다해도 합의 기운으로 돌아가게 된다".!

"그러나 단 이 때는 삼합이나 방합의 성질이 아닌 반합(半合)의 성질이 되고 있으므로 잔여기운을 남길 수도 있다".!

※ 참고로 이상의 부분을 좀 더 구체적으로 기술하자면 사주팔자에 육합(六合)이나 준삼합의 기운이 사왕지지(子, 午, 卯, 酉)로 합을 결합하는 성질이 되고 있는 중에 다시 사주천간에 합의 기운을 대표할 수 있는 중심오행이 투출되어 있을 경우 합의 기운은 대단히 강력해지는 것은 자명한 일이다.

그런데 이와 같은 중심오행이 투출되어 있는 육합(六合)이나 준삼합(準三合)을 구성하고 있는 것을 상충이나 삼형의 성질이 합의 기운을 가격하게 될 때 완전히 합의 기운은 파극을 받아 합이 분산될 수 있는 위험에 도달하게 된다.

하지만 이상의 상충이나 삼형의 오행을 중간에서 가로막아 합의 기운을 상극하지 못하게 하는 오행이 있을 경우 강력한 상충이나 삼형의 작용이 둔화되기 때문에 합의 기운은 무사하게 될 수가 있다.

무슨 말인지 좀 더 자세하게 사주원국을 예로 들어 설명하면 만약 사주월지에 사왕지지(四旺地支)인 酉金이 자리를 잡고 년지 辰土와 辰-酉合金을 구성한 중에 그 세력을 대표하고 있는 사주년간이나 월상에 庚, 辛 金氣가 투출되어 있으면 완벽한 동질성인 金局으로 귀착한다고 판단하여야 될 것이다.

하지만 이상의 사왕지지(四旺地支)인 酉金을 사주일지에 卯木이 자리를 잡아 卯-酉 상충으로 파극한다고 가정할 때 완전히 辰-酉合金이 성립이 될 수가 없을 것인데 다행스럽게도 卯木이 시지에 자리를 잡고 일지에 火氣나 土氣가 자리를 잡아 가로막고 있다면 卯木이 한단계 뛰어 넘어 월지 酉金까지 날아 가야 하니 그만큼 기운이 소진된다.

따라서 이와 같은 성질은 사주원국내 합의 기운을 파극하는 상충이나 삼형의 성질이 있다손 치더라도 중심기운을 가로막아 상충이나 삼형의 작용을 둔화 시키는 타오행이 있을 경우 합의 기운으로 취용할 수가 있으며 그러나 상충이나 삼형의 작용을 무시할 수가 없으므로 이 때는 본래오행의 잔여기운을 남길 수도 있다고 판단하는 것이 정석이다.

결국 본 장 13,항에 기술하고 있는 성질이 동질성인 합의 기운을 방해하는 상충이나 삼형의 성질이 사주원국내 어디에 자리잡고 있으며, 또한 어떻게 작용하고 있는가, 그 기준을 명확하게 판단하여 합의 기운을 판별하는 중대한 부분을 본 장에서 대단히 강조하고 있음을 엿볼 수가 있다.

(예1). 여자, 강 모씨(경북 상주) 1962년 음력 5월 9일 子 시

絶　病　祿　死
甲　己　丙　壬
子　卯　午　寅

정관　　인수 정재
木　(土)　火　水
水　木　火　木
편재 편관 편인 정관

***. 일간의 왕쇠(旺衰),!**

근일간 午월에 출생하여 득령(得令)하였으며 사주원국 월지 午火 편인을 중심으로 해서 년지 寅木 정관과 寅-午合火하니 그 세력의 중심을 대표하고 있는 월상 丙火 인수가 투출되어 있으므로 일간이 신강이다.

보통 이렇게 사주월지 午火 편인과 월상에 투출되어 있는 丙火 인수만이 독립적으로 존재하여 있다면 사주강약도표에 준해 그 힘이 39%가 되니 신약이 될 수가 있겠으나 이렇게 사주월지 午火 편인이 사왕지지(四旺地支)로서 년지 寅木과 寅-午合火로 강력하게 합을 결합하면서 다시 월상에 丙火 인수가 투출되어 합의 기운을 모아주고 있으므로 신강이 되는 것을 알 수가 있다.

따라서 사주일간 己土가 신강이 되면 마땅히 일간의 기운을 억제할 수 있는 기운이 필요한데 사주격국을 면밀히 관찰하여 보니 일간의 힘을 억제할 수 있는 시지 子水 편재가 자리를 잡고 있는 중에 관성 木氣가 군데군데 나타나 있으므로 곧 일간의 기운을 억제하는 것이 되어 내격(內格)의 억부법이나 조후법의 용신이 선택되는 것이 마땅하다.

한편으로 볼 때 사주팔자내 丙-壬 상충과 甲-己合土 및 지지에는 寅-午合火와 그리고 子-卯 형까지 존재하여 있으니 이렇게 상충의 작용과 합의 기운이 많은 것은 그만큼 사주상의 탁기(濁氣)를 구성하는 것을 엿볼 수가 있으므로 사주주인공에 대한 숙명적인 불길함을 모면할 수가 없다.

더구나 이렇게 일간 己土가 신강한데 일간 己土를 제외한 비겁 土氣가 사주상에 정오행이 없으니 왕성한 인성 火氣를 火生土로 흡수하지 못하게 됨에 따라 이것은 모자멸자(母慈滅子) 및 수다목부(水多木浮)현상이 유발되어 강력한 인성 火氣를 일간이 혼자 감당할 수가 없는 형상이 되므로 이것 역시 생식불식(生息不息)에 막힘이 많아 그에 대한 흉함이 걱정스럽기 짝이 없다고 보겠다.

*. 격국(格局)과 용신,!

본 사주팔자에 대한 격국(格局)과 용신을 판별하여 보면 우선 일간 己土가 사주월지에 午火 편인이 자리를 잡고 년지 寅木 정관과 寅-午합火를 구성한 중에 다시 그세력의 중심기운으로 투출되어 있는 월상 丙火 인수가 투출되어 신강하니 원칙적으로 "신강월지편인격(身强月支偏印格)"이 성격(成格)된다.

고로 용신은 "인중용재격(印重用財格)"으로서 일간 己土를 생조하는 강력한 인성 火氣를 水剋火로 억제하는 재성 水氣를 용신하고 재성 水氣를 생조하는 식상 金氣는 희신으로 삼는 것이 마땅하다.

여기서 관성 木氣는 사실상 일간 己土가 신강한 것이 인성 火氣에 의하여 신강이 되고 있으므로 관성 木氣는 오히려 인성 火氣를 火生土로 살인상생(殺印相生) 및 관인상생(官印相生)의 덕을 실현하여 오히려 강력한 火氣를 부채질하고 있으니 관성 木氣는 길할 수가 없음이 여기에 있다해도 과언이 아니다.

이렇게 사주일간 己土에 대한 용신과 희신의 기운을 선택하여 놓고 사주격국을 면밀히 관찰하여 볼 때 일간에 대한 용신의 기운으로 대변하고 있는 사주시지 子水 편재가 자리를 잡고 다시 년간에 壬水 정재가 투출되어 있으니 이것은 정히 진신(眞神)의 성질과 일치하고 있으므로 복록이 많은 것이 되어 일면 길하게 판단할 수도 있겠다.

하지만 한편으로 볼 경우 좋지 않은 현상이 나타나고 있는데 이렇게 용신의 기운이 자리를 잡아 정히 일간 己土에 대한 용신의 역할을 수행하고 있을 경우 용신인 子水 편재를 생조할 수 있는 식상 金氣가 사주내 보이지 않고 있으니 용신인 子水가 힘을 받을 수가 없는 것을 알 수가 있다.

더구나 이와 같은 현상은 왕성한 관성 木氣가 편재 子水의 기운을 水生木으로 기운을 빼고 있는 중에 설상가상으로 반대의 상극오행인 인성 火氣가 대단히 강력하게 작용하고 있으니 이것은 직, 간접적으로 子水 편재를 水剋火로 상극하여 용신의 기운이 관성과 인성의 작용으로 인해서 쇠약해지는 것은 자명한 일이 되었다.

무릇 모든 사주팔자는 일간에 대한 중요한 용신의 기운은 왕성하여 있어야만이 대길할 수가 있는 것은 더 이상 말할 필요가 없을 것인데 이렇게 용신의 기운을 생조하는 식상 金氣가 사주내 없고 오행상 서로 상극과 누출되는 기운만 모여 있는 것은 용신을 무력하게 만들고 있는 것이니 그에 대한 숙명적인 불길함을 먼저 생각하여야 되는 사주팔자라 할 것이다.

∗. 본 장 13,항에 준한판단,!

본 장 13,항에 준하여 그 실체를 인용하여 보면 "사주지지에 상충이나 삼형이 존재하여 있다해도 상충이나 삼형의 기운을 가로막는 오행이 있고 육합(六合)이나 준삼합(準三合)이 각각 사왕지지(子, 午, 卯, 酉)로 뭉쳐 근접하여 합을 결합하고 있는 중에 합의 성질을 대표하는 오행이 사주천간에 투출되어 있을 경우 비록 상충이나 삼형이 있다해도 합의 기운으로 돌아가는데 단 이때는 삼합이나 방합의 성질이 아닌 반합(半合)의 성질이 되고 있으므로 잔여기운을 남길 수도 있다..! 라며 구체적으로 기술하고 있다.

따라서 본 사주팔자는 이상의 부분에 적용시켜 판단하여 볼 때 완전히 일치하는 현상을 엿볼 수가 있겠다.

우선 그와 같은 성질을 자세하게 판별하여 보면 사주월지 午火 편인이 사왕지지(子, 午 , 卯, 酉)로서 월령을 득(得)해 있는 중에 사주년지 寅木 정관과 寅-午合火를 구성하여 다시 그 세력에 중심을 둔 월상 丙火 인수가 투출되어 있으니 완전히 하나의 火局을 결성하고 있다해도 과언이 아니다.

그런데 여기서 한가지 중요한 성질을 면밀히 검토하여야 되는데 그것은 이렇게 강력하게 寅-午合火를 구성하고 있는 중심세력으로 자리매김하고 있는 월지 午火를 사주시지 子水 편재가 子-午 상충으로 파극하여 寅-午합을 방해하고 있으니 일면 단편적으로 판단할 경우 합의 기운이 분산되어 본래의 오행으로 취용할 수 있는 함정이 도사리고 있음을 알 수가 있다.

하지만 절묘하게 사주일지 卯木 편관이 子水 편재와 월지 午火를 가로막아 있으니 제대로된 상충의 작용이 둔화되어 완벽한 상극이 발생할 수가 없게 되는데 금상첨화로 일지 卯木 편관이 시지 子水 편재와 오행상 조건이 水生木의 법칙에 따라 서로 상생의 관계가 되고 있는 것은 더욱 더 子水 편재는 卯木 편관의 기운에 흡수를 당하고 있다고 판단해야 한다.

더하여 이러한 현상은 일지 卯木 편관은 다시 월지 午火 편인이 년지 寅木정관과 寅-午合火를 구성하고 있는 불길을 木生火로 더욱 더 나무가 불에게 생조를 하고 있으니 이것은 상충의 작용에 앞서 오히려 水氣가 木氣에 흡수를 당하면서 불을 더욱 더 일어나게 만드는 형상이 되고 말았다.

이상의 부분은 일면 본 장 13,항에 준하여 판단하여 볼 때 상충의 작용이 타 오행이 가로막아 있을 경우 상충의 작용이 둔화되어 약한 상극이 발생하니 때에 따라서는 합의 기운이 쇠약하여져서 일부 오행상 잔여기운을 남긴다고 판단하는 것이 원칙이라고 기술하고 있다.

그러나 본 사주팔자와 같이 가로막는 오행이 상생의 조건이 부여된다면 상극은 고사하고 오히려 서로간 유정(有情)하게 만드는 형상이 되므로 잔여 기운은커녕 오히려 더욱 더 합의 기운을 강력하게 만들 수 있는 성질임을 간파하 여야 될 것이다.

결국 본 장에 기술하는 13,항은 같은 동질성인 상충이나 삼형의 작용이 들어 있다해도 오행의 조화가 어떻게 사주팔자내 자리를 잡고 있는가, 또한 서 로간에 상생의 작용이 있는가,에 따라 상극으로 인한 합, 충의 변화를 읽어야 함을 대단히 강조하고 있음을 엿볼 수가 있다.

14. "육합(六合)이나 준삼합(準三合)이 각각 사주지지에 2개의 오행으로 구성되어 있는데 공교롭게도 육합

(六合)의 기운과 준삼합(準三合)의 기운이 근접하여 서로간 상충이나 삼형의 작용으로 성립되는 경우가 있다".!

"이럴 경우 사주천간에 중심오행이 투출되었을 때는 합의 기운으로 취용하고 만약 중심오행이 투출되지 않았다면 비록 합의 기운으로 취용하더라도 오행상 본래의 잔여기운이 남아 있다고 판단한다".!

※ 참고로 이상의 부분에 대하여 좀 더 자세하게 기술하여 보면 육합(六合)의 성질이 같은 육합(六合)끼리 혹은 준삼합(準三合)과 준삼합(準三合), 그리고 육합(六合)과 준삼합(準三合)등이 사주지지에 합을 구성할 경우 공교롭게도 상충이나 삼형을 동반하는 경우가 있다.

조금 이해하기 어려운 성질이므로 구체적으로 사주팔자를 예를 들어보면 만약 사주월지에 午火가 자리를 잡고 년지에 戌土가 있으니 午-戌合火가 성립되는데 재차 사주일지에 子水가 존재하여 시지 辰土와 子-辰合水를 구성하고 있는 형태이다.

그런데 이 때 월지 午火와 일지 子水가 모두 사왕지지(子, 午, 卯, 酉)로서 子-午 상충의 작용이 발생하고 있으니 일면 단편적으로 판단할 경우 모두 합의 성질이 상충의 작용으로 인하여 파극되어 합의 의미를 취용하지 못할 수 있는 간명상 함정에 빠질 수가 있다.

하지만 이 경우 사주천간에 각각의 중심기운을 대표하고 있는 오행이 투출되어 있다면 모두 합의 기운으로 취용하여야 될 것인데 만약 중심기운이 사주천간에 투출되지 않았을 경우 모두 합의 기운으로 인한 오행은 비록 취용하여 변화될 것이나 중심기운이 없기 때문에 완벽하게 돌아가지 못하니 각각의 잔여기운을 남기는 것이라 판단한다.

이와 같은 현상은 우리 일상생활에 비추어 설명할 때 결혼을 하려는 2쌍의 남 녀가 있는데 그 중에 남자들끼리 서로간 앙숙이 되어 시비와 다툼이 발생되겠으나 두 여자가 각각의 남자를 달래면서 사랑을 속삭이니 모두 사랑에 집착하여 시비와 다툼이 발생되지 못하는 형상이나 생각하면 쉽게 이해가 갈 것이다.

본 장 14,항에 기술하는 성질은 대단히 고난도의 부분이 되고 있으니 사실상 사주추명학의 대가(大家)들도 이와 같은 합, 충의 변화를 단순적으로 판단하여 일간의 왕쇠(旺衰)와 용신을 잘못 선정하는 현상이 종종 발생하고 있는 것은 그만큼 본 장에 적용되는 사주팔자는 극도로 고난도의 실력을 요구하여 그 실체가 까다롭고 진땀을 흘리는 성질임은 두말할 필요도 없다.

결국 본 장에 언급하는 합과 충의 교차되는 지점에서 용신 및 일간의 왕쇠(旺衰)를 판별하는 실제인물의 사주팔자가 당면되면 모두 본 장 14,항에 준하여 간명하게 될 때 용신의 기운을 파악하기가 대단히 용이하게 될 수가 있으니 사주격국에 대한 합과 충의 변화를 면밀히 관찰하여야 됨을 본 장에서 중요하게 강조하고 있다.

(예1). 남자, 장 모씨(경기도 안양) 1940년 음력8월 8일 戌 시

墓　祿　絶　帶
丙　乙　乙　庚
戌　卯　酉　辰

상관　　비견 정관
火　(木) 木　金
土　木　金　土
정재 비견 편관 정재

✻. 일간의 왕쇠(旺衰),!

乙일간 酉월에 출생하여 실령(失令)하였으며 사주월지 酉金 편관을 중심으로하여 년지 辰土 정재와 辰-酉合金을 구성한 중에 년간에 庚金 정관이 있고 다시 일지 卯木 비견과 시지 정재 戌土와 卯-戌合火를 하여 시상에 丙火가 투출되어 있으니 일간 乙木이 극도로 신약하다.

이렇게 일간 乙木이 신약이 극심하면 잘못하면 일간이 외격

(外格)의 종격(從格)이나 가종격(假從格)으로 돌아가기 쉽게 될 것인데 사주격국을 면밀히 관찰하여 보니 월지에 酉金 편관이 辰-酉합을 구성한 중에 년간 庚金 정관이 투출되어 있음을 엿볼 수가 있다.

그런데 다시 일지와 시지가 卯-戌합을 하여 나오는 火氣가 시상에 丙火로 투출되어 있으므로 이것은 같은 기운이 되지 않고 火剋金이 되고 있으니 이것은 곧 왕성한 세력간에 다툼이 생겨 상극하고 있으니 종격(從格)으로 돌아가지도 못 하게 된 것은 어쩌면 당연하다.

더하여 일간 乙木은 일지 卯木 비견에 십이운성에 건록지에 앉아 있는 중에 다시 재차 월상에 乙木 비견이 투출되어 있으므로 일간이 뿌리를 튼튼히 하는 것이 되고 있는 것을 배제할 수가 없다.

상황이 이럴진데 더구나 일지 卯木 비견과 월지 酉金 편관이 비록 각각의 합을 하고 있겠으나 卯-酉 상충으로 인한 틈이 생겨 완벽한 합을 구사하지 못하고 있으므로 이틈을 노려 일간이 일지 卯木 비견의 잔여기운에 생조를 받고 있는 것도 한편 판단할 수가 있다.

그러나 무엇보다도 일간 乙木이 신약으로 치달리는 현상이 극심하고 있는 중에 사주지지에 합을 하여 나오는 기운이 서로 火剋金으로 상극되는 것은 두마리의 호랑이 싸움에 일간이 끼여들어 그 소용돌이에서 직·간접적으로 불똥이 튀는 것을 모면할 수가 없게 되었다.

이것은 곧 한편으로 볼 때 운로인 대운이나 세운에서 용신 및 희신의 기운을 받아야 일간이 그나마 살 수가 있겠으나 만약 일간을 중첩하여 상극하는 기신(忌神)의 운로를 받고 있을 때는 살운(殺運)에 대해 그 대항하는 힘이 대처하기가 역부족이 되므로 그에 대한 흉함은 하늘을 찌르고도 남음이 있으니 대단히 답답한 심정을 금할 길이 없다.

*. 격국(格局)과 용신,!

본 사주팔자에 대한 격국(格局)과 용신을 판별하여보면 우선 일간 乙木이 신 약함이 극심한 중에 사주월지 酉金 편관이 자리를 잡고 년지 辰土 정재와 辰-酉合金을 한 중에 그 세력에 뿌리를 둔 년간 庚金 정관이 재차 투출되어 있으니 원칙적으로 "제살태과격(制殺太過格)" 및 "신약편관격(身弱偏官格)"을 같이 성격(成格)한다.

고로 용신은 "살중용인격(殺重用印格)"으로서 강력한 관성 金氣를 억제하고 아울러 신약한 일간 乙木을 생조하는 인성 水氣를 용신으로 삼으며 또한 일간이 신약하니 乙木을 부조하는 비겁 木氣는 길신으로 선택하는 것이 마땅하다.

또한 이와 같은 부분은 관성 金氣가 강력하여 인성 水氣를 용신으로 선택하고 있겠으나 그보다 일지 卯木과 시지 戌土 정재가 卯-戌合火하여 시상에 丙火가 투출되어 있는 것은 식상 火氣의 기운도 일간 乙木을 木生火로 대단히 극루(剋漏)하고 있으니 인성 水氣는 식상 火氣를 水剋火로 이것 역시 억제할 수가 있으므로 일거양득의 효과를 노릴 수가 있음을 엿볼 수가 있다.

이렇게 사주원국 일간 乙木에 대한 용신과 길신을 선택하여 놓고 사주격국을면밀히 관찰하여 보니 사주상의 용신기운으로 대변되는 인성 水氣가 사주에 정오행이 없고 비록 있다해도 년지 辰土 지장간 중기(中氣)에 癸水 편인이 존재하여 있으나 이미 辰-酉合金으로 관성 金氣로 돌변한 이상 제대로 용신의 기운으로 역할을 할 수가 없게 되었다.

따라서 시급히 운로인 대운이나 세운에서 인성 水氣를 보아야 하는 가신(假神)의 성질을 용신으로 채택하여야 되는 절박함마져 본 사주원국에 감돌고 있으니 이것은 곧 숙명적인 불길함으로 연결되어 대단히 좋지 못하고 있음을 알 수가 있다.

*. 본 장 14,항에 준한판단,!

본 장 14,항에 준하여 그 실체를 인용하여 보면 **"육합(六合)이나 준삼합(準三合)**이 각각 사주지지에 2개의 오행으로 구성되어 있는데 공교롭게도 육합(六合)의 기운과 준삼합(準三合)의 기운이 근접하여 서로간 상충이나 삼형의 작용으로 성립되는 경우가 있다.!

이럴 경우 사주천간에 중심오행이 투출되었을 때는 합의 기운으로 취용하고 만약 중심오행이 투출되지 않았다면 비록 합의 기운으로 취용하더라도 오행상 본래의 잔여기운이 남아 있다고 판단한다.! 라며 구체적으로 기술하고 있다.

따라서 본 사주팔자는 이상의 맥락에 비추어 판단하여 볼 경우 완전히 일치를 하고 있겠는데 그것은 사주월지 酉金 편관을 중심으로 년지 辰土 정재와 辰-酉合金을 성립한 중에 그 세력에 뿌리를 두고 년간 庚金 정관이 투출되어 있으니 이것은 단편적으로 판단해도 관성 金氣의 기운이 대단히 강력함을 알 수가 있다.

그런데 사주일지에 卯木 비견이 자리를 잡고 시지 戌土 정재와 卯-戌合火를 결성하면서 다시 그 세력에 뿌리를 두고 시상 丙火 상관이 투출되어 있으므로 이것은 전자에 언급한 관성 金氣의 세력과 견줄수 있는 힘의 세력으로 군림하고 있는 것으로 판단한다.

이상 합의 세력은 관성 金氣와 식상 火氣의 세력이 각각의 사주천간에 투출되어 있는 庚金 정관이나 丙火 상관은 모두 양간(陽干)으로서 상대적인 음간(陰干)인 辛金이나 丁火보다 합의 세력을 더욱 더 중심으로 대표할 수 있는 강력한 것임을 알 수가 있겠는데 더구나 월지 酉金이나 일지 卯木은 사왕지지(四旺地支)로서 한층 더 합의 기운을 강력하게 성립하고 있는 것도 알 수 가 있다.

이것은 한편으로 볼 때 양자의 세력이 강력한 것은 두말할 필요가 없으니 보통 관성 金氣가 태왕하면 일간이 신강, 신약을 불문하고 식상 火氣를 용신으로 선택한다는 법칙에도 본 사주가 해당되지 않는 것은 그만큼 식상 火氣도 만만치 않는 세력으로 말미암아 신약한 일간 乙木을 더욱 더 신약하게 만들게 되므로 식상 火氣는 본 사주격국상 용신으로 선택되지 못하는 이유가 여기에 있다해도 과언이 아니다.

더구나 辰-酉合金이나 卯-戌合火는 삼합이나 방합의 기운이 아닌 육합의 세력으로 뭉쳐진 합이 되고 있는 중에 사실상 월지 酉金 편관을 일지 卯木 비견이 卯-酉 상충으로 파극하여 단편적으로 판단하면 양자의 합의 세력을 볼 수 없을 정도로 합의 함정이 도사리고 있으니 그 실체를 판단하기 아주 어렵다할 것이다.

*. 본 장 14,항에 대한 난이한 성질,!

이와 같은 현상은 본 장 14,항의 법칙에 준하여 판단할 경우 그 실체가 완벽하게 나타날 수 있는 잇점을 가지고 있는데 이렇게 양자의 합이 성립되고 사주천간에 그 세력을 대표하는 중심기운이 투출되어 있을 때 상충이나 삼형의 작용은 뒷전에 밀려나고 완벽한 합의 기운으로 귀착할 수가 있다.

따라서 그 성질을 판별할 때 월지 酉金 편관은 사왕지지가 되어 월령에 자리를 잡고 주도세력이 되고 있으므로 년지 辰土 정재와 辰-酉合金하는 것에 대하여 년간에 庚金 정관이 중심기운

이 되어 강력하게 작용하고 있는 것이 되어 년지 辰土 잔여기운
은 거의 金氣로 변해 있다고 판단해도 무방하다.

그러나 일지와 시지간에 합이 성립되는 卯-戌合火는 비록 卯
木이 사왕지지(四旺地支)라 해도 사주월령에 자리를 잡지 않고
합을 결합하고 있으므로 합의 기운이 강력하게 결합되는 삼합이
나 방합의 성질에 비해 미약한 육합의 성질이 되고 있으니 아무
리 사주천간에 투출되어 있는 중심이 있다해도 오행상 본래의
잔여기운을 남긴다고 판단하는 것이 타당하다.

또한 이것은 본 사주팔자에 일간 및 월상에 투출되어 있는 乙
木 비견이 사주일지 卯木 비견에 십이운성 건록지에 해당하여
그 뿌리를 튼튼히 하고 있으니 이것 또한 그 성질을 무시할 수
없는 이유도 한몫을 차지하고 있다해도 과언이 아니다.

14,항에 준하여 그 실체를 파악하여 볼 경우 지금까지 합의 성
질을 판단하는 절차에서 대단히 까다롭고 고난도의 성질이 되는
것을 알 수가 있는데 정말 이러한 합에 대한 성질은 사주추명학
의 대가(大家)들도 고개를 저으면서 난색을 표현하는 것은 그만
큼 본 장에 적용되는 사주팔자는 용신을 선별하기가 어렵기 때
문이다.

결국 해당되는 실존인물이 유독 14,항에 적용되어 반합(半合)
의 기운으로 뭉쳐진 합인 육합(六合)이나 준삼합(準三合)등에 대
하여 상충이나 삼형의 기운이 복합적으로 나타나고 있을 때 모
두 이상과 같은 맥락에 준하여 합, 충의 변화를 읽어야 하는 것

을 본 장에서 대단히 강조하고 있는 것은 두말할 필요가 없다.

15. "삼합(三合)이나 방합(方合)의 중심기운인 사왕지지(子, 午, 卯, 酉)가 사주월지에 자리를 잡고 삼합이나 방합이 성립되고 있을 때 상충이나 삼형으로 합을 방해하는 것이 하나의 오행에 가로막혀 사왕지지를 피해 상충이나 삼형이 되고 있다면 비록 합의 기운은 방해를 받더라도 완벽한 합의 기운으로 돌아간다".!

※ 이상의 부분을 좀 더 자세하게 기술하여 보면 사주팔자에 삼합(三合)이나 방합(方合)의 성질은 모두 3개의 오행이 뭉쳐 하나의 집단체를 구성하게 되므로 그 세력이 대단히 강력한 합의 기운이 되는 것은 두말할 필요도 없다.

그런데 이와 같은 삼합(三合)이나 방합(方合)의 성질이 사주월지에 중심오행인 사왕지지(子, 午, 卯, 酉)가 주도되어 자리를 잡고 합을 구성하고 있을 경우 이 때 중심오행인 사왕지지(四旺地支)를 상충이나 삼형으로 가격하는 성질이 되고 있을 때는 과연 합의 기운을 취용할 것인가, 그렇지 않으면 합으로 취용하지 못할 것인가,를 놓고 고민에 부닥치게 된다.

무슨 말인지 좀 더 자세하게 예를 들어 설명하자면 이상의 삼합이나 방합의 합을 성립하려는 절차에서 3가지 기운중에 주도세력으로 자리를 잡은 중심 기운인 사왕지지(四旺地支)인 子水가 사주월지에 존재하고 년지에 申金, 그리고 일지에 辰

土가 있어 완전한 申-子-辰 삼합을 구성하고 있으면 정삼합(正三合)이라 하여 그 세력이 대단히 강력하게 발휘된다.

그런데 묘하게도 사주시지에 같은 사왕지지(四旺地支)로 충돌하는 午火가 존재하여 사주월지 子水를 子-午 상충으로 파극하고 있다면 이 때 삼합의 기운이 상충의 소용돌이로 말미암아 분산되어 각각의 본래오행으로 귀착하는 것인지, 그렇지 않으면 비록 상충의 작용이 있다해도 합의 기운으로 취용하여야 될 것인지를 놓고 대단한 고민에 부닥치게 될 것이다.

고난도의 성질이 되므로 학자들의 이해를 돕기 위해 아래 도표를 보면서 기술 하자면,!

(예1).!

시　　일　　월　　년

午　　辰　　子　　申

※ "子-午 상충이 일지 辰土에 가로막혀 먼저 일지 辰土에게 火生土로 힘을 빼앗기고 있으니 상충의 작용이 미약해지고 있다".!

　도표에서 나타나고 있듯이 이와 같은 성질은 비록 시지 午火가 월지 子水를 子-午 상충으로 파극하는 현상이 유발 되더라도 사주일지에 辰土가 午火를 가로막아 있으니 시지 午火가 한단계 뛰어넘어 월지까지 날아가 子水를 상충 하기가 대단히 힘이 미약하여 질 수밖에 없다.

　더구나 시지 午火를 가로막고 있는 사주일지 辰土는 오행상 습토가 되어 水氣를 강력하게 머금고 있는 현상이 되고 있음에 따라 직·간접적으로 시지 午火는 일지 辰土의 기운에 의하여 火生土로 그 기운이 심하게 누출됨을 피할 수가 없는데 그렇다면 이상의 子-午 상충은 제대로 그 힘을 발휘하여 강력한 申-子-辰 삼합의 기운을 분산시키기가 어렵게 된다.

　결국 본 장 15, 항에 기술하는 성질은 사주팔자내 삼합이나 방합의 성질이 존재하여 있을 경우 중심기운을 상극하는 상충이나 삼형이 있다손 치더라도 이상과 같은 맥락에 비추어 상충의 작용을 가로막고 합을 보호하는 오행이 존재하여 있다면 비록 조금의 상충이나 삼형의 영향력을 받아 합의 기운이 미약해짐은 모면할 수가 없겠지만 완전한 합의 기운으로 취용하여야 되는 점을 대단히 강조하고 있는 것이다.

(예1). 여자, 방 모씨(경기 부천) 1950년 음력 4월 23일 子 시

浴　養　死　祿
甲　甲　壬　庚
子　戌　午　寅

비견　　편인 편관
木　(木)　水　金
水　土　火　木
인수 편재 상관 비견

***. 일간의 왕쇠(旺衰),!**

甲일간 午월에 출생하여 실령(失令)하였으며 사주월지 午火 상관을 중심으로 해서 년지 寅木 비견과 일지 戌土 편재가 모두 합쳐 寅-午-戌 삼합 火局을 결성하고 있으니 일간 甲木이 신약이다.

이렇게 일간 甲木이 신약할 경우 외격(外格)의 종격(從格)이나 가종격(假從格)으로 돌아가지 않는 이상 마땅히 일간을 생조하는 오행이 있어야 만이 대길할 것이다.

따라서 사주원국을 자세히 관찰하여 보니 일간 乙木을 생조하는 시지 子水인수가 자리를 잡아 득세(得勢)의 기운이 되고 다시 그 세력에 십이운성 제왕에 앉은 월상 편인이 투출되면서 시상에 甲木까지 있으니 결코 일간이 외격(外格)의 종격(從格)이나 가종격(假從格)으로 돌아가지 못하고 내격(內格)에 기준하여 용신이 선정되는 것이 마땅하다.

한편으로 볼 때 일간 甲木이 午월에 출생하여 사주월지에 강력한 午火 상관이 자리를 잡고 년지 寅木 비견과 일지 戌土 편재가 모두 합세하여 寅-午-戌 삼합 火局으로 변화되고 있으니 이것은 단편적으로 보아도 식상 火氣가 태왕(太旺)하여 있음을 엿볼 수가 있다.

하지만 일간 甲木은 그나마 사주시지에 子水 인수가 버티고 있는 중에 월상과 시상에 壬水 편인 및 비견이 일간을 부조하면서 왕성한 식상 火氣에 대적을 하고 있으니 일간 甲木은 천군만마를 얻은 기분이라 대단히 길하게 작용하고 있음을 알 수가 있다.

*. 격국(格局)과 용신,!

다시 본 사주팔자에 대한 격국(格局)과 용신을 판별하여 보면 우선 일간 甲木이 신약한 중에 사주월지에 상관 午火가 자리를 잡고 년지 寅木 비견과 일지 戌土 편재간 각각 모두 寅-午-戌 삼합 火局을 결성하고 있으니 원칙적으로 "신약월지상관격(身弱月支傷官格)"이며 일명 "진상관격(眞傷官格)"이 성격(成格)한다.

고로 용신은 "진상관용인격(眞傷官用印格)"으로서 강력한 寅-午-戌 삼합 火局을 억제하고 아울러 신약한 일간 甲木을 水生木으로 생조하는 인성 水氣를 용신하며 인성 水氣를 생조하는 관성 金氣는 희신으로 선택되는 것이 마땅하다.

또한 한편으로 볼 때 일간 甲木이 신약하니 일간의 동기인 비겁 木氣는 비록 강력한 식상 火氣를 木生火로 생조하여 비록 그 힘을 일부 빼앗기 겠지만 그래도 일간 甲木을 부조하는 것이 되므로 비겁 木氣는 길신으로 사용할 수가 있다.

이렇게 사주상에 용신과 희신 및 길신을 선택하여 놓고 사주원국을 면밀히 관찰하여 보니 일간 甲木에 대한 중요한 용신의 기운으로 자리매김하고 있는 인성 水氣가 사주시지 子水 인수가 일간에 대한 득세(得勢)의 기운이 되고 있는 중에 다시 그 세력에 뿌리를 두고 월상에 투출되어 있는 壬水 편인이 끊임없이 일간을 생조하고 있음을 엿볼 수가 있다.

사주원국이 절묘한 것은 이렇게 일간 甲木에 대한 용신의 기운이 사주시지 子水 인수와 월상 壬水 편인이 동시에 투출되어 있는데 다시 년간에 庚金 편관이 투출되어 월상 壬水 편인을 끊임없이 金生水로 생조하고 있으므로 용신이 힘을 받는 것은 두 말할 필요가 없으니 이것은 정말 절묘한 배합을 구성하고 있다 해도 과언이 아니다.

이러한 것을 더욱 더 소중하게 판단하고 있는 이유는 본 사주 팔자에 대한 기 신(忌神)의 역할을 하고 있는 식상 火氣가 삼합을 하지 않고 그냥 독립적인 오행으로 구성되어 있다면 별문제가 되지 않을 수도 있을 것이다.

하지만 이렇게 세가지 오행이 한테 뭉쳐 강력한 寅-午-戌 삼합 火局을 결성하고 있으니 이미 태양과 같은 불길속에 모든 것이 다 녹아 없어지고 있으므로 시급히 인성 水氣를 보아야 하는 절박함 때문에 더욱 더 무엇 보다도 인성 水氣가 소중한 이유가 여기에 있다해도 과언이 아니다.

*. 일부학자들의 질문,!

여기서 일부학자들 중에서 한가지 의문을 가지면서 본 저자에게 질문을 하고 있는데 그것은 "운정선생은 본 사주팔자에 대한 일간 甲木이 신약한 것이 사주지지에 寅-午-戌 삼합 火局을 결성하여 식상 火氣가 태왕하니 진상관용인격(眞傷官用印格)으로서 식상 火氣를 水剋火로 억제하는 인성 水氣를 용신으로 선택한다며 말하고 있다".!

"따라서 이와 같은 용신인 인성 水氣에 대한 판단은 지극히 당연한 것을 저희 학자들은 인정을 하고 있겠으나 하지만 인성 水氣를 생조하는 관성 金氣를 희신으로 선택하는 부분은 본 사주팔자에 그렇지 않아도 식상 火氣에 의하여 신약함이 괴로운 것은 기정사실이 되고 있다".!

"그런데도 불구하고 관성 金氣를 운로인 대운이나 세운에서 맞이한다고 가정할 경우 신약한 일간 甲木이 더욱 더 신약하게 되므로 이것은 곧 극루교가(剋漏交加)가 되어 대단히 불리할 것인데 어찌하여 운정선생은 인성 水氣를 金生水로 생조한다고 가정하여 막연히 희신의 성질로 관성 金氣를 채 택하는 것인지 이 부분에 대하여 상세한 답변을 하여달라",!라며 구체적으로 질문을 하고 있다.

*. 일부학자들의 질문에 대한 본 저자판단,!

이와 같은 일부학자들의 의문에 대하여 본 저자는 일부학자들이 본 사주팔자에 대한 용신의 기운을 "진상관용인격(眞傷官用印格)"으로서 인성 水氣를 용신으로 삼고 있는 것을 인성 水氣를 생조하는 관성 金氣에 대한 희신의 성질이 신약한 일간 甲木에 대한 극루교가(剋漏交加)이니 더욱 더 불리할 것에 의문을 표시하고 있다.

그러나 본 저자는 일부학자들의 견해는 일부 타당한 일면도 있겠으나 본 사주팔자에 대한 구체적인 일간 甲木에 대한 인성 水氣가 사주내 어떠한 역할과 또한 그 힘의 강약에 따라서 관성 金氣의 기운이 일간 甲木에 미치는 영향력을 저울질을 하여 판단하였을 때 지금 본 저자의 말에 곧 수긍이 갈 것이다.

따라서 그 부분을 좀 더 구체적으로 기술하여 보자면 우선 사주일간 甲木이 얼마나 신약한 가, 또한 관성 金氣를 살인상생(殺印相生)하는 인성 水氣가 얼마나 강력하게 존재하여 일간과 서

로 유정(有情)한 위치에 자리를 잡고 있는 가를 면밀히 관찰하여
야 될 것이다.

그런데 본 사주격국을 자세히 관찰하여 보면 일간 甲木을 중
심으로 해서 사주시지에 子水 인수가 일간 甲木에 대한 득세(得
勢)의 기운이 되고 있는 중에 다시 사주월상에 壬水 편인이 투출
되어 있음을 엿볼 수가 있다.

그렇다면 이것은 곧 단편적으로 보아도 인성 水氣가 대단히
강력하게 작용하고 있음을 알 수가 있겠는데 월상에 투출되어
있는 壬水 편인은 일간 甲木과 서로 유정(有情)하여 있음에 따라
이미 선천성인 사주명조에 년간에 庚金 편관이 金生水로 편인
壬水를 근접하여 편인 壬水가 대단히 편관의 기운을 받아 왕성
하여 있음도 판단할 수가 있다.

더구나 시상에 투출되어 있는 甲木 비견이 존재하여 이렇게
시지 인수 子水가 사왕지지(子, 午, 卯, 酉)로서 일간 甲木이 득
세(得勢)하고 다시 월상과 편인 壬水 및 시상 甲木이 일간을 둘러
쌓아 일간이 비록 신약하지만 중화(中和)의 기점에 육박하는 7%
가 모자라는 33%까지 육박하고 있으니 이것은 단편적으로 보아
도 일간이 안정된 힘을 가지는 것으로 볼 수가 있다.

만약 본 사주팔자가 일간 甲木에 대한 신약함이 태약하다고
가정할 경우 아무리 인성 水氣가 사주에 있다해도 관성 金氣가
인성 水氣를 金生水로 생조하기 이전에 관성의 잔여기운이 먼저
일간 甲木을 金剋木으로 치고 들어오니 이럴 때는 관성 金氣를

학자들이 염려한데로 희신으로 선택하지 못할 수가 있을 것이다.

하지만 이렇게 일간 甲木이 중화(中和)의 기점에 육박하는 기운을 가지고 있는 중에 월상과 시지에 각각 壬水 편인과 子水 인수가 근접하여 그 세력이 왕성한 것은 관성 金氣를 충분히 金生水, 水生木하여 일간으로 연결시킬 수 있는 장점을 발휘할 수가 있다고 판단하여야 된다.

또한 이와 같은 성질은 이렇게 일간 甲木이 기운을 子水 인수와 壬水 편인에 의하여 얻고 있는 중에 아무리 식상 火氣가 寅-午-戌 삼합 火局을 결성하여 신약한 일간을 극루교가(剋漏交加)로 일간의 힘을 빼고 있겠으나 이미 선천성인 사주명조에 인성 水氣가 왕성하여 있으니 일간 甲木이 식상 火氣에 당당할 수가 있는 장점이 있다고 보겠다.

여기서 중요한 하나의 부분이 나타나고 있는데 그것은 이상의 관성 金氣가 본 사주일간 甲木이 신약이 극심하면 희신으로 선택할 수 없을 것이지만 인성 水氣가 왕성함에 따라 관성 金氣를 희신으로 선택할 수가 있는 소지가 여기에 있음도 눈여겨 보아야 된다.

더하여 상황이 이럴진데 이렇게 일간이 인성과 비견 甲木에 의하여 힘을 가지고 있으니 지지에 寅-午-戌 삼합 火局인 식상의 기운을 관성 金氣가 火剋金으로 상극하여 식상 火氣의 힘을 줄여줄 수 있는 장점도 기대할 수가 있는 것이다.

결국 학자들이 염려한데로 만약 일간이 신약함이 태약하다면 방금 설명한 관성 金氣가 식상 火氣를 火剋金으로 상극하여 억제를 도모할 수 있는 반대급부현상을 일간이 가지지도 못한채 강력한 관성 金氣에 의하여 자멸할 것은 뻔할 것이나 다행으로 이상의 욕구에 모두 만족하고 있기 때문에 관성 金氣 를 희신으로 삼는 절대적 이유가 여기에 있다해도 과언이 아니다.

∗. 본 장 15,항에 준한판단,!

본 장 15,항에 준하여 그 실체를 자세하게 언급하여 보면 **"삼합(三合)이 나 방합(方合)의 중심기운인 사왕지지(子, 午, 卯, 酉)가 사주 월지에 자리를 잡고 삼합이나 방합이 성립되고 있을 때 상충이나 삼형으로 합을 방해하는 것이 하나의 오행에 가로막혀 사왕지지를 피해 상충이나 삼형이 되고 있다면 비록 합의 기운은 방해를 받더라도 완벽한 합의 기운으로 돌아간다.!** 라며 구체적으로 기술하고 있다.

따라서 본 사주팔자를 이상의 부분에 접목시켜 판단하여 보면 완전히 일치를 하고 있겠는데 그것은 우선 사주월지 午火 상관이 사왕지지(四旺地支)로서 불의 중심세력이 되어 다시 년지 寅木 비견과 일지 戌土 편재와 모두 합세 寅-午-戌 삼합 火局이 결성되고 있음을 엿볼 수가 있다.

그런데 사주시지 子水 인수가 역시 사왕지지(四旺地支)로서 사주월지 午火 상관을 子-午 상충이 되어 파극하고 있으니 일면 단편적으로 판단하여 볼 경우 寅-午-戌 삼합 火局이 상충의 작용으로 인하여 합의 세력이 분산되는 느낌이 드는 듯하다.

하지만 사주일지 戌土 편재가 子水 인수를 가로막고 있으니 子水 인수는 한 다리 건너 뛰어 월지 午火 상관을 子-午 상충으로 파극하기가 대단히 힘들어지고 있으며 비록 상극을 한다손 치더라도 이렇게 사주월령에 중심세력인 午火 상관이 자리를 잡고 寅-午-戌 삼합 火局이 결성되는 것은 왠만한 상충이나 삼형으로 가격해도 쉽게 분산되지 않는 것으로 판단하여야 된다.

*. 命理秘典 上권인 지지의 삼합중 사왕지지(四旺地支)편에 인용하여,!

이러한 성질은 본 저자가 편찬한 命理秘典 上권인 지지의 삼합중 사왕지지(四旺地支)편에 대단히 자세하게 기술하고 있는데 그 부분을 인용하여 보면,!

"사주지지의 합인 삼합이나 방합중에서 중심오행의 세력을 표시하는 것으로 子, 午, 卯, 酉가 삼합이나 방합의 기운을 대표하고 있다".!

"따라서 이 子, 午, 卯, 酉가 중심이 되어 삼합이나 방합의 기운이 합으로 결성되면 대단히 그 세력이 강하게 작용하는데 특히 사왕지지가 사주원국의 월령에 자리잡고 삼합이나 방합을 이루고 있는 것은 그 세력이 대단히 강력하기 때문에 합을 분산시

키는 상충으로 가격하여도 쉽사리 합이 깨어지지 않는다.!라며
구체적으로 설명하고 있다".!

　　이상의 命理秘典 上권인 삼합편에 사왕지지(四旺地支)를 설명
하는 것을 보면 삼합이 결합되어 있는데 삼형이나 상충으로 가
격해도 합이 깨어지지 않는다고 판단하여 볼 경우 지금 본 사주
팔자는 완전히 월지에 중심세력이 존재하여 寅-午-戌 삼합을
결합하고 있으니 사실상 시지 子水 인수가 子-午 상충으로 가격
해도 삼합의 기운은 분산되지 않는다는 것을 알 수가 있다.

　　결국 위 사주원국은 본 장 14,항에 준하여 그 성질이 완전히
일치하는 경향을 엿볼 수가 있겠으며 이것은 비록 모든 사주팔
자에 상충이나 삼형의 작용이 있다해도 이렇게 사왕지지(子, 午,
卯, 酉)로 구성되어 그 중심세력이 월지에 자리잡아 강력하게 삼
합이나 방합을 구성하고 있을 경우 쉽게 합의 결합이 분산되지
않는다는 점을 본 장에서 대단히 강조를 하고 있는 것이다.

16. "삼합(三合)이나 방합(方合) 및 준삼합(準三合)등에 사
　　왕지지 (子, 午, 卯, 酉)로 결합되는 중심오행이 사주
　　월지에 자리를 잡고 있을 경우 2개의 오행으로 구성되
　　는 삼형(寅-巳, 巳-申, 丑-戌, 戌-未, 子-卯)으로 상
　　극해도 지합의 기운으로 취용한다".!

　　"단, 이 때 준삼합의 기운은 오행상 서로 잔여기운을
　　남기게 된다".!

※ 참고로 이상의 부분을 좀 더 구체적으로 기술하여 보면 삼합(三合)이나 방합(方合), 그리고 준삼합(準三合)이 사주월지에 사왕지지(子, 午, 卯, 酉)가 자리를 잡고 합을 구성할 경우 그 세력은 대단히 강력하게 결합되는 것은 두말할 필요가 없다.

그런데 만약 삼합(三合)의 기운은 3가지 오행으로 구성되어 하나의 동질성인 합의 기운이 형성되어 변화되니 그 세력이 대단히 강력하게 작용함에 따라 전 장 15,항에 준해서 상충이나 삼형의 작용이 직접적으로 사왕지지(四旺地支)를 상극하지 않는 이상 모두 합이 분산되지 않음을 이미 설명하였다.

그러나 여기서 중요하게 언급하는 이상의 삼합의 기운이 아닌 준삼합(準三合)은 2개의 기운으로 구성하여 있으니 그 세력이 정삼합(正三合)에 비하여 월등하게 그 힘이 낮을 수밖에 없는 것은 지극히 당연하게 된다.

따라서 만약 정상적인 상충이 아닌 2개의 기운으로 상극되는 삼형이 동반될때 과연 합의 기운을 취용할 것인가, 그렇지 않으면 합의 기운이 분산되어 각각의 본래오행으로 귀착할 것인가를 놓고 초심의 학자들은 기로에 서게 될 것이다.

이상의 성질은 사왕지지(四旺地支)로 구성되면서 사주천간에 투출되어 있는 중심오행을 가지고 있는 육합(六合)의 성질도 부합할 수가 있는데 이 때는 비록 삼형이 있다해도 정상적인 합의 기운으로 취용함이 마땅하다 할 것이다.

하지만 여기서 중요한 부분이 있겠는데 그것은 비록 합의 기운을 취용하더라도 정상적인 합의 기운을 성립시키는 것이 있으며 그러나 일부 합이 성립되고 오행상 본래 잔여기운을 남기는 현상등의 두가지 이유가 발생하게 되는 것을 알 수가 있다.

이와 같은 성질을 좀 더 구체적으로 예를 들어 언급하여 보면 사주에 巳-酉합이 있는데 巳火를 寅木이 寅-巳 삼형을 할 때는 巳-酉합은 방해를 받지 않는다고 판단하니 그것은 寅-巳는 오행상 木生火의 법칙이 성립된다.

학자들의 이해를 돕기 위해 도표를 보면서 기술하자면,!

(예1).!

시   일   월   년

寅   巳   酉   *

※ "巳-酉合金을 방해하려고 寅-巳 삼형을 하나 먼저 일지 巳火에게 寅木이 木生火가 성립하니 완전히 합을 분산시킬 수가 없다".!

도표에서 나타나고 있듯이 이렇게 사주월지 酉金이 사왕지지 (四旺地支)가 되어 일지 巳火와 巳-酉合金을 구성하고 있는데 공교롭게도 시지 寅木이 일지 巳火를 寅-巳 삼형으로 가격하고 있으니 단편적으로 판단하여 볼 경우 합이 분산되는 착각을 하기 쉽다.

하지만 이렇게 巳-酉合金을 방해하기 앞서서 시지 寅木이 巳火에게 寅-巳삼형을 하기 이전에 오행상 木生火의 성립조건이 되고 있으므로 완벽하게 巳-酉合金을 방해하지 못하게 되는 것을 면밀히 관찰할 필요가 있다.

또한 巳-申의 경우 삼형을 동반하나 巳-申은 합의 기운이 되고 더하여 子-卯는 자형(自刑)의 성질이지만 水生木의 조건을 갖추고 있으니 서로간 오행상 상생의 작용이 성립됨에 따라 이것 또한 이상의 부분에 완전히 일치되고 있음을 엿볼 수가 있다.

그러나 丑-戌이나 戌-未는 고(庫)에 대한 충돌이 강력하게 발생하므로 이상의 丑-戌이나 戌-未는 합에 대하여 영향력을 행사하여 상당한 방해를 준다고 판단하는 것이 타당한데 그 중에서 丑-戌 삼형은 未-戌보다 더 강력하니 이것은 습토(濕土)와 조토(操土)의 충돌로 발생되는 중요한 성질이 있음이다.

상당히 중요한 성질이 되고 있으므로 다음장에 나오는 도표를 보면서 기술하자면,!

394

(예2).!

	丑	戌		未	戌
"지장간의 변화",!!	癸	辛		丁 ⟵ 辛	
	辛 ⟶ 丁			乙	丁
	己	戊		己	戊

※ "未-戌 삼형은 지장간의 여기(餘氣)끼리 충돌이 발생하지만 丑-戌 삼형은 지장간의 중기(中氣)끼리 충돌이 발생하여 그에 대한 소용돌이가 강력하게 발생된다".!

이상의 도표에서 나타나고 있듯이 단편적으로 보면 사실상 고(庫)에 해당하는 土氣가 되므로 막연히 별 대수롭지 않게 생각할 수 있는 성질이 이렇게 지장간의 변화를 판단하여 볼 때 완전히 그에 대한 충돌의 소용돌이를 단순하게 판단할 수가 없음이 여실히 증명되고 있겠다.

따라서 사실상 未-戌 삼형은 모두다 불의 기운을 가지고 있는 조토의 기운끼리 충돌이 발생하므로 지장간 속의 여기(餘氣)에 해당하고 있는 辛-丁이 파극되는 역할에 불과할 것이니 그에 대한 충격정도도 미미하게 될 수밖에 없고 따라서 본 기운인 정기(正氣)와 중기(中氣)의 기운은 무사하게 되는 것을 엿볼 수가 있다.

하지만 조토와 습토의 충돌로 발생되고 있는 丑-戌 삼형은 모두 지장간 중기(中氣)에 들어있는 辛金과 丁火가 정면으로 辛-丁 상충이 되어 극단적으로 파극하니 이것은 여기(餘氣)보다 중기(中氣)가 세력이 강력하게 작용할 수밖에 없음에 따라 자연적으로 충돌의 의미는 대단히 강력하게 일어난다.

결국 이상과 같은 맥락에 비추어 같은 삼형의 기운이 되나 오행상 유정(有情)한 상생의 작용과 상극되는 기운을 면밀히 관찰하여야 되는 필수적인 성질을 본 장 16,항에서 중요하게 취급하는 것을 알 수가 있겠다.

하지만 이와 같은 현상이 만약 丑-戌이나 戌-未등 삼형의 기운이 있더라도 합의 기운이 성립하면서 사주천간에 합의 기운을 대표하고 있는 중심오행이 투출되어 있을 경우 비록 오행상 서로간 잔여기운을 남기더라도 합의 기운은 취용하여야 될 것이다.

(예1). 여자, 강 모씨(충북 청주시) 1952년 음력10월25일 辰 시

墓　絶　生　墓
壬　辛　壬　壬
辰　卯　子　辰

상관　　　상관 상관
水　(金)　水　水
土　木　水　土
인수 편재 식신 인수

***. 일간의 왕쇠(旺衰),!**

辛일간 子월에 출생하여 실령(失令)하였으며 사주월지 子水 식신을 중심으로 해서 년지 辰土 인수와 子-辰合水를 도모한 중에 다시 그 세력에 뿌리를 두고 년, 월, 시상에 壬水 상관이 투출되어 있으니 일간 辛金이 대단히 신약하다.

이렇게 일간 辛金이 신약함이 대단할 경우 일간 辛金을 생조하는 육신이 존재하여 있어야 만이 대길할 것은 두말할 필요도 없는데 사주원국 시지 辰土인수가 자리를 잡고 일간 辛金에 대한 득세(得勢)의 기운이 되고 있으므로 곧 내격(內格)의 억부법이나 조후법상 용신이 설정되는 것을 알 수가 있다.

한편으로 본 사주팔자에 대한 일간 辛金이 子월에 출생하여 만물이 모두 꽁꽁 얼어붙어 있으므로 시급히 조후법상 관성 火氣로 얼은 金氣를 녹여주어야하는 절박함을 엿볼 수가 있겠는데 그렇다면 본 사주팔자는 관성 火氣가 중요한 조후법을 충족시키는 기운임을 판단할 수가 있다.

*. 일부학자들의 의문,!

여기서 일부학자들 중에서 방금 본 사주팔자에 대한 일간의 왕쇠(旺衰)를 간명하는 자리에서 한가지 의문을 표시하면서 질문을 하고 있겠는데 그것은 "운정선생은 본 사주팔자가 내격(內格)에 기준하여 억부법이나 조후법의 용신이 선정된다며 설명하고 있다",!

"그러나 저희 학자들은 운정선생과 조금 견해를 달리하고 있는데 그것은 우선 일간 辛金에 대한 시지 辰土 인수는 오행별 성질로 보면 습토이니 강력한 식상 水氣를 거스리는 기운이 아니므로 일면 왕성한 식상 水氣를 따르는 가종아격(假從兒格)을 구성할 수 있지 않겠느냐",!

"또한 더하여 사주일지에 卯木 편재가 역시 강력한 왕신(旺神)의 성질을 가진 식상 水氣를 水生木으로 서로간 유정(有情)한 오행이 되어 있고 또한 상극되는 오행이 아니므로 이와 같은 이유에서 식상 水氣를 따르는 가종아격(假從兒格)으로도 볼 수가 있지 않겠느냐",!라고 의문을 표시하고 있다.

✱. 일부학자들의 의문에 대한 본 저자판단,!

이와 같은 일부학자들의 의문에 대하여 본 저자의 생각은 학자들의 견해와 완전히 상반되는 견해를 가지고 있는데 아마도 일부학자들은 본 사주팔자에 대한 일간의 왕쇠(旺衰)를 결정하는 과정에서 가종아격(假從兒格)을 보는 것에 대해 일간의 강약의 구분을 약간 착오를 하지 않았나,하고 생각하고 싶다.

따라서 학자들이 착오로 생각하는 부분을 약 2가지 이유를 들어 좀 더 구체적으로 설명을 하기로 하겠다.

그 첫째로,!

우선 본 사주팔자에 대한 일간 辛金에 완벽하게 종아격(從兒格)으로 귀착하려면 일간을 생조하는 기운이 미약하거나 없어야만이 외격(外格)의 종격(從格)으로 돌아갈 수가 있다.

그런데 위 사주원국은 일부학자들이 언급하였지만 비록 시지 辰土 인수가 오행별 습토이므로 강력한 왕신(旺神)의 성질을 가지고 있는 식상 水氣를 상극하지 않는다는 하나의 이유만으로는 식상 水氣를 따를 수는 없다.

무슨 말인지 좀 더 구체적으로 언급하자면 일부학자들이 지적한데로 辰土 인수는 오행별 습토로서 왕성한 식상 水氣를 상극하지 않는다고 볼 수가 있겠으나 일간의 성질이 辛金이 되고 있으니 이것 역시 辰土 인수는 습토가 되어 辛金을 土生金으로 완

벽하게 생조하게 되므로 완전히 일간 辛金이 기운을 얻는 것은
자명한 일이다.

더구나 사주팔자에 시지는 사주강약도표에 준하여 판단하자
면 일간에 대한 15%의 기운을 가지는 득세(得勢)가 되고 있으므
로 일간 辛金을 완벽하게 생조하고 있는 것을 알 수가 있는데 이
것은 사실상 사주천간도 아닌 지지인 그것도 시지의 기운이 일
간을 받쳐주고 있으니 더욱 더 일간이 식상 水氣를 따르지 못하
는 절대적인 이유가 여기에 있다해도 과언이 아니다.

다음 둘째로,!

일부 학자들이 언급한 사주일지 卯木 편재가 식상 水氣에 상
극되는 기운이 아니면서 오히려 식상 水氣와 水生木으로 생조하
므로 왕신(旺神) 水氣를 반발케 하지 않는 이유에서 본 사주팔자
를 식상 水氣를 따르는 가종아격(假從兒格)으로 생각하고 있다.

그러나 이와 같은 부분도 사주일지 卯木 편재의 기운을 달리
판단하면 식상水氣의 기운을 水生木으로 빼어내어 식상의 기운
을 정면으로 약화시키게 되니 완전한 왕신(旺神)의 성질로 돌아
가지 못하게 만든다는 한 일면도 생각하여야 될 것이다.

무슨 말인지 좀 더 자세하게 언급하자면 우선 사주일지 卯木
편재는 비록 식상 水氣를 상극하는 오행이 아닐지라도 그렇다고
식상 水氣를 생조하는 기운이 아니기 때문인데 사실상 水生木으
로 식상 水氣의 힘을 누출시키는 것은 왕성한 식상 水氣가 본 사

주팔자에 대한 왕신(旺神)의 성질을 행사할 수 없게 만들어 버리게 된다.

더하여 이러한 편재 卯木의 기운은 사주 일지의 기운을 사주 강약도표에 준하여 판단할 경우 약 20%의 힘에 육박하고 있기 때문에 대단히 강력한 작용을 할 수 있는 것은 그만큼 식상 水氣의 기운이 누출이 심화되므로 때에 따라서는 일지 卯木 편재는 식상 水氣의 힘을 받아 더욱 더 강력하게 될 수밖에 없다.

그렇다면 비록 식상 水氣의 기운이 아무리 강력하다손 치더라도 일지 卯木편재가 자리를 잡고 있는 이상 식상 水氣는 왕신(旺神)의 성질을 행사하지 못하는 것이 모두 식상 水氣의 힘이 편재 卯木에 의하여 심하게 설기(泄氣)당하게 됨에 따라 왕신(旺神)의 역할을 할 수 없게 만들어 버리는 절대적 이유가 성립된다고 볼 수밖에 없는 것이다.

따라서 일부학자들이 의문한 사항은 이상의 두가지 조건에서 완전히 부합하는 것을 알 수가 있겠으며 이것은 비록 한가지라도 그 욕구에 충족하고 있을 경우 모두 가종아격(假從兒格)으로 절대 귀착할 수 없는 성질이 될 것이다.

결국 그런데도 불구하고 본 사주원국은 하물며 두가지 성질이 모두 식상 水氣를 반(反)하는 역할을 하고 있음에 따라 완전하게 외격(外格)의 종격(從格)인 식상 水氣를 따르는 가종아격(假從兒格)으로 되지 않고 내격(內格)의 억부법이나 조후법의 용신이 선정될 수밖에 없게 되니 학자들은 생각하는 기준를 신중히 판단할 필요가 있다.

✳. 격국(格局)과 용신,!

위 사주팔자에 대한 격국(格局)과 용신을 판별하여 보면 일간 辛金이 신약한 중에 사주월지 子水 식신이 자리를 잡고 년지 辰土 인수와 子-辰合水를 하고 있는 중에 그 세력에 뿌리를 두고 일간 辛金을 제외한 나머지 년, 월, 시상에 壬, 癸水 식상이 투출되어 있으니 "신약식신격(身弱食神格)" 및 "진상관격(眞傷官格)"이 성격(成格)된다.

고로 용신은 "진상관용인격(眞傷官用印格)"으로 왕성한 식상 水氣를 土剋水하는 인성 土氣를 용신으로 삼는 것이 타당하나 제일로 본 사주팔자가 子월에 출생하여 만물이 모두 꽁꽁 얼어 붙어 있으니 시급히 일간의 강약을 불문하고 관성 火氣를 용신으로 삼으며 관성 火氣를 생조하는 재성 木氣는 희신으로 선택한다.

하지만 인성 土氣는 아무리 신약한 일간 辛金을 생조하더라도 습토인 辰, 丑土氣는 원칙적으로 조후법상 상반되어 더욱더 水氣를 동조하게 되어 불리하며 그렇다면 건조한 조토인 未, 戌 土氣는 따뜻한 온기(溫氣)를 가지면서 일간을 생조하고 또 조후법에도 충족할 수가 있으니 조토는 길신으로 선택할 수가 있다.

이렇게 사주팔자에 대한 용신과 희신 및 길신을 선택하여 놓고 사주격국을 면밀히 관찰하여 보니 일간 辛金에 대한 용신의 기운으로 자리 매김하고 있는 관성 火氣가 사주상에 보이지 않고 관성 火氣를 대신하여 희신의 기운인 사주일지 卯木 편재가 존재하여 있음을 엿볼 수가 있다.

그렇다면 이와 같은 사주일지 卯木 편재는 火氣를 생조하는 木氣가 되고 있기에 일시 그 부족함을 충족시키고 있겠지만 근본적으로 조후법을 완전히 보충할 수 있는 관성이 없으니 운로에서 관성 火氣를 시급히 보아야 하는 가신(假神)이 용신으로 선택되는 것을 알 수가 있다.

따라서 이러한 성질은 보통 사주팔자에 용신의 기운이 정히 자리를 잡고 그 역할을 할 수가 있는 것을 진신(眞神)이라 하며 용신이 없고 대신 희신이나 길신이 용신의 역할을 하는 성질을 가신(假神)이라고 칭하는데 이것은 진신(眞神)의 용신보다 가신(假神)의 기운이 복록이 약한 것이라고 판단하여야 된다.

***. 본 장 16,항에 준한판단,!**

본 장 16,항에 준하여 그 실체를 인용하여 보면 "**삼합(三合)이나 방합(方合) 및 준삼합(準三合)등에 사왕지지(子, 午, 卯, 酉)로 결합되는 중심오행이 사주월지에 자리잡고 있을 경우 2개의 오행으로 구성되는 삼형(寅-巳, 巳-申, 丑-戌, 戌-未, 子-卯)으로 상극해도 합의 기운으로 취용**

한다. 단, 이 때 준삼합의 기운은 오행상 잔여기운을 남기게 된다.! 라며 구체적으로 기술하고 있다.

따라서 본 사주팔자는 이상의 부분에 적용시켜 판단하여 볼 때 완전히 일치를 하고 있음을 알 수가 있는데 그것은 사주월지에 사왕지지(四旺地支)로 군림하고 있는 子水 식신이 자리를 잡고 년지 辰土 인수와 子-辰合水를 결합 하고 있는 중에 사주일간 辛金을 제외한 년간 및 월간, 그리고 시상에 壬, 癸水 식상 水氣가 투출되어 그 세력이 대단히 왕성하게 작용하고 있다할 것이다.

그렇다면 이렇게 사주월지에 사왕지지(四旺地支)인 子水가 자리를 잡고 년지 辰土 인수와 子-辰合水를 결합한 중에 일간을 제외한 천간에 전부 식상 水氣가 투출되어 있는 것은 子-辰合水의 세력을 완전히 중심으로 받쳐주는 역할과 동시에 水氣의 한 나라를 세우는 성질이 되고 있으므로 년지 辰土 인수의 기운은 土氣로 잔여기운이 남아 있는 것이 아니라 완전히 辰土의 기운이 水氣로 변화되어 있다고 판단하는 것이다.

그런데 한편으로 볼 때 본 장 15,항에 언급 하였다시피 이와 같은 子-辰合水를 결합하고 있는 성질을 사주일지 卯木 편재가 子-卯 형으로 다스리고 있으니 일면 단순적으로 형의 기운은 합의 기운을 상극하여 합을 이루지 못하도록 방해할 수가 있다고 판단하여 본 사주팔자의 子-辰合水가 성립될 수가 없다고 일부 학자들은 착각을 하기 쉽게 되어 있다.

하지만 이와 같은 성질인 子-卯 형은 다른 寅-巳-申이나 丑-戌-未 삼형과 달리 상극되는 오행으로 구성되지 않고 오행별 성질로 보면 子水나 卯木은 水生木의 조건을 가지고 있으니 자형(自刑)의 기운은 합을 파극할 수가 없다고 판단하는 것이 본 장에 언급하는 중요한 취지이다.

결국 본 장 16,항은 이러한 이상의 준삼합(準三合)이나 육합(六合)등이 2개의 기운으로 합을 하는 사항을 언급하여 놓고 동질성인 같은 2개의 삼형 으로 구성되어 있는 성질이 합을 상극하는 절차에서 합이 분산되느냐, 그렇지 않으면 서로간 유정(有情)하느냐, 또한 비록 합을 방해하더라도 합이 성립되는 절차에서 오행상 서로 잔여기운을 남길 수 있는 성질을 본 장에서 대단히 중요하게 다루고 있음을 강조하고 있는 것이다.

17. "16,항의 경우처럼 준삼합(準三合)이나 육합(六合) 등 2개의 기운으로 결합되는 오행이 비록 중심기운인 사왕지지(子, 午, 卯, 酉)가 사주월지에 자리를 잡고 합을 구성 한다해도 丑-戌, 戌-未등 2개의 기운으로 삼형이 되는 오행이 이중으로 상극하면 합이 분산된다".!

※ 참고로 이상의 부분을 좀 더 구체적으로 기술하자면 전 장 16,항에 준하여 육합(六合)이나 준삼합(準三合)등이 사주월지에 사왕지지(子, 午, 卯, 酉)로 자리잡고 합을 구성할 경우 子-卯, 寅-巳, 巳-申, 등은 합의 기운에 영향력을 미치는 성

질이 미미함에 따라 완전한 합의 기운으로 귀착한다며 기술하고 있다.

그러나 그 중에 고(庫)로서 상극하는 戌-未,나 고(庫)의 기운을 가지면서 습토(濕土)와 조토(操土)가 되어 충돌이 발생하는 丑-戌,등은 그 성질이 강력하게 충돌할 수 있는 소지를 가지고 있으므로 합의 기운에 대한 영향력을 방해할 수가 있는 기운이 됨에 따라 비록 사주천간에 투출되어 있는 중심오행이 있을 지라도 오행상 잔여기운을 남기고 있다며 설명하고 있다.

그런데 본 장 17,항의 경우 전 장 16,항목에 대한 연결적인 측면이 나타나 고 있는데 그것은 준삼합(準三合)이나 육합(六合)등이 사주지지에 사왕지지(四旺地支)로 형성되어 합을 구성한다손 치더라도 이상의 丑-戌, 未-戌라는 2개의 성질로 형성되고 있는 삼형이 중첩하여 상극을 할 때는 아무리 사왕지지(四旺地支)로 뭉쳐진 합이 된다해도 합의 기운이 분산될 수가 있다.

이와 같은 부분은 대단히 합과 상극의 작용을 면밀히 파악하여야 되는 성질임은 두말할 필요도 없는데 좀 더 구체적으로 사주팔자를 예로 들어보면 만약 사주월지에 사왕지지(四旺地支)인 午火가 자리를 잡아 있는 중에 일지에 戌土가 있어 午-戌合火를 성립한다고 가정할 경우 이 때 년지와 시지에서 동시에 丑土가 자리를 잡고 丑-戌 삼형을 이중으로 가격하면 상극의 작용으로 말미암아 제대로 합을 할 수가 없게 된다.

또한 이상의 현상은 만약 반대로 사왕지지(四旺地支)인 午火가 사주일지에 자리를 잡고 월지에 戌土가 구성되어 있는데 이 때에도 년지와 시지에서 동시에 丑土가 있어 역시 丑—戌 삼형이 되어 이중으로 가격하고 있는 것도 모두 합의 성질이 분산될 수가 있게 된다.

결국 본 장 17,항에 기술하고 있는 성질은 완전한 정삼형이 아닌 2개의 기운으로 성립되는 삼형이라도 근접하여 합을 이루고자 하는 하나의 기운을 중 첩으로 상극할 때 합이 분산될 수가 있는 성질은 대단히 강조하고 있는 것이며 실존인물이 이상의 부분에 당면하면 모두 본 장 17,항에 적용하여 일간의 왕쇠(旺衰) 및 용신의 기운을 판별할 경우 대단히 용이하게 간명할 수가 있다.

(예1). 여자, 장 모씨(서울 노량진) 1961년 음력 2월 2일 丑 시

墓　衰　胎　墓

丁　庚　辛　辛

丑　戌　卯　丑

　

정관　　겁재 겁재

火　(金)　金　金

土　土　木　土

인수 편인 정재 인수

✳. 일간의 왕쇠(旺衰),!

庚일간 卯월에 출생하여 비록 실령(失令)하였지만 사주일지 戌土 편인에 득지(得地)한 중에 다시 시지 丑土 인수에 득세(得勢)하고 또한 년지 丑土와 그 세력에 뿌리를 둔 년간과 월상에 辛金 겁재 양인이 투출되어 일간 庚金을 생조하고 있으니 대단히 신왕하다.

이렇게 일간 庚金이 신왕하면 마땅히 억제할 수 있는 오행이 존재하여 있어야 만이 일간 庚金이 왕성한 인성 土氣와 비겁 金氣를 따르는 외격(外格)의 종격(從格)이나 가종격(假從格)으로 돌아가지 않을 것이다.

따라서 사주원국을 자세히 관찰하여 보니 사주월지 卯木 정재가 자리를 잡고 왕성한 인성 土氣를 木剋土로 소토하고 있고 다시 사주월상에 丁火 정관이 투출되어 역시 사주천간에 투출되어 있는 辛金 겁재를 火剋金으로 억제하고 있음을 알 수가 있다.

그렇다면 이렇게 신왕한 일간 庚金에 대해 억제하는 오행이 존재하여 있으니 결코 일간 庚金이 외격(外格)의 종격(從格)이나 가종격(假從格)으로 돌아가지 못하고 내격(內格)에 기준하여 용신이 선정되는 것으로 판단하여야 된다.

한편으로 볼 때 사주팔자가 오행이 비록 월지 卯木 정재가 자리를 잡고 있겠으나 정재 卯木을 생조하는 식상 水氣가 사주내 정오행이 없고 사주년지 및 시지 丑土 인수의 지장간 여기(餘氣)

에 암장되어 있으니 일면 그 조건을 충족할 것 같다.

하지만 사주지지에 암장된 기운은 오행상 생조할 수 없는 성질을 감안한다면 정재 卯木이 비록 월지에 자리를 잡아 왕성하겠으나 생조하는 육신이 없으니 정재가 힘을 얻지 못하여 이것은 생식불식(生息不息)에 막힘이 많아 대단히 좋지 않는 것을 알 수가 있다.

*. 격국(格局)과 용신,!

위 사주팔자에 대한 격국(格局)과 용신을 판별하여 보면 우선 일간 庚金이 신왕한 중에 사주월지 정재 卯木이 자리를 잡고 있으니 원칙적으로 "신왕월 지정재격(身旺月支正財格)"이 성격(成格)된다.

고로 용신은 "인중용재격(印重用財格)"으로서 일간 庚金을 생조하는 인성 土氣와 비겁 金氣가 사주내 강력하게 작용하고 있으니 인성 土氣와 비겁 金氣를 억제할 수 있는 재성 木氣를 용신으로 선택하고 재성 木氣를 생조하는 식상 水氣는 희신으로 삼는 것이 마땅하다.

여기서 관성 火氣는 본 사주팔자내 인성 土氣가 왕성하게 작용하고 있으니 관성 火氣는 인성 土氣를 火生土하고 다시 인성 土氣는 일간 庚金에게 土生金하므로 원칙적으로 신왕한 일간을 더욱 더 신왕하게 만들게 되므로 불리하게 작용할 수도 있겠다.

그러나 시상에 투출되어 있는 丁火 정관이 일간 庚金과 유정 (有情)하게 작용하고 있으니 일시 지지에 강력하게 존재하는 인성 土氣에 그힘을 빼았기는 현상은 유발되어도 다소나마 길신으로 그 역할을 할 수가 있다.

하지만 이상의 길신 역할을 할 수 있는 관성 火氣는 운로인 대운이나 세운에서 천간에 들어오는 것이 사주원국내 인성 土氣가 투출되어 있지 않아서 길하게 작용하겠지만 지지에서 들어오는 관성 火氣는 사주내 인성 土氣가 중중(重重)하여 있으니 원칙적으로 인성에게 기운을 빼았겨 길신의 역할을 할 수가 없다고 판단하는 것이 타당하다.

이렇게 사주상에 용신과 희신 및 길신을 선택하여 놓고 사주 격국을 면밀히 관찰하여 보니 일간 庚金에 대한 용신의 역할을 하고 있는 사주월지 정재 卯 木이 자리를 잡고 있으므로 그 세력이 대단히 왕성하게 작용하는 것을 엿볼 수가 있다.

하지만 일간 庚金에 대한 중요한 용신인 卯木 정재를 생조하는 식상 水氣가 사주내 정오행이 보이지 않고 비록 있더라도 년지와 시지 丑土 인수의 지장간 여기(餘氣)에 癸水가 암장되어 있으니 제대로 희신의 역할을 할 수가 없게 되었다.

이와 같은 현상은 비록 사주상에 용신의 역할을 할 수 있는 卯木 정재가 식상 水氣의 생조를 받지 못하게 됨에 따라 용신의 기운이 왕성한 비겁 金氣와 인성 土氣의 의하여 직·간접적으로 상극을 받는 것은 자명한 일인데 그렇다면 오로지 운로인 대운이나 세운에서 식상 水氣를 시급히 만나야 길함이 되는 것을 알 수가 있다.

*. 본 장 17,항에 준한판단,!

본 장 17,항에 준하여 그 실체를 인용하여 보면 "16,항의 경우에서 준 삼합(準三合)이나 육합(六合)등 2개의 기운으로 결합되는 오행이 비록 중심기운인 사왕지지(子, 午, 卯, 酉)가 사주월지에 자리를 잡고 합을 구성한다 해도 丑-戌, 戌-未등 2개의 기운으로 삼형이 되는 오행이 이중으로 상극하면 합이 분산된다".! 라며 대단히 구체적으로 기술하고 있다.

따라서 본 사주팔자를 이상의 맥락에 비추어 적용시켜 판단하여 보면 완전히 일치를 하고 있음을 엿볼 수가 있는데 그것은 사주월지 卯木이 사왕지지(四 旺地支)로서 일지 戌土 편인과 卯-戌合火를 구성하고 있다는 것을 알 수가 있다.

그런데 이렇게 사주지지에 卯-戌합을 결성하는 것을 시지 丑土 인수가 일지 戌土 편인을 丑-戌 삼형으로 끊임없이 가격하고 있음에 따라 제대로 합으로 귀착하는 것을 대단히 방해를 하고 있는데 설상가상으로 년지 丑土가 재차丑-戌 삼형이 되고 있으니 이것은 이중으로 합의 기운을 방해하는 것이 되어 완전히 합의 성질이 분산된다고 판단하는 것이 타당하다.

이와 같은 현상은 한편으로 볼 때 비록 사주월지에 사왕지지(四旺地支)인 卯 木 정재가 자리를 잡고 戌土 편인과 卯-戌합을 구성하는 것은 강력한 합을 결합할 수가 있다고 단편적으로 판단할 수가 있을 것이다.

그러나 사실상 지지에 卯-戌합은 미약한 육합(六合)의 성질이 되고 있는데다가 상대적인 세가지 기운으로 구성되어 합을 결합하는 삼합(三合)이나 방합(方合)의 기운과 비교하여 볼 때 그 세력이 대단히 미미하기 짝이 없는 것이다.

결국 이상의 성질에 비추어 판단하여 볼 경우 본 장 17,항에서 적용되는 원칙은 전장 16,항에 부속되어 합의 기운을 2개의 기운으로 이루어진 삼형이 이렇게 양쪽에서 합을 구성하는 하나의 오행을 집중적으로 가격하였을 경우 합의 성질이 분산되는 이치를 본 장에서 대단히 강조하고 있음을 엿볼 수가 있다.

18. **"육합(六合), 준삼합(準三合)이 원격(遠隔)할 때 즉, 예를 들면 일지와 년지간에 합을 하고 사주천간에 합을 대표하는 오행이 투출되어 있을 경우 잔여기운을 남기고 년지와 시지간에 합을 하는 경우 등은 거리감으로 말미암아 합이 성립을 할 수가 없다".!**

※ 참고로 이상의 부분을 좀 더 구체적으로 기술할 경우 육합(六合)이나 준삼합(準三合)등은 2개의 기운으로 합을 구성하는 성질이 되고 있는데 그렇다면 합의 기운은 사주지지내

근접하여 합을 성립하여야 만이 단단한 결속을 다질 수가 있다.

그런데 만약 합의 기운이 사주지지내 한다리 건너서 합을 하고 있거나 그렇지 않으면 완전히 멀리서 합을 하는 경우를 엿볼 수가 있겠는데 이렇게 된다면 정상적인 합의 기운으로 돌아갈 수가 없고 때에 따라서는 합을 구성할 수가 없게 되는 수도 있다.

이 부분을 자세하게 예를 들어 설명하자면 만약 사주년지와 시지간이 합을 하거나 혹은 사주년지와 일지, 그리고 사주월지와 시지간에 합을 하는 현상등을 논할 수가 있겠다.

이상의 합은 모두 원격(遠隔)한 합의 기운으로서 비록 합이 결속되더라도 타오행이 조금만 상극을 하던지 가로막아 있을 경우 완전히 합의 기운이 분산되고 마는 것은 기정사실이 될 것이다.

하지만 그 중에서 사주월지와 시지간에 합을 하거나 혹은 사주일지와 년지가 합을 구성한 중에 사주천간에 합의 중심으로 대표하고 있는 오행이 투출되어 있을 경우 각각의 오행상 잔여기운을 남기는 합의 성질이 된다.

무슨 말인지 좀 더 구체적으로 기술 하자면 예를 들어 만약 사주월지에 사왕지지(四旺地支)인 午火가 자리를 잡고 시지 戌土와 午-戌合火를 구성한 중에 사주천간에 丙火가 투출되어 있다면 하나의 동질성인 火局으로 취용할것이나 사주일지에 합을 가로막는 오행이 존재하여 있으므로 근접하여 합의 기운이 되지 못하니 戊土의 잔여기운을 남기면서 火氣를 만들게 되는 것을 말 할 수가 있다.

결국 본 장 18,항에 기술하는 성질은 합의 기운은 근접하여 합을 구성하여야 만이 완벽한 합의 성립을 할 수가 있는 것을 강조하고 있으며 이와 같은 합의 성질이 원격(遠隔)하여 멀리 떨어지면서 합을 하는 성질이 되고 있을 때는 완벽한 합의 결합이 될 수가 없다는 부분을 본 장에서 대단히 강조하고 있는 것이다.

(예1). 남자, 남 모씨(경북 영천) 1958년 음력 3월 29일 丑 시

帶　死　病　養
乙　甲　丁　戊
丑　午　巳　戌

겁재　　상관　편재
木　(木)　火　土
土　火　火　土
정재 상관 식신 편재

*. 일간의 왕쇠(旺衰),!

甲일간 巳월에 출생하여 실령(失令)하였으며 사주월지 巳火 식신을 중심으로 일지 午火 상관 및 다시 그 세력에 뿌리를 두고 사주월상에 丁火 상관이 투출되어 일간 甲木의 기운을 강력하게 누출시키고 있으므로 일간이 극심한 신약이다.

이렇게 일간 甲木이 신약함이 극심하다면 사주내 일간 甲木을 생조할 수 있는 인성 水氣나 비겁 木氣가 없을 경우 신약이 극심한 일간으로서는 외격(外格)의 종격(從格)이나 가종격(假從格)을 생각하지 않을 수가 없게 된다.

따라서 사주원국을 자세히 관찰하여 보니 일간 甲木을 생조할 수 있는 시상에 乙木 겁재가 투출되어 있는 중에 사주시지 丑土가 오행별로 보면 습토로서 丑중의 지장간 중기(中氣)에 癸水 인수가 있음을 발견하게 된다.

그렇다면 그 속에 일간 甲木과 시상 겁재 乙木이 동시에 지장간 중기(中氣)에 뿌리를 두고 있으니 결코 일간 甲木이 외격(外格)의 종격(從格)이나 가종격(假從格)으로 돌아가지 못하고 내격(內格)에 기준하여 용신이 선정되는 것이 마땅하다.

하지만 근본적으로 본 사주팔자가 일간의 기운이 태약하고 있는 중에 일간을 극루(剋漏)하는 재성 土氣와 상관 火氣가 강력하게 작용하고 있으니 신약한 일간으로서는 비록 시주가 乙丑으로서 그 속에 뿌리를 두고 있기는 하나 근본적으로 신약한 일간을 충분히 생조할 수 없는 점을 감안 한다면 대단히 사주격국이 물이 없어 목이 마른 형상을 생각할 수가 있어 상당히 답답한 점을 모면할 수가 없게 되었다.

＊. 격국(格局)과 용신,!

　본 사주팔자에 대한 격국(格局)과 용신을 판별하여 보면 우선 일간 甲木이 신약함이 극심하면서 사주월지 巳火 식신이 자리를 잡고 있으며 설상가상으로 사주일지 午火가 사왕지지(子, 午, 卯, 酉)로서 년지 戌土 편재와 午-戌合火로 구성하고 있는 중에 그 세력에 뿌리를 둔 월상에 丁火 상관이 투출되어 있으니 "신약 월지식신격(身弱月支食神格)" 및 "진상관격(眞傷官格)"을 같이 성격(成格)한다.

　고로 용신은 "진상관용인격(眞傷官用印格)"으로서 강력한 왕신(旺神)의 성질을 가지고 있는 식상 火氣를 바로 억제하면서 아울러 신약한 일간 甲木을 생조할 수 있는 인성 水氣를 용신하고 아울러 신약한 일간을 부조하는 비겁 木氣는 길신으로 선택한다.

　이렇게 본 사주원국에 대한 용신의 기운과 길신의 기운을 함께 선택하여 놓고 사주격국을 면밀히 관찰하여 보니 일간 甲木에 대한 용신의 기운으로 자리매김하고 있는 인성 水氣가 사주상 정오행이 없으니 용신의 기운이 가신(假神)이 되는 것을 알 수가 있다.

일부 학자들 중에는 사주시지 丑土 정재의 지장간 중기(中氣)에 癸水 인수가 암장되어 있으니 비록 용신의 성질은 미미하지만 다시 운로에서 인성 水氣를 만나면 길하게 되지 않겠느냐, 하고 반문을 하고 있다.

그러나 근본적으로 선천성인 사주명조에 용신인 인성 水氣가 지장간에 암장되어 있는 것은 그만큼 용신의 기운이 미미함을 논할 수가 있겠으며 이것은 암장된 기운은 제대로 그 역할을 할 수가 없다는 취지로 귀착하는 것이 타당하니 그에 대한 숙명적인 운기가 불길함을 모면할 수가 없게 되었다.

이와 같은 부분은 한가지 바램이 있다면 운로인 대운이나 세운에서 정히 인성 水氣를 첩첩으로 보아야 하는 절박함이 나타나고 있는데 사주 주인공의 대운흐름을 보니 중년까지는 대단히 고통과 번민의 나날속에 보내야 하는 것을 알 수가 있으니 더욱더 아쉽기 그지없는 것이다.

***. 본 장 18,항에 준한판단,!**

본 장 18,항에 준하여 그 실체를 인용하여 보면 **"육합(六合), 준삼합(準三合)이 원격(遠隔)할때 즉, 예를 들면 일지와 년지간이 합을 하고 사주천간에 합을 대표하는 오행이 투출되어 있을 경우 잔여기운을 남기고 년지와 시지간에 합을 하는 경우 등은 거리감으로 말미암아 합이 성립을 할 수가 없다.!** 라며 구체적으로 기술하고 있다.

따라서 본 사주팔자는 이상의 부분에 완전히 일치를 하고 있음을 엿볼 수가 있겠는데 그것은 사주일지 午火 상관이 사왕지지(子, 午, 卯, 酉)로서 년지 戌土 편재와 午-戌合火를 구성하고 있는 중에 그 세력을 대표하고 있는 월상 丁火 상관이 투출되어 있음을 알 수가 있다.

이와 같은 성질은 비록 사주일지 午火 상관이 월지에 자리를 잡지 않고 일지에 존재하는 것은 그만큼 중심의 기운이 왕성하지 않는다는 것을 단적으로 나타내고 있음을 판단하여야 되는데 그렇다고 이렇게 午-戌合火를 구성하고 있는 중에 사주월상에 丁火 상관이 투출되어 합의 세력을 대표하고 있는 것도 완전히 무시할 수가 없는 기운이다.

그렇다면 본 사주팔자는 본 장 18,항에 기술하는 법칙에 적용하여 그 실체를 따지고 든다면 완벽하게 하나의 판단의 기준점이 되는 것인데 이렇게 비록 원격(遠隔)하여 합을 구성한다고 해도 사주천간에 중심의 기운으로 자리를 잡고 있는 오행이 투출되어 있다면 잔여기운을 남기면서 합의 일부를 취용하여야 될 것이다.

결국 본 장 18,항에 준하여 본 사주팔자는 완전한 합의 변화를 읽을 수가 있는데 이것은 비록 사주월지에 午火가 자리를 잡고 있지 않더라도 사주월상에 중심기운인 丁火가 투출되어 있으니 일지에서 午火가 년지 戌土 편재와 午-戌合火로 취용하는 것으로 판단하며 그러나 년지 戌土 편재는 잔여기운을 남기고 있다는 점을 본 장에서 대단히 강조하고 있는 것이다.

19. "삼합(三合)의 성질이 지지에 완전히 3개의 오행으로 구성되어 있더라도 월지에 사왕지지(子, 午, 卯, 酉)가 자리를 잡고 있지 않을 경우 합의 기운은 월지에 중심오행이 있는 것보다 쇠약하고 더구나 중심오행인 子, 午, 卯, 酉가 사주년지나 시지등에 존재하여 있다면 비록 삼합(三合)의 성질은 취용하더라도 오행상 잔여기운을 남기는 것이 정석이다".!

"그러나 이 때 사왕지지(四旺地支)가 비록 월지에 자리를 잡고있지 않더라도 사주일지와 년지에 복수적으로 사왕지지(子, 午, 卯, 酉)가 이중으로 자리를 잡고 삼합(三合)을 구성한 중에 사주천간에 중심오행이 투출되면 완전한 삼합(三合)의 기운이 되어 귀착하며 이 때는 오행상 잔여기운을 남기지 않는 강력한 합으로 취용한다".!

※ 이상의 성질에 대하여 좀 더 구체적으로 기술하자면 삼합(三合)의 성질은 3개의 오행이 구성되어 합을 구성하는 완벽한 집단체가 될 수가 있다.

그런데 여기서 중심오행을 대표하고 있는 사왕지지(子, 午, 卯, 酉)가 사주월지에 자리를 잡아 있지 않고 년지나 시지등에 존재하여 있다면 비록 3개의 오행으로 구성되어 합을 이루는 현상이 되어도 합의 기운은 취용하나 잔여기운을 남기는 합이라고 판단한다.

도표를 통하여 그 원리를 판단하여 보면,!

(가).!

시　일　월　년
＊　＊　＊　＊
酉　巳　丑　＊

＊."巳-酉-丑 삼합이 3개가 있으나 중심오행인 酉金이 사주월지에 자리를 잡지 않고 사주시지에 자리를 잡고 합을 구성하고 있으니 쇠약한 삼합(三合)이다".!

(나).!

시　일　월　년
＊　＊　＊　＊
＊　巳　酉　丑

＊."중심오행인 酉金이 사왕지지(子, 午, 卯, 酉)로서 사주월지에 차지하여 3개의 오행이 전부 巳-酉-丑 삼합을 구성하고 있으니 완전히 강력한 삼합(三合)의 기운으로 귀착한다".!

이상에 (가)와 (나)의 도표에서 나타나고 있듯이 (가)의 경우는 사주월지에 사왕지지인 酉金이 자리를 잡지 않고 시지에 존재하여 있으니 비록 삼합(三合)의 기운이 巳-酉-丑이 다 모여 있으나 완전히 강력한 삼합(三合)의 기운으로 돌아가지 못하고 잔여 기운을 남기는 합이 되고 있음을 엿볼 수가 있다.

하지만 그에 반하여 (나)의 경우는 삼합(三合)의 기운인 3개의 오행이 근접하여 합을 구성하고 있는 중에 사왕지지인 酉金이 사주월지에 완전히 자리를 잡고 있으므로 더욱 더 강력한 합을 구성하는 성질이 되는 것을 알 수가 있다.

그렇다면 이 때 삼합(三合)의 어느 오행이던 오행을 형, 충으로 파극하지 않는 이상 본래 잔여기운을 남기지 않는 삼합(三合)이라고 판단하는 것이 타당한데 이 경우 사주천간에 巳-酉-丑 삼합을 대표하고 있는 庚, 辛 金氣가 투출되어 있으면 더욱 더 강력하게 합이 결합된다.

이것은 보통 합을 성립하는 절차에 비추어 사주월지에 중심오행인 사왕지지(四旺地支)가 완전히 자리를 잡고 있으면서 삼합(三合)을 성립 하여야 만이 완전한 강력한 합으로 결합이 되는 것을 말할 수가 있겠으며 이와 같은 점은 또 다른 하나의 3개로 구성되어 있는 방합(方合)의 경우는 절대적이라 말할 수가 있다.

그런데 여기서 중요한 점은 삼합(三合)을 구성하는 절차가 사왕지지(子, 午, 卯, 酉)가 전자의 도표인 (가)항에 준하여 판단하는 성질이 사주월지에 사왕지지(四旺地支)가 자리를 잡고 있지 않는다 해도 사주일지와 년지등에 복수적으로 사왕지지가 존재하여 삼합(三合)을 구성하고 있다면 이 경우 완전한 하나의 집단체인 삼합(三合)의 기운으로 귀착한다는 취지이다.

학자들의 이해를 돕기 위해 도표를 보면서 자세하게 기술하자면,!

(다).!

시 일 월 년
＊ ＊ ＊ ＊
辰 子 申 子

＊.“삼합의 중심오행인 子水가 비록 사주월지에 들어있지 않으나 일지와 년지등에 양쪽 사왕지지인 子水가 존재하여 3개의 오행으로 합을 구성하고 있으니 완벽한 삼합(三合)의 기운으로 귀착한다”.!

이상에 (다)항의 도표에서 나타나고 있듯이 비록 사주월지에 사왕지지인 子水가 자리를 잡고 있지 않는다 해도 일지와 년지에 중첩으로 子水가 들어 있는 중에 삼합(三合)의 오행인 3개가 모두 申－子－辰을 구성하고 있다면 완벽한 합으로 성립 된다고 판단하여야 된다.

더구나 이 때 申-子-辰 삼합 水局을 대표할 수 있는 사주천간에 壬, 癸水가 투출되어 있다면 더욱 더 완벽한 강력한 삼합(三合)의 기운으로 귀착한다고 판단하는데 그러나 원칙적으로 삼합(三合)의 중심을 행사할 수 있는 사주월지에 사왕지지(子, 午, 卯, 酉)가 차지하여 삼합을 구성하는 성질보다는 힘의 강약면에서는 뒤떨어 진다고 보는 것이 타당하다.

결국 본 장 19,항에 기술하는 성질은 삼합(三合)을 구성하는 세력이 3개가 사주내 모여 있다해도 사왕지지(子, 午, 卯, 酉)인 중심오행이 어느 위치에 자리를 잡고 있는가에 따라 합의 힘의 결합정도를 나타내는 것을 강조하고 있는 대목이라 할 것이다.

그러나 이 경우에 중심오행이 비록 사주월지에 자리를 잡고 있지 않는다손 치더라도 두 개인 사왕지지가 복수적으로 뭉쳐서 3개의 오행을 전부 가지고 있을 경우 완벽한 삼합(三合)의 기운으로 귀착하는 성질을 대단히 중시 보아야 하는 것이다.

(예1). 남자, 성 모씨(광주 동명동) 1966년 음력9월 25일 寅 시

絕　浴　衰　浴
戊　庚　戊　丙
寅　午　戌　午

편인　　편인 편관
土　(金)　土　火
木　火　土　火
편재 정관 편인 정관

***. 일간의 왕쇠(旺衰),!**

20. "지지에 방합(方合)의 기운이 중심세력인 사왕지지 (子, 午, 卯, 酉)가 사주월지에 자리를 잡지 않고 일지 등에 나란히 3개의 오행이 구성되어 있더라도 이 때 준삼합(準三合)의 기운이 방합(方合)의 오행에 거슬 리는 성질이 년지등에 자리를 잡아 합을 쟁합(爭合) 하는 경우 방합(方合)의 세력은 분산되고 준삼합(準 三合)의 기운이 먼저 된다.!

※ 이상의 부분을 좀 더 자세하게 기술하여 보면 지지합은 보통 육합(六合), 삼합(三合), 방합(方合)으로 나누어져 그 성질을 대변하고 있는데 그 중에서 방합의 기운을 놓고 볼 경우 원칙적으로 사왕지지(子, 午, 卯, 酉)가 사주월지에 자리를 잡고 3개의 오행으로 구성되어야 만이 완벽한 방합(方合)으로 취용할 수가 있다.

그런데 여기서 방합의 성질이 중심오행이 주축이 되나 이것이 사주월지에 자리를 잡지 않고 3개의 오행으로 구성되는 사주격국이 종종 나타나고 있는데 이렇게 될 경우 비록 방합(方合)으로 취용하더라도 사주월지에 중심오행이 자리를 잡고 있는 것 보다 그 힘이 대단히 쇠약해지는 점은 기정사실이다.

그렇다면 문제는 여기서 발생하고 있는데 그것은 방금 설명한 사주월지에 중심오행이 자리를 잡지 않고 3개의 오행으로 구성되어 있는 방합(方合)에 대한 하나의 오행을 사주년지나 혹은 시지등에서 준삼합(準三合)의 기운이 자리를 잡아 방합(方合)과 함께 투합(鬪合)의 성질이 되어 합을 다투는 현상을 발견하게 된다.

이럴 경우 사실상 방합(方合)의 기운은 비록 3개의 오행이 모두 자리를 잡고 있다손 치더라도 상대적인 준삼합(準三合)의 기운에 밀려나게 되는데 더욱이나 준삼합의 기운이 사왕지지(子, 午, 卯, 酉)의 기운을 업고 방합(方合)의 한쪽 오행을 투합(鬪合)하면 더욱 더 완전하게 방합(方合)은 밀려나고 준삼합(準三合)의 기운으로 귀착한다고 판단할 수가 있다.

상당히 고난도의 심리와 집중력을 필요로 하고 있으므로 학자들의 이해를 돕기 위해 아래 도표 1항을 적용시켜 그 실체를 명확하게 설명하여 보면,!

(도표1),!

시　일　월　년

*　　*　　*　　*

申　酉　戌　午

*."申-酉-戌 3개의 오행이 다 있으나 사왕지지(子, 午, 卯, 酉)인 酉金이 사주월지에 존재하지 않으니 준삼합(準三合)의 기운인 午-戌합을 먼저 취용한다".!

이상의 도표 1항에 자세하게 나타나고 있듯이 이 때 申-酉-戌 방합(方合) 金局이 3개의 오행으로 구성되어 근접되어 있으니 일면 단편적으로 판단할 경우 완벽한 방합 金局이 결합되어 그 세력을 표현하고 있음으로 착각할 수가 있다.

하지만 중심오행인 酉金이 사주월지에 자리를 잡지 않고 일지에 존재하여 있으니 비록 3개의 오행이 모두 구비되어 하나의 방합을 구성한다하나 미약한 합이 될 수밖에 없고 아울러 이 때 3개의 오행중에 어느 한쪽 오행이라도 준삼합(準三合)의 기운이 합을 쟁탈하게 될 때 申-酉-戌 방합(方合)은 언제라도 분산될 수 있는 소지를 가지고 있다해도 과언이 아니다.

따라서 본 도표 1항의 사주팔자를 보니 사주일지에 사왕지지(四旺地支)로 대변하고 있는 酉金이 자리를 잡고 있음에 따라 이것은 사주월지에 중심오행이들어 있는 것보다 상당히 방합의 기운이 미약함을 나타내고 있음을 엿볼 수가 있겠다.

그런데 여기서 이상의 申-酉-戌 방합을 설상가상으로 사주년지에 중심오행인 午火가 차지하면서 월지 戌土를 이끌어내 午-戌合火 준삼합(準三合)으로 변화되고 있으니 완전히 방합의 기운은 분산되면서 午-戌합으로 변화되는 점은 곧 방합은 성립될 수가 없음을 나타내고 있다.

이와 같은 현상은 사실상 고서(古書)나 원서에 비추어 막연히 방합(方合)의 기운으로 대변되는 3개의 오행이 있다손 치더라도 하나의 오행을 준삼합(準三合)의 기운에 다투는 현상이 될 경우 3개의 오행으로 방합을 구성하는 관계로 동질성인 씨족집단인 힘의 세력을 강력하다고 판단하여 준삼합의 기운을 제외한 채 무조건 방합으로 본다는 성질에 정면으로 뒤짚는 성질이라 감히 말할 수가 있겠다.

더구나 이러한 고서(古書)나 원서에 대한 불투명함을 배척하는 과정에서 본 저자는 그동안 약 30여년의 세월을 사주추명학에 몸담아 오면서 실제인물을 토대로 이상의 방합과 준삼합의 기운을 접목시켜 과거, 현재, 미래등의 후천성인 운로를 역추적하여 오늘날의 하나에 경험상 合, 沖의 特秘를 탄생시켰으니 참으로 기나긴 시간을 통하여 하나에 사주추명학의 체계를 도모하였음을 알 수가 있다.

결국 본 장 20항은 사주지지에 방합(方合)으로 표시하고 있는 기운이 중심오행이 사주월지에 자리를 잡지 않고 방합(方合)이 구성되고 있을 경우 방합이 결성되어 있는 어느 한쪽의 오행을 준삼합(準三合)의 오행이 근접하여 합을 하게 될 때 방합은 준삼합의 기운에 밀려 나면서 합이 분산되고 반대의 준삼합(準三合)이 먼저 합으로 성격(成格)될 수 있는 점을 대단히 강조하고 있으니 참으로 지금의 성질은 대단히 중요한 간명상 하나의 비법(秘法)임은 두말할 이유도 없을 것이다.

(예1),!

21. "20항에 준하여 방합의 중심체가 사주월지에 자리를 잡지 않고 방합(方合)을 구성하고 있을 때 준삼합(準三合)이 방합의 한쪽 오행을 쟁탈하여 투합(鬪合)이 된다면 방합은 성립되지 않고 준삼합이 먼저 성립된다고 기술하였다",!

"하지만 이상의 성질에서 방합(方合)의 기운을 대표하고 있는 중심오행이 사주천간에 투출되어 있을 때는 방합(方合)의 세력에 따라가게 되므로 이런 경우 준삼합(準三合)의 기운은 뒷전에 밀려나게 된다".!

"그렇다면 이상의 성질은 합을 주도하는 중심세력이 사주천간에 방합(方合)이나 준삼합(準三合)의 오행이 투출되어 있느냐, 에 관건이 달려 있으니 합의 중심세력이 투출되어 있으면 그 합을 먼저 취용한다".!

※ 이상의 성질을 좀 더 구체적으로 설명하자면 전자의 20항에 기술하였던 방합(方合)이 3가지 오행을 비록 모두 갖추고 있으나 중심기운이 사주월지에 자리를 잡지 않고 합을 성립하고 있을 경우 상대적인 준삼합(準三合)을 이끌어내는 하나의 오행이 사주년지나 시지에 자리를 잡고 있을 때 방합(方合)은 성립하지 못하고 준삼합(準三合)으로 먼저 돌아 간다고 기술하고 있다.

이와 같은 현상은 결론적으로 말해서 합의 중심기운으로 대변하고 있는 사왕지지(子, 午, 卯, 酉)가 사주월지에 자리를 잡고 방합을 구성하지 않는 관계로 상대적인 합의 기운을 쟁탈하는 준삼합의 기운에 밀려나는 절대적인 원인 제공이 되고 있음을 알 수가 있었다.

그런데 여기서 방금 설명한 전자에 20항의 부분이 비록 사주 월지에 중심오행인 사왕지지(四旺地支)가 자리를 잡고 있지 않더라도 사주천간에 방합(方合)의 기운을 대표하고 있는 오행이 투출되어 있다면 이 때는 준삼합(準三合)이 아무리 근접하여 있다해도 방합(方合)의 기운을 쟁탈하지 못하게 된다.

또한 이와 같은 현상은 사실상 반대로 준삼합(準三合)의 성질이 방합(方合)의 세력에 밀려나는 것이 되니 이럴 경우 준삼합(準三合)은 방합(方合)의 기운인 하나의 오행을 빼앗지 못하여 준삼합은 자멸을 나타내게 되므로 준삼합은 성립되지 못하는 것으로 판단한다.

학자들의 이해를 돕기 위해 아래 도표 1항과 도표 2항을 적용시켜 그 실체를 완벽하게 구별하여 보면,!

(도표1).!

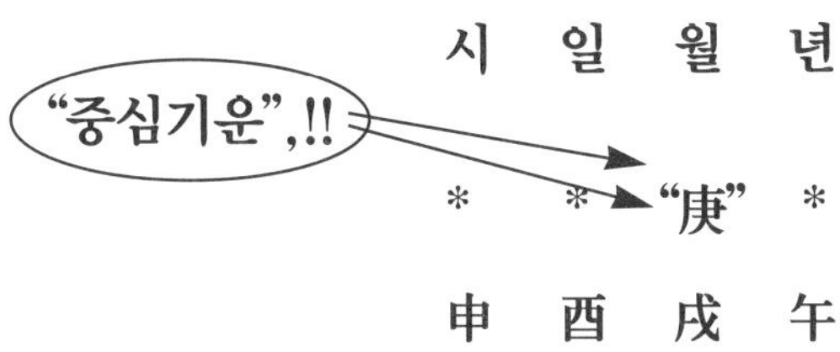

※ "비록 사주월지에 중심오행인 酉金이 자리를 잡고있
지 않으나 申-酉-戌 3개의 오행이 존재하여 있는 중
에 방합(方合)의 기운을 대표하고 있는 사주월상에 庚
金이 투출되어 있으므로 申-酉-戌 방합 金局으로 먼
저 따라가고 午-戌합은 성립되지 못한다".!

(도표2).!

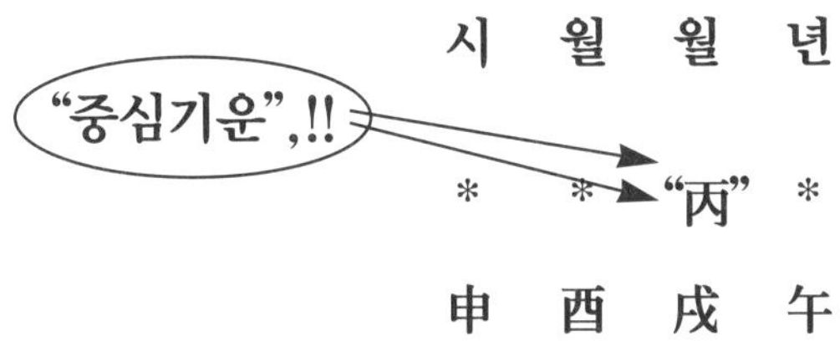

※ "申-酉-戌 방합이 3개가 모두 있으나 월지에 사왕지
지(子, 午, 卯, 酉)로 대표하고 있는 방합(方合)의 중심
오행인 酉金이 자리를 잡지 않고 있는 중에 午-戌합
을 대표하고 있는 월상에 丙火가 투출되어 있으므로
午-戌합을 먼저 따라간다".!

*. 도표 1항의 申-酉-戌 방합 金局이 우선한다는 원칙,!

이상에 도표 1항과 도표 2항에서 자세하게 나타나고 있듯이 도표 1항에서는 비록 申-酉-戌의 3개 오행으로 짜여져 있으나 중심오행으로 대변하고 있는 酉金이 사주월지에 자리를 잡지 않고 방합(方合)을 구성하고 있으니 일면 상대적인 준삼합(準三合)인 午-戌합에 밀려나는 인상을 주고 있다해도 과언이 아니다.

그러나 비록 사주월지에 중심오행인 酉金이 자리를 잡지 않아도 3개의 오행이 완전하게 근접하여 방합(方合)의 기운을 형성하고 있고 더구나 방합(方合)의 중심기운으로 대표하고 있는 사주월상에 庚金이 투출되어 있으니 비록 근접하여 준삼합이 있다하나 준삼합이 접근을 하지 못하고 완전하게 방합(方合)인 申-酉-戌 방합 金局이 성격(成格)하고 있다고 판단하여야 된다.

따라서 이 경우에는 상대적인 준삼합(準三合)으로 대변하는 午-戌합이 절대세력인 申-酉-戌 방합 金局에 밀려나게 되니 곧 午-戌 준삼합은 자멸을 나타냄에 따라 준삼합은 성립되지 못하게 되므로 하나의 합의 기운을 판단하는 과정에서 극도로 고난도의 집중적인 심리를 요구하고 있다해도 과언이 아니다.

*. 도표 2항에 午-戌合火 준삼합이 우선한다는 원칙,!

하지만 여기서 도표 2항에 나타나고 있는 사주명조를 보면 전자에 언급한 申-酉-戌 방합이 모두 3개의 오행으로 구성되어 있으나 상대적인 午火가 사주년지에 자리를 잡고 午-戌 준삼합을 구성한 뒤 사주월상에 火氣를 대표하고 있는 丙火가 투출되어 있으므로 이 경우 申-酉-戌 방합을 제치고 午-戌 준 삼합이 먼저 성격(成格)하게 된다.

그렇다면 이 때 申-酉-戌 방합은 3개의 오행으로 비록 근접하여 합을 도모하고 있어도 상대적인 준삼합의 기운인 午火에게 천금같은 戌土를 빼앗기게됨에 따라 완전하게 申-酉-戌 방합은 분산되어 자멸을 나타내고 있으니 참으로 하나의 오행을 가지는 것하고 빼앗기는 차이 하고는 하나의 생명체가 삶과 죽음을 동시에 드나드는 형국으로 그에 대한 생존경쟁은 곧 처절함을 넘어 생사의 갈림길이라 할 수가 있겠다.

결국 본 장 21항에 준하면 두 개의 합이 서로 다투게 되는 다시 말해서 방합(方合)과 준삼합(準三合)이 서로 하나의 오행을 두고 다투게 되는 투합(鬪合)의 성질이 되고 있을 경우 그 세력을 대표하고 있는 사주천간에 중심오행이 투출되어 있느냐, 에 따라 어느 합이 상대합을 무너지게 만들면서 승리하는 하나의 기준점을 밝혀 놓은 성질이 됨에 따라 참으로 중요한 대목임은 두 말할 이유도 없다.

(예1).!

22. 20항에 준하여 "지지에 방합(方合)의 기운이 중심세력인 사왕지지(子, 午, 卯, 酉)가 사주월지에 자리를 잡지 않고 일지등에 나란히 3개의 오행이 구성되어 있더라도 이 때 준삼합(準三合)의 기운이 방합(方合)의 오행에 거슬리는 성질이 년지등에 자리를 잡아 합을 쟁합(爭合)하는 경우 방합(方合)의 세력은 분산되고 준삼합(準三合)의 기운이 먼저 된다".! 라며 기술하고 있다.!

"이 경우 반대로 방합(方合)의 기운이 3개가 있는 중에 중심오행인 사왕지지(子, 午, 卯, 酉)가 사주월지에 자리를 잡고 합을 성립하고 있는데 이 때 시지등에 육합(六合)이나 준삼합(準三合)이 방합(方合)의 기운에 동조하지 않고 합을 쟁합(爭合)한다면 방합(方合)의 세력에 밀려 육합(六合)이나 준삼합(準三合)은 성립되지 못한다".!

***. 이상의 부분을 좀 더 자세하게 설명하자면,!**

전자의 20항에 준하여 "지지에 방합(方合)의 기운이 중심세력인 사왕지지(子, 午, 卯, 酉)가 사주월지에 자리를 잡지 않고 일지등에 나란히 3개의 오행이 구성되어 있더라도 이 때 준삼합(準三合)의 기운이 방합(方合)의 오행에 거슬리는 성질이 년지등에 자리를 잡아 합을 쟁합(爭合)하는 경우 방합(方合)의 세력은 분산되고 준삼합(準三合)의 기운이 먼저 된다".!라며 기술하고 있다.

이 부분에 대하여 본 저자는 방합의 기운이 사주월지에 중심 기운이 자리를 잡고 있지 않음에 따라 상대적인 준삼합의 기운에 방합의 한쪽오행이 쟁탈을 당하게 되므로 이것은 곧 방합은 분산되고 준삼합의 기운을 취용하여야 됨을 설명하고 있다.

따라서 이것은 곧 절대적인 중심오행인 사왕지지(子, 午, 卯, 酉)로 대변하고 있는 중심오행이 사주월지에 자리를 잡고 지지합을 하고 있지 않는 이상 그만큼 방합의 세력이 쇠약하다는 것을 단적으로 보여주는 대목이라 할 것이다.

그러나 본 장 22항에 다시 "이 경우 반대로 방합(方合)의 기운이 3개가 있는 중에 중심오행인 사왕지지(子, 午, 卯, 酉)가 사주월지에 자리를 잡고 합을 성립하고 있는데 이 때 시지등에 육합(六合)이나 준삼합(準三合)이 방합(方合)의 기운에 동조하지 않고 합을 쟁합(爭合)한다면 방합(方合)의 세력에 밀려 육합(六合)이나 준삼합(準三合)은 성립되지 못한다".! 라며 그 실체를 상당히 자세하게 구체적으로 기술하고 있음을 엿볼 수가 있다.

*. 3가지 오행으로 구성하는 방합(方合)과 삼합(三合)의 힘에 대한 성질,!

따라서 방금 설명한 성질은 상당히 중요한 부분이 되고 있는데 무릇 모든 사주팔자에 방합(方合)의 기운이 자리를 잡고 있을 경우 중심오행으로 대변하고 있는 사왕지지(子, 午, 卯, 酉)가 사주월지에 자리를 잡고 합을 구성하고 있는가, 그렇지 않으면 중심오행이 사주월지에 자리를 잡지 않고 합을 구성하고 있는가에 따라 그에 대한 합의 결합 여부를 판단하여야 됨을 직·간접적으로 암시를 하고 있다해도 과언이 아니다.

그렇다면 본 장에 언급하는 방합의 실체는 사실상 중심오행이 사주월지에 자리를 잡고 방합을 구성하고 있다면 이것은 그야말로 전자의 20항에 언급하는 성질과 비교도 되지 않을 만큼 강력한 합을 결성하는 점으로 판단하는 것이 정석이다.

더구나 이와 같은 성질은 또 다른 3개의 오행으로 합을 구성하고 있는 삼합(三合)과 대등한 관계로 부합시켜 합의 결속을 다지는 것으로 간명하나 사실상 방합(方合)은 삼합(三合)과 달리 하나의 씨족집단으로 합을 구성하는 성질이기 때문에 그 합에 대한 결합은 삼합(三合)보다 강력하다고 볼 수가 있다.

또한 이렇게 사주월지에 중심오행이 자리를 잡고 방합(方合)이 구성되고 있을 경우 합의 기운을 깨뜨리는 상충이나 삼형의 작용이 존재하여 방합(方合)을 가격해도 절대로 방합(方合)이 분산될 수가 없는데 이것은 상대적인 삼합(三合)의 기운도 같이 작용한다고 판단하나 그러나 삼합(三合)보다는 방합(方合)이 더 강력한 합의 결합세력을 형성한다.

＊. 월지에 중심오행이 존재한 방합(方合)의 기운을 쟁탈하는 육합(六合) 및 준삼합(準三合)에 대한 판단,!

그런데 여기서 한가지 중요한 성질이 나타나고 있는데 그것은 전자 20항에 언급한 성질을 비추어 볼 때 사주월지에 방합의 중심오행이 자리를 잡지 않고 합을 구성하고 있을 경우 상대적인 준삼합(準三合)의 기운에 밀려나면서 방합이 분산 된다고 기술하고 있는 점을 기억해둘 필요가 있겠다.

하지만 이렇게 방합(方合)의 세력이 3개의 오행으로 구성되어 사주월지에 중심오행이 자리를 잡고 완벽한 합을 결합하고 있다면 아무리 준삼합(準三合)이나 육합(六合)의 성질이 합을 투합(鬪合)해서 방합에 대한 하나의 오행을 빼앗을려고 해도 절대로 단단한 합의 결속력으로 말미암아 방합이 흔들리지 않게 된다.

상당한 중요한 성질이 되고 있으니 학자들의 이해를 돕기 위해 아래 도표 1항을 적용시켜 그 실체를 완벽하게 기술하여 보면,!

(도표1).!

시　일　월　년
＊　＊　＊　＊

午　戌　酉　申

※ "申-酉-戌 방합 金局이 모두 3개의 오행으로 되고 있는 중에 중심오행인 사왕지지(子, 午, 卯, 酉)인 酉金이 사주월지에 자리를 잡고 있으므로 상대인 午-戌합은 뒷전에 밀려 합을 구성하지 못한다".!

＊. 도표 1항에 준한 판단,!

이상의 도표 1항에 자세하게 나타나고 있듯이 이 때 본 사주팔자에 대한 申-酉-戌 방합이 모두 3개의 오행으로 짜여져 있고 더구나 중심오행으로 대변하고 있는 사왕지지(子, 午, 卯, 酉)인 酉金이 사주월지에 존재하여 있음에따라 申-酉-戌 방합 金局은 완벽하게 강력한 결합성을 보이고 있다해도 과언이 아니다.

따라서 이렇게 될 경우 하나의 강력한 합의 성질이 되는 점으로 귀착하고 있으니 아무리 申-酉-戌 방합을 분산시키게 되는 상충이나 삼형등으로 합을 가격해도 절대로 흔들리지 않는 부동 불멸의 金局이 되고 있음으로 과히 그 세력은 엄청나게 강력한 힘을 발휘 할 수 있다.

상황이 이럴진데 본 장에서 언급하고 있는 방합(方合)의 세력을 쟁탈하여 다른 합으로 변화될 수 있는 준삼합(準三合)의 오행이나 육합(六合)등의 힘을 가진 오행이 방합(方合)의 한쪽오행을 빼앗아 합의 기운으로 취용하려고 할 때 오히려 꼼짝도 하지 않는 방합(方合)의 기운으로 말미암아 도리어 육합(六合)이나 준삼합(準三合)의 세력은 하나의 오행을 가지지를 못하게 되니 곧 자멸하는 현상을 판단하여야 된다.

그렇다면 지금 본 사주팔자에 준해서 그 실체를 면밀히 관찰하여 보면 이렇게 강력한 중심오행으로 대변하고 있는 사왕지지(四旺地支)인 酉金이 사주월지에 자리를 잡고 申-酉-戌 방합 金局을 결합하고 있는 것을 사주시지 午火가 일지 戌土를 탐을 내어 午-戌合火로 준삼합(準三合)의 기운으로 돌리려고 하지만 이미 강력한 합으로 영속되어 버린 戌土는 꼼짝도 하지 않고 있다.

이렇게 되고 보니 사주시지 午火는 비록 사왕지지(四旺地支)이라 할지라도 준삼합(準三合)의 기운을 형성하지 못하고 곧 준삼합(準三合)자체가 분산되어 자멸을 하고 있으므로 午火는 본래오행으로 돌아가 버리는 현상을 우리는 보고 있음을 알 수가 있다.

본 장 22항에 기술하는 성질은 전자의 20항에 부수되어 그 실

체를 나타내고 있지만 완전히 그에 대한 부분을 달리 판단하여
야 될 것이며 이러한 현상에 대하여 고서(古書)나 원서에 기술하
고 있는 답변은 판단상 기준이 불분명하여 대단히 애매모호하게
적고 있는 점도 사실이다.

결국 정리하자면 본 장 22항에 언급하는 방합(方合)의 기운이
사왕지지(子, 午, 卯, 酉)인 중심오행이 사주월지에 자리를 잡고
3개의 오행이 근접하여 방합을 구성하고 있다면 그 어떠한 상충
이나 삼형의 작용은 물론이고 합을 쟁탈하는 준삼합 및 육합의
성질로 방합을 쟁탈할 수가 없다는 절대적인 논리에 부합하고
있으니 참으로 중요한 하나의 합에 대한 판단의 기준점을 명백
히 제시하고 있다해도 과언이 아니다.

23. "사주원국에 월지에 사왕지지(子, 午, 卯, 酉)가 자리
를 잡고 일지나 년지에 방합(方合)인 하나의 오행이
있을 경우 2개의 기운이 되기 때문에 방합은 성립은
안되나 운로인 세운이나 대운에서 모자라는 오행이
들어오게 될 경우 완전한 방합국(方合局)이 성립된
다".!

※ 이 부분을 좀 더 구체적으로 기술하자면 선천성인 사주명조
   내 월지에 사왕지지(四旺地支)가 자리를 잡고 준방합의 기운
   으로서 일지나 년지에 한 개의 오행이 근접하여 있을 경우 방
   합(方合)은 원칙적인 세 개의 오행으로 합의 기운으로 귀착할
   수가 있기 때문에 빠진 하나의 오행으로 말미암아 방합으로

성립할 수가 없는 현상이다.

이와 같은 성질은 같은 동질성인 삼합의 기운을 보면 두 가지만 있어도 준삼합(準三合)이라 하여 합의 기운으로 취용하고 있는데 반해 본 장에서 언급하는 방합(方合)은 씨족집단으로 형성하는 합이기 때문에 반드시 세 개의 오행을 만나야 합을 결성할 수가 있기 때문이다.

그런데 이상과 같은 두 개의 기운으로 형성되어 있는 준방합(準方合)의 중심세력인 사왕지지(子, 午, 卯, 酉)가 비록 사주월지에 있으나 두 개의 기운이됨에 따라 제대로 합으로 돌아갈 수가 없게 되어 있는데 다시 운로인 대운이나 세운에서 모자라는 하나의 오행이 보충되어 들어오게 된다면 완전한 정방합(正方合)으로 돌아가는 것을 본 장에서 언급하고 있다.

무슨 말인지 사주원국을 예를 들어 설명하면 가령 사주월지에 사왕지지(四旺地支)인 酉金이 자리를 잡고 다시 사주년지나 일지에 申金이 있을 경우 申-酉만 가지고는 방합(方合)이 결성되지 못하고 있겠으나 이것이 운로인 대운이나 세운에서 戌土가 들어오게 될 때 완전한 申-酉-戌 방합 金局으로 성립한다는 취지인데 아래 도표를 보면서 기술하기로 한다.

(예1).!

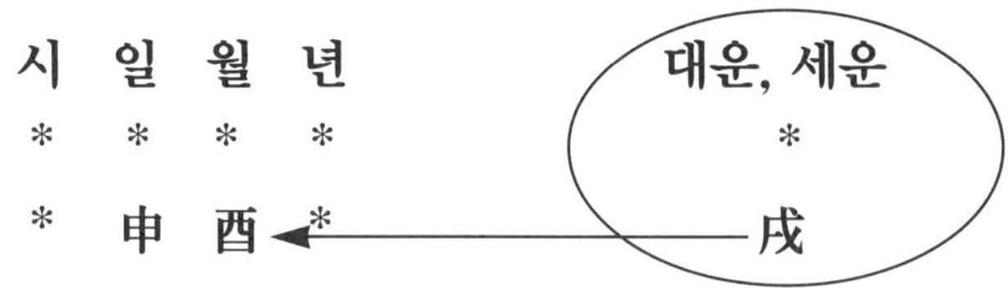

*. "申-酉-戌 방합 金局",!!

※ "사주월지에 사왕지지(子, 午, 卯, 酉)로 대변하고 있는 酉金이 자리를 잡고 일지 申金을 보고 있으니 준방합의 기운이 되어 제대로 합으로 돌아가지 않고 있는데 이 때 절묘하게 운로인 대운 및 세운에서 戌土가 들어옴에 따라 완전한 申-酉-戌 정방합 金局이 된다",!

이상의 도표에서 나타나고 있듯이 월지에 사왕지지(四旺地支)인 酉金이 자리를 잡고 일지 申金과 申-酉가 들어 있어 2개의 기운이 형성됨으로 완전한 방합(方合)의 기운이 되지 않고 있는데 다시 대운이나 세운에서 모자라는 戌土가 들어옴에 따라 완전한 정방합(正方合)이 성격(成格)되는 것을 엿볼 수가 있다.

또한 이런 현상은 비록 사주월지에 사왕지지(四旺地支)가 자리를 잡고 있지 않더라도 사주원국 자체에 두 개의 기운이 존재

하여 있는 중에 사왕지지(子, 午, 卯, 酉)의 기운이 운로인 대운
이나 세운에서 보충되어 들어 온다면 이것 역시 완벽한 방합국
으로 돌아갈 수가 있다.

이 부분도 좀 더 구체적으로 예를 들어 기술하자면,!

(예2).!

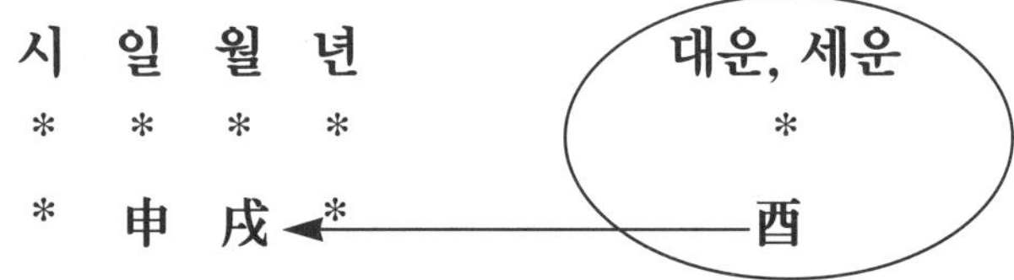

* "申-酉-戌 방합 金局",!!

※ "전자의 예 1항은 사왕지지(子, 午, 卯,
酉)가 사주월지에 자리를 잡고 있었으
나 본 사주팔자는 사왕지지인 酉金이
없는 중에 월지 戌土와 일지 申金이 존
재하여 있지만 만약 다시 운로인 대운
및 세운에서 酉金이 들어오게 된다면
완벽한 申-酉-戌 방합 金局이 형성된
다",!

이상의 예 2항의 도표에서 나타나고 있듯이 전자 예 1항은 사

왕지지(四旺地支)인 酉金이 사주월지에 자리를 잡고 일지에 申金이 존재하여 있는 중에 대운이나 세운에서 모자란 기운인 戌土가 들어오고 있을 때 완전한 申-酉-戌 정방합(正方合)이 성격(成格)되었으나 지금 예 2항도 같은 형상이라 판단할 수가 있다.

이와 같은 현상은 한편으로 볼 때 사주원국에 사왕지지(子, 午, 卯, 酉)가 자리를 잡지 않고 있기 때문에 막연히 합의 기운으로 취용할 수가 없다는 단편적인 결론을 내리기 쉬운 함정이 도사리고 있다해도 과언이 아닌데 이렇게 사실상 일지와 월지에 申-戌이 있는 것을 다시 대운이나 세운에서 사왕지지(四旺地支)인 酉金이 들어오게 될 경우 완전한 申-酉-戌 방합 金局이 성격(成格)되는 것을 면밀히 판단할 필요가 있겠다.

결국 방합(方合)의 기운은 동질성인 씨족집단의 합으로서 3개의 기운이 모두 합쳐져야 완벽한 하나의 합으로 성립될 수가 있으나 사주내 2개의 기운이 존재하여 있어 제대로 방합(方合)의 역할을 하지 못하고 있는 것을 나머지 모자라는 오행이 운로인 대운이나 세운에서 보충되어 들어오게 될 경우 완전한 방합국을 형성하여 사주원국에 영향력을 미치게 된다는 것을 본 장에서 대단히 강조하고 있는 것이다.

(예1). 여자, 남 모씨(경기 부천) 1971년 음력 11월 9
일　寅 시

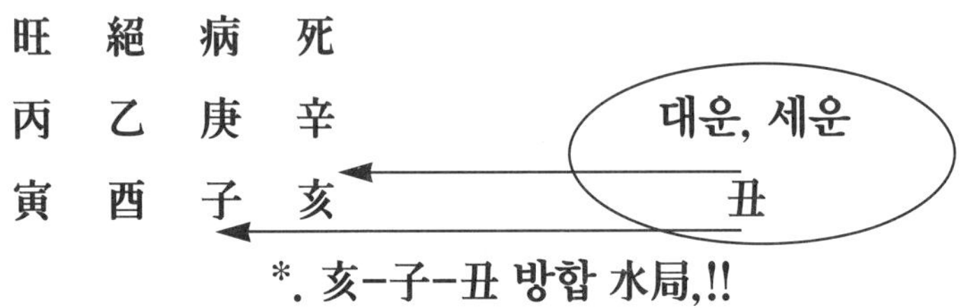


```
旺   絕   病   死
丙   乙   庚   辛
寅   酉   子   亥
```

*. 亥-子-丑 방합 水局,!!

```
상관      정관 편관
火  (木)  金   金
木   金   水   水
겁재 편관 편인 인수
```

※ 일간 乙木이 사주내 인성 水氣가 많아 신강하고 있는 중에 사주월지 子水 편인과 亥 인수가 亥-子 준방합이 구성되어 제대로 정방합이 성립되지 않고 있다.!

하지만 운로인 대운이나 세운에서 丑土가 들어오게 될 경우 완 전한 亥-子-丑 방합 水局으로 돌변하니 완전히 신강한 일간을 더욱 더 신강하게 만들면서 조후법상 水氣에 부합하여 완전히 기신(忌神)으로 변화되는 것은 그 흉함이 하늘을 찌르고도 남음이 있을 것이다.!

✱. 일간의 왕쇠(旺衰),!

乙일간 子월에 출생하여 득령(得令)하였으며 사주월지 子水 편인을 중심으로해서 시지 寅木 겁재에 다시 득세(得勢)한 중에 년지 亥水 인수가 재차 일간乙木을 생조하고 있으니 신강이다.

이렇게 사주일간 乙木이 신강하다면 마땅히 억제할 수 있는 기운이 사주원국에 있어야 만이 일간이 왕신(旺神)의 세력을 따르는 외격(外格)의 종격(從格)이나 가종격(假從格)으로 돌아가지 않을 것이다.

따라서 사주원국을 자세히 관찰하여 보니 일간 乙木을 억제할 수 있는 일지 酉金 편관이 자리를 잡고 있는 중에 그 세력의 십이운성에 각각 제왕지와 건록지에 뿌리를 둔 월상 庚金 정관과 년간 辛金 편관이 투출되어 일간을 억제 하고 있음을 알 수가 있겠다.

이러한 현상은 여기에만 끝나는 것이 아니고 다시 시상에 丙火 상관이 투출되면서 일간과 근접하여 일간의 기운을 자연스럽게 수기(秀氣)유행을 도모함에 따라 그 힘을 누출시키고 있는 점을 엿볼 수가 있다.

그렇다면 이상의 성질에 비추어 볼 때 일간 乙木의 기운을 견제하는 오행이 존재하여 왕성하니 이것은 결코 일간 乙木이 외격(外格)의 종격(從格)이나 가종격(假從格)으로 돌아가지 못하고 내격(內格)이 억부법이나 조후법에 준해서 용신이 선정되는 것을 알 수가 있다.

한편으로 볼 때 사주일간 乙木이 子월에 출생하여 추운 겨울에 태어났으니 만물이 모두 꽁꽁 얼어붙어 있으므로 시급히 내격(內格)의 조후법상 얼은 나무의 기운을 따뜻하게 녹여줄 수가 있는 식상 火氣를 먼저 보는 것이 제일로 타당하게 되었다.

*. 격국(格局)과 용신,!

다시 위 사주원국에 대한 격국(格局)과 용신을 판별하여 보면 우선 일간 乙木이 신강한 중에 사주월지에 편인 子水가 자리를 잡고 재차 년지 亥水 인수까지 합세하여 일간을 생조하고 있으니 원칙적으로 "신강월지편인격(身强月支偏印格)"을 성격(成格)한다.

고로 용신은 "인중용재격(印重用財格)"이 되어 강력한 인성 水氣를 억제하면서 아울러 일간 乙木의 기운까지 견제하는 재성 土氣를 주된 용신으로 삼는 것이 마땅하나 본 사주팔자는 계절이 子월에 출생하여 추운겨울에 만물이 모두 꽁꽁 얼어붙어 있으니 시급히 내격(內格)의 조후법상 식상 火氣를 주된 용신으로 삼는 것이 타당하다.

따라서 식상 火氣가 주된 용신이 되는 것이며 차길로 재성 土氣는 길신으로 삼는 것이 좋은데 관성 金氣의 기운은 원칙적으로 본 사주명조내 인성 水氣가 강력하게 작용하고 있으니 관성

金氣는 오히려 인성 水氣에게 살인상생(殺印相生) 및 관인상생 (官印相生)의 법칙을 도모할 수가 있다.

이와 같은 성질은 신강한 일간 乙木의 기운을 줄여주는 것은 고사하고 오히려 조후법상 水氣를 金生水로 생조하여 더욱 더 조후에 거슬리는 水氣를 부채질하게 되므로 관성 金氣는 불리하 게 작용한다.

더구나 재성 土氣는 길신으로 선택하고 있는데 이와 같은 재 성 土氣조차도 습토인 辰, 丑, 土氣는 조후법상 水氣에 동조하는 성질이 되고 있으니 아무리 길신이라 할지라도 습토는 길하지 못하고 그렇다면 조후법을 충족하면서 일간의 기운과 인성 水氣 의 성질까지 억제할 수 있는 조토인 未, 戌, 土氣는 대단히 길하 게 되는 것도 미리 염두에 두어야 할 것이다.

이렇게 사주원국상 용신과 길신을 선택하여 놓고 사주를 면밀 히 관찰하여 보니 일간 乙木에 대한 용신의 기운으로 자리매김 할 수 있는 시상 丙火 상관이 투출되어 있는 중에 다시 시지 寅 木 겁재가 십이운성 장생지에 앉아 木生火로 끊임없이 丙火 상 관을 생조하고 있음을 알 수가 있다.

결국 이상의 현상은 곧 전편인 命理秘典 下권인 간명비법(看 命秘法)상 진가(眞假)의 법칙에 부합하여 용신의 기운이 진신(眞 神)의 성질이 되어 그 영향력을 십분 발휘하고 있는데 금상첨화 로 억부법과 조후법에 용신이 일치하는 현상까지 나타남으로 복 록이 많아 대길하게 작용한다.

✻. 본 장 23항,에 준한판단,!

　　본 장 23항,에 준하여 그 실체를 인용하여 본다면 "사주원국에 월지에 사왕지지(子, 午, 卯, 酉)가 자리를 잡고 일지나 년지에 방합(方合)인 하나의 오행이 있을 경우 2개의 기운이 되기 때문에 방합은 성립은 안되나 운로인 세운이나 대운에서 모자라는 오행이 들어오게 될 경우 완전한 방합국(方合局)이 성립된다".! 라며 그에 대한 성질을 자세하게 구체적으로 기술하고 있다.

　　따라서 본 사주팔자는 이상의 부분에 완전히 접목되어 있음을 알 수가 있겠는데 그것은 사주월지에 子水 편인이 사왕지지(子, 午, 卯, 酉)로서 제대로 자리를 잡고 있는 중에 다시 재차 사주년지 亥水 인수가 있으니 亥-子의 두개의 오행으로서는 완전한 정방합(正方合)이 성립되지 않고 있음을 엿볼 수 가 있다.

　　이와 같은 성질은 같은 동질성인 삼합(三合)의 기운은 사주팔자 지지에 어디라도 두 개의 기운이 존재하여 있더라도 준삼합(準三合)이라 하여 합의 기운으로 취용하고 있는 것에 반해 방합(方合)의 기운은 3개의 기운이 되지 않으면 완전한 합의 기운으로 귀착할 수가 없는 단점이 노출되어 있다해도 과언이 아니다.

　　그렇다면 이와 같은 현상은 비록 지금은 방합은 성격(成格) 되지는 못한다해도 언제라도 운로인 대운이나 세운에서 모자라는 오행이 보충되어 들어오게될 경우 완전한 정방합(正方合)의 기운으로 귀착할 수 있는 소지를 가지고 있는데 이것은 사실상 한 달을 지배하는 월운까지도 적용되는 것으로 판단하는 것이 정석이다.

*. 운로인 대운과 세운에 대한 접목,!

이 때 만약 가상적으로 본 사주팔자에 대한 운로인 대운이나 세운에서 습토인 丑土가 들어온다고 가정할 때 이미 선천성인 사주명조에 亥-子가 들어 있는 중에 재차 丑土를 맞이하게 되니 완전한 亥-子-丑 정방합 水局으로 돌변하고 있음을 알 수가 있다.

이에 대하여 사실상 본 사주원국은 일간 乙木이 사주내 인성 水氣가 왕성하여 신강이 되고 있는데 설상가상으로 조후법상 子월에 출생하여 만물이 모두 꽁꽁 얼어붙어 있으니 시급히 식상 火氣를 필요로 하고 있다면 이렇게 중요한 용신의 기운인 식상 火氣를 水剋火로 상극하는 처사는 그 흉함이 대단한 것으로 간명하여야 된다.

또한 이렇게 운로인 대운이나 세운에서 亥-子-丑 방합 水局으로 돌변하는 처사는 단순하게 막연히 운로인 대운이나 세운에서 하나의 기운이 水氣를 업고 합을 하지 않은 채 사주원국에 영향력을 행사하는 것보다 몇 배의 그 영향력이 강력한 것으로 이것은 완전히 일간에 대한 기신(忌神)의 역할을 하게되어 상당한 대흉을 초래한다고 판단하는 것이 정석이다.

이렇게 될 경우 시급히 운로에서 들어오는 합의 기운을 재차 운로에서 상충이나 삼형등으로 상극하여 사실상 亥-子-丑 방합으로 돌아갈 수 있는 현상을 막아야 될 것인데 그렇다면 만약 후천성인 운로가 대운에서 합을 하는 기운이 들어온다면 다시 세운에서 상충이나 삼형을 가지고 대운을 상극하여 합의 성질을 분산시켜야 될 것이다.

더하여 만약 이상의 현상이 세운에서 들어오는 기운이 亥-子-丑 방합이 성립된다면 이번에는 재차 대운에서 상충이나 삼형의 기운을 가지고 세운을 상극하여 합에서 벗어날 수 있는 절대적인 현상이 되어야 할 것임으로 이것은 곧 후천성인 운로의 흐름을 분석할 수 있는 기초 탄탄한 지식과 더불어 세밀한 심리가 필요하게 될 것임은 두말할 것도 없다.

결국 본 사주팔자는 비록 지금에 亥-子라는 준방합(準方合)이 구성되어 제대로 합의 기운으로 취용할 수가 없는데 이렇게 운로인 대운이나 세운에서 모자란 오행이 보충되어 들어오게 될 경우 완전한 정방합(正方合)이 형성됨에 따라 사주주인공의 절대적 운기에 그 영향력을 행사하는 성질을 본 장 23항에서 대단히 강조하고 있음을 판단하여야 된다.

24. "육합(六合)이나 준삼합(準三合)의 경우 양쪽에서 합을 하고 있는데 합을 하는 오행을 가로막고 서로간 상충이 발생되고 있을 경우 합이 성립되지 못하며 더구나 사왕지지(子, 午, 卯, 酉)끼리 충돌하면 더욱 더 완전히 합을 할 수가 없다".!

※ 이상의 부분을 좀 더 구체적으로 설명하자면 육합이나 준삼합이 사주원국내 두 개의 오행으로 구성되어 서로간 합을 하고 있을 때 공교롭게도 합을 가로막으면서 양쪽에 하나씩 각각 상충이 성립되어 있는 것을 발견할 수가 있다.

이것은 한마디로 말해서 합을 하기 이전에 상충의 작용으로 인해 합을 방해하는 기운이 되므로 인하여 양쪽이 합을 할 수가 없는 성질이니 양쪽의 합의 기운을 모두 취용할 수가 없다고 판단하여야 된다.

무슨 말인지 좀 더 사주팔자를 예를 들어 기술하면 가령 사주월지에 酉金이 자리를 잡고 있어 시지에 辰土와 辰-酉합을 결합하려고 하는데 이 때 동시에 또 다른 합의 기운인 卯木이 사주일지에 자리를 잡고 년지 戌土와 합을 성립하는 현상이라 생각하면 되겠으며 이해를 돕기 위해 아래 도표를 보면서 언급하기로 한다.

(예1).!

시	일	월	년
辰	卯 ⟷ 酉		戌 ⟵ (지 지)
	상충,!		

  위 (예1)의 사주도표에서 나타나고 있듯이 이와 같은 합은 바로 근접하여 합을 성립하는 것이 아니고 한 다리 건너 뛰어서 합을 이루는 성질이 되는 것을 알 수가 있는데 하지만 각각의 합을 구성하는 오행인 월지 酉金과 일지 卯木이 卯-酉 상충이 발생하니 양자의 서로간 합을 방해하는 성질이 되고 있음을 알 수가 있다.

  그렇다면 각각의 辰-酉합이나 卯-戌합은 卯-酉 상충으로 인하여 합의 기운으로 취용하지 못하고 있는 것으로 판단하는 것이 타당하겠으며 또한 사실상 卯-酉 상충도 합의 기운으로 말미암아 상충의 작용도 해극이 되고 있음도 간파하여야 된다.

  결국 본 장 24항에 기술하는 성질은 비록 합의 기운이 있다해도 이렇게 각각의 합의 성질중의 하나의 오행이 상대의 하나오행을 상충을 하는 성질이라 면 양쪽의 합의 기운으로 취용할 수가 없다는 것을 본 장에서 대단히 강조하고 있음을 엿볼 수가 있다.

(예1). 남자, 장 모씨(인천 부평) 1964년 음력 4월 28일 戌 시

墓　胎　旺　帶

壬　戊　庚　甲

戌　子　午　辰

편재　　　식신 편관

水　(土)　金　木

土　水　火　土

비견 정재 인수 비견

***. 일간의 왕쇠(旺衰),!**

　戊일간 午월에 출생하여 득령(得令)하였으며 사주월지 午火 인수가 일간 戊土를 주동해서 양인에 해당하고 있는 중에 다시 시지 戌土 비견에 득세(得勢)하면서 년지 辰土 비견까지 있으니 일간 戊土가 신왕하다.

　이렇게 일간 戊土가 신왕하게 되면 일간의 기운이 외격(外格) 의 종격(從格)이나 가종격(假從格)으로 돌아가지 않는 이상 마땅 히 일간 戊土의 기운을 억제하여야 만이 좋은 것은 기정사실이 다.

　따라서 사주원국을 면밀히 관찰하여 보니 일간 戊土의 기운을 자연스럽게 수기(秀氣)유행을 도모하면서 그 힘을 누출시키고 다시 사주일지 子水 정재와 시상에 투출되어 있는 壬水 편재가 자리를 잡고 있는 중에 년간 甲木 편관까지 있으므로 결코 일간이 외격(外格)의 성질이 되지 못하고 내격(內格)의 억부법이나 조후법의 용신이 선정되는 것이 마땅하다.

한편으로 일간 戊土가 계절이 午월에 출생하여 더욱 한여름이 되고 있으니 일면 내격(內格)의 조후법상 용신을 선정할 수가 있겠으나 이렇게 사주일지 子水 정재가 근접하여 있는 중에 시상에 壬水 편재와 월상 식신 庚金이 있으니 완전히 조후법을 충족시키고 있으므로 그냥 억부법에 따라 용신을 채택하는 것이 바람직하다.

＊. 격국(格局)과 용신,!

다시 본 사주팔자에 대한 격국(格局)과 용신을 판별하여 보면 우선 일간 戊土가 신왕한 중에 사주월지에 午火 인수가 양인이 되고 있으니 원칙적으로 "신왕월지양인격(身旺月支羊刃格)"이 성격(成格)된다.

또한 일면 사주시상에 壬水 편재가 투출되어 있는 중에 사주천간에 비견이 없어 "시상편재격(時上偏財格)"도 성립될 듯하나 사주일지에 편재의 기운을 질투하는 정재 子水가 자리를 잡고 있으니 시상편재격(時上偏財格)이 성격(成格)되지 못하는데 설상가상으로 시지에 戊土 비견이 자리잡아 壬水 편재와 동주(同柱)

의 형상이 되고 있음에 따라 완전히 파격(破格)이다.

고로 용신은 "인중용재격(印重用財格)"으로서 왕성한 사주월지 인수 午火의 기운을 억제하고 아울러 일간의 기운을 견제하는 재성 水氣를 용신하고 재성水氣를 생조하는 식상 金氣는 희신으로 삼는 것이 타당하니 이것은 일면 "식상생재격(食傷生財格)"을 같이 구성하는 것을 알 수가 있다.

또한 본 사주팔자는 사실상 인수 午火가 사주월지에만 자리를 잡고 사주 타주에 거듭 인성 火氣가 보이지 않고 있는데 그 중에서 사주천간에 인성 火氣가 투출되어 있지 않으니 관성 木氣로 정히 길신으로 선택할 수가 있게 되어본 사주명조는 식상, 재성, 관성등의 삼자가 모두 길하게 작용하는 성질이 됨에 따라 격국이 대단히 좋은 것으로 판단한다.

이렇게 사주원국에 용신과 희신 및 길신을 선택하여 놓고 격국을 면밀히 관찰하여 보니 일간 戊土에 대한 용신의 성질로 자리매김하고 있는 子水 정재가 사주일지에 근접하여 있는 중에 다시 시상에 壬水 편재가 역시 일간과 서로 유정(有情)하여 용신의 기운으로서 십분 그 역할을 충분히 하고 있으므로 아주 좋은 위치에 해당하고 있다해도 과언이 아니다.

더구나 용신인 壬水와 子水가 있을 경우 반드시 용신을 생조할 수 있는 희신이 필수적으로 있는 것을 최묘(最妙)로 판단하는데 금상첨화로 일간 戊土에 근접하여 사주월상에 庚金 식신이 투출되어 시상에 壬水 편재에게로 金生水로 생조하고 있으므로 이것은 정히 진가(眞假)의 법칙에 부합하는 진신(眞神)의 성질이 되고 있으니 그 복록이 깊은 것이 된다.

결국 본 사주팔자는 일간 戊土가 신왕하고 식상생재격(食傷生財格)을 성립하고 있는 중에 용신과 희신 및 길신까지 사주상에 모두 나타나고 있음에 따라 다시 운로인 대운이나 세운에서 용신이나 희신의 기운을 거듭 만나게 될 경우 복록이 대단한 것을 알 수가 있겠는데 또한 억부법이나 조후법의 용신마져 일치하는 현상은 더욱 더 대길하게 작용하는 것으로 판단한다.

*. 본 장 24,항에 준한판단,!

본 장 24,항목에 준하여 그실체를 인용하여 본다면 **"육합(六合)이나 준 삼합(準三合)의 경우 양쪽에서 합을 하고 있는데 합을 하는 오행을 가로막고 서로간 상충이 발생되고 있을 경우 합이 성립되지 못하며 더구나 사왕지지(子, 午, 卯, 酉)끼리 충돌하면 더욱 더 완전히 합을 할 수가 없다.!** 라며 구체적으로 기술하고 있다.

따라서 본 사주팔자는 이상의 부분에 완전히 적용되어 있음을 엿볼 수가 있겠으며 그것은 사주월지 午火 인수가 양인이고 또한 사왕지지(子, 午, 卯, 酉)로서 자리를 잡고 있는데 때마침 시지에 戊土 비견이 있으니 준삼합인 午-戌합을 구성하려는 성질이 있음을 알 수가 있다.

　그런데 공교롭게도 또 다른 준삼합의 성질인 사주일지 子水 정재와 사주년지 辰土 비견이 역시 있으니 子-辰합을 성립하려고 하는 것은 모두 각각의 준 삼합의 구성이 두 개로서 결합하는 현상이 발견되고 있다.

　하지만 사주월지 양인인 午火 인수나 일지 子水 정재가 각각의 사왕지지(四旺地支)가 되어 그 세력이 왕성하여 서로간의 합의 성질을 가로 막으면서 子-午 상충으로 상대에 대하여 완전한 합의 기운을 파극하고 있으니 이것은 제대로 합을 결성할 수가 없게 되었다.

　이와 같은 현상은 전자에 이미 기술한 14,항의 성질과 다르게 판단할 수 있는 성질이라는 것을 알 수가 있겠으며 이는 곧 완전한 합의 기운을 취용할 수 없음을 단적으로 표시하고 있음을 엿볼 수가 있겠다.

　또한 이것은 한편으로 볼 때 본 사주팔자에 대한 월지 午火 양인인 인수와 일지 子水 정재가 각각 비록 상충의 작용이 성립되나 이상의 상충 작용 역시도 양자간의 합의 기운으로 말미암아 곧 해극을 도모하는 성질이라고 판단하는 것이 정석이다.

　결국 본 장 24,항목에 기술하는 것은 아무리 합의 기운이 우선하는 성질이 된다고 하나 이렇게 합의 성질을 서로간에 가로막아 상충으로 파극할 때는 완전히 합의 기운이 분산되어 흩어지는 것을 강조하고 있는 것이며 또한 상충의 작용도 합의 성질로 인하여 제대로 상극의 작용이 발생할 수가 없다는 부분을 본 장에서 대단히 강조하고 있다해도 과언이 아니다.

25. "상충이나 삼형의 작용은 합이 들어 있을 때 해극된다고 볼 수 가 있지만 상충이나 삼형이 근접하여 발생하고 있는 중에 해극을 도모할 수 있는 상대적인 합의 성질이 원격(遠隔)하여 있을 경우 상충이나 삼형의 작용을 해극할 수가 없으니 상충이나 삼형의 작용을 감안하여 일간의 왕쇠(旺衰)나 용신의 강약(强弱)을 결정하여야 된다".!

※ 이상의 성질에 대하여 좀 더 자세하게 구체적으로 기술하여 보면 무릇 모든 사주원국에 삼형이나 상충의 작용이 들어 있을 경우 원칙적으로 합의 기운이 존재하여야 있어야 만이 상충이나 삼형의 작용을 해소시킬 수가 있다.

그런데 이와 같은 중요한 합의 기운이 삼형이나 상충의 작용을 할 수 있는 양자나 삼자의 오행과 멀리 떨어져 있는 즉, 다시 말하자면 원격(遠隔)한 성질이 되고 있을 경우 오히려 가로막아 방해하는 오행등으로 말미암아 제대로 합의 영향력을 발휘할 수가 없으니 이때는 사실상 합의 기운으로 상충이나 삼형의 작용을 해극시킬 수가 없다는 절대적인 논리에 부닥치게 된다.

상당히 고난도의 이해력과 심리를 요구하는 대목이 되니 학자들의 이해를 돕기 위해 좀 더 구체적으로 아래 도표 1항을 적용시켜 그 실체를 자세하게 기술하여 보면,!

(도표1).!

시　일　월　년

＊　＊　＊　＊

子　午　巳　辰

※ "사주일지 午火가 시지 子水를 근접하
여 보니 완벽한 子-午상충으로 파극하
므로 양자의 육친의 운명상 그 흉함이
불을 보듯 뻔한 일이 아닐 수가 없다",!

"그렇다면 이와 같은 子-午 상충을　해
극하기 위해서는 양자의 子水나 午火를
합을 시켜 해극을 도모하여야 될 것인데
마침 사주년지 辰土가 있어 시지 子水와
子-辰합을 도모하려 하지만 년지와 시
지는 너무 원격(遠隔)하여 제대로 상충
의 작용을 해극 시킬 수가 없다고 판단
하여야 된다",!

이상의 도표 1항에 나타나고 있는 사주팔자를 보면 사주일지

午火를 시지 子水가 완전히 근접하여 子-午 상충으로 파극하고 있음을 엿볼 수가 있다.

그렇다면 마땅히 지지에 합의 기운이 존재하여 있어야 만이 이상의 子-午상충을 합으로 해극을 도모할 수 있어 대길할 수가 있을텐데 비록 사주년지 辰土가 존재하여 시지 子水를 子-辰합으로 연결하려고 하지만 사주년지와 시지간은 너무 거리가 원격(遠隔)하니 제대로 辰土가 子水에 대한 그리움만 가질 뿐 정을 적절히 통할 수가 없다고 판단하는 것이 정석이다.

더구나 이와 같은 현상을 두고 만약 그 원리를 단순적으로 판단해서 이렇게 子-午 상충이 되고 있는 점을 년지 辰土가 존재하여 있으니 이것을 子-辰합으로 상충의 작용을 해극할 수가 있다고 간명하여 일간의 왕쇠(旺衰)나 용신의 강약을 측정할 때는 상당한 왕쇠(旺衰)에 따른 오류가 나타나게 됨은 자명한 일이 아닐 수가 없을 것이다.

*. 고서(古書)나 원서의 오류,!

따라서 사주추명학의 비조로 전해 내려오고 있는 고서(古書)나 원서에는 이상의 성질을 놓고 적고 있기를 무조건 사주내 상충의 작용이 있을 경우 합이 근접하던 원격(遠隔)하던간에 그에 대한 실체를 불문하고 상충이나 삼형의 흉함을 합으로 해극을 도모할 수가 있다고 적고 있다.

하지만 이상의 고서(古書)나 원서에 기술한 불투명한 성질에 대하여 본 저자는 지금까지 사주추명학을 간명하는 과정에서 고서(古書)나 원서에 적고 있는 합, 충의 변화에 상당한 오류가 나타나고 있음을 밝혀내고 있는데 이상의 성질도 하나의 오류로 발견하고 있으니 이것은 정말 하나의 합, 충의 변화를 읽어내는 획기적인 전환점이 될 수가 있을 것이다.

더구나 본 저자는 지금의 부분에 당면되고 있는 실제인물의 사주명조를 접한뒤 그 실체에 대한 합, 충의 변화를 약 30여년간 경험상 토대로 과거, 현재, 미래의 순으로 운로를 역추적하여 간명상 하나의 비법(秘法)으로서 사주추명학상 그 체계를 세웠다 해도 과언이 아니니 이러한 성질을 밝혀내기까지 참으로 수많은 시간과 세월을 보냈다해도 과언이 아니다.

결국 본 장 25항에 준해서 무릇 모든 사주원국에 삼형이나 상충의 작용이 존재하여 있을 경우 그 상충이나 삼형을 해극을 도모하는 차원에서 합의 기운을 취용하는 것이 합이 원격(遠隔)하여 있다면 올바른 상충이나 삼형의 작용을 해극을 할 수가 없다는 절대적인 논리를 앞세우고 있으니 이것은 일간의 왕쇠(旺衰)나 용신의 강약을 선정할 때 참으로 중요한 경험상 합, 충의 특비(特秘)임을 재삼 첨언하는 바이다.

(예1).!

제3장

운(運)에 대한
合, 沖의 特秘

본 장에 運에 대한 合, 沖의 特秘
는 후천성인 대운이나 세운에서 들
어오는 오행이 합, 충이 성립될 때
사주명조에 어떠한 변화가 발생하
는 지를 실제인물을 통해 약 30여
년동안의 경험상 비법(秘法)을 적
용해서 그 실체를 적나라하게 파헤
치고 있다.!

제3장

운(運)에 대한 合, 沖의 特秘

1. 合, 沖의 特秘에 준한 운의 통변,!

사주 추명학은 인간에 대한 운명을 과거, 현재, 미래의 운로로 파악하여 언제 어느 시점에서는 길함이 들어오고 혹은 흉함이 닥치는가 하는것을 제일로 치는 것을 원칙으로 삼고 있는데 이러한 것은 선천성인 사주 주인공의 격국과 용신을 선정하여 후천성인 운로로 대변하고 있는 대운과 세운을 접목시켜 간명하여야 만이 비로서 그 실체를 판단하게 된다.

따라서 이와 같은 성질을 놓고 선천성인 사주명조의 격국과 용신을 취용한 후 후천성인 운로의 대운이나 세운을 모두 종합적으로 판단하는 성질을 놓고 본 저자는 가칭하여 운의 통변이라고 기술하고 있으며 이것은 참으로 대단히 중요하니 곧 명리의 최정상인 고난도의 학식과 더불어 완벽한 집중력을 요구하는 심리가 뒷받침 되어야 할 것이다.

그렇다면 본 장에 기술하고자 하는 合, 冲의 特秘에 준한 운의 통변은 글자 그대로 지금까지 기술하였던 사주격국에 대한 합, 충의 변화를 읽어낸 후 일간에 대한 신강, 신약을 결정하여 용신을 선택하고 다시 대운이나 세운에서 들어오는 오행이 대운과 세운간, 혹은 1달을 지배하는 월운 그리고 더 나아가서는 하루 일진을 지배하는 일운까지 오행상 합, 충을 보는 것을 거론하고 있다해도 과언이 아니다.

또한 이와 같은 성질은 유독 대운, 세운, 그리고 월운 및 일운을 상호 대조 복수적으로 합, 충의 변화를 보는 것도 중요하지만 한편으로 볼 경우 이것이 사실상 사주명조내 오행과 합, 충 또한 하고 있으니 이것을 미루어 짐작한다면 대단히 고난도의 경지를 요구하고 있음에 따라 참으로 운의 통변이라 함은 글자 그대로 제일 어려운 마지막 단계임은 틀림이 없다.

이상과 같은 부분을 생각하여 볼 때 본 서 合, 冲의 特秘속에 제3장에 기술하는 運의 通辯은 오랜동안 뼈를 깍는 고통과 노력으로 이루어진 결정체이니 진실로 수년간의 세월을 보내면서 아직도 집필중에 있는 "雲情의 特秘" 上권과 下권에 그 맥락을 같이하고 있으므로 운에 대한 합, 충의 변화를 조목조목 따지고 있음도 엿볼 수가 있을 것이다.

더구나 이것은 사실상 어느 하나라도 절대로 소홀히 취급할 수 없는 절대적인 경지를 다루고 있고 또한 명실공히 본 저자의 피눈물로 이룩한 마지막 7권의 간명특비(看命特秘)에 본 서 合, 沖의 特秘가 그 한권으로 자리매김을 하고 있음도 이 자리를 빌어 밝혀둔다.

결국 본 장 제 3장은 합, 충의 변화에 대한 運의 通辯을 적용시키는 성질로서 그동안 제1장, 天干合沖의 特秘와 제 2장 地支合 沖의 特秘를 종합적으로 접목하여 사주명조내 합, 충이 발생하는 것을 거론한 뒤 다시 운로인 대운이나 세운 및 월운등에서 재차 합, 충의 변화가 발생되는 運의 通辯을 집중적으로 파헤치고 있으니 그야말로 이것은 간명의 최정상을 다루는 부분이라 해도 과언이 아닐 것을 첨언하는 바이다.

● 合, 沖에 대한 運의 通辯,!

1. "사주원국에 강력한 오행을 대운이나 세운에서 들어오는 기운이 상충이나 삼형을 하게 된다면 반드시 해당하는 육친은 대흉을 당하게 되는데 이 때 사주에 타 오행이 합으로 잡아주는 성질이 될 경우 대흉함이 많이 완화된다".!

※ 이상의 성질을 좀 더 구체적으로 기술하여 보자면 사주일간이 신왕을 측정하는 과정에서 그 힘을 판단하여 볼 경우 사주일간 강약도표에 의지할 때 중화(中和)의 기점은 약 40%라고

이미 본 저자는 用神秘法이나 命理秘典 上권에 기술한 바가 있다.

그런데 여기서 일간의 기운이 신왕한 것이 중화(中和)의 기점에서 약 40%가 넘어가면 신왕이라고 판단하고 있으나 문제는 신왕의 정도가 너무 도가 넘쳐 상당히 신왕이라고 할 때 이것은 곧 하나의 집단체의 성질을 가질 수 있는 왕신(旺神)의 성질로 돌변하게 됨을 모면할 수가 없다.

따라서 이 때는 비록 선천성인 사주명조에서 왕신(旺神)의 성질을 삼형이나 상충등으로 파극하고 있다면 왕신(旺神)이 대단히 반발하기 때문에 이 경우에는 사주 주인공의 숙명적인 운기를 거론할 때 재차 상충이나 삼형의 기운을 완화시킬 수 있는 지지합이나 천간합(天干合)이 없을 경우 육친의 성정상 사람됨이 안아무인식이고 성질이 대단히 성급 조급함을 나타내게 됨은 자명한 일이다.

더구나 이와 같은 현상은 막연히 선천성인 사주명조내 이상의 왕신(旺神)의 기운을 이미 삼형이나 상충등으로 파극하여 건드리고 있을 경우 숙명적인 사주당사자의 성품이나 육친의 운명에 직접적으로 작용하는 것만으로 끝나는 것이 아니다.

문제는 다시 후천성인 운로인 대운이나 세운에서 재차 왕신(旺神)을 가격하는 삼형이나 상충의 기운을 만나게 될 때 완전히 왕신(旺神)이 더욱 더 반발하여 쇠자왕신발(衰者旺神發) 및 왕신충왕(旺神沖旺)의 법칙에 준하니 왕신이 발동함은 적

어도 그 흉의는 대단히 강력하게 나타날 것이며 이것은 때에
따라서는 격국이 탁기(濁氣)를 남기고 순수하지 못할 때는 십
중구사(十中九 死)의 운명으로 치달리게 될 것이다.

이상의 부분을 놓고 일간이 신왕이 태왕하거나 혹은 태약(太
弱)하여 왕신(旺 神)의 성질이 되고 있을 때 이것을 상충이나
삼형등으로 가격하여 왕신(旺 神)이 반발을 불러일으킬 수 있
는 현상을 완화시킬 수 있는 작용으로 천간합(天干合)이나 지
지합(地支合)을 모색하여 볼 필요가 있다.

그렇다면 선천성인 사주명조내 왕신(旺神)의 성질에 삼형이
나 상충의 작용이 성립되어 왕신을 건드리고 있을 경우 절묘
하게 사주원국내 다시 합의 기운이 존재하여 삼형이나 상충
의 작용을 합으로 해극하고 있다면 왕신(旺神)의 반발을 모면
할 수가 있고 이것은 곧바로 운로인 대운이나 세운에서도 상
충이나 삼형의 작용을 가지고 들어온다손 치더라도 역시 합
으로 대흉을 많이 모면시 킬 수가 있다.

상당히 고난도의 집중력과 심리를 요구하는 성질이므로 학자
들의 이해를 돕기 위해 아래 도표 1항과 도표 2항을 적용시켜
그 실체를 완벽하게 파헤쳐 보면,!

(도표1).!

시　일　월　년

＊　＊　＊　＊

子　午　戌　＊

※ "사주시지 子水가 일지 午火를 子-
午 상충으로 파극하고 있으나 월지
戌土가 일지 午火를 午-戌합으로 도
모하고 있으니 상충의 작용을 해극
시키면서 아울러 합의 원칙도 성립
되지 않고 있다",!

＊. 선천성 사주내 상충이 성립되고 합이 있을 경우,!

이상에 도표 1항에 자세하게 나타나고 있듯이 위 사주팔자는
우선 선천성인 사주명조내 일지 午火와 시지 子水가 子-午 상충
이 되고 있으므로 이것을 육친통변법으로 판단하여 볼 때 일지
는 자신이며, 처궁을 거론하는 자리이고 또한 시지는 자식궁이
니 이렇게 양자의 子-午 상충이 되어 있는 것은 이미 처궁과 자
식궁이 불리한 것을 알 수가 있겠다.

하지만 절묘하게도 사주월지 戌土가 자리를 잡고 일지 午火와
午-戌합을 도모하고 있음에 따라 완전하게 상충의 작용을 합으

로 해극을 시키고 있는 것을 엿볼 수가 있겠는데 따라서 이 때는 상충의 작용과 합의 작용이 모두 성립될 수가 없다는 취지로 해석할 수가 있다.

문제는 이미 본 사주팔자는 子-午 상충이 되고 있는데 비록 사주원국에 합의 기운이 존재하여 있으니 올바른 子-午 상충이 될 수가 없겠지만 재차 운로인 대운이나 세운에서 子水가 중첩하여 들어 온다면 월지 戌土가 午火를 午-戌합으로 잡는 것도 역부족이 되니 약간의 흉의를 모면할 수가 없다.

그렇지만 이상의 사주팔자에 운로인 대운이나 세운에서 子水가 들어와서 비록 일지 午火를 子-午 상충으로 파극하더라도 그나마 월지 戌土가 일지 午火를 午-戌 합으로 잡아주고 있기 때문에 합에 의한 대흉함을 모면할 수 있다고 판단하는 것이 정석이며 만약 이와 같은 월지 戌土가 가상하여 없다고할 때 일지를 합을 하는 기운이 없음에 따라 더욱 더 子-午 상충의 흉의는 강력하게 작용한다.

또한 이상의 운로인 子水가 사주상에 용신의 기운인 것 같으면 비록 일지를 상충의 작용으로 파극해도 약간의 소용돌이만 발생하여 분주다사한 가운데 길함도 나타날 수가 있겠지만 이것이 사주상의 용신이나 희신의 기운을 상극하는 기신(忌神)의 기운이 될 것 같으면 더욱 더 子-午 상충과 기신(忌神)의 영향력으로 인한 흉이 배가 된다고 볼 수가 있겠다.

*. 사주내 상충과 합이 없고 운로에서 상충이 들어오면 사주에서 합으로 잡아주고 있을 때,!

그런데 전자의 도표 1항에 적용해서 그 원리를 파악하는 것하고 지금부터 기술하는 성질하고는 상당한 차이가 나타나고 있음을 엿볼 수가 있겠는데 그것은 전자는 이미 선천성인 사주명조내 상충의 작용이 발생하고 있는 중에 합의 기운 또한 존재하여 있음에 따라 상충과 합의 기운이 모두 해극되면 양자간이 성립되지 않는 것으로 판단하였다.

또한 그와 같은 부분은 운로인 대운이나 세운에서 하나의 상충의 작용이 중복되어 사주원국에 영향력을 미칠 때 비록 흉함은 돌출 되더라도 역시 근본적으로 합의 기운이 존재하여 있음에 따라 합의 영향력으로 인해 상당한 흉함이 돌출되는 것을 역시 합으로 상쇄하여 다소 흉함을 줄일 수가 있었음도 알 수가 있었다.

그렇다면 그에 대한 부분과 비슷한 원리가 또 하나 있음을 알 수가 있겠는데 그것은 선천성인 사주명조내 합의 기운과 상충의 기운이 없는 중에 다시 운로인 대운이나 세운에서 상충이나 삼형의 작용이 들이닥칠 경우 그에 대한 흉의 강도를 간파하여야 될 필요가 있다.

물론 이 부분에 대해서 사주격국이 순수하고 중화(中和)의 기점에 안정되어 용신이 강령하면 비록 상충이나 삼형의 작용이 있다손 치더라도 오행상 서로 유통을 도모하여 극단적인 흉함을 많이 완화시키게 되므로 그에 대한 흉은 빙산의 일각일 것이다.

하지만 사주원국이 근본적으로 중화(中和)의 기점에 안정되지 못하고 극심한 신강이거나, 혹은 신약하여 있는 중에 왕신(旺神)의 성질로 돌변해 있다면 곧 사주상의 탁기(濁氣)를 남기는 것이 되어 조금이라도 운로인 대운이나 세운에서 상충이나 삼형의 작용을 가지고 들어오게 될 때 완전히 왕신(旺神)이 반발을 하여 극단적일 경우 십중구사의 운명을 모면할 수가 없다.

따라서 이렇게 될 경우 필연적으로 운로인 대운이나 세운에서 들어오는 삼형이나 상충의 작용을 사주명조내 운로에서 닥치게 되는 오행을 반드시 합의 기운으로 잡아주어야 극단적인 흉함을 모면할 수가 있다.

더구나 이 경우 이렇게 합으로 잡아주는 사주내 오행이 운로와 합을 하여 사주상의 용신이나 희신의 성질이 나타나고 있을 경우 더욱 더 흉함을 길로 전환시킬 수가 있으니 이 때는 호랑이를 두들겨 개와 같이 써먹을 수가 있으니 흉함을 소멸시키면서 복록을 쟁취할 수가 있으므로 이 때는 두 마리의 토끼를 다 잡을 수가 있을 것이다.

상당히 고난도의 심리를 요구하면서 복잡한 설명이 되고 있으므로 학자들의 이해를 돕기 위해 아래 도표 2항을 적용시켜 그 실체를 완벽하게 기술하여 보면,!

(도표2).!

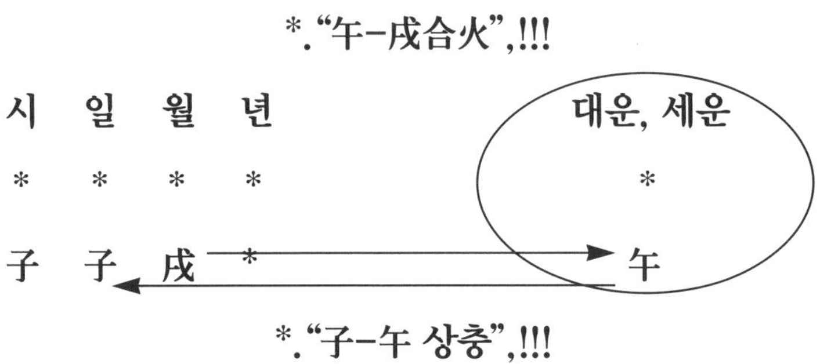

※ "사주명조내 합과 상충이 없는데 대운
이나 세운에서 午 火가 들어오게 되어
일지 및 시지 子水를 子-午 상충으로
파극하니 그 흉이 극도로 치달리고 있
음을 알 수가 있다",!

"그러나 절묘하게 사주월지 戌土가 자
리를 잡고 午火를 午-戌합으로 상충의
작용을 합으로 완화시키고 있으니 대흉
함이 상당히 줄여지고 있음을 엿볼 수
가 있다",!

이상의 도표 2항에 나타나고 있는 사주명조는 일지와 시지는
子水가 되고 월지 戌土가 있으니 사주원국내 이렇다할 상충 및

삼형의 작용이 없는 중에 또한 지지합인 육합이나 삼합, 준삼합 등 합의 기운이 보이지 않고 있음을 알 수가 있다.

그런데 여기서 후천성인 운로로 대변되고 있는 대운이나 세운 등에서 午火를 업고 들어오게 되면 본 사주일지 및 시지 子水를 동시에 子-午 상충으로 대접하고 있으니 이것은 곧 육친통변법상 일지는 자신의 몸이고 처궁이며 또한 시지는 자식궁을 대변하고 있으므로 자신은 물론이고 처와 자식이 위험에 빠지는 것은 불을 보듯 뻔한 일이 아닐 수가 없다.

따라서 운의 흐름에서 午火가 이렇게 子-午 상충으로 양자의 일지와 시지를 모두 상충으로 파극하는 것은 상당한 흉의가 돌출되는 것을 모면할 수가 없겠는데 그렇다면 시급히 운로인 대운이나 세운에서 들어오는 午火를 합으로 막아줄 절대적 오행이 필요하다해도 과언이 아니다.

∗. 상충의 작용을 합을 시키게 되었을 때 변화,!

더구나 이와 같은 성질이 사주일지 및 시지 子水가 막연히 두 개의 오행으로 존재하여 있다면 왕신(旺神)의 기운이 되지 않음에 따라 비록 상당한 흉의는 돌출될 것이만 극단적인 십중구사(十中九死)의 운명으로 치달리지는 않을 수도 있다.

하지만 만약 이상의 子水가 사주내 다시 水氣를 대표하는 壬, 癸水가 중중(重重)하여 투출되어 있는 성질을 운로에서 子-午

상충을 하게 될 경우 이것은 정말 쇠자왕신발(衰者旺神發) 및 왕신충왕(旺神沖旺)의 법칙에 당면되어 왕신(旺神)이 극도로 반발함은 곧 극단적인 죽음을 모면할 수가 없는 대단한 흉의가 들이닥치게 된다.

하지만 도표 2항의 사주명조를 살펴보니 사주월지에 戌土가 자리를 잡고 운로인 대운이나 세운에서 들어오는 午火를 午-戌 合火로 합이 되어 상충의 작용을 완화시키고 있으므로 이것은 죽음속에서 구조가 되는 현상으로 대단한 흉의를 합으로 해극을 시키고 있다고 판단하여야 된다.

*. 여기서 일부학자들의 의문,!

여기서 일부학자들 중에서 방금 본 저자가 설명한 부분에 대하여 한가지 의문을 가지고 질문하고 있다.

그것은 "合, 沖의 特秘 저자 운정선생은 지금 도표 2항에 준하여 나타나고 있는 사주팔자를 거론하는 자리에서 후천성인 운로 대운이나 세운에서 상충이나 삼형의 기운을 가지고 들어와서 사주명조를 가격한다고 볼 때 선천성인 사주명조내에서 운로의 오행을 합을 시켜 잡아주면 그 흉의를 많이 완화시킬 수 가 있다고 설명하고 있다",!

"하지만 이 부분에 대하여 저희 학자들의 견해는 운정선생의 설명에 한가지 이해가 가지 않는 성질이 있으니 무릇 모든 사주명조에서 운로인 대운이나 세운에서 상충이나 삼형의 기운을 가지고 들어오는 기운을 만약 합을 시킨다고 가정할 때 합을 하여 나오는 오행이 사주상의 용신이나 희신의 성질이면 물론 길하게 될 수가 있을 것이다",!

"그러나 그와 반대로 이와 같은 성질이 사주상의 용신이나 희신을 상극하는 기신(忌神)의 오행으로 변화가 되면 더욱 더 기신(忌神)의 역할이 크게 작용하여 아무리 상충이나 삼형의 작용을 완화시킨다손 치더라도 대흉함은 불을 보듯 뻔하지 않겠는가",?

"그런데도 불구하고 合, 沖의 特秘의 저자 운정선생은 이러한 성질은 언급하지 않은채 막연히 대운이나 세운에서 들어오는 삼형이나 상충의 작용이 있다해서 무조건 합으로 잡아주는 오행이 사주명조에 있을 때 상극하는 흉의 기운을 상당히 줄여줄 수가 있다는 말 등으로 기술하고 있는 점은 사주추명학을 단순적으로 판단할 수 있는 오류가 나타날 수가 있음이니 이 부분에 대하여 자세하게 답변을 하여 달라",! 라며 날카로운 지적과 함께 조목조목 그 원리를 되묻고 있다.

***. 일부학자들의 의문에 대한 본 저자판단,!**

이와 같은 일부학자들의 의문에 대하여 본 저자는 학자들의 견해가 상당히 일리가 있다고 판단하며 또한 일면 그렇게 생각할 수가 있겠다.

그러나 그와 같은 견해는 세밀히 관찰하여 보면 판단의 차이가 많음을 알 수가 있으니 따라서 지금부터 학자들의 의문에 대하여 본 저자가 설명하는 점을 들어볼 경우 곧 본 저자의 견해와 일치를 할 수가 있다고 믿어 의심치 않는다.

우선 학자들이 의문을 구하고 있는 후천성인 대운이나 세운등에서 삼형이나 상충의 작용을 가지고 사주명조를 가격하고 있을 경우 이 때 선천성인 사주원국내 합의 기운이 존재하여 운과 합을 한다면 상충이나 삼형의 작용을 많이 완화시킬 수가 있으나 이것이 과연 합으로 변화되어 나오는 기운이 용신을 상극하는 기신(忌神)의 영향력을 배가시켜 더욱 더 강력하게 흉의를 돌출시킬 수도 있지 않겠는가, 하고 염려를 하고 있다.

하지만 이와 같은 성질은 용신이나 희신을 상극하는 기신(忌神)을 막론하고 합의 성질이 있다면 삼형이나 상충의 작용을 많이 완화시킬 수가 있는데 이것은 한편으로 볼 때 사실상 합을 도모하는 성질과 상충과 삼형의 기운이 교차됨으로 인하여 제대로 완벽한 합으로 귀착할 수가 없음을 직·간접적으로 암시하고 있다해도 과언이 아니다.

상당한 집중력과 고난도의 심리를 요구하고 있으므로 정신을 집중하여 본 저자의 설명에 귀를 기울려야 될 것인데 무슨 말인지 좀 더 자세하게 전자의 도표 1항의 사주명조와 도표 2항의 사주명조를 예를 들면서 두가지 설명을 정리하여 그 실체를 다시 한번 언급하여 보겠다.

(도표1),!

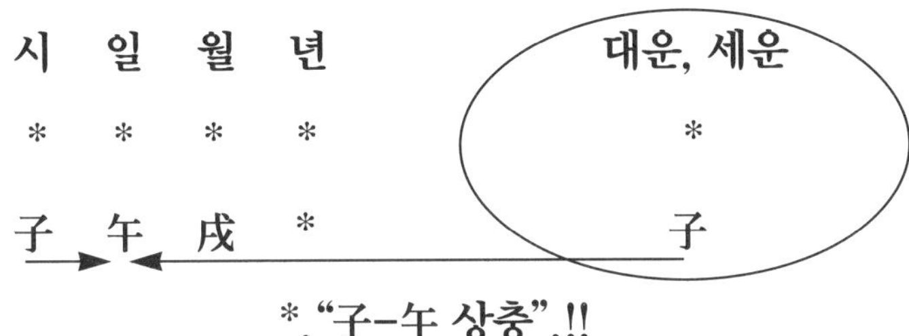

※ "이미 선천성인 사주명조내 시지 子
水가 일지 午火를 子-午 상충으로
파극하고 있으니 월지 戌土와 일지
午火간에 午-戌合火가 성립되지 않
고 있다",!

"그런데 다시 운로인 대운이나 세운
에서 子水가 거듭 들어와서 일지 午
火를 子-午 상충으로 파극하고 있
으니 상당한 흉의가 돌출되나 그러
나 역시 월지 戌土가 일지 午火를
합으로 잡고 있으므로 대흉함을 많
이 완화시키고 있음을 엿볼 수가 있
다",!

우선 첫째로,!

먼저 도표 1항의 경우 대운 및 세운에서 子水가 들어오게 되면 이미 시지 子水가 상충으로 가격하고 있는 중에 다시 일지 午火를 子-午 상충으로 중첩 파극하고 있으니 이 경우는 子水를 잡아주는 합의 기운이 없음에 따라 오로지 월지 戌土가 일지 午火를 午-戌합으로 잡아주는 역할로 말미암아 상충으로 인한 대흉함을 모면시키고 있음을 엿볼 수가 있다.

따라서 이 경우는 합으로 돌변하는 기운이 없기 때문에 기신(忌神), 희신을 막론하고 상충의 작용을 선천성인 사주월지 戌土가 일지 午火를 합을 시키는 역할에 불과하여 그 흉의를 다소 완화시키고 있는데 이러한 점은 사실상 일지 午火와 월지 戌土의 午-戌합도 상충의 작용으로 인해 합을 성립시키지 못한다고 판단하는 것이 정석이다.

그렇다면 이상의 도표 1항의 사주명조는 운로인 대운이나 세운에서 들어오는 子水를 재차 합을 시켜 상충의 작용을 완화시키는 것이 아니고 사주명조내 상충의 성질을 당하는 하나의 기운을 다시 사주내 월지 戌土가 午-戌 합으로 상충의 작용을 완화시키고 있는 현상을 주의 깊게 관찰하여 볼 필요가 있다.

(도표2).!

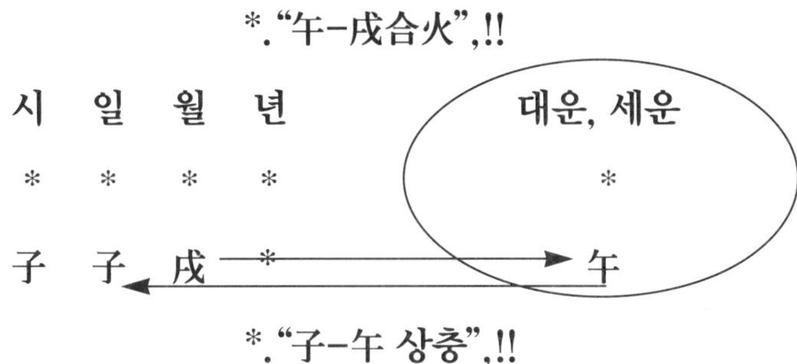

※ "사주내 합과 상충의 작용이 보이지
않고 있는데 대운이나 세운에서 午
火가 들어오면 일지 및 시지 子水를
子-午 상충으로 파극하고 있으니 자
신은 물론이고 처와 자식이 위험한
것을 알 수가 있다",!

"그러나 절묘하게도 월지 戌土가 자
리를 잡고 午火를 午-戌합으로 합이
되어 상충의 작용을 합으로 해극하
고 있으니 천만다행으로 상충의 대
흉함을 완화시키고 있음을 엿볼 수
가 있다",!

다음 둘째로,!

이상의 도표 2항에 나타나고 있는 사주명조는 전자의 도표 1항과는 그 성질이 동떨어진 것임을 알 수가 있는데 그것은 사주명조내 이렇다할 상충 및 삼형이 존재하여 있지 않고 또한 합의 기운도 나타나고 있지 않음을 엿볼 수가 있겠다.

그런데 이 때 대운이나 세운에서 午火가 들어오게 되니 사주일지 및 시지 子水를 子-午 상충으로 파극하여 그 흉의가 상당히 강력하게 들이 닥치는 것을 모면할 수가 없겠지만 이 때 절묘하게 사주월지 戌土가 운로에서 들어오는 午火를 午-戌합으로 잡아주게 되니 상당히 상충의 작용을 합으로 완화시키고 있음을 판단할 수 있다.

따라서 일부학자들이 의문을 구하는 성질이 본 도표 2항에 나오는 사주명조에 나타나고 있으니 이것은 午-戌합을 도모하는 현상만으로도 상충의 흉의를 많이 완화시킬 수가 있다는 것을 강조하고 싶은데 그것은 비록 午-戌合火로 변화되어 이것이 기신(忌神)이나 희신이다, 라는 것을 불문하고 근본적인 상충의 작용은 상당히 완화된다고 볼 수 있다.

더구나 이렇게 사주월지 戌土가 운로인 대운 및 세운에서 들어오는 午火를 午-戌合火로 변화되는 것을 사주일지 시지 子水가 역시 子-午 상충으로 합을 방해하고 있으니 비록 대운이나 세운의 영향력이 크게 작용하여 일부 午-戌합으로 판단한다손 치더라도 역시 상충의 작용이 있게 되면 제대로 합으로 귀착할 수가 없음이니 이것 또한 희신 및 기신(忌神)의 영향력을 불문하고 좋게 간명하는 하나의 이유도 되고 있다.

그렇다면 이와 같은 맥락에 비추어 일부학자들이 언급하는 상충이나 삼형의 작용을 합의 성질로 해극한다는 원칙을 놓고 합을 하여 기신(忌神)으로 돌변하면 더욱 더 흉의를 자초한다는 염려는 하지 않아도 될 것이며 이것은 사실상 극단적인 합을 하여 기신(忌神)으로 돌변한다손 치더라도 역시 상극하는 존재가 사주상에 남아있기 때문에 합으로 인한 상충의 작용을 완화시키는 장점이 여기에 있다해도 과언이 아니다.

결국 본 장 1항에 언급하고 있는 취지는 운로인 대운이나 세운에서 상충이나 삼형의 작용을 가지고 들어올 때 사주원국에 운로와 합을 하는 오행이 존재하여 있다면 상충이나 삼형의 작용을 많이 완화시킬 수가 있다고 하는 점을 대단히 강조하고 있으며 이것은 곧 하나의 運의 通辯을 하는 절차에서 대단히 고난도의 심리를 요구하고 있고 또한 절대적인 중요한 성질임을 본 저자는 첨언하는 바이다.

(예1). 남자 장 모씨(경남 산청) 1959년 음력 8월 11 일 戊 시

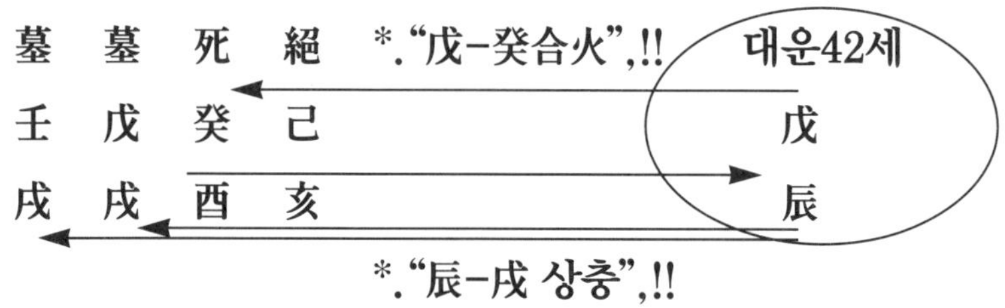

*.“辰−戌 상충”,!!

*.“辰−酉合金”,!!!

편재　　　정재 겁재

水　(土)　水　土

土　土　金　水

비견 비견 상관 편재

2.“1 항에 준하여 사주원국에 강력한 오행을 대운 및 세 운에서 들어오는 기운이 상충이나 삼형을 하게 된다 면 반드시 해당하는 육친은 대흉을 당하게 된다고 기 술하였다”,!

“이 때 사주내 타 오행이 합으로 잡아주면 대흉함이 완화되나 사주내 합을 하는 오행이 없지만 운끼리 대운을 세운이 혹은 세운을 대운이 합을 하는 화합 (和合)의 법칙이 성립되면 대흉함은 역시 완화된 다”.!

*. 이상의 부분을 좀 더 자세하게 구체적으로 기술하여 보면,!

전장 1항에 준하여 "무릇 모든 사주원국의 강력한 오행을 대운이나 세운에서 들어오는 기운이 상충이나 삼형을 하게 된다면 반드시 해당하는 육친은 대흉을 당하게 되는데 이 때 사주에 타 오행이 합으로 잡아주는 성질이 될 경우 대흉함이 많이 완화된다".! 라며 그 실체를 대단히 도표 1항과 도표 2항을 적용시켜 자세하게 설명하고 있음을 엿볼 수가 있었다.

그런데 여기서 "이 때 사주내 타 오행이 합으로 잡아주면 대흉함이 완화되나 사주내 합을 하는 오행이 없지만 운끼리 대운을 세운이 혹은 세운을 대운이 합을 하는 화합(和合)의 법칙이 성립되면 대흉함은 역시 완화된다".! 라고 그 부분을 대단히 강조하고 있다해도 과언이 아니다.

이러한 성질은 사실상 사주원국내 합의 기운이 없는 중에 후천성인 운로인 대운이나 세운등에서 상충 및 삼형의 작용을 업고 사주내 어느 오행이던 충돌을 하게 되면 해당되는 육친은 물론이고 이것이 일주에 해당하고 있을 경우 본인에 대한 흉의도 대단히 강력하게 나타날 수가 있다.

더하여 만약 이러한 현상이 사주명조내 일간이 극도로 신왕하거나 혹은 신약이 태약할 경우 사주내 자리를 잡고 있는 왕신(旺神)의 성질이 되는 오행을 충격하게 되면 곧 쇠자왕신발(衰者旺神發) 및 왕신충왕(旺神沖旺)의 법칙에 준하여 왕신(旺神)이 반발함을 모면할 수가 없으니 극단적으로는 죽음을 불사하고도 남음이 있는 대흉의가 돌발된다해도 과언이 아니다.

따라서 이 경우에는 필수적으로 사주내 삼형이나 상충의 작용을 완화시킬 수 있는 합의 오행이 존재하여 있어야 만이 극단적인 흉함을 다소 완화시킬 수가 있겠지만 근본적으로 사주내 이러한 상충이나 삼형의 작용을 일부 해소시킬 수가 없는 합의 오행이 없을 경우 대단히 난처한 입장에 처하게 되는 점은 자명한 일이다.

이러한 현상을 감안하여 차선책으로 모색할 수 있는 하나의 방도가 곧 후천성인 두 개의 운로 중에서 하나의 운로가 합을 도모하여 상충이나 삼형의 작용을 완화시킬 수 있는 성질을 생각해 볼 필요가 있겠는데 이것이 본 장 2항에 적용시켜 그 실체를 거론하고 있는 것을 알 수가 있다.

*. 후천성인 운의 흐름인 대운과 세운의 작용,!

여기서 하나의 중요한 부분이 발견되고 있는데 그것은 본 저자가 이미 집필한 命理秘典 下권인 대운과 세운에서 기술하고 있는 점들이 여기 본 장 2항에 언급하는 실체와 계속 부합하고 있음을 파악 할 수가 있겠다.

이 부분에 대해 하나하나 성질을 자세하게 거론하여 본다면 우선 대운과 세운이 충돌을 할 수 있는 전극(戰剋)의 법칙이 있으며, 또한 대운과 세운이 생조의 법칙이 되고 있는 운호(運好)의 법칙, 그리고 대운 천간지지간 서로 충돌하는 개두(蓋頭)의 법칙, 그리고 본 장 2항에 적용되어 그 실체를 파헤치고 있는 대운과 세운이 합을 하는 화합(和合)의 법칙등을 중요하게 생각해 볼 필요가 있다.

따라서 그 중에 제일 마지막에 언급하고 있는 화합(和合)의 법칙이 본 장에 주요하게 적용되는 하나의 원칙이 되겠는데 그 부분을 학자들의 이해를 돕기 위해 도표 1항을 함께 적용시켜 인용하여 본다면,!

(도표1).!

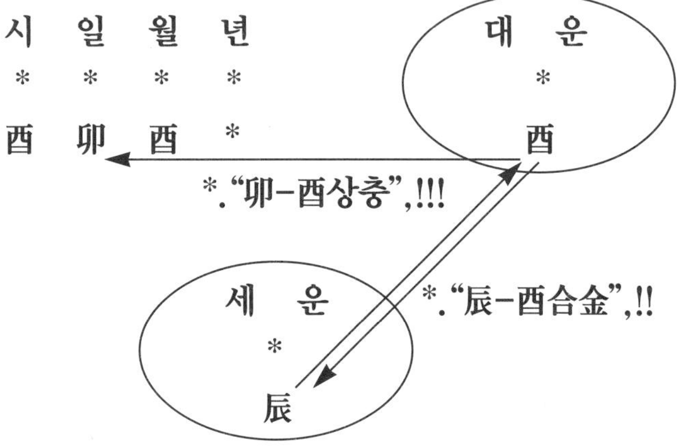

※ "선천성인 사주명조내 일지 卯木을 하나두
고 월지와 시지酉金이 동시에 卯-酉 상충으
로 파극하고 있는 중에 마땅히 이를 완화시
킬 수 있는 지합이 없으므로 그 흉의가 상당
히 강력하게 작용하고 있음을 엿볼 수가 있
다",!

"더구나 설상가상으로 대운지지에서 酉金이
재차 들어와서 중첩하여 일지 卯木과 卯-酉
상충이 되니 완전히 그 흉의가 극도로 치달
리고 있는데 절묘하게 일년군주인 세운지지
에서 辰土가 들어옴에 따라 대운지지 酉金을
辰-酉合金으로 잡아주게 되므로 대흉함을
완화시킬 수 있는 장점이 나타나고 있다",!

대운천간과 세운천간이 천간합이 되는 것과 대운지지와 세운지지간에 육합, 준삼합이 되는 성질을 화합(和合)의 원칙이라고 칭한다.

좀 더 자세하게 예를 들면 만약 乙木 대운천간이라고 가정할 때 세운천간이 庚金으로서 서로간 乙-庚合金이 이루어지는 이치이고 또한 대운지지가 酉金이 되고 세운지지가 辰土로서 辰-酉合金이 성립되어 金으로 변화되는 현상이다.

따라서 이와 같이 합을 하여 나오는 성질은 선천성인 사주팔자에 미치는 영향력에 대해 합을 하여 나오는 오행이 길신이나 흉신의 역할이 되는지를 면밀히 검토할 필요가 있다.

다시 말해 구체적으로 기술하자면 가령 이상과 같은 반대의 현상으로 대운과 세운간에 합을 하지 못한 상황이라면 사주원국에 木氣를 필요로 하는 용신이나 희신의 성질이 되고 있을 때 이 때 대운천간이 乙木을 업고 들어오는 것은 대단히 길하게 될 것이다.

그러나 이 때에 세운에서 庚金이 들어오게 된다면 대운천간 乙木이 합을 탐한 나머지 세운천간 庚金과 乙-庚合金하여 金氣로 변화되어 기신(忌神)으로 그 영향력을 행사하니 사주원국은 흉신을 업고 들어오게 되므로 그 때는 길함은 고사하고 오히려 흉을 동반하게 된다.

더하여 이와 같은 성질은 여기에만 끝나지 않고 이상의 대운

천간과 세운천간이 합을 하여 기신(忌神)으로 변화되고 있는 중에 설상가상으로 대운지지가 酉金이 되고 세운지지가 辰土를 업고 들어와서 역시 辰-酉合金하여 金氣로 변화되어 있다면 완전히 대운 천간지지와 세운 천간지지가 전부 金氣로 둔갑하게 되는 것은 사주팔자에 기신(忌神)으로 그 영향력을 행사하니 더욱더 큰 재화를 불러일으키게 된다.

하지만 만약 이와 반대의 현상으로 이렇게 변화되어 나오는 합의 성질이 사주상의 용신이나 희신이 되어 있다면 역시 대단히 길함을 가질 수 있는 것으로서 격국의 판단과 대운 및 세운이 합을 하여 나오는 성질을 세밀히 분석하여야 될 것이다.

결국 본 장 화합(和合)의 법칙은 사주상에 비록 일년군주인 세운이 기신(忌神)이 되더라도 대운에서 세운과 합을 하여 나오는 오행이 사주원국에 길신이 되고 있다면 이것은 흉함보다 길함이 나타나는 것으로 판단하여야 된다.

더하여 이와 같은 성질이 반대로 길신이 되는 것을 합을 하여 흉신이 되고 있다면 길함을 상쇄하고 오히려 흉을 동반하는 처사가 되므로 사주의 간명상 대단히 중요하게 취급하여야 되는 이유가 여기에 있다.

*. 도표 1항의 사주명조에 대한 판단,!

이와 같이 화합(和合)의 법칙을 대단히 자세하게 기술하고 있음을 알 수가 있겠는데 따라서 이상의 맥락에 비추어 도표 1항의 사주명조를 판단하여 볼 경우 사주일지 卯木이 자리를 잡고 있는 것을 월지와 시지에 양쪽의 酉金이 卯—酉 상충으로 파극하고 있음을 엿볼 수가 있겠다.

그렇다면 이렇게 이미 선천성 사주명조에서 일지 卯木을 가운데 두고 월지와 시지의 酉金이 양쪽에서 卯—酉 상충으로 파극하고 있는데 마땅히 이를 완화 시킬 수 있는 지지합이 존재하지 않고 있으니 대단히 강력한 상충의 작용을 나타내고 있음을 판단할 수가 있다.

따라서 이 부분을 육친통변법으로 간명하여 본다면 사주일지 卯木은 사주주 인공인 본인을 나타내고 또한 일지는 처궁을 표시하며 월지 酉金은 부모궁이고 아울러 시지는 자식궁을 대변하고 있으니 완전히 부모와 자식 및 처복이 없고 사주당사자는 고향을 떠나 타향살이 팔자이며 고독한 운명이 되는 점으로 간명하는 것이 타당하다.

더구나 이상의 육친상 간명법은 그나마 숙명적인 직계존비속과의 선천성인 운로를 파악하는 것도 되지만 문제는 이렇게 양쪽에서 월지와 시지 酉金이 일지 卯木과 卯—酉 상충이 되고 있는데 다시 후천성인 운로 대운에서 중첩되어있는 卯—酉 상충을 재차 酉金이 들어와서 상충으로 파극할 경우 이것은 정말 위험하기 짝이 없는 성질이 되고도 남음이 있다.

여기서 한가지 대안을 생각하여 본다면 만약 사주명조내 이러한 卯-酉 상충을 양쪽 오행중에서 어느 한쪽을 지지합이 되어 잡아줄 수가 있을 때 그나마 상당한 흉의를 줄여줄 수가 있겠지만 본 사주명조는 이렇다할 합의 기운이 없으니 운로인 대운이나 세운에서 언제라도 상충의 작용을 거듭 만나게 될 경우 그 흉의가 불을 보듯 뻔한 이치를 언제라도 가지고 있다해도 과언이 아니다.

*. 대운에서 들어오는 상충을 세운이 합을 시키는 원리,!

이상의 맥락에 준해서 전자의 설명한 사주원국내 합을 생각하여 본다는 것은 무리가 되니 이번에는 차선책으로 또 다른 한가지 대안을 생각할 수가 있는데 이것이 곧 후천성의 두 개의 운으로 대변하고 있는 대운과 세운중에서 세운을 꼬집을 수가 있겠다.

이러한 판단을 감안하여 일년군주로 대변하고 있는 세운지지에서 辰土가 들어오게 된다면 이 때는 자연스럽게 대운지지 酉金을 辰-酉合金이 되어 합으로 연결시켜 사주일지 卯木을 卯-酉 상충으로 파극하는 현상을 합으로 해극을 도모할 수가 있으니 이 경우에는 그 흉함을 상당히 완화시킬 수가 있다.

그러나 이러한 현상은 1년 동안의 흉함을 잠재울 수만 있을 뿐 대운이 10년을 작용하는 관계로 안심할 수가 없으니 그것은 지금 일시 사주원국내 일지 卯木을 월지 및 시지 酉金이 동시에 양쪽에서 卯-酉 상충으로 파극하는 현상에 더해서 대운의 흉함을 일년군주가 지배하는 辰土의 기운에서는 다소 완화시킬 수가 있는 장점을 발휘할 수가 있다.

하지만 근본적으로 선천성인 사주명조내 일지 卯木을 놓고 월지 및 시지 酉金이 卯-酉 상충을 끝까지 하고 있으니 이렇게 양자의 상충의 소용돌이가 휘몰아치고 있는 현상을 합으로 잡아주고 있는 성질도 역시 일년군주인 辰土가 지나가게 된다면 재차 卯-酉 상충으로 인한 아주 대흉한 운명을 맞이할 수가 있음에 따라 사주상에 탁기(濁氣)를 남기고 있을 경우 극단적인 단명 팔자임에는 틀림이 없다.

결국 본 장 2항에 언급하는 소지는 전장의 1항에 부수되는 성질이나 운에서 상충 및 삼형의 작용이 발생되고 있을 때 그에 대한 흉함을 두고 합을 하는 성질이 선천성인 사주명조에 없을 경우 대타로 다시 일년군주로 대변하고 있는 세운이 대운오행을 합을 시켜 상충의 소용돌이를 모면할 수 있는 대안을 본 장에 제시하고 있으니 이것은 참으로 정말 중요한 하나의 運의 通辯상 절대적인 간명법이라 아닐 수가 없다.

(예1). 남자, 정 모씨(경남 밀양시) 1956년 음력 5월 10일 寅 시

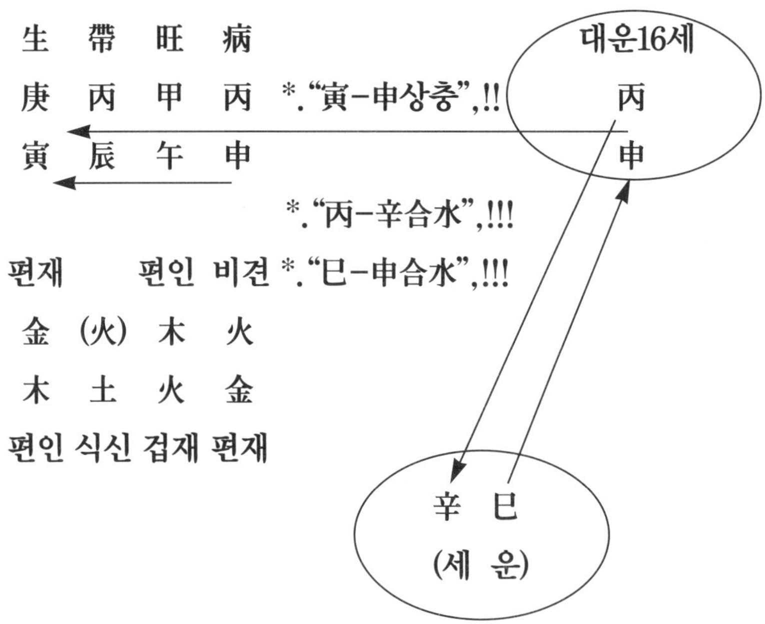

※ 일간 丙火가 신왕하여 "겁중용관격(劫重用官格)"으로 관성 水氣를 용신하고 관성 水氣를 생조하는 재성 金氣는 희신으로 삼는 격국이 되고 있다,!

하지만 이미 선천성인 사주명조내 시지 寅木 편인을 년지 申金이 寅-申 상충을 하고 있는데 절묘하게 일지 辰土와 申-辰合水, 그리고 시지 寅木은 월지 午火와 寅-午합을 구성하고 있으니 상충의 작용을 많이 완화시키고 있음을 엿볼 수가 있다.

그러나 대운16세 丙申대운이 되니 대운천간 丙火가 신왕한 일간 丙火를 생조하는 비견이 되어 배부른 일간을 더욱 더 신왕하게 만들면서 대운지지 申金이 시지 寅木 편인을 재차 寅-申 상충으로 파극하고 있으니 상충의 소용돌이로 인한 흉함을 모면할 수가 없음을 알 수가 있다.

하지만 절묘하게도 이 때 세운이 辛巳년이 되고 있으므로 세운천간 辛金이 대운천간 丙火를 丙-辛合水로 변화되게 만들고 다시 세운지지 巳火는 대운지지 申金을 巳-申合水로 이끌면서 합으로 인한 상충의 작용을 완화시키고 있는 중에 용신인 水氣로 직·간접적으로 그 영향력을 행사하고 있으니 완전히 본 장에 해당하는 현상이라 할 것이다.

***. 일간의 왕쇠(旺衰),!**

丙일간 午월에 출생하여 득령하고 사주원국의 월지 午火 겁재인 양인을 중심으로 해서 시지 寅木 편인에 득세하면서 寅-午合

火하니 그 세력을 대표하는 년간 丙火 비견이 투출되어 있는 중에 다시 월상에 甲木 편인까지 일간 丙火를 생조하므로 신왕하다.

이렇게 일간 丙火가 주위의 인성 木氣와 비견 火氣에 의해 생조되어 신왕이 되고 있으면 이것이 외격(外格)의 기준인 종격(從格)이나 가종격(假從格)으로 돌아가지 않는 이상 내격(內格)의 억부법이나 조후법의 용신이 선정되는 것이 타당하다.

따라서 일간 丙火를 기점으로 사주원국을 살펴보니 년지 申金 편재를 중심하여 일지 辰土 식신이 일간 丙火의 기운을 자연스럽게 누출시키고 있으면서 신왕한 일간과 유정(有情)하여 있는 중에 서로간 申—辰合水로 관성 水氣로 변화되어 있으므로 대단히 좋게 되어 있다.

그렇다면 위의 사주원국은 이렇게 일간 丙火의 기운을 적절히 억제할 수 있는 오행이 존재하여 있으니 결코 외격(外格)의 기준인 종격(從格)이나 가종격(假從格)으로 돌아가지 못하고 내격(內格)의 기준으로 용신이 되어야 마땅 할 것이다.

*. 격국(格局)과 용신,!

위의 사주팔자의 격국을 살펴보니 일간 丙火가 신왕하고 사주의 월지에 양인인 午火 겁재가 자리를 잡고 있으면 "신왕월지양인격(身旺月支羊刃格)"이 성격(成格)이 될 것인데 일간이 신왕하여 식신 辰土와 시상에 투출되어 있는 庚金이 적절히 자리를 잡고 있음에 따라 원칙적으로 "식신생재귀격(食神生財貴格)"이 성격(成格)되고 있다.

또한 용신으로 격국을 설정하면 사주원국의 일간이 양인 火氣와 인성 木氣가 강하여 신왕이 되고 있으니 원칙적으로 인성과 비겁을 억제하는 "겁중용관격(劫重用官格)"으로서 왕성한 비겁 火氣와 인성 木氣를 억제하는 관성 水氣를 용신하고 관성 水氣를 생조하는 재성 金氣는 희신으로 삼는다.

더하여 일간이 신왕하면 원칙적으로 식상, 재성, 관성등의 삼자가 다 길신으로 선택될 수가 있는 것이 되므로 위의 사주는 인성 木氣가 강력하게 작용하지 않기 때문에 관성 水氣가 용신으로 사용될 수가 있을 것이며 식상 土氣 역시 일간 丙火의 기운을 자연스럽게 누출시키는 것이 되니 조토인 未, 戌土氣는 火氣에 동조하기 때문에 불리하나 습토인 辰, 丑土氣는 길신으로 작용한다.

아울러 일면 위의 사주는 우선 단편적으로 살펴보아도 사주 팔자가 인성 木氣와 비겁 火氣가 강력하여 있으니 대단히 火氣가 태왕하므로 이와 같이 불기운등이 강력하면 조후법상 관성 水氣를 제일로 필요하게 될 것은 기정사실이 되는데 따라서 관성 水氣는 억부법이나 조후법에 일치하는 용신인 것을 알 수가 있다.

*. 격국의 청탁(淸濁),!

　위의 사주격국이 청탁의 부분에 준하여 판별하여 보면 사주일간 丙火와 시상에 투출되어 있는 편재 庚金간 그리고 년간에 투출되어 있는 丙火 비견이 각각 丙-庚 상충이 되고 있으나 일간 丙火가 신왕하고 재성 金氣와 관성 水氣를 희신과 용신으로 삼는 이상 상충의 작용은 별 문제가 되지 않는다.

　또한 사주팔자의 지지에 년지 申金과 시지 寅木간에 寅-申상충이 되고 있으나 년지와 시지는 대단히 원격하여 있고 더하여 년지 申金과 일지 辰土간에 申-辰合水가 성립되며 역시 월지 午火 겁재와 시지 寅木간에 寅-午合火가 되고 있으므로 어느 하나 나무랄 것이 없는 식신생재격(食神生財格)이 되니 청기(淸氣)를 가진 명조이다.

　더하여 사주원국이 일간이 신왕하면 식상, 재성, 관성등의 삼자의 기운중에서 통상적으로 하나의 기운이나 두개의 기운이 길신이 되는 것이 통례인데 위의 사주는 이렇게 삼자의 기운이 모두 길신으로 채택되고 있으니 이것은 첫눈에 보아도 대발전을 이룩하는 것은 두말할 것도 없다.

*. 화합(和合)법칙에 대한 판단,!

　이상과 같이 사주원국의 격국에 대한 용신과 청탁을 판단하여 보았는데 이것을 화합(和合)의 부분에 적용하여 예상해 보면 위의 사주원국은 초년 16세 丙申대운이 지배하는 시점에서 세운이 辛巳세운이 되고 있는 것을 엿볼 수가 있다.

따라서 대운천간 丙火가 이미 사주원국에 일간 丙火가 신왕하여 있는 것을 더욱 더 신왕하게 만들고 있으므로 대단히 불리하게 작용할 것이지만 마침 세운이 辛巳가 되고 있다면 세운천간 辛金이 대운천간 丙火와 丙-辛合水를 하여 관성 水氣로 변화되게 하니 기신(忌神)이 용신으로 변화되고 있는 것이다.

더하여 세운지지 巳火가 사주일간 丙火에 대한 비견으로서 이것 역시 신왕한 일간을 더욱 더 火氣를 부채질하고 있으므로 대단히 좋지 못할 것인데 대운 지지 申金이 세운지지 巳火를 巳-申合水하여 관성 水氣로 변화되니 일간에 대한 용신으로서 대단히 발전하게 된다.

이와 같이 화합(和合)의 법칙은 비록 운로에서 기신(忌神)이 들어오게 된다하여도 세운에서 이렇게 합을 하여 길신의 기운으로 변화되게 만드는 현상을 두고 말하는 것이며 이와 같은 맥락은 모든 사주원국에 적용하여 판별하는 것이 타당하다.

***. 본 장 2항에 적용하여 판단,!**

다시 본 장 2항에 준해서 그 실체를 인용하여 본다면,!

"1 항에 준하여 사주원국에 강력한 오행을 대운 및 세운에서 들어오는 기운이 상충이나 삼형을 하게 된다면 반드시 해당하는 육친은 대흉을 당하게 된다고 기술하였다",!

"이 때 사주내 타 오행이 합으로 잡아주면 대흉함이 완화되나 사주내 합을 하는 오행이 없지만 운끼리 대운을 세운이 혹은 세운을 대운이 합을 하는 화합(和合)의 법칙이 성립되면 대흉함은 역시 완화된다".!

이상과 같이 본 장 2항의 성질을 자세하게 기술하고 있음을 엿볼 수가 있겠는데 그렇다면 본 사주팔자는 본 장에 접목되어 완전히 일치되고 있음을 알 수가 있다.

따라서 그 부분을 집중적으로 판단하여 볼 때 우선 사주일간 丙火가 신왕하여 있는 중에 용신을 관성 水氣와 희신으로 재성 金氣를 선택하고 있는 중에 이 때 사주시지 寅木 편인이 비록 기신(忌神)이 되겠으나 사주년지 申金이 자리를 잡고 寅-申 상충으로 파극하고 있으니 이것은 곧 단편적으로 판단할 경우 기신(忌神)의 기운이 직·간접적으로 발동하고 있음을 암시하고 있다해도 과언이 아니다.

하지만 사주일지 辰土가 자리를 잡고 년지 申金과 申-辰合水로 합을 하고 있는 중에 이번에는 또다시 시지 寅木이 월지 午火와 寅-午合火까지 되고 있으므로 이렇게 양자의 합의 기운으로 말미암아 완전히 상충의 작용을 합으로 이끌어 해극하고 있음을 판단할 수 있다.

그런데 여기서 16세 丙申대운이 들어옴에 따라 대운천간 丙火가 신왕한 일간 丙火에 대한 비견으로서 더욱 더 배부른 일간을 신왕하게 만들고 다시 대운지지 申金은 재차 사주시지 寅木 편인을 寅-申 상충으로 파극하고 있으니 무리 기신(忌神)의 기운을 제거할 수 있다는 소지는 남기고 있으나 직·간접적인 상충의 소용돌이로 인한 편인 寅木의 발동은 가만히 앉아 있지 못하는 흉함이 돌출될 수 있는 성질이라 할 것이다.

그렇지만 절묘하게도 선천성인 사주명조내 일지 辰土가 자리를 잡고 대운지지 申金을 申-辰合水로 이끌면서 이번에는 세운이 辛巳년이 되고 있으므로 세운천간 辛金이 대운천간 丙火를 丙-辛合水, 그리고 세운지지 巳火가 다시 대운지지 申金을 巳-申合水로 만들고 있음을 알 수가 있다.

이와 같은 현상은 기신(忌神)인 寅木 편인이 발동 할 수 있는 상충의 작용을 완전한 합으로 해극을 도모하고 아울러 관성 水氣로 직·간접적으로 용신의 기운이 됨에 따라 그에 대한 흉을 제거시키면서 길함을 모색할 수 있는 하나의 원인제공을 하고 있다해도 과언이 아니다.

결국 본 장 2항에 언급하는 부분에 완전하게 적용되는 사주명조인 것을 알 수가 있겠으며 그러나 사실은 사주일지 辰土가 없더라도 이렇게 대운과 세운 이 합을 시켜 상충의 작용을 완화시키는 현상을 간명할 수가 있으니 본 장 2항은 運의 通辯을 하는

데 참으로 중요한 하나의 간명상 기준점이 되는 것 을 알 수가
있다.

3. "사주명조내 사왕지지(子, 午, 卯, 酉)로 뭉쳐진 두 개
   의 준삼합(準三合)이 존재하여 있는데 이 때 운로인
   대운이나 세운에서 정삼합(正三合)을 성립할 수 있는
   기운이 들어와서 합을 구성하는 과정에 상대의 준삼
   합(準三合)의 기운중 하나의 오행이 상충이나 삼형의
   기운이 되어 합을 방해 하더라도 정삼합(正三 合)은
   성립된다".!

※ 이상의 성질을 좀 더 구체적으로 기술 하자면 무릇 하나의 사
주지지에 중심오행인 사왕지지(子, 午, 卯, 酉)로 짜여져 있는
두 개의 준삼합(準三合)이 자리를 잡고 있는데 그렇다면 이것
을 자세하게 설명해서 사주년지와 월지간 하나의 준삼합, 또
한 일지와 시지간의 준삼합이 각각 성립되는 현상이라 볼 것
이다.

그런데 여기서 후천성인 운로인 대운이나 세운등에서 정삼합
(正三合)을 성립 할 수 있는 빠진 오행이 들어올 경우 완전한
정삼합(正三合)을 구성할 수가 있게되나 공교롭게도 다시 사
주지지에 또 다른 준삼합이 존재하여 있는 한쪽 오행이 대운
이나 세운에서 들어오는 정삼합(正三合)을 하려는 오행을 상
충이나 삼형으로 가격하는 현상이 나타나는 점을 말할 수가
있다.

이와 같은 현상은 일면 단편적으로 생각할 때 합의 기운을 삼형이나 상충의 작용으로 파극하기 때문에 합의 기운이 분산될 수 있는 소지를 가지고 있겠지만 이렇게 준삼합(準三合)이 성립되어 있는 것을 모자란 정삼합(正三合)의 한쪽 기운이 들어오게 된다면 아무리 상충이나 삼형등으로 파극한다손 치더라도 일부 합에 대한 방해는 하나 그래도 완전한 정삼합(正三合)으로 귀착하게 된다.

상당히 고난도의 이해를 요구하고 있으므로 학자들의 이해를 돕기 위해 아래 도표 1항 사주명조를 적용시켜 그 실체를 완벽하게 파악하여 보면,!

(도표1).!

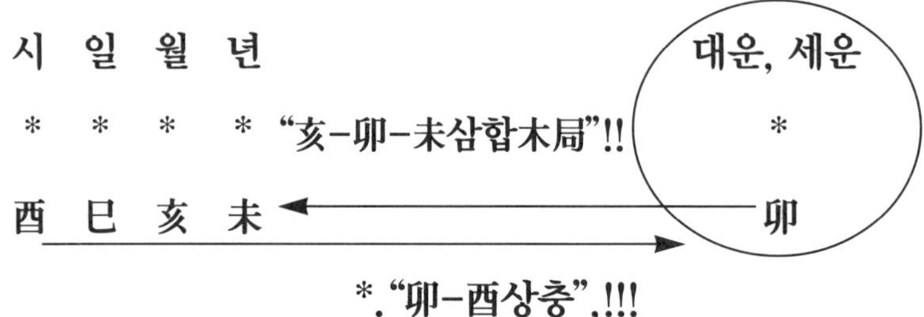

※ "월지 亥水와 년지 未土가 반합(半合)의 기운
으로 亥-未合木을 구성하고 있는데 운로인
대운이나 세운에서 卯木이 들어오게 되니
亥-卯-未 정삼합의 기운이 되고 있음을 엿
볼 수가 있다",!

"그러나 시지 酉金이 대운 및 세운의 卯木을
보고 卯-酉 상충으로 합의 기운을 방해하나
亥-卯-未 정삼합 木局의 합을 깨뜨리는 것
은 역부족이며 또 한 시지 酉金은 일지 巳火
에 巳-酉合金으로 묶어져 있으니 완벽하게
정삼합(正三合)木局이 성격(成格)된다",!

이상의 도표 1항에 나타나고 있는 사주명조를 자세히 관찰하
여 볼 때 사주일지 巳火와 시지 酉金간에 巳-酉合金, 그리고 사
주년지 未土와 월지 亥水간에 亥-未合木등의 각각에 준삼합(準

三合)이 2개씩 성립하여 자리잡고 있음을 엿볼 수가 있다.

따라서 위 사주명조는 비록 양자의 준삼합(準三合)의 성질이 자리를 잡고 있지만 양자의 합을 상극하는 삼형이나 상충의 작용이 없기 때문에 서로간에 합을 방해하는 일이 없으므로 합의 성질이 건전하다고 판단할 수가 있겠는데 이 때 후천성인 운로인 대운이나 세운에서 卯木이 들어오는 것을 알 수가 있다.

그렇다면 이와 같은 현상은 이미 사주년지 未土와 월지 亥水간 亥-未合木준삼합이 결성되고 있는 점을 대운이나 세운에서 정삼합(正三合)의 기운을 충족할 수 있는 하나의 기운인 卯木이 들어오고 있으니 자연스럽게 亥-卯-未 정삼합 木局을 결성할 수가 있게 된다.

더구나 운로인 대운이나 세운에서 들어오고 있는 卯木은 亥-未合木의 중심체를 구성할 수 있는 사왕지지(子, 午, 卯, 酉)로서 왕성한 木局을 대표하고 있으니 이것은 곧 강력하게 삼합을 성격(成格)할 수 있는 요인이 되고 있다해도 과언이 아닐 것이다.

하지만 공교롭게도 사주시지 酉金이 일지 巳火와 巳-酉合金을 구성하고 있는데 갑자기 酉金이 운로인 대운이나 세운에서 들어오는 卯木을 바라보자 원수지간으로 돌변하여 卯-酉 상충이 되어 파극하게 되므로 亥-卯-未 삼합 木局을 방해하고 있음을 알 수가 있다.

그러나 이상의 성질은 일지 巳火가 시지 酉金을 巳-酉合金으로 합을 도모하여 결혼으로 묶어놓고 있는 현상이 되므로 그곳에 집착 하다보니 올바른 상충을 할 수가 없겠고 더구나 운로인 대운이나 세운에서 들어오는 卯木은 사주년지와 월지 亥-卯-未 삼합의 중심체인 木局을 대표하는 오행임에 따라 이렇게 亥-卯-未 삼합이 결합될 경우 상충이나 삼형의 기운으로 합을 분산시켜도 끄떡도 하지 않는 점을 감안한다면 완전한 하나의 木局이 성립할 수 있다.

이러한 점은 사주추명학의 원조인 고서(古書)나 원서에 완벽하게 기술하지 않고 불투명하게 언급하고 있는 점을 본 저자가 약 30여년동안 수많은 실제 인물을 간명하는 자리에서 유독 본 장에 해당되고 있는 각각의 준삼합의 기운에 당면되어 있는 사주를 놓고 과거, 현재, 미래순으로 운로를 역추적하여 오늘날에 하나의 간명상 특비(特秘)로 자리매김하고 있으니 이것은 정말 참으로 소중한 하나의 원리라 아니할 수가 없을 것이다.

결국 본 장 3항에서 기술하는 취지는 무릇 모든 사주명조내 지지합으로 대변하고 있는 준삼합(準三合)이 두 개의 오행으로 각각 또 다른 준삼합(準三合)을 구성하고 있는데 이 중에 어느 준삼합이거나 후천성인 운로인 대운이나 세운에서 3개의 오행을 충족할 수 있는 모자란 오행이 들어오게 될 경우 비록 한쪽의 준삼합오행 중에 상충이나 삼형의 작용이 있다해도 정삼합(正三合)의 기운을 깨뜨릴 수 없다는 절대적인 논리를 본 장에서 대단히 강조하고 있다해도 과언이 아니다.

(예1). 남자, 이 모씨(경기 안성) 1949년 음력 윤7월 17일 午 시

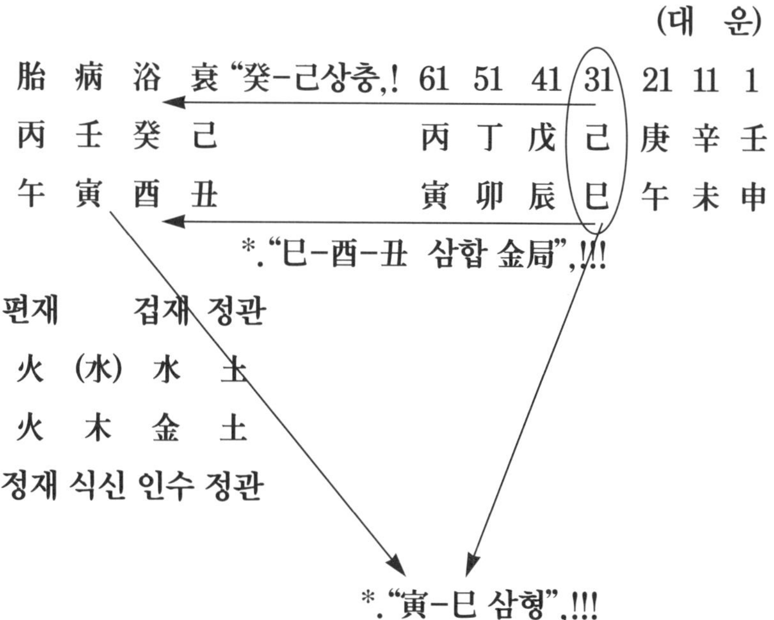

4. "사주내 천간에 투출되어 있는 오행을 운로에서 들어
오는 세운 천간이 합을 도모하는데 다시 사주천간에
근접하여 합을 방해하는 오행이 2개정도 투출되어 파
극한다면 합이 성립되지 않으나 이 때 대운에서 중첩
하여 합을 성립하고 있다면 그 때는 완벽한 합의 기운
으로 귀착하여 사주에 영향력을 행사하게 된다".!

(도표1).!

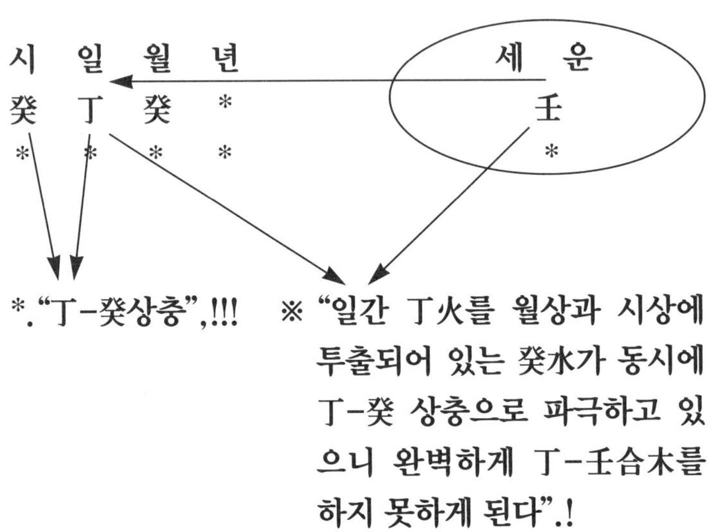

이상에 도표 1항에 나타나고 있듯이 일간 丁火가 운로에서 들
어오는 세운천간 壬水와 일면 완벽하게 丁-壬合木를 도모하는
성질이 되겠지만 이렇게 사주 월상과 시상에 투출되어 있는 癸
水가 일간 丁火를 丁-癸상충으로 파극하고 있으니 제대로 완벽
한 丁-壬合木을 성립할 수가 없게된다.

이와 같은 점은 運의 通辯을 하는 자리에서 막연히 운로인 세
운에서 壬水가 들어와 일간 丁火와 丁-壬合木을 한다고 판단하
여 변화되는 木氣의 힘이 사주명조에 그 영향력을 행사한다고
간명하게 될 때 절대적인 운의 흐름을 잘 못 판단하여 대단한 오
류를 나타내게 됨은 자명하니 만약 이렇게 될 경우 사주당사자
가 길하게 되었다면 별문제를 삼지 않을 것이다.

하지만 극단적일 경우 이렇게 합으로 생성되는 丁-壬合木의 기운을 용신이나 희신의 기운으로 잘못 판단하여 사주주인공에 대하여 대길하다고 말해 주었을 때 근본적으로 용신이나 희신의 기운이 만들어지지 않기 때문에 만약 사업을 하거나 투기성의 직업을 삼는 사주 주인공이라면 자기 인생의 모든 사활을 건 모험을 하여 대실패를 자초하게 되니 그에 대한 책임감은 운로를 말해준 역학자에게 곧 바로 돌아오게 되므로 실로 대단한 곤궁에 처할 수도 있다.

따라서 이러한 성질은 상당히 중요한 운로의 실체가 되고 있으니 모든 천간오행이 합을 하는 과정에 모두 적용하여야 될 것이며 아울러 변화되는 합의 기운을 합을 방해하는 사주내 오행이 얼마나 강력하게 방해하는 과정을 필수적으로 관찰할 필요가 있다.

무슨 말인지 좀 더 자세하게 기술하자면 무릇 모든 선천성인 사주팔자에서 운로인 세운천간이 합을 하는 성질이 된다면 원천적인 사주명조에 합을 방해하는 오행이 투출되어 있는가, 그렇지 않으면 자연스럽게 합을 할 수 있는 현상이 되고 있는지를 면밀히 관찰하여 그에 대한 결론을 내려야 한다는 점이다.

＊. 도표 2항에 준하여 합으로 취용하는 성질,!

여기서 한가지 중요한 부분이 나타나고 있는데 이것은 본 장에 언급하고 있는 운로인 세운이 사주천간 오행과 합을 하는 과정에서 선천성인 사주명조내 상충의 작용으로 인한 두 개정도의 오행이 투출되어 합을 방해한다면 제대로 합을 구성할 수가 없다고 명시하고 있다.

그러나 예외가 있어 합을 할 수 있는 성질이 있는데 그것은 이미 선천성인 사주원국의 천간에 투출되어 있는 오행이 아무리 두 개의 기운등으로 상충의 영향력을 업고 합을 방해하는 성질이 된다손 치더라도 다시 후천성인 대운이 중첩하여 합의 기운을 가지고 들어올 때는 완벽한 합을 구성하게 된다.

학자들의 이해를 돕기 위해 아래 (도표 2)항을 적용하여 그 실체를 완벽하게 파헤쳐 보면,!

(도표2).!

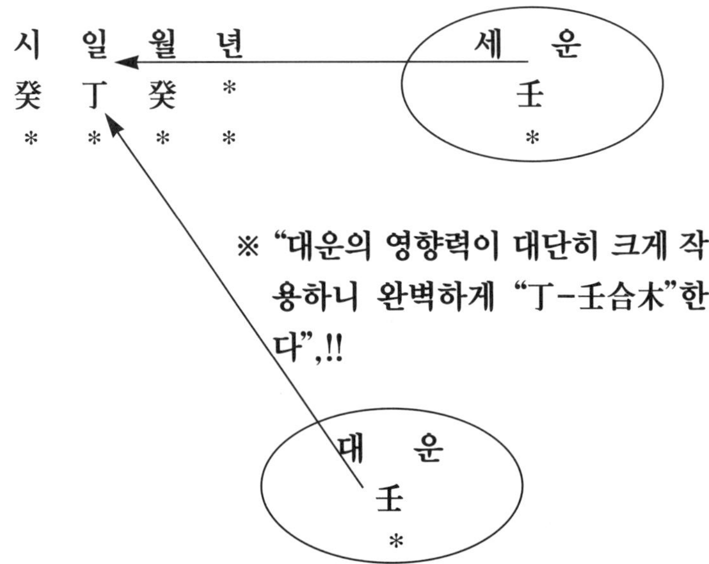

　　이상의 (도표 2)항에서 나타나고 있듯이 전자에 (도표 1항)에 준하여 세운 천간 壬水가 일간 丁火와 丁-壬合木을 성립하는 자리에서 사주월상과 시상에 투출되어 있는 癸水가 일간 丁火을 동시에 丁-癸상충으로 파극하니 합을 방해하는 현상 때문에 제대로 丁-壬合木을 결성하지 못한다고 설명하였다.

　　하지만 이 때 대운천간에서 재차 壬水가 들어오게 된다면 이 때는 완벽하게 丁-壬合木을 결성하는 성질이 되고 있음에 따라 이것은 아무리 사주명조상 투출되어 있는 오행이 같은 사주내 오행을 상충등으로 파극하여 합을 방해하는 것이 되더라도 10년을 지배하고 있는 커다란 대운의 군주를 이겨 내지는 못하게 된다.

　　따라서 이 경우 이미 하나의 세운천간 壬水가 사주일간 丁火와 丁-壬合木을 도모하는 것이 방해받는 오행으로 말미암아 합이 여의치 않게 되나 다시 이렇게 중첩하여 대운천간 壬水가 들어오게 된다면 양쪽의 공수작전으로 일간 丁火와 제대로 완벽한 丁-壬合木을 결성하게 되니 합의 성질로 변화되어 사주원국에 그 영향력을 미치게 된다.

　　결국 이와 같은 현상은 하나의 합의 기운을 결성하는 과정이 운로인 세운이나 대운에서 들어오는 오행을 선천성인 사주명조에서 얼마나 합의 성질을 방해하는가 하는 과정을 놓고 그 실체에 대한 運의 通辯을 터득할 수 있는 과정을 기술하고 있으니 이것은 대운의 영향력이 아주 강력하게 작용하는 성질임을 본 장 4항에서 대단히 강조하고 있겠다.

※ 지금까지 합, 충(合, 沖)의 특비(特秘)에 준한 성질을 제 1장, 천간합충(天干合沖)의 특비(特秘) 제 2장, 지지합(地支合沖)의 특비(特秘) 그리고 제3장, 運에 대한 合, 沖의 특비(特秘)등에 걸쳐 일목요연하게 실제인물을 적용하면서 그 실체를 자세하게 언급하여 보았음을 알 수가 있다.

이것은 그동안 본 저자가 약 30여년동안 실존인물에 준해 사주격국을 간명한 후 그 실체를 조목조목 나열하여 경험상 비법(秘法)으로 하나의 명리학의 기틀을 마련한 것이라 하여도 과언이 아니다.

따라서 아마도 그동안 일부학자들이 의문을 표시하고 고민하였던 부분으로 꼬집는 다면 일간의 강약(强弱)과 용신의 기운을 선정하는데 각종 합, 충의 변화에 구속되어 대단히 난이하게 생각하였을 것이니 본 장에 기술하였는 합, 충(合, 沖)의 특비(特秘)에 준하여 간명할 경우 그 어려움이 깨끗이 해소가 되었으리라 믿어 의심치 않는다.

더하여 사주추명학이란 원래 끝이 없는 학문이고 하늘의 기운을 꿰뚫어내는 신(神)의 경지를 지향하는 것임은 두말할 것도 없을 것인데 원래는 좀 더 자세하게 기술하 고저 실제인물을 (예 2)까지 집어넣어 더 자세하게 본 장을 기술하려고 구상을 하였다.

그러나 본 지면의 한정상 합, 충(合, 沖)의 특비(特秘)는 이 정도로서 충분한 이해와 습득을 하였을 것으로 미루어 짐작하며 여기서 미미한 성질은 내격(內格)의 억부법이나 조후법의 기준과 외격(外格)의 종격(從格)으로 돌아갈 수 있는 가종격(假從格)의 구분을 완벽하게 파악할 수 있는 본 저자의 마막 비법서(秘法書)인 "가종격(假從格)의 특비(特秘)에 그 실체를 적나라하 게 파헤치고 있음을 참고하기 바란다.

合, 沖의 特秘

2006년 4월 10일 초판 발행
2011년 11월 18일 개정판 1쇄 발행

지은이 | 雲情 秋一鎬
펴낸곳 | 도서출판 청연

주소 | 서울시 금천구 독산4동 181-66호
등록번호 | 제 18-75호
전화 | (02)851-8643 · 팩스 | (02)851-8644
E-mail | chungyoun@naver.com
홈페이지 | www.chungyoun.co.kr

ISBN 978-89-7569-365-6   93180